2 0 1 0

第四辑

黄克剑　主编

2010

海峡出版发行集团
福建教育出版社

目　录

述议

考释

辨正

述议

黄克剑

国学溯源

——先秦学术渊流考辨

内容提要：本文以"'生'的崇拜与'学'的萌朕"、"'道'的求取与'学'的自觉"、"晚周'文敝'之反省"、"孔子与'六艺'"为措思线索，对先秦学术的发生、演递作了扼要而审慎的考辨。文中指出：

1. 殷人的"帝"崇拜，说到底是对"生"或生命的崇拜；在这崇拜中，寄托了崇拜者对生命的珍爱和对"生"或生命的秘密的眷注。

《周易》把殷人"帝"崇拜意识中关联着生命机运的"一"与"多"的隐喻转换为一种象征，"生"从此被中国人认为是"天地之大德"。

2. 对"生"的眷注是中国一脉学术得以发轫的契机，"学"在古昔的初萌连着"阴"、"阳"化"生"的致思根荄。起先发生的是关联着人生对待性向度的"命"的意识笼罩下的史巫之学，随着人文眷注之重心由"命"而"道"的转换，"学"在春秋战国之际遂演变为"为道"或"致道"之学。

与"致道"之学的出现相应，"学"之为"学"愈益臻于自觉，标志着这"学"的自觉是"学"的内涵在"觉"或"觉悟"意义上的确定。

3. 如果说严格意义上的中国学术始于孔子、老子取不同的路径创"道"立"教"，那么这自觉了的学术的精神性状的确定则在于孔、老对晚周"文敝"的各具匠心的反省。

无论是老子由"法自然"而弃绝"礼"、"乐"之"文"，还是孔子由导示"文质彬彬"而对"礼"、"乐"之"文"作更大程度的肯定，其所属意都在于万物而人、人而万物的"生生"。

在"文"、"质"的张力中求取二者的"彬彬"以应对晚周之"文敝"，这使孔子在着意唤起"礼"、"乐"中当有的那份人性真切时，也分外看重古代所遗典籍的修述。

"六艺"诸文籍在孔子前即已传演日久，孔子修述"六艺"只是为之拓出了一个对于此后中国学术文化影响深远的阐释方向，尽管"六艺"并不因此而仅为儒家之典籍。如果说中国学术之运演毕竟可谓之一脉分张，那么这分张中的一脉即是到了孔子这里才条理可辨的"六艺"。

"六艺"为学脉所由之"一"，孔、老之后蜂起的诸子之学乃可视为“天下多得一察焉以自好”的“多”。这“一”、“多”关系，用道家的话说即是“道术将为天下裂”，用儒家或对儒学有所倚重者的话说则为“（诸子）亦六经之支与流裔”，或所谓诸子“述道言治，枝条五经”。

关键词：生　学　命　道　老子　孔子　六艺

“国学”之名标举于西学东渐背景下的中国近代，它被动地述说着一个古老民族不忍割舍的那份自尊。这富于悲剧感的名谓固然寓托了留下岁月印痕的记忆，却也隐隐默示着一种瞻念来日的希望。

学人有云：“学术本无国界。‘国学’一名，前既无承，将来亦恐不立。特为一时代的名词。”[1] 其谓“国学”之称“前既无承”，乃是说出了一个尽人皆知的事实，但断言其“将来亦恐不立”则可能已多少有失于审慎。至于作为立论之前提的所谓“学术本无国界”之说，或更可从容辩诘，以求理致之谛当。“国学”是中国人相应于西学乃至更大视野中的异域学术而对民族故有之学的称列，在西学与更广范围的异国之学还不曾被真正发现因而尚远未为中国人所属意时，它是国人心目中的唯一学尚，所以反倒由于其毋庸自别于他种学术而无须作如是命名。然而，“国学”一经命名，只要人类学术在世界意义上不至于同化而齐一，它便决不会如所推度的那样“将来亦恐不立”——而至少，在情理的限度内，携着人文底蕴的学术终于在未来的某一天居然不再有任何民族的个性或格调可言，这毕竟是件不可想象的事。学术为天下之公器，但公器之为公器并不意味着对种种可能的独异精神性状的否弃。学术的命脉在于创造，而任何一种真正的创造都既有着相当程度的普洽性，也无不系于灵知之所由出的个我特征。就民族学术终究相契于人类之神思而言，谓“学术本无国界”自然未始不可，不过，民族学术通达于人类神思的蹊径既然总会打着民族的烙印，轻言“学术本无国界”则又断断未可。问题不在于是否承认与学术之个性关联着的学术的“国界”，而在于如何真切把握学术之“国界”亦无亦有这一义理幽微的分际。

---

〔1〕钱穆：《国学概论》弁言，北京：商务印书馆，1977，第1页。

这里称述“国学”，乃出于一个中国学人对母国故有之学的认可。在中西乃至中外比勘中找出其自立于世界学术之林的依据，进而检讨其究天人之际、察古今之变的得失所在，或可寄祈愿于不远的他日，而此时所能着手的却只在于溯其渊源以探其取此去彼终致酿就一脉学术之缘起。

一　“生”的崇拜与“学”的萌朕

对人生而至于世界的终极性思考，或正在于从繁富经验的“多”中去寻求某种虚灵不滞的“一”。这究问到“天人之际”的“一”在中国先民心智中的渐次发露历经了漫长的岁月，而其至少在殷商中叶即已有了端倪可辨的消息。信使是由雏形始具的汉字担当的，但报告那“一”、“多”秘旨的决不就是古希腊式的申布宇宙“始基”的命题。

（一）从“帝”崇拜说起

从殷墟卜辞可知，曾为初民所崇奉的“帝”正在由专司生殖繁衍的自然神渐次成为当时人们心目中居于主宰地位的至上神。“帝”字的写法在甲骨文中大体定型，经心于卜辞考辨的学者们或以其所指为当时殷人的至尊之“神”[1]，或以其所指为诸神之一而尚未达于对殷人祖先神、

---

〔1〕持这一看法者，可略举陈梦家、胡厚宣、张光直等人。陈梦家指出：“商人自始即以‘大公无私’的天帝为至高无上的主宰，平等地以灾祸刑罚下民，故其观念易于为异族的周人所袭用，而造成后来的‘天命观念’，此观念一直支配到如今，以为一切灾祸乃天意的表现，一切福佑乃天意公平的赏赐。”（陈梦家：《商代的神话与巫术》，载《燕京学报》第20期，第527页；又参见陈梦家：《殷墟卜辞综述》，北京：中华书局，1988，第562、571、580页）胡厚宣认为：“殷代从武丁时就有了至神上帝的宗教信仰。在殷人心目中，这个至神上帝，主宰着大自然的风云雷雨、水涝干旱，决定着禾苗的生长，农产的收成。他处在天上，能降入城邑，作为灾害，因而辟建城邑，必先祈求上帝的许可，邻族来侵，殷人以为是帝令所为。出师征伐，必先卜帝是否授佑。帝虽在天上，但能降人间以福祥灾疾，能直接护佑或作孽于殷王。帝甚至可以降下命令，指挥人间的一切。殷王举凡祀典政令，必须揣测着帝的意志而为之。”（胡厚宣：《殷卜辞中的上帝和王帝》下，载《历史研究》1959年第10期）张光直亦指出：“卜辞中的上帝是天地间与人间祸福的主宰——是农产收获、战争胜负、城市建造的成败，与殷王福祸的最上的权威，而且有降饥、降馑、降疾、降洪水的本事。上帝又有其帝廷，其中有若干自然神为官，如日、月、风、雨；帝廷的官正挠统指称时，常以五为数。帝廷的官吏为帝所指使，施行帝的意旨。”（张光直：《商周神话之分类》，载台湾中研院《民族学研究所集刊》第14期，第57页；又见张光直：《中国青铜时代》，北京：生活·读书·新知三联书店，1983，第264页）

自然神的一体统摄[1]。但没有多大问题的是，即使只是把“帝”视为诸神之一，它也是诸神中最引人瞩目而对当时和后世中国人的心理影响最大的一位。况且，肇自商人乃至更早一个时期的“帝”崇拜原是一个持续着的过程，这由周人承其端绪的过程毕竟愈到后来愈益显现出“帝”在其崇祀者那里的非可替代的至上性。

不过，真正重要的问题还在于，远古时代中国人心目中的“帝”究竟意味着什么？它何以作为诸神之一而最终能在人的崇奉中获得宇宙万有之主宰的地位？这富于诗意的秘密深藏在历史的蕴积中，只是到了宋代，郑樵论及“帝”字的构形时才不期然触到隐寓其间的阏机。他说：“帝，象花蒂之形。”[2]此后，清人吴大澂由对卣盖铭文“▽己△口乁※”及鼎铭文“▼己△■乁※”的诠释，解“帝”字说：“古器多称且某父某，未见祖父之上更有尊于祖父之称，推其祖之所自出，其为‘帝’字无疑。许书‘帝’古文作‘[illegible]’，与鄂不之‘[illegible]’同意，象花蒂之形。《周窸鼎》作‘[illegible]’，《聃敢》作‘[illegible]’，《[illegible]狄钟》作‘[illegible]’，皆‘▽’之繁文。推‘▽’、‘▼’二字最古最简。蒂落而成果，即草木之所由生，枝叶之所由发，生物之始，与天合德，故帝足以配天。”[3]如此由“蒂”释“帝”，几可说是对渊源有自的“帝”崇拜这一千古之谜的道破，近代以来遂有诸多学人——诸如王国维、郭沫若等——沿着郑、吴的思路探询“帝”之成其为“上帝”、“天帝”的原委所在[4]。事实上，“帝”可能

---

[1] 持此一见地者，亦略可举晁福林、朱凤翰等人，而以晁福林所论最为典型。其指出：“过去那种以‘帝’为殷代最高神的传统认识，是错误地估价了它在殷人心目中的实际地位。帝只是殷代诸神之一，而不是诸神之长。居于殷代神权崇拜显赫地位的是殷人的祖先神，而帝则不过是小心翼翼地偏坐于神灵殿堂的一隅而已。整个有殷一代，并未存在过一个统一的、至高无上的神灵。”（晁福林：《论殷代的神权》，载《中国社会科学》1990 年第 1 期）

[2] 郑樵：《通志略·六书略》。

[3] 吴大澂：《字说·帝字说》。

[4] 王国维径以“蒂”解“帝”：“帝者蒂也……古文或作[illegible]……象花萼全形，未为审谛，故多于其首加一作[illegible]。”（王国维：《释天》，见《观堂集林》卷六）郭沫若则接续王氏之说而更有发挥，他指出：“（帝）王谓象花萼全形者是也。分析而言之，其▽若▽者象子房，一象萼，个象花蕊之雌雄……知帝为蒂之初字，则帝之用为天帝义者，亦生殖崇拜之一例也。帝

（转下页）

即是由神化花蒂而来，而花蒂为先民所神往乃在于它是植物结果、生籽以繁衍后代的生机所在。“帝”崇拜，说到底是对“生”或生命的崇拜；在这种崇拜中，寄托了崇拜者对生命的珍爱和对“生”或生命的秘密的眷注。“生”字在甲骨文中的写法为“⊻”，“Ψ”象草木之形，“___”摹地表之状，“⊻”则象草木生长于土地。古中国人的“生”的初始意识是萌发于草木的生殖的，而这正可与“帝”崇拜由之衍生的花蒂之神化相互说明。花蒂是“一”，由花蒂结果所生出的种子是“多”，这可感的经验作为一种隐喻孕化在初民的心中，悄悄地催动着那对事关世界、人生究竟的“一”与“多”的关系的求索。

武王伐纣，周取代殷商而王天下。殷人对至上神“帝”的崇奉为周人所因袭，但周人也奉“天”为至尊而并称“天”、“帝”，甚至也单独称“天”，以“天”代“帝”。因此，可确信为西周至春秋中叶文献的《诗》

（接上页）

之兴必在渔猎牧畜已进展于农业种植以后，盖其所崇祀之生殖已由人身或动物性之物而转化为植物。古人固不知有所谓雄雌蕊，然观花落蒂存，蒂熟而为果，果多硕大无朋，人畜多赖之以为生。果腹含子，子之一粒复可化而为亿万无穷之子孙，所谓韡韡鄂不，所谓绵绵瓜瓞，天下神奇更无过于此者矣。此必至神者之所寄，故宇宙之真宰即以帝为尊号也。人王乃天帝之替代而帝号遂通摄天人矣。”（郭沫若：《释祖妣》，见郭沫若：《甲骨文字研究》，北京：人民出版社，1952，第26页）后来，郭氏在《先秦天道观之进展》（1935）一文中对其观点有所修正。他说：“……巴比伦的米的观念在殷商时代输入了中国，殷人故意用了字形和字音相近的帝字来翻译了它，因而帝字便以花蒂一跃而兼有天神和人王的称号……殷人待与巴比伦文化相接触，得到了米的观念，他们用帝字来对译了之后，让它成为‘高祖夒’的专称，把自己的图腾动物移到天上去，成为了天上的至上神。故尔他们的至上神‘帝’同时又是他们的家祖。至上神的这样的产生我敢断定是殷人的独自的发明。”（见《郭沫若全集》历史编，北京：人民出版社，1982，第一卷，第330页）

甲骨学界，叶玉森、明义士、徐中舒等学者以“[illegible]”象“束木燔以祭天之形”而谓其“为禘之初文”（见徐中舒主编：《甲骨文字典》，成都：四川出版集团/四川辞书出版社，2006，第7页），可聊备一说。但相形而言，以花蒂释“[illegible]”似更近于事理之真谛。陈梦家、胡厚宣皆未就此申说己见，但胡厚宣所谓“卜辞通例，除极个别例外之外，一般上帝的帝作[illegible]，禘祭的帝作[illegible]”（胡厚宣：《释殷代求年于四方和四方风的祭祀》，载《复旦学报》1956年第1期），陈梦家所谓“卜辞的帝字共有三种用法：一为上帝或帝，是名词；二为禘祭之禘，是动词；三为庙号的区别字，如帝甲、文武帝，名词”（陈梦家：《殷墟卜辞综述》，北京：中华书局，1988，第562页），皆对判断卜辞中“帝”之确义颇有助益。此外，甲骨学界尚有以祭器、标识、女阴、玄鸟等解“帝”者，似有失牵强，兹不赘述。

中，就既有“皇矣上帝”[1]、“明昭上帝”[2]、“帝命率育”[3]、“帝命不违”[4]一类单称“帝”或“上帝”的句子，也有“昊天上帝，则不我遗”、“昊天上帝，则不我虞”[5]一类“天”、“帝”并称的句子，然而更多地还有另一类全然以“天”为尊、称“天”而叹的诗句，诸如“明明上天，照临下土”[6]、“天生烝民，有物有则”[7]、“维天之命，於穆不已”[8]、“天命降临，下民有严”[9]等。不过，无论如何，周人尊“天”依然涵养了殷人崇“帝”的那种生命崇拜意识，这可以从产生于殷周之际的《周易》所贯穿的“生生之谓易”[10]的幽趣去体会。《周易》把殷人“帝”崇拜意识中关联着生命机运的“一”与“多”的隐喻转换为一种象征，这象征见证着古代中国人在大约三千年前就已经达到了怎样的思维深度。

(二)“生生之谓易”

相传《周易》之前曾有更古老的“易”书《连山》和《归藏》，《周礼·春官宗伯·太卜》就有太卜“掌三易之法，一曰连山，二曰归藏，三曰周易”的说法。这种传说由来已久，却无从考实，但由《连山》、《归藏》的传说把《周易》从发生到定型理解为一个相对长的过程应该是合于逻辑的。从《易传》所谓“《易》之兴也，其于中古乎”、“《易》之兴也，其当殷之末世，周之盛德邪”[11]推测，《周易》的孕育也许在殷商末年，而就它的某些卦爻辞的内容看，它的最后编定可能在西周中期甚至后期。《周易》原是周人用于占筮的，占筮是以一定的规则对数目确定的蓍草作分、合有序的处理，按蓍草数目的变化布出卦象以预测人事

---

[1]《诗·大雅·皇矣》。
[2]《诗·周颂·臣工》。
[3]《诗·周颂·思文》。
[4]《诗·商颂·长发》。
[5]《诗·大雅·云汉》。
[6]《诗·小雅·小明》。
[7]《诗·大雅·烝民》。
[8]《诗·周颂·维天之命》。
[9]《诗·商颂·殷武》。
[10]《易·系辞上》。
[11]《易·系辞下》。

之吉凶。这部以占筮为务的典籍由卦象、卦辞、爻辞三部分构成，而真正在整体上起脉络贯通作用的是见于六十四卦卦象变换的所谓“阴”、“阳”消长。《周易》卦辞、爻辞中无一阳字，阴字仅一见，不过这个出现在“中孚”卦“九三”爻辞“鸣鹤在阴，其子和之”中的阴字与“荫”相通，并无更普遍的意味。但《周易》中确有两种动势由“- -”和“—”默示着，它们没有“阴”、“阳”之名，却已隐涵了只是在后来才明确起来的“阴”、“阳”两范畴的全部精义和神韵。“- -”、“—”的出现可能受到明暗、昼夜、暑寒、燥湿……一类两两相反相成的自然境象的启示，然而从中国古人与“帝”崇拜关联着的生命崇拜心理看，它们所体现的那种将事物、情态、势况尽分于二的智慧，可能受动植物的雌雄之分和人的男女之别的诱发更大些。这里，最可属意的是所谓“生”，而“生”则不能没有两种性态的交感。动植物因雌雄交感而有种属的延续，人类因男女交感而有生命的传承，中国古人视野中的世界是一生机不败的生命体，而使其生生不已的是涵盖了雌雄交感、男女交感的阴阳交感。

将事物依其自然或本然界限尽分于“二”，曾是古希腊哲学家柏拉图依据同一律为事物下定义的方法。它是这样一种“一分为二”：被分成的两个部分尽分那被分者，就是说，除这两部分外，被分的事物不再有所剩余；此外，这被分的两部分决不是随机的，它们一定是极自然的两个“种”。柏拉图举例说：“人”不应该被二分为“雅典人”（其自称“文明人”）和“非雅典人”（被雅典人称作“野蛮人”），“数”不应该被二分为某个极大的数和其余的数；“比较好、比较正确而合理的分类在于把数分为奇数和偶数，把人分为男人和女人。”[1] 这种“一分为二”或尽分于“二”，虽是人自觉地去做的，却有着世界的本然依据。中国古昔的画卦者对这一定则的运用比西方哲人早了五、六个世纪，体现了东方人和西方人的某种心灵相通。所不同的是，柏拉图对其所主张的“正确而合理”的“二”分有理致明畅的喻说，而其尽分于“二”的分类法则却仅

---

[1]柏拉图：《政治家》，黄克剑译，北京：北京广播学院出版社，1994，第36页。

用于事物的构成，如（正整）“数”由“奇数”和“偶数”构成，“人”由“男人”和“女人”构成；中国古昔的画卦者对尽分于“二”的智慧则并未诉诸言诠，但这以直觉默示的洞见终是关联着两种性态的交感而贯彻于森然万象的化生的。

“易有太极，是生两仪，两仪生四象，四象生八卦”〔1〕，这“生”的过程也是依次把“太极”、“两仪”、“四象”按“阴”、“阳”两种动势尽分于“二”的过程。其分而又分与生而又生的相应可图示如下：

☯ $2^0=1$ 易有太极〔2〕

⚊ 阳 ⚋ 阴 $2^1=2$ 是生两仪

⚌ 老阳 ⚍ 少阴 ⚎ 少阳 ⚏ 老阴 $2^2=4$ 两仪生四象

☰ 乾 ☱ 兑 ☲ 离 ☳ 震 ☴ 巽 ☵ 坎 ☶ 艮 ☷ 坤 $2^3=8$ 四象生八卦

$2^6=(2^3)^2=64$

“太极”作为1，可以用2^0表示，它意味着阴、阳未分或“零”分，因此“太极”又可说是“零极”或“无极”——由此，“无极而太极”〔3〕之说可以得到一种谛当的理解。如果“太极”或“无极”可示意为$2^0=1$（阴阳未分或“零”分），那么，“两仪”、“四象”、“八卦”、“六十四卦”的数的逻辑就可以分别表示为：$2^1=2$、$2^2=4$、$2^3=8$、$2^6=(2^3)^2=64$。“两仪”即是阴（⚋）、阳（⚊）两种动势，“四象”即是对“两仪”按阴、阳两种动势再度两分后所得到的老阳（⚌）、少阴（⚍）、少阳（⚎）、老阴（⚏）四种势象，“八卦”即是对“四象”按阴、阳两

〔1〕《易·系辞上》。

〔2〕通行本《易·系辞上》之“易有太极”一语在马王堆帛书《系辞》中作“易有大恒”，“大恒”一如“太一”，与“太极”当为同一所指的异称。

〔3〕周敦颐：《太极图说》。

种动态又一次两分后所得到的乾（☰）、兑（☱）、离（☲）、震（☳）、巽（☴）、坎（☵）、艮（☶）、坤（☷）八个经卦，“六十四卦”即是按阴、阳两种动势作第六次二分或由八个经卦两两相重所得到的六十四个重卦。的确，“太极”、“两仪”、“四象”、“八卦”、“六十四卦”的被称谓是在《易传》为它们命名之后，但在它们无名时已经确有其实。如果“两仪”、“四象”、“八卦”、“六十四卦”可以称之为“有”，那么，“太极”或“无极”就可以称作是“无”；如果“两仪”、“四象”、“八卦”、“六十四卦”可以称之为“多”，那么，“太极”或“无极”就又可以称作是“一”。中国人的思维的原始根柢深藏于《周易》古经，“有”与“无”、“多”与“一”的微妙关联隐伏在古经卦画的有序演变中。比起古希腊人由“始基”的悬设所引出的“一是一切、一切是一”（赫拉克利特）的哲学智慧来，中国《周易》古经对“一”与“多”的关系的把握是另一种情形：前者成就的是一种构成理论，后者导出的是一种生成观念；生成观念连着生命崇拜意识，因此，“生”被中国人认为是“天地之大德”[1]。

（三）结胎中的生命之学

从一定意义上说，有了文（文籍）献（贤者）就有了“学”，而“学”在中国古昔的初萌则是连着“阴”、“阳”化“生”的致思根荄的。“学”的本字“斅”在甲骨文中已见雏形（[甲骨文]，[甲骨文]），但其或可能指示某种祭祀活动（[甲骨文] 辛亥贞王其衣不冓雨之日王学允衣不冓雨）[2]，或用于人名（[甲骨文] 学戊）[3]，学之为学的涵义似尚在朦胧处酝酿中。“惟殷先人，有册有典”[4]，这“册”、“典”当指甲骨卜辞、刻辞的有序辑集，而卜辞、刻辞及其有序辑集即隐示着学问或学术意味上的学的萌朕。

《周易》朴讷而虚灵，它不曾径直提出“阴”、“阳”概念，但

[1]《易·系辞下》。

[2]见徐中舒主编：《甲骨文字典》，第348页。

[3]见徐中舒主编：《甲骨文字典》，第349页。

[4]《书·周书·多士》。

“- -”、“—”涵藏并默示了可表之以“阴”、“阳”而不尽于“阴”、“阳”的微旨。“一阴一阳之谓道”[1]，这说法虽出于诠释《周易》的《易传》，然而以此概括“易”趣演绎的总体格局及涵淹于其中的盎然“生”意则至为贴切。“易”之趣致首在于变易，变易之原由乃在于“阴”、“阳”两种性态或动势的相交互感，而“阴”、“阳”交感所引致的变易中所默运着的却是一种“生生”的几赜。《周易》以“人谋鬼谋”[2]见用于占筮，只是吉凶休咎的卜问毕竟系着“天地絪缊，万物化醇，男（阳）女（阴）构精，万物化生”[3]境遇下的非可究诘的机缘。阴、阳相摩相济以使森然万象生生不已诚然有其常则，但这常则并不就是定命；它为人乃至他物在一定景况中的可能选择留下了或大或小的余地，同时也因此使选择者遭逢种种难以逆料的或然情境。境遇的或然在中国先民那里催生了沉重的“命”意识，只是这“命”并不就是古希腊人所笃信不疑的那种“命运”。希腊化时期的哲人伊壁鸠鲁曾这样谈起前苏格拉底时期古希腊哲学中的“命运”，他说：“就是听从那些关于神灵的神话，也比作自然哲学家们所主张的命运的奴隶好得多；因为神话还给我们指出一点希望，可以借崇拜神灵而缓和神灵的震怒，至于命运则对于我们显得是一种不可挽回的必然。”[4]相对于“命运”这一“不可挽回的必然”，殷周之际的中国人所关注的“命”的或然性要大得多。有着绝对必然性的“命运”是全然外在于人的一种力量，这力量只许承受而不可抗拒，人对其无从规避亦无从选择；困惑于这种从人之外作用于人而人却无可如何的绝对的必然，古希腊人由推度万物之“始基”以探询宇宙的隐秘，哲学遂就此发轫。“命”则不同，其难以尽窥底蕴的或然性终是为人留下了作如此或如彼选择的可能。有怎样的选择，便会有相应的或吉或凶、或休或咎的遭际。冥冥之中似有某种把人的如此如彼的选择关联于一定结局的叵测的运数，以占筮方式卜问运数以作人事决断，

---

〔1〕《易·系辞上》。

〔2〕《易·系辞下》。

〔3〕《易·系辞下》。

〔4〕伊壁鸠鲁：《致美诺寇的信》，见北京大学哲学系外国哲学史教研室编译《古希腊罗马哲学》，北京：商务印书馆，1961，第369页。

这关系到天人之际的学问构成中国独特的史巫之学。古希腊的自然哲学——从泰勒斯提出"水是万物的始基"的命题到德谟克利特一味称述原子涡旋运动的原子论——虽有人的命运关切的背景，但所探讨的"始基"是纯然客在或先在于人的，中国古代的史巫之学则是"命"意识下的"人谋鬼谋"，始终有人的参与。单是因着这一点，中西之学在源头处即已有了微妙的分别。

史巫之学亦可谓史、巫、祝、宗之学或祝、宗、卜、史之学；巫、祝、宗、卜、史之职分皆与占卜、祭祀相系，其所司所问即构成当时最切要的学问。《左传》所记"（武王）分鲁公以大路、大旂……以昭周公之明德。分之土田陪敦、祝、宗、卜、史，备物、典策，官司、彝器；因商奄之民，命以伯禽而封于少皞之虚"[1]，《礼记》所云"祝、嘏辞说，藏于宗、祝、巫、史，非礼也"[2]，都显然是将"祝、宗、卜、史"或所谓"宗、祝、巫、史"就其职守之大概而列为同类。而《国语》则对"巫"、"祝"、"宗"等的专司作过如下分说：

民之精爽不携贰者，而又能齐肃衷正，其智能上下比义，其圣能光远宣朗，其明能光照之，其聪能听彻之，如是则明神降之，在男曰"觋"，在女曰"巫"；是使制神之处位次主，而为之牲器时服。而后使先圣之后有光烈，而能知山川之号、高祖之主、宗庙之事、昭穆之世、齐敬之勤、礼节之宜、威仪之则、容貌之崇、忠信之质、禋絜之服，而敬恭明神者，以为之"祝"。使名姓之后，能知四时之生、牺牲之物、玉帛之类、采服之宜、彝器之量、次主之度、屏摄之位、坛场之所、上下之神祇、氏姓之所出，而心率旧典者，为之"宗"。[3]

---

[1]《左传·定公四年》。

[2]《礼记·礼运》。

[3]《国语·楚语下》。

所说似未及“史”，但其时“祝史”连称[1]而有如“巫觋”，“祝”、“卜”之能事亦多为“史”者所擅长。所谓史巫之学，即巫、史、祝、宗、卜者之所务而渐次形成的规度有常的系统知识。此之为学虽烦琐庞杂，但其初衷终在于人生有待处的趋利避害、葆颐生命。卜筮、祭祀之所祈不外生存际遇中的可能大的福佑，而总会带给世人以生机的鬼神上帝的可取悦、可期冀、可凭靠则是巫、史、祝、卜从来就笃守不疑的信念。

《尚书》、《国语》、《山海经》诸典籍都曾记述“绝地天通”的上古传说，其中《国语》所记楚国大夫观射父在回答楚昭王询问时对这一传说的叙述最为详尽：

古者民神不杂……于是乎有天地神民类物之官，是谓五官，各司其序，不相乱也。民是以能有忠信，神是以能有明德，民神异业，敬而不渎，故神降之嘉生，民以物享，祸灾不至，求用不匮。及少皞之衰也，九黎乱德，民神杂糅，不可方物。夫人作享，家为巫史，无有要质。民匮于祀，而不知其福。烝享无度，民神同位。民渎齐盟，无有严威。神狎民则，不蠲其为。嘉生不降，无物以享。祸灾荐臻，莫尽其气。颛顼受之，乃命南正重司天以属神，命火（北）正黎司地以属民，使复旧常，无相侵渎，是谓绝地天通。[2]

---

〔1〕“祝史”连称，于《左传》、《礼记》多有。如《左传·桓公六年》：“祝史矫举以祭。”《左传·襄公二十七年》：“其祝史陈信于鬼神。”《左传·昭公十八年》：“郊人助祝史除于国北，禳火于玄冥回禄，祈于四鄘。”又如《礼记·曾子问》：“大宰命祝史以名遍告于五祀、山川。”《礼记·郊特牲》：“礼之所尊，尊其义也。失其义，陈其数，祝史之事也。其数可陈也，其义难知也。”

〔2〕《国语·楚语下》。此外，同一传说在《尚书》、《山海经》中亦有大同小异的记载。《书·周书·吕刑》：“王曰：若古有训，蚩尤惟始作乱，延及于平民，罔不寇贼，鸱义奸宄，夺攘矫虔。苗民弗用灵，制以刑，惟作五虐之刑曰法。杀戮无辜，爰始淫为劓、刵、椓、黥。越兹丽刑并制，罔差有辞。民兴胥渐，泯泯棼棼，罔中于信，以覆诅盟。虐威庶戮，方告无辜于上。上帝监民，罔有馨香，德刑发闻惟腥。皇帝哀矜庶戮之不辜，报虐以威，遏绝苗民，无世在下。乃命重、黎，绝地天通，罔有降格。群后之逮在下，明明棐常，鳏寡无盖。”《山海经·大荒西经》：“颛顼生老童，老童生重及黎，帝令重献上天，令黎邛下地。”

对于观射父言之凿凿的这段传说，学者们或以往古的一次“宗教改革”来解读[1]，或以世俗国君对“交通上帝的大权”的“垄断”作理解[2]，其所论的确切程度或当悉心检讨，但有一点是可以大致断言的，即“巫”、“祝”、“宗”之所事在愈益专职化的同时亦更大程度地为“帝颛顼”或“国王”所代表的官府所统摄。事实上，“古者民神不杂”只是托古以达到当下目的的一种说辞，“民神杂糅”、“民神同位”而“夫人作享，家为巫史”才是有权力“绝地天通”者要解决的问题。传说中的故事是无从考稽的，但它当是某种真实境况透过社会意识之棱镜时的折射。换句话说，以天人交通为务的“巫”、“祝”、“宗”者之术曾有过一个从不同群落各是其是到权力集中的官府对其规范齐一的过程，史巫之学在公例意味上成其为学时业已是官家之学。

二　“道”的求取与“学”的自觉

由“生”而有对“命”的顾念，由“生”也产生了对“性”——“生”之内在价值所系——的关注。《说文》解“性”，谓其“人之阳气性善者也。从心，生声”[3]，显然颇合“性”在春秋末叶之后被赋予的一个相对确定的意蕴，但其最初更多地还带着“生”的根荄。“性”字未见于甲骨卜辞；金文中已有“性”字，但为数不繁。西周、春秋时期，“生”与“性”往往通用，《诗经》中“尔受命长矣……俾尔弥尔性”[4]、《左传》中“怨讟并作，莫保其性”[5]的“性”，其义都在于

---

〔1〕徐旭生认为：“宗教的第一阶段在各地全表现为魔术……可是魔术师的巫觋太多，人杂言庞，社会秩序就难有相当长时的安定，极为不便。高阳氏的首领帝颛顼就是一位敢大胆改革的宗教主，他‘使南正重司天以属神，火正黎司地以属民’，就是使他们为脱离生产的职业宗教服务人。有人专管社会秩序一部分的事，有人专管为人民求福免祸的事。”（徐旭生：《中国古代的传说时代》，北京：文物出版社，1985，第6页）

〔2〕杨向奎指出：“古代，在阶级社会的初期，统治者居山，作为天人的媒介，全是‘神国’，国王们断绝了天人的交通，垄断了交通上帝的大权，他就是神，没有不是神的国王。”（杨向奎：《中国古代社会与古代思想研究》，上海：上海人民出版社，1962，第164页）

〔3〕许慎：《说文解字》卷十下。

〔4〕《诗·大雅·卷阿》。

〔5〕《左传·昭公八年》。

"生"。告子所谓"生之谓性"[1]的说法，其实可以看作是西周、春秋时由"生"说"性"或由"性"说"生"的一种延续；后世也常以"性命"与"生命"同义，至今亦然。但"从心"的"性"字的出现毕竟意味着对"生"有所自觉的人们的另一种关切，它指示着人对"生"的寻问的不同于"命"的致思取向，而正是在这一取向上中国人为自己创启了此后一直魂牵神往的"道"。

（一）从卜"命"到问"道"

战国时，孟子对"性"与"命"的分别有过一段精彩的论说，这段话是："口之于味也，目之于色也，耳之于声也，鼻之于臭也，四肢之于安佚也，性也。有命焉，君子不谓性也。仁之于父子也，义之于君臣也，礼之于宾主也，智之于贤者也，圣人之于天道也，命也。有性焉，君子不谓命也。"[2]那意思是说，耳、目、口、鼻、四肢之欲是人生而就有的东西，当然也可以称它们为人之"性"，但无论从它们的发生看，还是从它们的可能得到的满足看，这些嗜欲都是受人的肉体自然和外部环境条件制约的，所以君子把它们归于"命"的范畴，而不称其为"性"；与此相比，仁、义、礼、智、天道诸价值的实现，固然与人的禀赋有关，它们在某个人那里可能达到的最高程度是受到禀赋或所谓"命"的限制的，但一个人只要自觉到这些价值的可贵并愿意努力去践行它们，他总可以做得更好些，所以君子把践行仁、义、礼、智、天道视为人的分内之事，称其为"性"，而不称其为自己不能主宰的"命"。孟子就"性"、"命"所作的这一分辨是对儒家学说中"性"、"命"观念的经典表述，但应该说，这一意义重大的分辨，实际上在孔子说"死生有命，富贵在天"[3]、"为仁由己，而由人乎哉"[4]一类话时就已经开始了。

"死生有命，富贵在天"的话是由子夏说出口的，但这是子夏从孔子那里听到的人生道理；"为仁由己，而由人乎哉"是孔子亲口说的，说在

---

[1]见《孟子·告子上》。

[2]《孟子·尽心下》。

[3]《论语·颜渊》。

[4]《论语·颜渊》。

颜渊“问仁”时。这两句话概括了人生系于“命”、“性”的两重价值和人对这两种价值应取的两种态度。把“死生”、“富贵”与“命”和“天”关联起来说，很容易给人留下一种宿命的印象，但孔子从来就不是宿命论者。他既不否认“死生”、“富贵”对于人的价值，也并不把“死生”、“富贵”看作对于人说来的最重要的追求，更不用说是唯一的追求了。他说过：“富与贵，是人之所欲也，不以其道得之，不处也；贫与贱，是人之所恶也，不以其道得之，不去也。”[1] 他也说过：“邦有道，贫且贱焉，耻也；邦无道，富且贵焉，耻也。”[2] 这些说法表明，孔子并不以为人的“死生”、“富贵”状况是由上天安排或命中注定。不过，在他看来，人生所应当实现的价值中还有比“死生”、“富贵”更值得看重的价值，那就是“仁”。“仁”是一种德性，它发自人的真性情。依孔子的本意，不外是说，“死生”、“富贵”价值的获得除开“所欲”者自己的努力外，还需要那种人难以主宰、难以预料的外部情势——即所谓“命”的因素或“天”的因素——的成全，而且，比起“仁”德、人格的修养来，它也不是人生第一位的价值，因此，一个真正领悟到人生真谛的人自当存心于“仁”的德性的陶冶，不必过分执著于“死生”、“富贵”而以夭寿、爵禄为念。由“死生”、“富贵”而说“有命”、“在天”，既是对“命”、“天”因素可能加予这一重价值的制约的指出，也是对受“命”、“天”因素制约的这一重价值的省悟和超越。关联到孔子“无求生以害仁，有杀身以成仁”[3] 的说法，我们甚至可以断言，“有命”、“在天”说出的是一种人生的洒脱，是那种在可能的两难抉择中为了“成仁”而将“死生”、“富贵”置之度外的人格境界。与“死生”、“富贵”价值不同的是，“仁”的价值的实现是无待于或无求于外部条件的，是不受制于“命”和“天”的因素的。“仁”在人“性”中有内在的根荄，只要人觉悟到这一点并愿意努力去求取这一重价值，他总能够依自己的努力的程度达到相应的心灵境地。所以孔子一再诲示人们：“为仁由己”，

---

〔1〕《论语·里仁》。

〔2〕《论语·泰伯》。

〔3〕《论语·卫灵公》。

"我欲仁，斯仁至矣"。[1]

尽管孔子的学生子贡有"夫子之言性与天道，不可得而闻也"[2]之叹，但仍可以断定，孔子谈"仁"就是在谈"性"。由"生"而论人的"死生"、"富贵"必至于涉及"命"、"天"，由"生"而论"仁"，其实所论即缘起于"性"而最终归结于"道"。孔子说"人之生也直"[3]，这"直"显然主要不是从"命"上说，而是从"性"上说，正因为有这"直"的"人之生"或人之"性"为依据，所以孔子才得以顺理成章地说"为仁由己"。"仁"不在人的性分之外，但人的性分之内所有的"仁"只是"仁"的端倪或根荄；"为仁由己"所强调的是一己之人"为仁"的可能和每个人对于是否"为仁"这一价值抉择的无可推诿，而"为仁"毕竟是一个过程。作为过程的"为仁"，既意味着一种价值取向的厘定，也因此意味着对这一价值取向上某种极致或理想境地的确认。孔子在说"为仁由己"、"我欲仁，斯仁至矣"的同时，也郑重申明："若圣与仁，则吾岂敢?"[4]从人生而具有的性分中的那种"仁"的端倪，到"仁"的极致或理想境地的"圣"，在孔子看来，"为仁"所应走的是"中庸"的路径。"中庸"意味着一种恰到好处或恰如其分，它指向分毫不差那种分际上的圆满。孔子说："中庸之为德也，其至矣乎"[5]，又说："天下国家可均也，爵禄可辞也，白刃可蹈也，中庸不可能也。"[6]称"中庸"为"至"德是对"中庸"所指示的那种至高、至圆满的理想状态的赞叹，所谓"不可能"却是说"中庸"所指示的那种理想状态永远不会在人的经验的努力中完全达到。对于孔子说来，"中庸"既然指示着一种极致或理想之境，它便也构成一种"为仁"而导向"圣"境的方法或途径。作为方法或途径的"中庸"即是所谓"执两用中"。"执两"指抓住两端，一端是"过"，一端是"不及"；"用中"则为尽可

[1]《论语·述而》。
[2]《论语·公冶长》。
[3]《论语·雍也》。
[4]《论语·述而》。
[5]《论语·雍也》。
[6]《礼记·中庸》。

能地缩短“过”与“不及”的距离以趋于“中”的理想。人在经验中修养“仁”德，总会偏于“过”或偏于“不及”，但意识到这一点的人又总会尽可能地使“过”的偏颇或“不及”的偏颇小一些。“过”的偏颇和“不及”的偏颇愈小，“过”与“不及”之间的距离就愈小，而逼近“中庸”的程度也就愈大。愈来愈切近“中”的“执两”之“用”的无限推致，即是人以其经验或体验到的“仁”向“仁”的极致境地的趋进，亦即“仁”的“形下”经验向着“仁”的“形上”之境——所谓“圣”境——的超越。这超越的路径和这路径所指向的虚灵的形而上之境，构成孔子所说“人能弘道，非道弘人”[1]的那种“道”。

（二）“学以致其道”

“道”是典型的中国式的思想范畴；相应于“德”，它第一次出现在老子的《道德经》中。它是对通常所说“道路”之“道”向着形而上的升华，也是对春秋后期流行的“天道”、“人道”等说法的哲理化。“道”有“导”意[2]；在老子那里，它贯洽天地万物，以“法自然”为人默示一种虚灵的生命境界。老子以“朴”、“素”论“道”，也以“朴”、“素”说“德”，他引导人们“见素抱朴”[3]、“复归于朴”、“复归于婴儿”[4]，所“道”（导）之“德”超越世俗功利而一任“自然”。这由“自然”之性分引出的“道”，已不再像先前人们分外看重的“命”那样使人陷在吉凶休咎的考虑中，而是启示人们“致虚极，守静笃”[5]以脱开一切外在的牵累。

---

〔1〕《论语·卫灵公》。

〔2〕“道”字最早见于西周金文，写为“𨕥”，从行从首。刘翔指出：“所从行，像四达之衢，即今所谓十字街口；所从首，为人头之形。从行从首，像人张首处于十字街口之状，以示辨明方向引道而行之意。由此初文，知其本义当是引道而行……道字本义引道而行，引伸出导引之义。”（刘翔：《中国传统价值观诠释学》，上海：上海三联书店，1996，第244－245页）

〔3〕《老子》十九章。

〔4〕《老子》二十八章。

〔5〕《老子》十六章。

比起老子来，主张“道之以德”的孔子显然更可比拟于“轴心时代”[1]出现的释迦牟尼、耶稣和苏格拉底。他由内在于人心的那点“仁”的端倪、由人的性分之自然提升出一种应然的“仁”的价值，从老子所说“道法自然”的那个“自然”出发，却不停留在“自然”处。从人的性分之自然引出“仁”，这很像苏格拉底在希腊哲学中所做的那样，“求援于心灵的世界，并且到那里去寻求存在的真理”[2]；从明证于人心的“仁”的根芽自觉地推求“仁”而至于“圣”的虚灵之境以确立和弘扬一种“道”，这又很可以与苏格拉底从人心中经验到的“美”、“善”、“大”的观念推求那“美本身”、“善本身”、“大本身”[3]相比拟。苏格拉底的学说以人的“灵魂的最大程度的改善”[4]为宗趣，而孔子“志于道，据于德，依于仁，游于艺”[5]所要确立的又正是所谓“成德之教”或“为己之学”，即一种成全人的道德品操的教化或一种为着每个人切己地安顿其心灵的学问。如果说苏格拉底前后古希腊哲学命意的演变可一言以蔽之为“从‘命运’到‘境界’”，那么，老子、孔子前后古代中国人心灵眷注的焦点的转换正可一言以蔽之为“由‘命’而‘道’”。

当然，中国人所谓“命”并不像古希腊人心目中的“命运”那样被设想为“不可挽回的必然”，而“道”的意味也不全然相契于“美本身”、“善本身”、“大本身”所蕴涵的那种“至善”或“善的理念”。然而，正像古希腊哲学“一切是一”的运思，苏格拉底之前的那个“一”是一于“命运”，苏格拉底之后的“一”是一于“至善”的境界或一于“善的理念”，为中国古人所眷注的那个收摄“多”而生发“多”的

---

〔1〕此为20世纪德国哲学家雅斯贝斯语。雅斯贝斯说：“看来要在公元前500年左右的时期内和在公元前800至200年的精神过程中，找到这个历史轴心。正是在那里，我们同最深刻的历史分界线相遇。我们今天所了解的人开始出现。我们可以把它简称为‘轴心期’。”（雅斯贝斯：《历史的起源与目标》，魏楚雄、俞新天译，北京：华夏出版社，1987，第7-8页）他指出，正是在这一时期，印度、中国、古希腊分别出现了佛陀、孔子、苏格拉底这样的可视为人类之导师的圣哲。

〔2〕柏拉图：《斐多篇》，见《古希腊罗马哲学》，第175页。

〔3〕柏拉图：《斐多篇》，见《古希腊罗马哲学》，第176页。

〔4〕柏拉图：《申辩篇》，见《古希腊罗马哲学》，第149页。

〔5〕《论语·述而》。

“一”，在老子、孔子之前是一于“天”之所“命”，而老子、孔子之后却是一于为人所觉悟因而植根于人的性分自然的“道”。中西圣贤或哲人立教论学各有其独创的精神性状，但大端处的相通也正印证着中西民族文化底蕴的和而不同。

与“道”的观念的确立相应，孔、老之后的“学”的趋尚已渐次由史巫那样的数术转向“为道”或“致道”。在此同时，“学”之为“学”本身也愈益臻于自觉。孔子于《易》有“吾求其德而已，吾与史巫同途而殊归者也”[1]之说，其实，曾为“周守藏室之史”而终于“自隐”做了“隐君子”[2]的老子与囿于数术的史巫们又何尝不是“同途而殊归”。老子“尊道而贵德”[3]，孔子“志于道，据于德，依于仁，游于艺”，皆以“道德”为其学说之要归。尽管老子的“道德”在于“法自然”，孔子的“道德”终究“依于仁”，但无论是“法自然”还是“依于仁”，都是对当下尘垢世界之利欲奔竞的脱开或超出。孔门“志于学”固然在于“学以致其道”[4]，而老子所谓“为学日益，为道日损”[5]看似将“为学”与“为道”对置，却也同样是在喻示一种“为道”之“学”。其所称人“法地”、“法天”、“法道”、“法自然”，乃是要人取法“自然”的“作而弗始，生而弗有，为而弗恃，功成而弗居”[6]，这“弗始”、“弗有”、“弗恃”、“弗居”，一言以蔽之即是“不争”——不为个我乃至族群、人类的一己之利欲而争。老子强调“学不学”[7]，其“不学”之“学”即是“自然”之“学”，而“法自然”则正可谓“学”（“法”）那“不学”的自然。

不过，老子除倡导“绝仁弃义”、“绝巧弃利”外，毕竟也主张“绝

---

〔1〕《马王堆帛书·要》，见陈鼓应主编：《道家文化研究》第三辑，上海：上海古籍出版社，1994，第435页。

〔2〕《史记·老庄申韩列传》。

〔3〕《老子》五十一章。

〔4〕《论语·子张》。

〔5〕《老子》四十八章。

〔6〕《老子》二章。

〔7〕《老子》六十四章。

圣弃智”、“绝学无忧”[1]。“绝学”之说使老子之学置自身于一种难以自解的悖论中：人“法地”、“法天”、“法道”、“法自然”是人自觉地“法”，自觉地以“自然”为“法”而趋于“自然”则已不再是本来意义上的自然而然的“自然”；老子以其“若反”之“正言”[2] 曲尽不可道之“道”的玄致，没有对人生的究竟有所觉识并且因此对前人留下的人世沧桑的道理有所“学”是不可想象的。以其饱学诲人以“绝学”是老子之学的自相扞格，这扞格表达了道家在消极意味上所达到的“学”的自觉。

与老子大相径庭，“学”的自觉在孔子这里更富于积极意义，这“学”的自觉与孔子之学本身全然相应。孔子“好学”以至于“学而不厌”[3] 而作“学而时习之不亦说乎”[4] 之叹，颜回“好学”以至于“一箪食，一瓢饮，在陋巷，人不堪其忧，回也不改其乐”[5]，但孔子自称非“多学而识之者”[6]，其所学乃一以贯之于“道”。所以他不仅躬身“学以致其道”，也谆谆诲导其弟子、时人：“君子学道则爱人，小人学道则易使也。”[7] 孔子不像老子那样排斥“学文”，只是他所谓“学文”总是关联着“学道”的，因此他的“讲学”并不脱开“修德”、“闻义”以“迁善”[8]。“仁”、“知”、“信”、“直”、“勇”、“刚”是心灵可感通的人们普遍认同的六种德行，人们因其各自的气质，或更大程度地“好仁”，或更大程度地“好知”，或更大程度地“好信”、“好直”、“好勇”、“好刚”，这固然是情理中当有的事，但如果只是一味滞留在为气质所左右的“好”上，不以后天的“学”更准确地把握各种德行应有的分际，那就有可能使这些本来可称道的德行生出相应的弊端，所以孔子分外强调说：“好仁不好学，其蔽也愚；好知不好学，其蔽也荡；好信不好学，

---

[1]《老子》十九章。
[2]《老子》七十八章。
[3]《论语・述而》。
[4]《论语・学而》。
[5]《论语・雍也》。
[6]《论语・卫灵公》。
[7]《论语・阳货》。
[8]《论语・述而》：“德之不修，学之不讲，闻义不能徙，不善不能改，是吾忧也。”

其蔽也贼；好直不好学，其蔽也绞；好勇不好学，其蔽也乱；好刚不好学，其蔽也狂。”[1] 孔子如此劝勉人们以“好学”辅正对六种德行的所“好”，诚然重在启示各趋一偏的所好者学“礼”——这从他所谓“恭而无礼则劳，慎而无礼则葸，勇而无礼则乱，直而无礼则绞”[2] 可以得到印证，但对于他说来，这并不落在“玉帛”之表的“礼”从来都是统摄于其“朝闻道，夕死可矣”[3] 的那种“道”的。为孔子所创始的儒家之学是从人的生性或天性——“天命之谓性”[4] ——处说起的“为仁”之学，亦即“为人”之学，这把“仁”而“人”、“人”而“仁”在人的生命践履中“合而言之”[5] 以求其极致的学问自有其道：人唯有“学道”才能“弘道”，亦唯有“弘道”才能“学道”；“道”在人的“学”而“弘”之中对于人呈现为“道”，人在“学道”、“弘道”中成其为人。

（三）“斆（学），觉悟也”

与“学”之“为道”或“致道”取向形影相从，“学”本身的内涵或“学”之为“学”的意趣在孔子的时代亦臻于确定。《说文》释“学”：“学，篆文‘斆’省”，“斆，觉悟也”。[6] 《白虎通义》云：“学之为言觉也，以觉悟所不知也。”[7] 《广雅》释“学”：“学，觉也。”[8] 《广韵》亦释“学”：“学，觉悟也。”[9] 不过，此所谓“觉”或“觉悟”绝不是离群索居者的苦思冥想所能奏效的，所以《广雅》又释“学”：“学，效也。”[10] “效”不是为效而效的那种外在模仿，而是为了“觉”，因而“效”的过程也即是“觉”的过程。朱熹注《论语》“学而时习之”之“学”曰：“学之为言，效也。人性皆善，而觉有先后，后觉者必效先

---

[1]《论语·阳货》。
[2]《论语·泰伯》。
[3]《论语·里仁》。
[4]《礼记·中庸》。
[5]《孟子·尽心下》：“仁也者，人也；合而言之，道也。”
[6]许慎：《说文解字》卷三下。
[7]《白虎通义·辟雍》。
[8]《广雅·释诂四》。
[9]《广韵·觉韵》。
[10]《广雅·释诂三》。

觉之所为，乃可以明善而复其初也。”〔1〕他虽然以“效”释“学”，但以“效”为“后觉”效“先觉”，最终将其归结于“觉”，则颇可见出其对“效”而至于“觉”这一“学”的深层蕴义的把握。诚然，以“觉”或“觉悟”释“学”是汉以降的儒者之所为，但“学”之“觉”义则确已见之于春秋战国之际的典籍。

“觉”意味着所“学”对于“学”者的心灵有所触动，这“学”而“觉”之的企求决定了自觉于春秋战国之际的中国人的学问的精神性状。它的重心不落于知识的记诵，也不落于概念的推理。老子、孔子之学皆可谓“为道”或“致道”之“学”，而“道”决不就是可为言诠所条分缕析的知识。当老子说“道可道，非恒道”〔2〕时，他所告诫于人的当正如庄子所谓“道不可闻，闻而非也；道不可见，见而非也；道不可言，言而非也”〔3〕，但不可“闻”、“见”、“言”的“道”终是可以心“觉”而意“悟”，否则他便不必以洋洋五千言道其所不可道，言其所不能言了。老子于其“道”必有所“觉悟”，他道其不可道之“道”亦必有冀于他人对此“道”有所“觉悟”，这是以先觉点化后觉。如此点化即是一种“教”，尽管老子称其为“不言之教”〔4〕；领受如此点化而终于对先觉之所觉有所“觉”即是一种“学”，尽管老子倡说的是“学不学”。人“法地”、“法天”、“法道”、“法自然”之“法”乃为效法，亦未尝不可径称之为“效”，但人果能效法“自然”而得其真际，必在其“效”、“法”中会对“自然”所以为“自然”有所“觉”——此“法”此“效”而此“觉”正是“学，觉也”之“学”。老子施教，或以“惚兮恍兮”、“恍兮惚兮”〔5〕而至于“视之不见名曰夷，听之不闻名曰希，搏之不得名曰微”〔6〕对“道”之性态“强为之容”〔7〕，或以“三十辐共一

---

〔1〕朱熹：《四书集注·论语集注》卷一。

〔2〕《老子》一章。

〔3〕《庄子·知北游》。

〔4〕《老子》二章、四十三章。

〔5〕《老子》二十一章。

〔6〕《老子》十四章。

〔7〕《老子》十五章。

毂，当其无、有，车之用；埏埴以为器，当其无、有，器之用；凿户牖以为室，当其无、有，室之用”[1] 之类譬语对“道”之玄致婉转开示，或以“婴儿”、“赤子”对“道”之所导的“素”、“朴”价值作发人深省的隐喻，其“正言若反”却又处处诱人“觉”其“道”而“悟”其“德”。老子“绝学”以“学不学”而终于成其一家之学，此学重“觉悟”而厌弃“一察”[2] 之识，却亦毕竟可“学”。

孔子之“道”植根于人心之“仁”而弘大于“为仁”之人，“道”、“仁”虽不远人，但领会“仁”之为“仁”、“道”之为“道”却不在于人的辨析，而在于人之“觉悟”。不像老子那里“为学”与“为道”终是存在扞格，孔子随处称举“学”却总在于“为道”，这“学”是别一种价值取向上的“觉悟”之学。孔子诲人“学道”、“为仁”多以“近取譬”[3] 为教，从不诉诸“名”、“言”的界说。仲弓问“仁”，他答以“出门如见大宾，使民如承大祭。己所不欲，勿施于人。在邦无怨，在家无怨”[4]；司马牛问“仁”，他答以“仁者其言也讱”[5]；樊迟问“仁”，他答以“居处恭，执事敬，与人忠”[6]；颜渊问“仁”，他答以“克己复礼为仁。一日克己复礼，天下归仁焉”[7]。孔门弟子从老师那里得到的不是一个可诵而记之的齐一答案，孔子的随机指点只是要不同的问疑者在“求诸己”的具体情境中对于“仁”有所省觉或有所体悟。与“近取譬”构成一种互补，孔子施教的另一重要方式为品题人物以对其弟子或时人作“为仁”、“学道”的范本引导。“人能弘道”，“道”必呈现在人的自觉“为仁”的践履中。据此，孔子得以理所当然地把对难以言传的“仁”、“道”的疏解转换为对那些在为“仁”致“道”上具有范本作用的人的评说。孔子品题人物的话语集中辑录于《论语》“公冶长”篇、

---

[1]《老子》十一章。
[2]《庄子·天下》。
[3]《论语·雍也》。
[4]《论语·颜渊》。
[5]《论语·颜渊》。
[6]《论语·子路》。
[7]《论语·雍也》。

“雍也”篇，也散见于其他篇章，其或如“贤哉回也！一箪食，一瓢饮，在陋巷。人不堪其忧，回也不改其乐。贤哉回也”[1]；或如“伯夷、叔齐，不念旧恶，怨是用希”[2]；或如“泰伯，其可谓至德也已矣。三以天下让，民无得而称焉”[3]；或如“巍巍乎！舜禹之有天下也，而不与焉”[4]……孔子是在赞誉颜渊、伯夷、叔齐、泰伯、舜、禹……的懿德嘉行，也是在借这些可直观的人物的德行向人们喻示何所谓“仁”、何所谓“道”。未可尽言的“仁”、“道”在被品题的人物那里生命化了，那些“志于仁”、“志于道”者有可能从认可和效法如许范本人物的践履中获得对“仁”、“道”的觉悟。这由“效”而“觉”正是孔子所要倡导的儒家之“学”。子夏所谓“贤贤易色，事父母能竭其力，事君能致其身，与朋友交言而有信。虽曰未学，吾必谓之学矣”[5]，是对这由“效”而“觉”之“学”的印可，孔子所谓“君子哉若人（宓不齐）！鲁无君子者，斯焉取斯”[6]，则正可说是对这由“效”而“觉”之“学”的点破。

“古之学者为己，今之学者为人。”[7] 孔子这句托重古人以强调“学”而“为己”的话是就儒家之学旨归于人的心灵境界的提升而言的，老子不曾有过类似的说法，但道家之学的趣致依然在于人的灵府的安顿。儒、道两家致“道”而立“教”皆有其毫不含糊的价值取向，价值弃取并非完全与认知无缘，但其最终须待心灵的“觉悟”，亦须由这“觉悟”引出那见之于生命践履的信念上的决断。儒家“依于仁”，道家“法自然”，孔、老虽价值异趣，却都因其价值追求而使其学同为“觉”或“觉

---

[1]《论语·雍也》。

[2]《论语·公冶长》。

[3]《论语·泰伯》。

[4]《论语·泰伯》。

[5]《论语·学而》。

[6]《论语·公冶长》。

[7]《论语·宪问》。虞世南撰《北堂书钞》八十三卷引刘向《新序》云：“齐王问墨子曰：‘古之学者为己，今之学者为人，何如？’对曰：‘古之学者得一言以附身，今之学者得一善言务以悦人。’”《荀子·劝学》云：“古之学者为己，今之学者为人。君子之学也，以美其身；小人之学也，以为禽犊。”可以断言，墨子、荀子的说法皆可溯源到孔子语。

悟”之学。“道”在春秋战国之际作为系着人生终极趣向的虚灵而至高运思范畴的出现，标志着中国历史文化的“轴心时代”的莅临，它从大端处决定了往后的中国学术或学问——近现代中国人称之为“国学”——的非以逻辑思辨为能事的“觉悟”的品格。

三　“古之所谓道术”乃“原于一”

从学术萌蘖到学术自觉，学术之为学术总离不开两个不可再少的载体，一是文字典册，一是可解读这些典册而使其在修己、与人、处事等践履中得以生命化的人。前者即所谓文籍，后者即所谓贤者，古时所谓“文献”则兼指二者。如果说严格意义上的中国学术始于孔子、老子取不同的路径创“道”立“教”，那么这自觉了的学术的精神性状的确定便在于孔、老对既有文籍及与之相系的文物制度的各具匠心的措置。

（一）对晚周“文敝”的两种反省

中国文化有史可溯的夏、商、周三代，是由治理家族而推扩到治理“天下”的时代，以“礼”确定神、人的位分并由此规范人与人之间的关系而获得一种伦常秩序，使其制度化便有了所谓礼治。《说文》释“礼”：“礼，履也，所以事神致福也。”〔1〕《礼记》亦曾说到“礼”的缘起：“夫礼之初，始诸饮食，其燔黍捭豚，污尊抔饮，蒉桴而土鼓，犹若可以致其敬于鬼神。”〔2〕把“礼”解释为一种祭祀神灵和先祖的仪式，可能合于“礼”的最初的意谓。“礼”从最初的神、人之际推扩到后来的神、人而人、人之际，其作为有着某种神圣感的伦理规范有了更大的社会治理的作用，而与之相伴的则是“礼”亦愈来愈成为一种文教。孔子曰：“夏礼吾能言之，杞不足征也；殷礼吾能言之，宋不足征也。文献不足故

---

〔1〕许慎：《说文解字》卷一。

〔2〕《礼记·礼运》。所引整句话的意思为：礼起初是始于饮食的——上古时，人们将黍米和撕裂的豚肉置于石上烧烤，掘地以土坑为酒樽，以手捧酒而饮，用草和泥土抟成鼓槌，以土墩为鼓，尚且可以表达其敬献鬼神之心。

也，足则吾能征之矣。”[1] 又曰：“周监于二代，郁郁乎文哉！吾从周。”[2] 从这些说法可以推知，夏、商、周三代的制度皆有“礼”贯穿其中，只是夏、商的礼治尚在萌发、生成中，到了周，借鉴前代，损益夏、商而有了完备得多的周礼。通常所谓“周公制礼”，指的正是礼治到了周才有了“郁郁乎文”那样的典型形态。与“礼”密不可分，古人“事神致福”常配之以“乐”。《易》象辞云：“先王以作乐崇德，殷荐之上帝，以配祖考。”[3] 《礼记》亦云：“乐者，通伦理者也。是故，知声而不知音者，禽兽是也；知音而不知乐者，众庶是也。唯君子为能知乐，是故审声以知音，审音以知乐，审乐以知政，而治道备矣。是故，不知声者不可与言音，不知音者不可与言乐，知乐则几于礼矣。礼乐皆得，谓之有德。德者，得也。”[4] 如果说“礼”侧重于一种神与人、人与人的伦常秩序的规定，“乐”的作用就在于陶养处在这伦常秩序中的人的心灵和情致，此正所谓“乐者为同，礼者为异。同则相亲，异则相敬。乐胜则流，礼胜则离。合情饰貌者，礼乐之事也。礼义立，则贵贱等矣；乐文同，则上下和矣”[5]。“礼”、“乐”都是由人所创设的“文”，它起先所以有生机，能够使人们得到一个相对和谐有序的人际环境，是因着人的朴真的性情秉持其中。春秋战国之际，维系了周代数百年生机的“礼”、“乐”终于“崩”、“坏”。这“崩”、“坏”表现为一种现实的社会危机，但它对身处其中的人们的刺激，有可能把寻求解决的问题引向一个更深的层次。

诚然，晚周的“礼坏乐崩”并非“礼”、“乐”之“文”在形式上失于周备，而是“文胜质”以至于“史”（饰）[6]。这用司马迁的话说，即

---

[1]《论语·八佾》。《礼记·礼运》亦引孔子语曰：“我欲观夏道，是故之杞，而不足征也，吾得《夏时》焉。我欲观殷道，是故之宋，而不足征也，吾得《坤乾》焉。《坤乾》之义，《夏时》之等，吾以是观之。”此可与《论语·八佾》所记相印证。

[2]《论语·八佾》。“周监于二代”之说相应于《论语·为政》所记：“子曰：‘殷因于夏礼，所损益可知也。周因于殷礼，所损益可知也。’”

[3]《易·豫象》。

[4]《礼记·乐记》。

[5]《礼记·乐记》。

[6]《论语·雍也》。

是："三王之道若循环，终而复始，周秦之间，可谓文敝矣。"[1] "文"，原出于人的创制，人创制"文"本在于以"文"陶染、养润人以使人更其成为人。但"文"成全人，"文"也因其对人的藻饰而可能疏离人、牵累人。一旦"文"徒然为虚应故事的外饰乃至流为伪蔽，其与人的真切生命终相乖隔，遂积垢而成"文敝"或"文弊"。20世纪新儒家学者牟宗三解释周代衰期的"文敝"说："这套西周三百年的典章制度，这套礼乐，到春秋的时候就出问题了，所以我叫它做'周文疲弊'……这一套周文并不是它本身有毛病，周文之所以失效，没有客观的有效性，主要是因为那些贵族生命腐败堕落，不能承担这一套礼乐。因为贵族生命堕落，所以他们不能实践这一套周文。不能来实践，那周文不就挂空了吗？挂空就成了形式，成为所谓的形式主义（formalism），成了空文，虚文。"[2] 纯然形式化了的"文"只是一种文饰，"文"后面往往掩藏着机巧和伪诈，所以司马迁遂有"文之敝，小人之僿（浇薄）"[3] 之说。周代到了春秋末季已是日见衰朽，其种种病象皆可寻根到"文敝"。在当时的先觉者中，老子和孔子可能是最早敏感到"礼坏乐崩"或所谓"文敝"之底蕴并试图对面临的问题作某种终极性思考的人，他们各自立于一种"道"，而由此把社会、人生的千头万绪纳入一个焦点：对于生命本始[4] 禀受于"天"[5] 的人说来，"礼"、"乐"之"文"究竟意义何在？老子对问题的回答是否定性的，他崇尚"自然"之"道"，认为已经过深地涉于礼乐之"文"的人应当日损其欲、"复归于朴"。孔子之"道"是对老子之"道"的一种有选择的汲取或扬弃，他在尽可能大的"人"与"文"的张力下使问题的探讨由复杂进于深刻。在他看来，人之为人的成人之路在于"兴于诗，立于礼，成于乐"[6]，但他已经透彻地意识到"礼"并不在于玉帛往还、人际周旋的肤表处，"乐"也决不止于钟鼓悦

---

[1]《史记·高祖本纪》。

[2]牟宗三：《中国哲学十九讲》，上海：上海古籍出版社，1997，第58－59页。

[3]《史记·高祖本纪》。

[4]"本始"一语借自荀况。《荀子·礼论》："性者，本始材朴也；伪者，文理隆盛也。"

[5]《礼记·中庸》："天命之谓性。"

[6]《论语·泰伯》。

耳、歌舞宜人[1]。“礼”、“乐”中如果没有了人的性情的真切，那就不免会“文胜质则史”，同样，人的发于自然的真性情如果缺少了“礼”、“乐”的引导和陶冶，就又可能流于“质胜文则野”，而孔子是主张“文”与“质”相因相成而“文质彬彬”[2]的。

但无论是老子由“法自然”而弃绝“礼”、“乐”之“文”，还是孔子由导示“文质彬彬”而对“礼”、“乐”之“文”作更大程度的肯定，其所属意都在于万物而人、人而万物的“生生”。从殷商的“帝”崇拜到《周易》这一“大生”、“广生”[3]的象征系统，中国人从潜在到自觉的崇“生”意识是民族精神得以萌发而持存的根蒂，这根蒂借用庄子的话说，即是“古之所谓道术”乃“原于一”的那个“一”。老子之学与孔子之学皆由此“一”而来，二者间相非而相济所构成的那种张力则持久地涵润并养护了它。

(二)(老子)扫“文”以求“长生久视”

老子生卒年代不详，为春秋末期人。《史记·老庄申韩列传》称：“老子者，楚苦县厉乡曲仁里人也。姓李氏，名耳，字伯阳，谥曰聃，周守藏室之史也。孔子适周，将问礼于老子……老子修道德，其学以自隐无名为务。居周久之，见周之衰，乃遂去。至关，关令尹喜曰：‘子将隐矣，强为我著书。’于是老子乃著书上、下篇，言道德之意五千余言而去，莫知其所终。”司马迁的这段记载虽带着几分传闻的渲染，却也大体可信。同一《列传》中，还有“或曰：老莱子亦楚人也，著书十五篇，言道家之用”、“或曰（周太史）儋即老子，或曰非也，世莫知其然否”的记载，但太史公所倾向于认可的老子，是那个做过“周守藏室之史”而终于“自隐”的姓李名耳谥号聃的人。在没有比《史记》更可靠的史料出现之前，依此我们或可以作如下判断：老子与孔子是同时代人，他显然年长于孔子；《老子》一书由增益、点窜而臻于或近于后世所传之定

---

[1]《论语·阳货》：“礼云礼云，玉帛云乎哉？乐云乐云，钟鼓云乎哉？”

[2]《论语·雍也》。

[3]《易·系辞上》：“夫乾其静也专，其动也直，是以大生焉。夫坤其静也翕，其动也辟，是以广生焉。”

本，可能是战国时期的事，但此书的命意、神思的原创性乃至其中诸多论说当属于生活在春秋末年的老子本人。[1]

除相关史料的考辨外，至少从逻辑上讲，径直扫弃“文敝”的老子之说亦当早于对“文”、“质”配称多所斟酌的孔子之学。老子的“周守藏室之史”的阅历使孔子可能顺理成章地向之问礼，而由“史”以“自隐”则意味着老子对“文胜质则史”所造成的“文敝”否弃的决绝。在老子看来，“五色令人目盲，五音令人耳聋，五味令人口爽，驰骋田猎令人心发狂，难得之货令人行妨”[2]。这“五色”、“五音”、“五味”、“驰骋田猎”、“难得之货”相对于自然之“朴”都是人为之“文”，而“目盲”、“耳聋”、“口爽（伤）”、“发狂”、“行妨（害）”则皆可谓伤身而害生。老子扫“文”以复“朴”，其复朴却是为了顺自然之天性以“摄生”[3]。老子之学诚然辐辏于“法自然”之“道”，但“生”毕竟是其“道”之所导的归着所在。其所谓“天长地久；天地之所以能长且久者，以其不自生也，故能长生”[4]，固然是由“天长地久”而说“长生”，所谓“谷神不死，是谓玄牝；玄牝之门，是谓天地之根。绵绵兮其若存，

---

〔1〕唐宋之前，历代学者对《史记》所载孔子问礼于老子一事很少有人着意提出质疑。据宋人王十朋说，北魏时崔浩曾怀疑《道德经》为老子所作，如果确有其事，这可能是较早对老子其人和《老子》其书产生疑窦的人。到唐代中叶，韩愈撰《原道》一文由申说儒家道统而力拒佛老之徒所谓“孔子，吾师之弟子也”之说，实际上已经在驳难为老子立传的司马迁。接着，孔子向老子问礼的故事在以理学为主导学术趣向的宋代渐渐成为诸多学者考问的一大疑案。此后，晚清学人毕沅、汪中、崔述开古史辨伪之先河，推究中的《史记·老庄申韩列传》被列举的疑点愈益增多。清末民初以来，疑古辨古之风大畅，《老子》一书经多方考证，被更大程度地确定为战国中后期的著述，而老子其人是否真实存在甚至也成了问题；有人断言老子、老聃是《庄子》寓言中的人物，未必真有其人，有人断言老子其人不可以说子虚乌有，但其人其书的出现都为时较晚，又有人推断老子其人在世较早，而《老子》一书的问世却在颇晚的年代。近二十多年来，对老子及《老子》的考辨又有新的进展，总的趋势是再度认同《史记》之《老庄申韩列传》、《孔子世家》、《仲尼弟子列传》诸篇的记述。

〔2〕《老子》十二章。

〔3〕《老子》五十章：“盖闻善摄生者……以其无死地焉。”

〔4〕《老子》七章。

用之不勤"[1]，则更是在以"谷神"、"玄牝"而说"绵绵"、"不勤(尽)"之"生"。不过，老子不徒为"生"而说"生"，他"尊道而贵德"以重"生"所要分外强调的还在于如何才能生生不已、"长生久视"[2]。"孰能浊以止静之徐清？孰能安以久动之徐生？"老子如此设问后，他回答说："保此道者不欲盈，夫唯不盈，故能蔽而新成。"[3] 此外，他也说："知足不辱，知止不殆，可以长久"[4]，"勇于敢则杀，勇于不敢则活"[5]、"人之生也柔弱，其死也坚强"、"坚强者，死之徒；柔弱者，生之徒"[6]……由"不盈"、"不敢"、"知足"、"知止"、"柔弱"……而启示人们如何"生"、"活"而"长久"，其实用老子另一些话说即是所谓"为无为，事无事，味无味"[7]、"欲不欲"、"学不学"[8] ——唯"无为"、"无事"、"无味"、"不欲"、"不学"因而"不自生"，才真正可能"长生"。"上德不德，是以有德；下德不失德，是以无德"[9]，老子所称之"德"说到底乃是"生生"之德，因此亦未尝不可以援用这一句式对老子"生"而"长生"的意致作如是表达："上生不生，是以有生；下生不失生，是以无生。"不生而生是"不自生"而"生"或"无为"而"生"，倘为生而生或刻意求生反倒会失了"生"之真际。老子的"长生久视"之境是演自天道自然的，这以"自然"的"无为"、"无事"、"不欲"、"不学"为其所"为"、所"事"、所"学"，从根源处摒除了一切可能的人为之"文"，它包括了

〔1〕《老子》六章。此章中"谷神"一语耐人寻味。高亨《老子正诂》："谷神者，道之别名也。'谷'读为'穀'。《尔雅·释言》：'穀，生也。'《广雅·释诂》：'穀，养也。'……谷神者，生养之神。"如此将"谷神"释为"生养之神"诚然颇合老氏重"生"而祈于"长生"的意趣，但不若王弼所注更契其所论之玄旨。王弼《老子道德经注》："谷神，谷中央无（者）也。无形无影，无逆无违，处卑不动，守静不衰，（物）以之成而不见其形，此至物也。"此说以生物者为"至物"，而以"至物"生物、成物"不见其形"，不仅于老子重"生"之趣致有所了悟，亦对老子"不自生"而"长生"之措思别有深识。

〔2〕《老子》五十九章。

〔3〕《老子》十五章。

〔4〕《老子》四十四章。

〔5〕《老子》七十三章。

〔6〕《老子》七十六章。

〔7〕《老子》六十三章。

〔8〕《老子》六十四章。

〔9〕《老子》三十八章。

"礼"、"乐"，也包括了"诗"、"书"，乃至被方技化、学问化了的"易"。

老子扫"文"以至于"绝圣弃智"而"绝学"，但道那不可道之"道"的五千言毕竟也是人为之"文"。以其"文"而扫"文"，以其"学"而诎"学"，以其自有所崇之"圣"——所谓"圣人处无为之事，行不言之教"[1]、"圣人不仁，以百姓为刍狗"[2]——而绝"圣"，这既成其一家的"文"、"学"、"圣"对"文"、"学"、"圣"本身的鄙弃，使老子浑然一体的玄深道理露出了一道裂隙。当然，裂隙或破绽也是一种敞开或指引，这深刻的裂隙使别有宗趣的孔子学说有可能就此找到其另辟蹊径的最初的契机。

（三）孔子依"仁"而经心于"生"之意义

孔子依然着意于"生"，但其心之所系不在于生者的夭寿，而在于"生"所当体现的意义。从《论语》——为孔门后学所辑录的"孔子应答弟子、时人及弟子相与言而接闻于夫子之语"[3]——和《大学》、《中庸》、《孟子》、《易传》诸儒家著述所援引的其他若干"子曰"看，孔子径直谈"生"的话语并不多，他终其一生孜孜以措意的乃是寓托了一种对人生意义之理解的所谓"仁"。

已知的甲骨文中未见"仁"字，它的出现可能不早于殷周之际。由《左传·昭公十二年》所记"仲尼曰：'古也有志：克己复礼，仁也'"可以推知，"仁"被赋予德行上的意义或当不晚于西周之末或春秋初叶。[4]

---

[1]《老子》二章。

[2]《老子》五章。

[3]《汉书·艺文志》。

[4]《左传·襄公九年》载："穆姜薨于东宫。始往而筮之，遇艮之八䷳。史曰：'是谓艮之随䷐；随，其出也。君必速出！'姜曰：'亡！是于《周易》曰："随，元、亨、利、贞，无咎。"元，体之长也；亨，嘉之会也；利，义之和也；贞，事之干也。体仁足以长人，嘉德足以合礼，利物足以和义，贞固足以干事。然，故不可诬也，是以虽随无咎。今我妇人，而与之乱。固在下位，而有不仁，不可谓元。不靖国家，不可谓亨。作而害身，不可谓利。弃位而姣，不可谓贞。有四德者，随而无咎。我皆无之，岂随也哉？我则取恶，能无咎乎？必死于此，弗得出矣。'"这段记载或表明，带着道德人格方面的训诫解释卦爻辞不必自孔子始，孔子的贡献只在于，把这种尚带偶然性质的解释卦爻辞的方式导向对整个《周易》系统的解释。后世儒者把穆姜所说的那段话稍加修改后编入《易传》之《文言》，当是按照孔子所示价值取向编撰《易传》的一种方式。但另一种更大的可能则在于，《易传·文言》的编撰在前，《左传》的成文在后，《左传》作者在追述鲁襄公之祖母穆姜之事时，借穆姜之口将《文言》所说附会于此。

“仁”见之于《诗》有二处，一为“叔于田，巷无居人；岂无居人？不如叔也，洵美且仁”[1]，一为“卢令令，其人美且仁！卢重环，其人没且鬈！卢重鋂，其人美且偲！”[2] 这两处“美且仁”之“仁”，显然已经有了相当的道德意味。《说文》解“仁”：“仁，亲也。从人从二。忎，古文仁，从千心。𡰥，古文仁或从尸。”郑玄注《礼记·中庸》“仁者，人也”句，谓“仁”为“相人偶”。今则有学者据战国金文（𡰥）、玺印文（𢙍，忎）指出：“从心从身的‘𢙍’，从心从千的‘忎’，及‘𡰥’诸形，实皆仁字。这是古文字里同字异构的典型实例。分析仁字异构的产生，从心从千的构形，当是从心从身之构形的讹变。致讹原因，乃因身、千形近，且古音同在真部。至于‘𡰥’之构形则当由𢙍字省变而来……‘𡰥’之省心，犹如德字省心作‘徝’，惠字省心作‘叀’，忠字省心作‘中’，其例相同。综合上述，仁字最早的构形为‘𢙍’，讹变为‘忎’，省变为‘𡰥’。仁字造文从心从身，身亦声，会意兼形声。此构形之语义，当是心中想着人之身体（身、人义类相属，古音同在真部）。可见仁字造文语义，与爱字造文语义，实属同源。”[3] 如此把“仁”字的最初构形追寻到“𢙍”可能是切合实情的，而将其说成“心中想着人之身体”以引出“爱”义亦颇近于造字的本意，但更确当的解释也许应该是这样：“身”字的甲骨文写法为“[illegible]”，形似人有身孕，其意为“妊娠”，也指“人之腹”[4]；“仁”之初文“𢙍”乃一形声兼会意字，涵义则为心于妊娠有所牵念——由此亦可引出“爱”的意味来，不过这主要不在于人对自己的身体之爱，而是对腹中所孕育的胎儿之爱，亦即是说“仁”（“𢙍”）是连着“生”意、“亲”意的此一人（孕育者）对彼一人（被孕育者）的爱。

---

[1]《诗·郑风·叔于田》。

[2]《诗·齐风·卢令》。

[3]刘翔：《中国传统价值观诠释学》，第159页。

[4]见徐中舒主编：《甲骨文字典》，第931页。

“仁”有“爱”意，但这“爱”由“生”之、“亲”之而出。由“仁”而把“生”与“爱”关联起来，这是孔子以“儒”立教终究“依于仁（𢖼）”的至可玩味的历史而心理背景的幽趣所在。后世儒者多有以“生”诠释“仁”者，其或谓“春作夏长，仁也”[1]，或谓“养之，长之，假（大）之，仁也”[2]，或谓“生，仁也；成，义也”[3]，或谓“生生者，仁乎”[4]，而明人方以智之说则最为详尽，他说：“仁，人心也，犹核中之仁，中央谓之心，未发之大荄也。全树汁（协调）其全仁，‘仁’为生意……古从千心（应为从身心，‘忎’为‘𢖼’之讹变——引者注），简为二人。两间无不二而一者，凡核之仁必有二坼（两瓣），故初发者二芽，所以为人者亦犹是矣。”[5] 但儒者亦更多地以“亲”、“爱”释“仁”，其或如“亲亲，仁也”[6]，或如“仁，爱也，故亲”[7]，或如“爱由情出谓之仁”[8]，或如“仁之法，在爱人，不在爱我；义之法，在正我，不在正人”[9]，而孟子对“亲”、“爱”、“仁”的分际说得尤为中肯，在称论“仁者以其所爱，及其所不爱；不仁者以其所不爱，及其所爱”[10] 的同时，他也强调指出：“君子之于物也，爱之而弗仁；于民也，仁之而弗亲。亲亲而仁民，仁民而爱物。”[11] 其实，“仁”兼有“生”、“亲”、“爱”诸义，正可谓“仁”（“𢖼”）有“生”意，“亲”由“生”生，“仁”有“亲”意，“爱”与“亲”通。孔子所说“中心憯怛，爱人之仁也”[12]，其“爱人”之“爱”实际上业已涵盖了“生”、“亲”的意

---

[1]《礼记·乐记》。
[2]《礼记·乡饮酒义》。
[3]周敦颐：《通书·顺化》。
[4]戴震：《原善》上。
[5]方以智：《东西均·译诸名》。
[6]《孟子·尽心上》。
[7]《荀子·大略》。
[8]《韩诗外传》卷四。
[9]董仲舒：《春秋繁露·仁义法》。
[10]《孟子·尽心下》。
[11]《孟子·尽心上》。
[12]《礼记·表记》。

蕴于其中。因此，本于孔子之旨，有若才会有“孝弟也者，其为仁之本与”[1] 之说，子思才会有“君子之道，造端乎夫妇”[2] 之说，而《易传》也才会有“有男女然后有夫妇，有夫妇然后有父子，有父子然后有君臣，有君臣然后有上下，有上下然后礼义有所错（措）”[3] 之说。“亲”由“生”说起，“爱”由“亲”发端，儒家“依于仁”的教化使“亲亲”而“泛爱众”[4] 这一推扩中的“爱”显现出合于人情自然的差等。

孔子重“仁”即是重“生”、重“亲”、重“爱”，但由“仁”而重“亲”并不囿于血缘亲情，由“仁”而重“爱”并不溺于“爱之欲其生，恶之欲其死”[5] 那种偏私之爱，同样，由“仁”而重“生”，所重只在于“生”所当有的价值。“志士仁人，无求生以害仁，有杀身以成仁”[6]，当孔子这样判别“生”与“仁”的高下以表明一种价值弃取时，他并非轻觑生命，而是用他所分外珍视的“生”申示他对“仁”的更为珍视。在孔子看来，“生”本当体现“仁”，不体现“仁”或与“仁”相抵牾的“生”不再有“生”之为“生”的价值，而一旦“生”与“仁”不能两全以致必得作一种两难抉择时，一个人则宁可“杀身以成仁”，不可“求生以害仁”。换句话说，对于孔子说来，真正有价值、有意义的“生”是“欲仁”、“为仁”而“成仁”之“生”，没有了“仁”，“生”便不再有人——而非禽兽——之“生”的最终依据。在老子那里，人秉其天赋之自然而“生”即是目的；在孔子这里，“生”固然不能不秉其天赋之自然，但由这自然中引出应然的“仁”而践“仁”以“生”才是“生”的目的所在。“法自然”而“生”，必致摒弃人为，因而鄙斥文教以“见素抱朴”；“依于仁”而生，则“生”虽注重于质直，却也不舍教化而倡导人文陶冶。老、孔论“道德”皆关乎人生，但祈愿中的人生见

---

[1]《论语·学而》。
[2]《礼记·中庸》。
[3]《易传·序卦》。
[4]《论语·学而》。
[5]《论语·颜渊》。
[6]《论语·卫灵公》。

之于文事竟又如此之不同。

“仁”本身即蕴涵着“质”的真率，孔子所谓“人之生也直”[1]的“直”原只是质真或质直。不过，“为仁”诚然“由己”，但亦终须“克己复礼”，这“克己复礼”便是于切己处教化以人为之“文”。“仁”关联着“质”，非有此“质”而不足以称述“我欲仁，斯仁至矣”；“仁”也关联着“文”，若非此则不足以使孔子作“若圣与仁，则吾岂敢”之叹。“为仁”当是“后素”之“绘事”，虽属“绘事”之“文”，却仍不可不有“素”之“质”为之前提。“欲仁”、“为仁”而“成仁”的价值取向，注定了孔子对人“生”的思考要更复杂而更深刻些，在“文”、“质”的张力中求取二者的“彬彬”以应对晚周之“文敝”，这使孔子在着意唤起玉帛、钟鼓中当有的那份人性真切时，也分外看重古代所遗典籍的修述。

四 孔子与六艺

从殷人辑甲骨卜辞为“典”、“册”，到孔子于晚周“述而不作”之所“述”，这期间流布于世而渐成篇帙的载籍在中国最早的目录学著述中被称作“六艺”。《庄子·天运》的篇末拟有一则寓言，其称“孔子谓老聃曰：‘丘治《诗》、《书》、《礼》、《乐》、《易》、《春秋》六经’”，这可能是最早将“六艺”所指的文献标举为“六经”的文字。诚然，寓言是不可执著为史实的，但“丘治《诗》、《书》、《礼》、《乐》、《易》、《春秋》六经”之说当不会是信口杜撰，况且孔子对“六艺”或“六经”的修述用一“治”字表达也分外贴切。“六艺”诸文籍在孔子前即已传演日久，孔子修述“六艺”只是为之拓出了一个对于此后中国学术文化影响深远的阐释方向。

（一）孔子与《诗》、《书》

《史记》、《汉书》皆有孔子删《诗》的记述，前者有“古者诗三千

---

〔1〕《论语·雍也》。

余篇，及至孔子，去其重，取可施于礼义，上采契、后稷，中述殷、周之盛，至幽、厉之缺，（凡三百五篇）”[1] 之说，后者亦有云：“古有采诗之官，王者所以观风俗，知得失，自考正也。孔子纯取周诗，上采殷，下取鲁，凡三百五篇。”[2] 但自唐人孔颖达指出“《书》、《传》所引之诗，见在者多，亡逸者少，则孔子所录，不容十分去九；马迁言古诗三千余篇未可信也”[3] 以来，历代学人（郑樵、朱熹、朱彝尊、崔述等）对《史记》、《汉书》所云皆有质疑，而经近世学者再度考辨，“删《诗》”之谓讹而不确则几成定论。不过，无论如何，孔子对其时大体已有定本传世的《诗》的推重是无可置疑的，他曾说“《诗》三百，一言以蔽之，曰：‘思无邪’”[4]，他也曾说“不学《诗》，无以言”[5]。

学《诗》固然可以“多识于鸟兽草木之名”，但在孔子看来重要的还在于“迩之事父，远之事君”，而《诗》之所以能有如此效用，则是因着“诗可以兴，可以观，可以群，可以怨”。[6] 孔子以《诗》为教，是所谓“诗教”；“诗教”非以诗为道德训诫，由诗而化导人心乃在于其“兴”、“观”、“群”、“怨”。“兴”，未始不可以了解为引譬连类或托物兴辞的一种修辞手法，然而如此，与其相提并论的“观”、“群”、“怨”便亦当以艺术手法相喻，而这则显然有失于牵强。真正说来，如果关联着同一章中“迩之事父，远之事君”的说法，关联着孔子“人而不为《周南》、《召南》，其犹正墙面而立也与”[7] 的劝诱去领会，“兴”、“观”、“群”、“怨”的深趣或可作如是把握：“兴”在于人的情志的感发，“观”在于吟诗者的心迹的察识，“群”在于诗情中的人心的感通，“怨”在于诗人及诵诗者的内心郁结和忧怨的排遣。究其底里，“兴”、“观”、“群”、“怨”可谓无一不指归于人的真“性”的养润和人的善“习”的培育；

---

[1]《史记·孔子世家》。

[2]《汉书·艺文志》。

[3]孔颖达：《毛诗正义》。

[4]《论语·为政》。

[5]《论语·季氏》。

[6]《论语·阳货》。

[7]《论语·阳货》。

如此论诗，孔子所措意的主要是诗教而不是诗艺。诗教的主导价值取向是道德的，不是审美的，从“兴”、“观”、“群”、“怨”或可以引申出审美自觉来，但至少在孔子这里，“兴”（“兴于诗”）原是与“立”（“立于礼”）和“成”（“成于乐”）一体的，诗教则当涵盖于礼乐之教而并不在礼乐教化之外别成一种教化。诗曲尽衷臆而不逞辩，委婉从容而最重情愫，不逞辩可弃除出言吐辞中的戾气，重情愫则可养润性分所蕴的那份不忍人之心，因此孔子对“《诗》教”有“温柔敦厚”[1]之称。

《诗》在被作某种领悟时才活在领悟者的生命中，领悟者只是以自己的生命格局从《诗》中汲取他所可能汲取的诗情。孔子诵《诗》，至少曾两度慨叹“为此诗者，其知道乎?”[2]一次是读解《诗·豳风·鸱鸮》中的句子：“迨天之未阴雨，彻彼桑土，绸缪牖户。今女下民，或敢侮予?”（趁着天还没有阴，雨还没有落，剥下那桑树根的皮，修好我的门户，补好我的窝；如今一切都就绪了，看你们这些向上窥视的人们，有哪个敢来欺侮我?）另一次是读到《诗·大雅·烝民》的句子：“天生烝民，有物有则，民之秉彝，好是懿德。”（上天生下这众多的百姓，世界上的每件事都有一定的准则；依人们秉持的常性，没有人不喜好这种美德。）无论是《鸱鸮》还是《烝民》，其难以稽考的作者皆未必对孔子所谓“道”有所自觉，他们只是秉其性灵之真率把一种切己的人生感悟吟唱出来，孔子则把这些可感通于诸人之情思的感悟以其默识而体认的“道”作了点化。如果说《鸱鸮》由“未雨绸缪”所不期然触及的还只是“道”见之于齐家、治国的一个侧面，那么《烝民》由“秉彝”、“懿德”几于道破的则已可说是发于人之心性的“为仁”之“道”了。孔子由“仁”说起的“道”并非人伦日用之外的超越存在，它的胚芽原本就培壅在人的“中心憯怛”的起念处。这承载了人的终极祈愿的“道”最早觉悟于孔子的心灵，孔子也就此获得了一个窥寻文籍中所藏古人心迹的窍眼。他也许对于既已辑集的《诗》无所损益，但他向着它投过了一

---

[1]见《礼记·经解》。

[2]见《孟子·公孙丑上》、《孟子·告子上》。

束光，借着这束光人们有可能找到一条通往《诗》的幽深处去的蹊径。

与《诗》略可比况，《书》亦曾经过孔子整理并被赋予了一个新的阐释方向。《史记》载："孔子之时，周室微，而礼乐废，《诗》、《书》缺。追迹于三代之礼，序《书》传。上纪唐虞之际，下至秦缪，编次其事……故《书》传、《礼》记自孔氏。"[1] 又云："孔子因史文，次《春秋》，纪元年，正时日月，盖其详哉。至于序《尚书》，则略无年月。"[2] 孔子如何"序《书》"或"序《尚书》"，史家语焉不详，而所谓"序"，从上下文看，则是指"次"或"编次"。与《诗》不同，《书》在孔子时尚未有定本，孔子"序《书》"可能有删订、有取舍，但《汉书》所说"（于书）孔子纂焉"、"凡百篇而为之序，言其作意"[3] 未必可信。经孔子"编次其事"的《书》究竟多少篇——这涉及《尚书》今古文之争——似已难以确知，不过，至少流布于今的今文《尚书》二十九篇大多曾为孔子所校读应可大体认定，此外亦可断言，经孔子校订之《书》非止二十九篇，这则可印证于《论语》——其引及《书》中文字与孔子相关者有三处[4]，至少两处不见于今文《尚书》。《论语》所引《书》语，一为"孝乎惟孝，友于兄弟"[5]，一为"武王曰：'予有乱臣十人'"[6]，一为"高宗谅阴，三年不言"[7]，三者之旨皆在于"为政"。其或用于说

---

〔1〕《史记·孔子世家》。

〔2〕《史记·三代世表》。

〔3〕《汉书·艺文志》。

〔4〕这里所谓引及《书》中文字与孔子相关者三处，指排除了《论语·尧曰》所引《书》中语。其所引"有罪不敢赦。帝臣不蔽，简在帝心。朕躬有罪，无以万方。万方有罪，罪在朕躬"，与《书·商书·汤诰》所记"尔有善，朕弗敢蔽。罪当朕躬，弗敢自赦。惟简在上帝之心。其尔万方有罪，在予一人。予一人有罪，无以尔万方"相近。其所引"虽有周亲，不如仁人"、"百姓有过，在予一人"，则出于《书·周书·泰誓》中所记"虽有周亲，不如仁人"、"百姓有过，在予一人"。今存《汤诰》、《泰誓》皆有涉伪作，且援引上述《书》语的《尧曰》第一章文字明显非出于孔子，亦非为孔子某亲炙弟子所言，因此当可确定，其与研琢孔子"序《书》"之事无关。

〔5〕见《论语·为政》，语出《书·周书·君陈》，其云："王若曰：君陈！惟尔令德孝恭。惟孝，友于兄弟，克施有政。"

〔6〕见《论语·泰伯》，语出《书·周书·泰誓中》，其云："王乃徇师而誓曰：……受有亿兆夷人，离心离德；予有乱臣十人，同心同德。"

〔7〕见《论语·宪问》，语出《书·周书·无逸》，其云："［高宗］作其即位，乃惑亮阴，三年不言。言乃雍，不敢荒宁。"

"才难"（贤才难得），或用于说"孝弟"这一"为仁之本"亦是为政之本，理趣无一不在于所谓"为政在人，取人以身，修身以道，修道以仁"[1]。与孔子对其一以贯之的"为仁"而"成仁"之道——孟子所谓"仁也者，人也；合而言之，道也"[2]——的称举相应，其"序《书》"只在于就此为他的修道之教溯述一种富于历史感的渊源。孔子称尧"大哉尧之为君也！巍巍乎！唯天为大，唯尧则之"[3]，称舜"无为而治者，其舜也与！夫何为哉？恭己正南面而已矣"，称禹"巍巍乎！舜禹之有天下也，而不与焉"，"禹，吾无间然矣"[4]，称文王"三分天下有其二，以服事殷。周之德，其可谓至德也已矣"[5]，这些由衷的赞誉之辞固然在于"祖述尧舜，宪章文武"[6]，而为《书》的诠解指示一条相契于儒家教化的致思路径，却也使《书》在学术和文化意趣上从此获得了某种赋有神圣感的经典地位。

（二）孔子与《礼》、《乐》

《礼》在孔子之前即已作为文典存在，但截止孔子立教，流布于世的《礼》只是所谓《仪礼》。"仪礼"之名的出现不会早于东晋初年，而其实——对"冠"、"昏"、"丧"、"祭"、"乡"、"射"、"朝"、"聘"诸仪节的载述——却可溯至春秋之前。《史记·儒林传》称："诸学者多言礼，而鲁高堂生最。《礼》固自孔子时，而其经不具。及至秦焚书，书散亡益多，于今独有《士礼》，高堂生能言之。"太史公所说"高堂生能言"的《士礼》，属记述所谓"礼仪三百，威仪三千"一类仪节之礼的《礼》，而此记述礼节之礼的《礼》亦即以所遗十七卷传至后世的《仪礼》。孔子"以《诗》、《书》、《礼》、《乐》教弟子"，对当时"其经不具"的种种仪节由"追迹三代之礼"予以考校、订正应在情理之中，而最重要的则在于，其传《礼》时赋予了这繁阜"礼仪"、"威仪"以一种"依于仁"

---

〔1〕《礼记·中庸》。
〔2〕《孟子·尽心下》。
〔3〕《论语·泰伯》。
〔4〕《论语·泰伯》。
〔5〕《论语·泰伯》。
〔6〕《礼记·中庸》。

的精神。

“民之所由生，礼为大”，在孔子看来，“非礼无以节事天地之神也，非礼无以辨君臣、上下、长幼之位也，非礼无以别男女、父子、兄弟之亲，昏姻、疏数之交也。”〔1〕礼体现人与神、人与人关系的一种伦叙，恪守伦叙诚然构成一种规范，这规范却也是发乎人情之自然而又对之有所导示的可喻之理。所以孔子说：“礼也者，理也。”〔2〕不过，礼作为情理而伦理之理，不只是一种知识，重要的还在于见诸人的躬身践履，正是在这个意义上，孔子也指出：“言而履之，礼也。”〔3〕对于孔子说来，礼是践行于仪节的人伦之理，因而它并不外在于人的真性情，不外在于人的“中心憯怛，爱人之仁”。因此，孔子才有这样的说法：“郊社之义，所以仁鬼神也；尝禘之礼，所以仁昭穆也；馈奠之礼，所以仁死丧也；射乡之礼，所以仁乡党也；食飨之礼，所以仁宾客也。”〔4〕鲁人林放曾向孔子询问“礼之本”，孔子并未予以知解性的回答，他只是说：“礼，与其奢也，宁俭；丧，与其易也，宁戚。”〔5〕相对于仪节、仪文的“奢”（奢侈靡费）、“易”（过分考究），“俭”意味着返回生命的质朴，“戚”则在于情动于中的那种人性的真切；这里，无论是“俭”，还是“戚”，都关联着“仁”这一“由己”而“为己”之德。“礼”在殷商以至西周而春秋，其义或正如汉儒所谓“事神致福”，但孔子诲人“立于礼”则最终是要把人导向“仁”。如果说“人而不仁，如礼何”〔6〕主要还是以遮诠的方式喻示“仁”与“礼”的关系，那么所谓“克己复礼为仁”便可视为孔子对“仁”与“礼”的关系的正面表达。“礼”在“为仁”的标的下才真正成其为“礼”，而成其为“礼”的“礼”一旦确立则又可成

---

〔1〕见《礼记·哀公问》。节事，合于规范地事奉。疏数，远近。

〔2〕见《礼记·仲尼燕居》。

〔3〕见《礼记·仲尼燕居》。

〔4〕见《礼记·仲尼燕居》。郊社之义，即郊社之仪或郊社之礼；郊社，祭祀天地，周时冬至祭天称郊，夏至祭地称社。尝禘，泛指四时祭祀；周时秋祭称尝，夏祭称禘，冬祭称蒸，春祭称享。昭穆，宗庙中神主的排列次序，始祖居中，而父子依序左昭右穆；这里泛指祖先。馈奠，指丧事中的祭奠。射乡，指射礼与乡饮酒礼。食飨，酒食宴享宾客或祭祀宗庙。

〔5〕《论语·八佾》。

〔6〕《论语·八佾》。

为“克己”所应循守的范准，这范准对于人构成一种匡束，却又还是一种引导，它督勉着内在于每个人生命中的“爱人”之“仁”向更高的境地提升。所以，孔子说，“夫礼，所以制中也”——“敬而不中礼谓之野，恭而不中礼谓之给，勇而不中礼谓之逆”，而“给夺仁慈”。[1]

经孔子重新阐释的“礼”，尽管依然保留了“趋详之节”[2]，但贯注于其中的主导价值祈愿已从“致福”转向“为仁”。先前事神祀祖以求佑助的周人未尝不作修德的努力，但修德毕竟是为了获取福报；孔子以礼为教诱喻人以“克己”、“为仁”似亦未尝摈绝“死生”、“富贵”的考虑，然而相应的义利之辨终究使“求仁”而“得仁”成为主要的目的所在。与“礼”之重心这一微妙移易相表里，前此的不无他律制约的伦理规范现在则更大程度地转换为德性的自律修为的愿心。在此同时，作为祭祀对象的鬼神对于孔子也已不再是冥冥之中存在的灵异实体，其只为唤起人的生命的神圣感、厚重感而内在于人的精神世界。因此，孔子曾如此解释“鬼神”并由此指点“礼”之教化的至高境界：“气也者，神之盛也。魄也者，鬼之盛也。合鬼与神，教之至也。众生必死，死必归土，此之谓鬼。骨䏶于下，阴为野土，其气发扬于上，为昭明，焄蒿、悽怆，此百物之精也，神之著也。因物之精，制为之极，明命鬼神，以为黔首则，百众以畏，万民以服。圣人以是为未足也，筑为宫室，设为宗祧，以别亲疏远迩，教民反古复始，不忘其所由生也。众之服自此，故听且速也。二端既立，报以二礼；建设朝事，燔燎羶芗，见以肖光，以报气也，此教众反始也。荐黍稷，羞肝肺首心，见间以侠甒，加以郁鬯，以报魄也。教民相爱，上下用情，礼之至也。”[3] 这通着“教之至”、“礼之至”的别一种信念与趣致上的“鬼神”观念，使孔子所传而

---

〔1〕见《礼记·仲尼燕居》。

〔2〕《史记·孔子世家》。

〔3〕见《礼记·祭义》。焄（xùn）蒿，气息熏蒸；焄，同“熏”，香臭之气；蒿，升腾、散发的样子。宗祧，宗庙与祧庙；祧，远祖之庙。二端，指气（神）、魄（鬼）。二礼，指下文所说报气、报魄之礼。燔燎，烧柴祭天。羶芗，祭祀时烧牛羊脂的气味。肖光，即是时燃艾蒿所发出的香气。荐、羞，进献。侠甒（wù），指左右陈列的醴酒；侠，通“夹”，左右两边；甒，一种与壶、瓶为一类容器的陶制酒器。郁鬯，以鬯酒与郁金之汁调和而成的一种香酒；鬯，用于祭祀的香酒。用情，以真情相待。

述之的《礼》不再只是固有的《礼》的简单延续，在《礼》被孔子的“一以贯之”的“道”点化以“仁”的灵韵后，历史的旧籍开始向着人的敞开的心志作一种新的诉说。

与“诗”、“礼”一体，孔子也将“乐”视为一种谐和世情、陶融人心的教化。“兴于诗，立于礼，成于乐”，这是儒门施教的一个未可躐次的过程，从这一过程可看出孔子对“乐”的看重。《论语》所记“子语鲁大师乐，曰：‘乐其可知也：始作，翕如也；从之，纯如也，皦如也，绎如也，以成’”[1]，似乎只是就演奏技艺而论“乐”，其实，这是在谈“乐”之艺，也是在谈“乐”之道。真正说来，为孔子所赞许的乐之道中涵濡的乃是见之于“和”的“仁”之道或“为仁”之道。《论语》亦记有孔子语“吾自卫反鲁，然后乐正，《雅》、《颂》各得其所”[2]，“乐正”表明孔子曾悉心于正《乐》。由“乐正”而使“《雅》、《颂》各得其所”可知，《乐》可能与《诗》相附丽，这略可证诸《史记》所说“三百五篇，孔子皆弦歌之，以求合《韶》、《武》、《雅》、《颂》之音”[3]，亦可证诸孔子对“三家者以《雍》彻”[4]的责斥。但正像《诗》之词语可独立于乐，孔子正《乐》可能还包括了对《韶》、《武》等乐的校理和对郑、卫之音的辨识。

《乐》并没有作为乐谱、也没有作为一部较系统的乐理留下来，但孔子正《乐》可从《礼记》之《乐记》、《经解》、《仲尼燕居》、《孔子闲居》等篇所引之“子曰”窥其一斑。孔子品评《武》乐说：“夫乐者，象成者也。总干而山立，武王之事也；发扬蹈厉，大公之志也；《武》乱皆坐，周、召之治也。且夫《武》，始而北出，再成而灭商，三成而南，四成而南国是疆，五成而分周公左、召公右，六成复缀，以崇天子。夹

---

〔1〕《论语·八佾》。

〔2〕《论语·子罕》。

〔3〕《史记·孔子世家》。

〔4〕《论语·八佾》。《雍》是《诗·周颂》中的一篇，依周礼，当为天子祭祀宗庙完毕撤去祭品时所唱的诗，诗中有“相维辟公，天子穆穆”（助祭的诸侯恭敬侍立，行礼的天子神情肃穆）的句子。其为鲁大夫季孙氏、孟孙氏、叔孙氏用于家祭之堂，明显是一种僭越。然而“以《雍》彻”表明，《雍》当可依乐而歌。

振而驷伐，盛威于中国也。分夹而进，事蚤济也。久立于缀，以待诸侯之至也……散军而郊射，左射《狸首》，右射《驺虞》，而贯革之射息也。裨冕搢笏，而虎贲之士说剑也。祀乎明堂，而民知孝。朝觐，然后诸侯知所以臣。耕藉，然后诸侯知所以敬。五者，天下之大教也。食三老五更于大学，天子袒而割牲，执酱而馈，执爵而酳，冕而总干，所以教诸侯之弟也。若此，则周道四达，礼乐交通，则夫《武》之迟久，不亦宜乎?"[1] 以“乐”象征功业，以乐舞喻示“天下之大教”，这是以“乐”为“教”。孔子阐释《武》乐，其实是在讲述他心目中被理想化了的“周道”，尽管这位托始尧舜的儒门先师更心仪于“大道之行也，天下为公”的“大同”[2] 之世，因而也更赞叹相传为虞舜时所创制的《韶》乐。他称《韶》“尽美矣，又尽善也”，却说《武》“尽美矣，未尽善也”。[3] 孔子分别了“美”和“善”，但他显然认为“乐”不仅应当尽致地体现“美”的价值，也更应尽致地体现“善”的价值。在“志之所至，诗亦至焉；诗之所至，礼亦至焉；礼之所至，乐亦至焉”[4] 的教化意义上，孔子正《乐》更多地是出于“为政以德”而“道之以德”[5] 的考虑。

---

〔1〕《礼记・乐记》。象成，象征功业上的成就。总干，持盾；总，持。山立，如山一般屹立。大公，指姜太公吕尚。乱，乐曲的最后一段。周、召，指周公旦、召公奭（shì）。再成，第二段；成，乐舞的一段。复缀，恢复原位；缀，舞者所站立的位置。夹振，左右舞队分别振铎（摇铃），以象征两司马振铎。驷伐，戈矛四刺；驷，通“四”。蚤济，早渡；以舞蹈象征尽早渡河（黄河）以伐纣。散军而郊射，解散军队而使其学郊射之礼。左射《狸首》，左边习射礼者唱《狸首》诗；《狸首》，逸诗，今《诗》不存。《驺虞》，即《诗・召南・驺虞》；驺虞，一种不吃活物的兽，象征不忍杀生。贯革，穿透衣甲。裨冕，朝觐祭祀时所着礼服、礼冠。虎贲之士，虎一般勇猛的将士。说剑，脱剑；说，通“脱”。祀乎明堂，祭祀于明堂；明堂，帝王宣明政教之地。朝觐，臣子朝见君主。耕藉，每年即将春耕时举行的一种仪式，天子、诸侯亲耕藉田以示劝农。三老五更，郑玄注：“三老五更，互言之耳，皆老人更知三德五事者也。”孔颖达疏：“三德谓正直、刚、柔，五事谓貌、言、视、听、思也。”执爵而酳（yìn），手捧酒爵请漱口；酳，古代食礼，食毕以酒漱口。冕而总干，服冕持盾以舞。迟久，长久。

〔2〕见《礼记・礼运》。

〔3〕《论语・八佾》。

〔4〕见《礼记・孔子闲居》。

〔5〕《论语・为政》。

（三）孔子与《易》、《春秋》

《易》原为占筮之书，通过对它的阐释使其相应于一种赋有终极眷注意味的人文教化则始自孔子。《论语》辑录孔子论及《易》的话题有两处，其一为“子曰：‘加（假）我数年，五十（卒）以学《易》，可以无大过矣’”[1]；其二为“子曰：‘南人有言曰：“人而无恒，不可以作巫医。”善夫！’‘不恒其德，或承之羞。’子曰：‘不占而已矣’”[2] 后者引《易·恒》九三爻辞“不恒其德，或承之羞”以印合南人之言“人而无恒，不可以作巫医”，借此诲诫人们做一个德行修养上的“有恒者”；前者则表明孔子对《易》的看重和其学《易》之勤谨，其可旁证于《史记·孔子世家》所谓“孔子晚而喜《易》……序《彖》、《系》、《象》、《说卦》、《文言》，读《易》韦编三绝。曰：‘假我数年，若是，我于《易》则彬彬矣’”。

传之于今的《易传》，其文字未必皆为孔子所亲撰，“序《彖》、《系》、《象》、《说卦》、《文言》”的说法，也许可以理解为对既有传述《易》之文字依一定类次予以编纂、修订，并就此为《易》的阐释开出一个系于德行教化的方向。《文言》、《系辞》中对“子曰”的援用颇多，此或当为孔子“序”《易传》时所加批注而为后儒引作点睛之笔。其或被用来疏解某一卦爻，如“子曰：‘小人不耻不仁，不畏不义，不见利不劝，不威不惩。小惩而大诫，此小人之福也’”被用来诠释《易·噬嗑》之初九爻辞“屦校灭趾，无咎”[3]，“子曰：‘龙德而隐者也。不易乎世，而成乎名，遯世无闷，不见是而无闷，乐则行之，忧则违之，确乎其不可拔，潜龙也’”被用来诠释《易·乾》之初九爻辞“潜龙勿用”[4]；或被用来通论“易”之“道”、“德”，如“子曰：‘知变化之道者，其知神

---

[1]《论语·述而》。“五十以学《易》”之“易”，《鲁论》作“亦”，《古论》作“易”，今依《古论》；其“五十”或为“卒”（终于）之误，朱熹《四书集注》云：“刘聘君见元城刘忠定公自言尝读他《论》，‘加’作‘假’，‘五十’作‘卒’。盖‘加’、‘假’声相近而误读，‘卒’与‘五十’字相似而误分也。”古时文字书之简帛为竖写，“‘卒’与‘五十’相似而误分”由此而来。

[2]《论语·子路》。

[3]见《易·系辞下》。

[4]见《易·文言》。

之所为乎'" 被用来诠释"生生之谓易"、"一阴一阳之谓道"的"易"之"道"[1]，"子曰：'夫易，何为者也？夫易，开物成务，冒天下之道，如斯而已者也'" 被用来诠释体现于"蓍之德"、"卦之德"的"易"之"德"[2]。但无论是就某一卦爻辞作义理的抉发，还是就"易"之"道"概而论之以喻示其"通天下之志"、"定天下之业"、"断天下之疑"[3]，孔子于《易》所经心的主要不在于吉凶利害的趋避，而在于对人心世风的"道之以德"。"人谋鬼谋"的《周易》经由孔子阐释后从先前以卜筮为能事的史巫之《易》转而变为以德行为趋尚的教化之《易》，而这一点亦恰可证诸马王堆出土的帛书《要》篇。其谓"夫子老而好《易》，居则在席，行则在囊"，并对孔子于《易》趣的厘正有如是载述："子曰：'《易》，我复其祝卜矣，我观其德义耳。幽赞而达乎数，明数而达乎德……赞而不达于数，则其为之巫；数而不达乎德，则其为之史。史巫之筮，乡之而未也，好之而非也。后世之士疑丘者，或以《易》乎？吾求其德而已，吾与史巫同途而殊归者也。君子德行焉求福，故祭祀而寡也；仁义焉求吉，故卜筮而希也。祝巫卜筮其后乎？'"[4] 单就"求福"、"求吉"而论，孔子与史巫似乎并无不同，但史巫事诸祭祀、卜筮，其所祈求唯在"福"、"吉"，孔子"喜《易》"、"好《易》"则终以"德行"、"仁义"为指归，只把"福"、"吉"作为由之可能带来而非刻意骛逐的收获。这与史巫的"同途而殊归"把《易》置于另一种人文视野，从此这一以"生"为根柢的象征系统开始承当教化的职能。

与"正《易传》"（"序《彖》、《系》、《象》、《说卦》、《文言》"）略相当，孔子编订古代文籍的又一重大成就是"作《春秋》"。《春秋》原是鲁国的纪事文献，它经由孔子参酌其他诸侯国的史料加以订正、编纂后才成为后世以"经"相称的典籍。孟子曾这样说到孔子"作《春秋》"："世道衰微，邪说暴行有作，臣弑君者有之，子弑父者有之。孔子

---

[1]见《易·系辞上》。
[2]见《易·系辞上》。
[3]见《易·系辞上》。
[4]《马王堆帛书·要》，见陈鼓应主编：《道家文化研究》第三辑，第434、435页。

惧，作《春秋》”[1]；“（《春秋》之作）其事则齐桓、晋文，其文则史。孔子曰：‘其义则丘窃取之矣’”[2]。从鲁国纪事文献的《春秋》到“是非二百四十二年之中，以为天下仪表。贬天子，退诸侯，讨大夫，以达王事”[3]的《春秋》，孔子之所“作”不在于齐桓、晋文之“事”，也不在于史官之“文”，而是在于孔子为之所取之“义”。修史不同于著论，“史”义非由“作”者径直告白于文字，但取材、编次的笔削过程皆为隐在的“义”所主导。孔子赋予《春秋》之“义”虽是“窃取”，但终生“志于道，据于德，依于仁，游于艺”的他，其富于个性的“窃取”恰更近于不落偏私的虚灵之大公。“唯仁者能好人，能恶人”[4]，孔子是以“朝闻道，夕死可矣”相期相励的仁者，其“好人”、“恶人”而“是非二百四十二年之中”是由他的达于“圣之时者”[5]的生命境地作最后凭准的，因此他为《春秋》“窃取”之“义”乃是超越诸多一察之见及流俗之众意的蕴于人心、见于三代“直道而行”[6]的公义。

《春秋》似乎仅是起自鲁隐公元年迄于鲁哀公十四年的一部编年史，但真正说来，其立意则在于借着春秋时期的史实喻示一种不为任何时代所局囿的义理。“我欲载之空言，不如见之于行事之深切著明者也”[7]，这是孔子“作《春秋》”的初衷所在。如果说其“好《易》”、“喜《易》”是在人的生命眷注的现实而至于终极意趣上，那么，可以说，其“作《春秋》”则是在人的生命眷注的终极而现实的意趣上。因此，相应于“后世之士疑丘者，或以《易》乎”的感喟，孔子亦有“知我者其惟《春秋》乎！罪我者其惟《春秋》乎”[8]之叹。《春秋》之“义”的大

---

[1]《孟子·滕文公下》。

[2]《孟子·离娄下》。

[3]《史记·太史公自序》。

[4]《论语·里仁》。

[5]《孟子·万章下》：“伯夷，圣之清者也；伊尹，圣之任者也；柳下惠，圣之和者也；孔子，圣之时者也。”

[6]《论语·卫灵公》：“子曰：‘吾之于人也，谁毁谁誉？如有所誉者，其有所试矣。斯民也，三代之所以直道而行也。’”

[7]见《史记·太史公自序》。

[8]见《孟子·滕文公下》。

端或如《史记》所云，其“据鲁，亲周，故殷；运（通）之三代，约其文辞而指博。故吴、楚之君自称王，而《春秋》贬之曰子；践土之会，实召周天子，而《春秋》讳之曰：‘天王狩于河阳。’推此类以绳当世贬损之义”[1]，以寓“正名”——厘定名分而“君君，臣臣，父父，子子”[2]——于是非褒贬。但《春秋》如此评断人物、世事“以为天下仪表”，毕竟有其可推至终极的依据或标准。这依据或标准在德性修养（后儒所谓“内圣”）上即是“为仁”、“成仁”而至于“圣”，在社会治制（后儒所谓“外王”）上则为“大道之行也，天下为公，选贤与能，讲信修睦”之“大同”——相对于这“大同”，即使是三代之英（禹、汤、文、武、成王、周公）“谨于礼”、“以著其义，以考其信，著有过，刑仁讲让，示民有常”，也已仅可谓之“小康”[3]了。这隐在于其间被用作是非褒贬之终极依据的至高祈尚，也许就是后世人们所孜孜以求而终究探之弥深的微言大义。

中国故有之学舍“六艺”（“六经”）无从说起，而“六艺”舍孔子则难以觅其统绪。孔子“修《诗》、《书》、《礼》、《乐》”、“序《彖》、《系》、《象》、《说卦》、《文言》”而“作《春秋》”，集有文字记载以来诸学之大成，以致当世及后世“中国言六艺者折中于夫子”[4]，这是中国学术文化史上至可属意之事会。孔子引“六艺”为六教，其有“其为人也，温柔敦厚，《诗》教也；疏通知远，《书》教也；广博易良，《乐》教也；絜静精微，《易》教也；恭俭庄敬，《礼》教也；属辞比事，《春秋》教也”[5]之说；此“六教”自是对“六艺”向着儒家教化所作的推绎，但“六艺”并不因此仅局限为儒者的典籍。诚然，老庄讥“六艺”为“先王之陈迹”而叹其非“所以迹”[6]，不过即便如此，离“迹”却又何以求“所以迹”？如果说中国学术之运演毕竟可谓之一脉分张，那

[1]见《史记·孔子世家》。
[2]《论语·颜渊》。
[3]《礼记·礼运》。
[4]《史记·孔子世家》。
[5]《礼记·经解》。
[6]《庄子·天运》。

么，这分张中的一脉即是到了孔子这里才条理可辨的“六艺”。

“六艺”为学脉所由之“一”，孔子之后蜂起的诸子之学乃可视为“天下多得一察焉以自好”的“多”。这“一”、“多”关系，用道家的话说即是“道术将为天下裂”[1]，用儒家或对儒学有所倚重者的话说则为“（诸子）亦六经之支与流裔”[2]，或所谓诸子“述道言治，枝条五经”[3]。

这里，尚须指出的是，诸子之学得以因应时运而发生，固然离不开“六艺”对其根荄的培壅，却也还多少受传承中损益着的“数度”（与官制相应的职规法度）——此所谓“明而在数度者，旧法、世传之史尚多有之”[4]——的所赐。当然，真正说来，后者可一言以蔽之为“数”，而前者则在有待生命激活的字句间蕴涵了“数”所应当体现的“义”。

（作者单位：中国人民大学国学院）

---

〔1〕《庄子·天下》。

〔2〕《汉书·艺文志》。

〔3〕刘勰：《文心雕龙·诸子》。

〔4〕《庄子·天下》。

李曙华

中国自然哲学及其现代意义

内容提要：本文试图以考察《周易》之“经”、“传”为主，从三才贯通的本体论、生成整体的宇宙论、生命实践的感通论、立象效法的整体性方法论、探赜索隐的算法符号体系等五个方面，阐明中国式自然哲学的特性与意义，并与当今之系统科学、科学哲学略作比较。文中指出，正是中国这种独特的自然哲学，孕育、培壅了生成整体论的中国古代科学，其为当今中国文化与科学可能的自主创新提供了重要的文化资源与思路启迪。

关键词：三才贯通　生成整体　生命实践　智的直观　道德　象　数

近代以来，一种流行的观点认为中国只有人生哲学，而无自然哲学。殊不知中国以“道”、“德”为核心的生命哲学本来就是自然哲学与人生哲学的统一。与西方自然哲学不同，中国先哲对宇宙与人生的终极追问，一开始便是一种天、地、人三才贯通的道德形上学。中国式的自然哲学，可谓以生命为隐喻的生成哲学，它最早蕴涵于《易经》中，而由其后的《老子》和《易传》作了提升与阐发。本文试图以考察《周易》之“经”、“传”为主，从三才贯通的本体论、生成整体的宇宙论、生命实践的感通（或感悟）论、立象效法的整体性方法论、探赜索隐的算法符号体系等五个方面，阐明中国式自然哲学的特性与意义，并与当今之系统科学、科学哲学略作比较。文中指出，正是中国这种独特的自然哲学，孕育、培壅了生成整体论的中国古代科学，其为当今中国文化与科学可能的自主创新提供了重要的文化资源与思路启迪。

一　三才贯通的本体论

以天、地、人三才贯通为前提的《周易》，是中国关于自然之本然律则的最早经典。追根溯源，昔者圣人之作《易》，乃观天察地，以生命实践之感悟，顺性命之理，取象比类，立卦生爻，可谓“穷理尽性以至于命”[1]。《易经》卦爻“兼三才而两之”[2]，不仅立天、地、人三才之道，且以“一阴一阳”普遍的生成法则贯通之。《周易》自然哲学是包括人在内的以生命为隐喻的本体论，其试图昭示的是直指本体而非仅涉现象的真理。此本体亦非独立于人之外的所谓客观世界的存在（ontology），而是与人不可分离的世界“在其自己的”那种“本然”。这一特性决定了中国文化与科学“天人合一”、“实践优位”之大格局，也决定了其后必与西方“理论优位”之二元对立之路分道扬镳的历史命运。

《周易》本体论体系的形成，首先乃根据人之所见自然之“象”、“形”及其变化，而非人为制造的现象。《易传》开篇即表明：乾坤、卦爻的定位及其变化乃根据天地、山川及其“动静有常”的变化，而八卦的设立则以天然之男女、日月、雷霆、风雨为依据。其次，“天生神物，圣人则之；天地变化，圣人效之；天垂象，见吉凶，圣人象之……”[3]，《周易》乃直接效法、模拟自然所生所示之“物”、“象”及其变化而创立。

《周易》之三才贯通，是从天地之大道贯通于人与人类社会。其依据是以卦爻象数所表征的世界万物及相互关系，然后由“彖”、“象”以“断”以“定”，以“示”以“告”，进行解说，阐明其意义。我们不难发现，这种解说总是由自然律则之本然而涉及人事吉凶之应然。因此，与西方自然哲学不同，它不局限于人与自然的纯认知关系，而总与人之行为相关联，它并不试图“为自然立法”，而是主张效法自然，顺应自然。其目的亦不在于解释自然，改造自然，而在于模拟自然，告示人民，以“法自然”。因此，其真正关切的，不是为理论立规范，而是为实践立规范。由此，它更大程度地表现出一种价值趣向，而非认知趣向。这或许是许多人认为中国无自然哲学之原因。

然而，笔者以为，《周易》之价值趣向，是以对宇宙终极之“真”的认识为基础的，卦爻象数本是一套关于世界生成规律的推演系统，每一卦

---

[1]《周易·说卦》。
[2]《周易·说卦》。
[3]《周易·系辞上》。

爻必以自然之规律为准，然后推出“人生之一举一动”。正如牟宗三先生所指出：《周易》同时含有三方面内容与意义：其一，物理的；其二，数理的；其三，伦理的。而其“彖”、“象”，“在在皆可以暗示出一种实在论的知识论”与“实在论的价值论”，“或说是‘超越的内在’之价值论”。[1] 这即是说，《周易》乃同时具有自然哲学与人生哲学两方面的内容。

目前科学哲学实践转向的研究表明，关于本体的知识只能产生于人的实践。笔者以为，《易经》三才贯通的本体论，可以说是一种从生命实践（而非从理念或仅仅经验）出发的“缘身认知”，其所含自然哲学也是一种与西方不同之价值趣向下的自然哲学。“六爻之动，三极之道也。”三才的贯通，不仅意味着人与自然界、主体与客体之不二，而且亦可由此推至本体与现象、精神与物质、“知”与“行”的统一。因此，一方面，世界是可理解的，另一方面，价值内在于自然而世界是有意义的。宇宙与人生“既不隔，亦不对立。无论从那一面说，都是通着彼面的，而且亦是了然于彼面的”；“从宇宙方面说，这本源不是无根的、随意猜测的，这是直接由我的德性实践作见证的。同时从人生方面说，这德性意义、价值意义的本源，也不是局限而通不出去的，故性与天道一时同证。一透全透，真实无妄”。[2] 笔者认为，这种天地人贯通、本体论与价值论统一的中国式自然哲学之独特精神与智慧，对于今天解决天人二分、主客二分所带来的知识真理性难题以及价值外在等问题，无疑具有重要启示。

二　生成整体的宇宙论

《周易》是通过什么将天地人贯通起来的？一言以蔽之——“生”。“生生之谓易”，三才贯通的本体论与彻底的生成整体论宇宙观密切相关。《周易》之哲学可谓“生命哲学”，而《周易》之自然哲学正是古代的“生成哲学”。其中，作为最高信念的“道”当有三层涵义：其一，宇宙

---

〔1〕牟宗三：《周易的自然哲学与道德函义》“导言”，台北：文津出版社，1988，第3、5页。
〔2〕牟宗三：《生命的学问》，桂林：广西师范大学出版社，2005，第120页。

万物创生之终极根源。其二，自然生成之根本法则与动力。其三，天地人生成过程中道的体现。

1.“生生之为易”

以“易”为代表的中国自然哲学的宇宙观，可谓是以“生”为核心的变易观，与西方科学及其自然哲学基础总是试图寻求变化中的不变性不同，中国先哲认为世界上不变的唯有变易本身，而这变易亦非指物体的空间性位置移动，而指事物的时间性生成演化。《易传》云：“太极生两仪，两仪生四象，四象生八卦……”〔1〕，老子《道德经》亦谓：“道生一，一生二，二生三，三生万物。”〔2〕 宇宙万物从“太极”或“道”开始，皆有一共同之本源，亦皆有从无到有、从隐到显、由盛而衰的诞生、生长、灭亡之生成发展过程，由此形成“生生不已”、“大化流行”的世界图景。显然，《周易》的生成整体论同时亦是一种彻底的动态过程论。这种思想与西方近代怀特海之“过程哲学”是相通的。其有所差异的是：在《周易》超循环式的生成过程中，时间、空间、物质具有同构性，根据中国的干支计时法，时间不仅具有三维特征，而且具有分形性。有无相生，虚实相含，一切事物的存有都意味着时间、空间、物质的同时涌现。由此观之，爱因斯坦的四维空时亦不过是生成演化真实世界的静态投影。在《周易》彻底的生成整体论中，人亦由天地所生，并与天地同归宇宙之大化流行。因此，自然生成过程并非独立于人之外的认识对象，人具有天地所赋之“天性”，不仅不外在于天地万物，且可与万物一体，与天地同参。

2.“天地之大德曰生”

无论古今中外，自然哲学都必须回答世界存在的终极原因或依据问题，那么，什么是宇宙万物生生不已的终极根源呢？在《周易》自然哲学中，不是上帝创造了世界，并给予其第一推动，而是自然之“大道”与“天地之大德”，即宇宙无限之创造性与最高善（至善），开启生命之

---

〔1〕《周易·系辞上》。

〔2〕《老子》四十二章。

源，且“维天之命，於穆不已”，令其完成而“生生不已”。此可谓中国文化与科学之根本信念。这一信念正是通过《周易》乾、坤二卦首先得以生动表达与昭示。

“大哉乾元，万物资始。”[1] 乾象征天与道，元即开始，乾元象征万物生命的发动与创始。“乾道变化，各正性命”[2]，正是在“一阴一阳”、乾道变化的过程中，万物“正其性”而“成其命”的。故“立天之道曰阴与阳”[3]。乾卦一开始便“大明终始”，且“元亨利贞”，赋予生命以畅通无碍的生长动力，表明了宇宙万物伟大开创与直指趋归的创造性。“至哉坤元，万物资生。”[4] 坤象征地之德，生即诞生，坤元象征万物生命之诞生。坤赋生命以有形之物质形体，故“立地之道曰柔与刚”[5]。坤卦表明了顺承天命，厚德载物，使生命得以实现而完成的特性。

“乾坤，其易之门邪!”[6] 从自然哲学的角度看，可谓“乾知大始，坤作成物”[7]。乾坤表明了生命之所以成为生命的本体论依据。“天地之大德曰生”[8]，肯定了宇宙内在而本然的价值目的是生命得以存在与延续的根本保证。这里，阴阳即“乾坤”，即“道德”，“阴阳合德而刚柔有体”，宇宙生命的开始既是时间意义上的，同时也就是价值意义上的。乾、坤二卦以其“天行健”与“地势坤”，昭示君子“自强不息”而“厚德载物”。笔者以为，《周易》之道德形上学乃由自然哲学通向人生哲学，中国文化“道”、“德”的意义本源于“乾坤”、“天地”，却眷注于人类之德行与命运。可贵的是，中国先哲一开始就将价值引入了对宇宙万物的基本理解之中，为我们今天尝试建构某种内涵价值的科学提供了可能的形而上学基础与思想渊源。

3．老子生成论四因说

---

〔1〕《周易·乾·彖》。
〔2〕《周易·乾·彖》。
〔3〕《周易·说卦》。
〔4〕《周易·坤·彖》。
〔5〕《周易·说卦》。
〔6〕《周易·系辞下》。
〔7〕《周易·系辞上》。
〔8〕《周易·系辞下》。

特别值得注意的是，老子提出了生成论的四因说，即“道生之，德蓄之，物形之，势成之”[1]，以道、德、物、势作为宇宙生成四大原因。所谓“道生之”，乃是说：道为生命根源，天地之始，道使宇宙生命得以开创，可谓“创始因”。所谓“德畜之”，乃是说：德乃对生命的化育与成全，德的作用使生命得以积聚而持存，此可谓“蓄养因”或“化育因”。所谓“物形之”，乃是说：物为生命质料，同时赋生命以形体。中国人以“气”为物质基础，生成是从无形到有形的过程，气一旦凝聚成物，自然有形，故此可谓“质料因”。所谓“势成之”，乃是说：生命一旦诞生，便必有自然而然生长之势，以实现和最终完成自身生命，可以说，万物自然的生长趋势就是自然本体的道德目的。由此，“势”可谓“趋成因”或“目的因”。

不可忽略的是，老子四因说尚有一整体上一以贯之的“动力因”，那就是“一阴一阳”这一生成法则或“道”。“一阴一阳”传达着生命的消息与节律，使“万物负阴而抱阳，冲气以为和”。道、德、物、势不正是宇宙生命生成的伟大乐章吗？由此，宇宙时时活跃着创造的盎然生机而无一死物。《易传》进一步指出：“一阴一阳之谓道，继之者善也，成之者性也。”[2] 宇宙生命的可持续性正是天地间普遍存在的“道”、“德”之“善”，其实现与完成乃万物自身固有的本性——实现并完成生命的内在动力与趋势。方东美先生曾指出：“生命的本性就是要不断地创造奔进，直指完美。所以说，妙道之行，周遍天地，而玄德之门，通达众妙，在天地之间，‘道’与‘德’更是‘虚而不屈，动而愈出’，不断地表现其创造性。此所谓‘大成若缺，其用不弊。大盈若冲，其用不穷’。这正是老子所揭示的生生不息之理。”[3] 方氏所说乃是对老子四因说之根本精神的印可。

比较而言，古希腊亚里士多德四因（动力因、目的因、形式因、质料因）说是一种构成论四因说，其中物体运动的动力与目的亦可归结为

---

[1]《老子》五十二章。

[2]《周易·系辞上》。

[3]方东美：《生命理想与文化类型》，北京：中国广播电视出版社，1992，第367页。

形式因。笔者以为，老子四因说是对宇宙生成过程的动态的整体感悟，而亚氏四因说则是对物质结构与运动的静态分析，两者皆是对宇宙万物所以然的探究，但因关注的层面与问题不同而各有千秋。老子生成论四因说更充满“原发创生性”，更为含弘广大，实可将亚氏四因说作为一种特例统摄、包容于其中。西学东渐以来，国人多言必称希腊，只知亚氏四因说，不知老子四因说，此真可谓舍近求远而舍本求“功”。

三　生命实践的感通（感应）论

依三才贯通之道，关于本体的认识何以可能？显然，它不可能来自知解性的纯粹理性认识，而只能源自生命实践中的“智的直觉”。《易经》的创始源于中国古人的体悟与感通，而不是对象化的认知。如果说，《周易》含有“实在论的知识论”，那么，这种知识论乃是真正实践优位，而非理论优位的。

《易传》云：“阴阳合德，而刚柔有体，以体天地之撰，以通神明之德”[1]；又云：“易无思也，无为也，寂然不动，感而遂通天下之故”[2]。这里，体乃体察、体悟，感乃感动，通乃相通。显然，中国先哲之“观”、“察”，不是限于耳目的感性直观，而“无思”、“无为”则更与西方近代科学之人为设计的实验观察迥异其趣。“天垂象”、“天生神物”[3] 皆是呈现，而非假设，其意不在言表，而在当下的“感而遂通”。这种心灵震撼而直透“天地之心”的“观”，只能是一种生命整体性的“智的直观”。庄子就这种“直观”有一段精彩表述：“天地有大美而不言，四时有明法而不议，万物有成理而不说，圣人者原天地之美而达万物之理。是故至人无为，圣人不作，观于天地之谓也。”[4]

在康德心目中，智的直观或智的直觉，即“其自身就能把它的对象

---

〔1〕《周易·系辞下》。

〔2〕《周易·系辞上》。

〔3〕《周易·系辞上》。

〔4〕《庄子·知北游》。

之存在给与我们”的那种直觉，是纯智的，不是纯思的，“只属于根源的存有（元有），从不能归给一依待的存有”，因此，这种“非感性的直觉，创造性的直觉，根源的直觉，只能属于上帝（元有），而不能属于人类”[1]，感性直觉使我知道“我现于我自己”，智的直觉才使我知道“我在我自己”。所以在西方传统中，只有关于对象与现象的认识与知识，而不可能有三才贯通的关于本体（在其自己）的认识与知识。而中国哲学的传统，则“承认人可有智的直觉，所以亦可有知‘我在我自己’，扩大言之，知‘物物之在其自己’那种知识”[2]。

智的直观如何可能？它只能来源于生命实践的感通或感悟，因为只有在生命实践中，人才可能与对象融为一体，“感而遂通”，达到天人合一、主客双泯的境界，并且“直觉之即实现之”，“决定我的存在为一自我活动的实有之存在（或具体地呈现）”。[3] 正是在这种人的实践活动中，才可能产生创造性的智的直觉。牟宗三先生指出：这种智的直觉“不是把现成的对象表象给它自己，乃是通过它的表象，对象自身即被给与或被产生”[4]，故能“观其妙”、“观其缴”、“观其复”。

那么，《易》真的无思吗？无思又如何可能有知？牟先生指出：“此种直觉即是思，而思亦是直觉的思，非概念的思。”[5] “依智的直觉之知……是创造的知，非认知的知。”由此，世界“不是如其为一现象”而知之，而是“依在其自己而朗照而朗现”。[6]王树人先生提出，与西方概念思维不同，中国传统思维方式是“象思维”，这是一种非实体性、非对象性、非既成性而富于“原发创生性”的思维方式。《易经》“观物取象”的思维活动，是在“象的流动与转化”中不断升华，引导“人的精神或思想展开一个通透一切的大视野，升华到一个自由自在的高境界”，从而

---

[1]牟宗三：《智的直觉与中国哲学》，台北：台湾商务印书馆，1971，第146－147页。
[2]牟宗三：《智的直觉与中国哲学》，第158页。
[3]牟宗三：《智的直觉与中国哲学》，第160页。
[4]牟宗三：《智的直觉与中国哲学》，第151页。
[5]牟宗三：《智的直觉与中国哲学》，第153页。
[6]牟宗三：《智的直觉与中国哲学》，第159页。

“与动态整体的宇宙一体相通”。[1]

当今科学哲学正试图在认识论上超越各执一端的反映论与建构论，主张科学实际上也是人的一种实践活动，认识对象与人的认识都是在实践中生成的。而科学史表明，原创性的科学发现不是通过逻辑，而正是通过灵感与直觉获得的。中国自然哲学为我们今天研究真正实践优位的认识，研究人所具有的“智的直觉”与创造性思维提供了历史的依据与参照。

综上所述，中国的知识论是沿着实践（践履）优位、价值导引的方向发展的。其“认识论”既非“反映论”，亦非“建构论”，而是基于生命实践的“感通论”。其认识路线亦非沿“感性直观→范畴概念→形式逻辑”的过程进行，而是循“生命实践→智的直观→取象比类、称名辨物→象数逻辑”的过程展开的。

实践优位决定了中国文化“体用不二”、“知行合一”、重视践履而崇尚“不言之教”的特点。《易传》谓：“默而成之，不言而信，存乎德行。”[2] 无论是道家的“道法自然”还是儒家的“践仁知天”，其所强调的都是人性与天道的相通、相应，以及人之“德行”与天地运演的相应和或所谓“合一”。与西方文化首重理念、致力理论建构的传统不同，在中国文化传统中，源于“智的直觉”的“德性之知”总是优于来自感性直觉的“见闻之知”。由于人的认识随境界的升进而不同，由此获得的关于世界的知识，可谓“境界形态”的知识，亦可谓是一种以价值取向统摄认知取向的知识。

目前，中西文化正走向互补会通。理论优位的西方文化，在理性认识方面，有充分的发展，其对语言、认知、知识有详尽之研究，理论建构不断推进，蔚为大观而风靡天下。20 世纪以来，西方文化哲学发生重大转向，最近进一步提出实践转向，试图克服现象与本体隔绝、主体与客体对立之困境，为知识之真理性寻找本体论依据。而中国文化经百余

[1]王树人：《中国的象思维及其原创性问题》，载《学术月刊》2006 年第 1 期。
[2]《周易·系辞上》。

年的沉寂后，如何吸取西方文化之长，如何在继承弘扬中国文化精神的基础上完成中国文化的现代型理论建构，则成为中国文化走向世界的重要任务之一。

四　立象效法的整体性方法论

宇宙人生的真理如何表达与昭明？中国先哲似乎很早就认识到了语言的局限，老子所谓“道可道，非常道，名可名，非常名”[1]，《易传》亦云：“‘书不尽言，言不尽意’。然则圣人之意其不可见乎？”[2] 既然文字语言不能“尽意”，圣人之感悟就无法让人了解了吗？不然！《易传》告诉我们：“圣人立象以尽意，设卦以尽情伪，系辞焉以尽其言。变而通之以尽利，鼓之舞之以尽神。”[3] 原来，我们的祖先采用了立象设卦、系辞变通的动态综合方法。这里蕴涵着一种彻底的整体性研究方法与方法论，可以说，这是人类文化史上唯一的、也是中国文化最见其智慧而最具特色的创造。

首先，《周易》是以“象”为核心而符号、语言、算法与人统一的系统。王弼有言：“意以象尽，象以言著”，“言者所以明象”，“象者所以存意”。[4] 就言、象、意所能表达的限度而言，显然，言<象<意，故与西方不同，中国人并不以语言为世界之界限。然而，正是由于有了符号——“象”与语言，世界始可说，知识始可能。从垂象取法→取象比类→立象尽意→设卦观象→系辞明象→据象归类→尚象制器，《周易》全是以“卦象”或“符号”来表象世界，“象”代表了“易”的整体性比类方法及其原则。

其次，《周易》乃“观变于阴阳而立卦”[5]，阴阳二爻，刚柔相推，其所生变化即表示宇宙万物“一阴一阳”的生成关系。由此，“非偶不

[1]《老子》一章。
[2]《周易·系辞上》。
[3]《周易·系辞上》。
[4]王弼：《周易略例·明象》。
[5]《周易·说卦》。

立”的周易卦象及其推演，不仅深刻揭示了“易有太极，是生两仪”、“动而愈出”[1]、“用之不勤”[2]的创生过程，描摹了万物负阴而抱阳之复杂动态之“序”，而且蕴涵着中国特有的太极思维方式或太极推理逻辑。

注意到相反的两极，在静止的状态下必不能共存，故排中律乃形式逻辑之必然禁律。而对于动态的生成过程，若无相反相成两种力量或动势的相互作用，其过程便不能持续。由此，太极推理方法不仅不以排中律与矛盾律为禁忌，且必以阴阳两极为基础，“执两而用中”。根据周易卦爻及其推演方法，笔者将其规则与特点简归如下：1. 阴阳互含，两者在生成过程中保持着整体和谐。2. 阴阳互生互根，故能原始反终，否极泰来，生生不已。3. 阴阳相反相成，互斥互补，孤阴不生，独阳不长，“翕辟成变”，缺一不可。4. 阴阳此隐彼显，此进彼退，此起彼伏，具有不同态势与动向，形成生命节律。5. 一阴一阳，远离平衡，永恒流转，总体稳定而局部不稳定。显然，中国特有之太极推理方法可谓是一种生命逻辑，它为我们把握生成整体性的动态过程提供了重要的思想资源。

其三，《易传》云：“知几其神乎……几者，动之微，吉之先见者也。君子见几而作，不俟终日。”[3]值得注意的是，这里，指出了把握事物生成变化的关键不在“一物之微”，而在“一动之几”。从“动之微”说几，几就是“动而未形，有无之间者”[4]。任何事物在宇宙间生起，“开始一发动，将来的结果就统统包括在内，这开始一发动就是‘几’”[5]。显然，这是生成过程所特有的动态整体性现象。当代混沌学研究揭示，复杂系统的演变具有蝴蝶效应，即对初始条件高度敏感，开始“差之毫厘”，结果将“失之千里”。系统生成论的观点则认为，系统生成的起点不是“原子”而是生成元，生成元即初始整体，蕴涵系统生成的全部信息。

---

[1]《老子》五章。

[2]《老子》六章。

[3]《周易·系辞下》。

[4]周濂溪：《通书·圣第四》。

[5]牟宗三：《周易哲学演讲录》，上海：华东师范大学出版社，2004，第9页。

如何把握系统生成过程的初始一动？《易传》云：“其初难知，其上易知”[1]，“乾知大始，坤作成物”[2]。“大始”即“生”、“微”、“初”，“成物”即“成”、“盛”、“上”。对“一动之几”的洞察和把握，不仅需要一种动态整体性的思想方法，而且要有对“蝴蝶效应”的“先见之明”，这本是一切天才人物创造性思维的共同特征。“夫易，圣人之所以极深而研几也。唯深也，故能通天下之志；唯几也，故能成天下之务”[3]；与西方不同，中国的传统，正是在“几”上下功夫，而不是在既成之物上下功夫。中国古代科学着眼“初”，注重“生”，自有长期之系统研究与不可否认之伟大成就。今天，《周易》对我们的启示正在于，它点明了当今科学难题的要害与解决方向：如何把握事物发生初始的“一动之几”？要解决这一问题，决不是西方经典的分析还原所能奏效的，而恰恰需要超越现有的科学研究方法。

笔者以为，《周易》为人类今天与未来科学的发展提供了极为重要的整体性研究方法与方法论启示。从自然哲学讲语言、算法、逻辑是“往下说”，以往研究甚少，今天，对于中西文化比较与中国科学之创新，未始不是至关重要、不可忽略的一维。我们如何能立足于中国自然哲学，吸收西方文化传统之长，在探索系统生成规律及其整体性研究方法上有所创新、有所贡献呢？

五　“探赜索隐”的算法符号体系

追根溯源，缘起于《周易》的中国自然哲学不仅为中国古代科学奠定了形而上学基础，而且还蕴涵了一种“元科学”，可谓中国古代数学与科学之滥觞。

根据《周易》，其“物理方面的原则是‘阴阳’，是‘变易’，是‘生成’；我们可以‘易’字表之。数理方面的原则是‘序理’，是‘系

[1]《周易·系辞下》。
[2]《周易·系辞上》。
[3]《周易·系辞上》。

统’，是‘关系’，我们可以‘序’字表之”[1]。《周易》“参天两地而倚数”[2]，其卦象，皆因数而生；“参伍以变，错综其数”[3]，卦象之推衍，遵循数字算法的规则；生成变易的关系或秩序本具“数性”，卦象推演的统计必然性遂基于算法计算的准确性。这是一套中国特有的数学与数理逻辑，或符号逻辑系统。古人据此探赜索隐，“通其变，遂成天下之文；极其数，遂定天下之象”；此可谓人类最早对自然生成演化及其复杂性的“科学”探索。

由于中国古人对自然的认识基于生命实践之“智的直观”，对象自身之原始杂多即被给与或被产生。故无柏拉图式的智思界与感触界的二分，亦无现象与本体之隔绝。《周易》对自然的理解就是如其本然的变易与复杂，并如其本然而描摹之，探索之。与亚里士多德厌恶混乱复杂之“月下世界”不同，《周易》云：“言天下之至赜而不可恶也，言天下之至动而不可乱也。”[4] 与西方近代科学将复杂世界约化为简单机器不同，《周易》云：“见天下之赜，而拟诸其形容，象其物宜”，“见天下之动，而观其会通”。[5] 复杂性即如其复杂性而模拟之，变动即如其变动而观其共通性。与经典科学方法将充满生机、不同层次的事物一概还原为“原子”与物理化学运动不同，《周易》谓：“极天下之赜者存乎卦。鼓天下之动者存乎辞。化而裁之存乎变。推而行之存乎通。”[6]运用数学、符号、语言统一的方法，极数定象，象辞断言，以一套象数不二的算法符号体系，试图囊括一切复杂事物，贯通所有层次，给出把握自然生成变化的基本模型与数学方法。其“探赜索隐，钩深致远”[7]，探讨生成复杂性的简易规律，追寻深藏的宇宙生命奥秘，以求“与天地准”[8]。

笔者以为，《周易》之象数算法与象数逻辑，正是《周易》之本，它

---

[1]牟宗三：《周易的自然哲学与道德函义》，“自序”第2页。

[2]《周易·说卦》。

[3]《周易·系辞上》。

[4]《周易·系辞上》。

[5]《周易·系辞上》。

[6]《周易·系辞上》。

[7]《周易·系辞上》。

[8]《周易·系辞上》。

是古代探索自然演化及其复杂性的数学符号体系。这种算法体系，与发源于古希腊的西方公理化演绎数学不同，其特征正在于：严格遵循排列组合与运算秩序，不允许乘法交换律，但不受形式逻辑排中律与矛盾律之限定。牟先生指出："同异是事实的参伍错综；矛盾是逻辑的必然禁律"；"同异是指具体事实而言，矛盾是指抽象概念而言"。[1] 由此推论，笔者以为，对于自然生成规律的认识，必然需要一种算法体系的数学及与之相应的逻辑。

综上所述，中国之自然哲学、语言、逻辑乃至数学、科学实具有其自身的逻辑自洽性与内在一致性。其可简示如下：

生命实践→ 智的直觉 →三才贯通→本体之认识

↓

生成整体论之宇宙论

↓

探索生成演化规律 ← 象语言
整体性 ← 象数算法
复杂性 ← 象数逻辑

《周易》象数经乐律得出度量衡，并发展出中国古代特有的机械化算法体系的数学。古人通过乐器领悟到："物用于有形而必敝，声藏于无形而不竭。以有数之法，求无形之声，其法具存。"[2] "数之一定即成为必然而不变，可为万世法。"[3] 中西科学皆以数学表达自然规律，岂为偶然？乐遵循数之规律可发中和之音，所谓"大乐与天地同和"[4]，音乐是一种人与天地相通的方法与途径，推而广之，科学也是一种人与天地万物相通、相合的途径，此可谓中国古代科学之基本信念。这与西方科

[1]牟宗三：《周易的自然哲学与道德函义》，第403页。
[2]《唐书·礼乐志》。
[3]牟宗三：《周易的自然哲学与道德函义》，第397页。
[4]《礼记·乐记》。

学之原始精神——相信科学为理解与接近上帝之途——是相似的。

令人鼓舞的是，当代系统科学的发展已突破近代科学机械论，而走向对世界生成演化的探索，与此相应，数学算法思潮兴起。系统科学自分形与混沌直至复杂网络研究，正是在公理化演绎体系的基础上，借助计算机的强大运算功能，突破以往方程求解之经典方法，采用递归、迭代等当代算法，描述系统生成演化过程。显然，系统科学的发展与中国自然哲学的思想、方法具有惊人的相似与相通之处。与此同时，智能科学、认知科学的研究亦开始突破西方传统的逻辑范式，而逻辑学亦提出所谓"非形式转向"。这一切，为中国文化与科学的自主创新提供了千载难逢的历史契机。但我们也须清醒地看到，"科学研究的传统无不托根于其独特的文化整体之中"[1]，不同文化中的"科学"不仅有其不同的形而上学基础，且有不同的研究层面、领域与发展道路。如何在此全球文化大交融、大会通的时代，明辨古今中外优劣异同，取长补短，把握历史发展的"一动之几"，继往开来，"会通以超胜"，显然需要几代人的努力。

中国自然哲学的智慧与当今科学的发展趋势皆告诉我们，"只有同则无创新无跳跃"，"只有异则无永恒只虚无"。[2] "同"、"异"的相因是"继续"与"跳跃"、"变易"与"永恒"、"创新"与"保守"间的相反相成。一切自然的事物，参伍错综的世界，都是在"一阴一阳"两种力量作用下，于流动中得以持存的生命过程。有趣的是，"宇宙"一词，在古希腊为 COSMOS，其意即为秩序与和谐。混沌学则表明，混沌的和谐乃宇宙之交响乐——多重周期或频率的嵌套与整体协调。由此可知，今天所谓文化的"殊途同归"，当是具有不同文化底蕴与独创精神（思维方式）的各民族文化，在对人类命运共同关切的更高境界与更大视野下，于新的发展之序中的和而不同。

（作者单位：南京大学哲学系）

---

[1]余英时：陈方正《继承与叛逆——现代科学为何出现于西方》"序"，北京：生活·读书·新知三联书店，2009，第Ⅸ页。

[2]牟宗三：《周易的自然哲学与道德函义》，第 402 页。

杨俊杰

康德美学中的崇高之维

内容摘要："崇高"作为一种审美经验在20世纪有着奇特的遭遇。人们普遍警惕它与意识形态的结合，也因此在艺术领域里把崇高改造为一种能产生消解而非鼓动效果的艺术表现风格。这种改造诚然有其深沉的用意，却是以对崇高这一审美经验的并不充分的理解为基础的，也因此片面化了"崇高"这一美学范畴的丰富内涵。本文试图读解康德美学"崇高"概念的意蕴，剖析"崇高"作为审美经验与"崇高"作为被借用的修饰词之间的区别，在校正20世纪对康德崇高概念的两种重要误解（利奥塔和阿多诺）的同时，强调康德美学所说的"崇高"所指向的道德法则在本质上是超越意识形态的。

关键词：康德　崇高　象征　借用　法则

1．康德在《判断力批判》第59节"美是德性的象征"里，确切地给出了"美是德性之善的象征"的断制。[1] 马夸德（Odo Marquard）敏锐地指出，这一节作为"康德美学的核心内容"，重新强调了《实践理性批判》（尤其是"纯粹实践判断力的模型论"）里的观念。[2]

有鉴于"德性之善是某种按其客体来说超感性的东西，所以不可能为它在任何感性直观中找到某种相应的东西"[3]，也就不可能替"德性

---

〔1〕康德：《判断力批判》，邓晓芒译，北京；人民出版社，2002，第59节"美是德性的象征"（Von der Schönheit als Symbol der Sittlichkeit），第200页："于是我说：美是德性－善的象征。"（Nun sage ich：das Schöne ist das Symbol des Sittlichguten）邓晓芒教授的《实践理性批判》译本（康德：《实践理性批判》，邓晓芒译，北京：人民出版社，2003）把Sittlichguten译作"德性之善"（而非《判断力批判》译本里的德性－善），这似乎更加妥当。

〔2〕Odo Marquard，"Kant und die Wende zur Ästhetik"，in：*Zeitschrift für philosophische Forschung* 16：2－3（1962），SS. 231－243 und 363－374，hier 370："这一节可谓康德美学的核心内容，由此也可看出这一节在一定程度上也是所谓'批判的康德'美学的最早篇章；说得夸张一点：这一节更为明晰地重述了《实践理性批判》里的一节内容，也就是那节不怎么有人进行挖掘的纯粹实践判断力模型论。"

〔3〕康德：《实践理性批判》，第93页（"纯粹实践判断力的模型论"）。

之善”寻得与之相应的“图型”。为概念拟定图型的认知能力是想象力[1]。想象力通过图型把概念“表现”[2]，图型作为可以直观的事物直接地“表现”了概念。对于作为理念（理性理念）的德性之善，则无法（譬如使用图型）进行表现，而只能作“间接的表现”。

在《实践理性批判》里，康德把对无法直接表现的“理念”进行间接表现的方式称作“模型”，譬如“要允许把感官世界的自然用作一个理知自然的模型，只要我不将直观和依赖于直观的东西转移到理知自然上去，而只是把这个一般的合法则性形式与理知自然相联系”[3]。这个所谓的“模型”，也就是《判断力批判》详加阐述的“象征”：

> 所有的勾勒（亦即表现，使之成为可以看到的），作为感性化，分为两种：要么是图型式的，亦即知性所把握的一个概念被先天地给予了与之呼应的直观；要么是象征式的，亦即一个只有理性才能想到而没有任何感性直观能与之相适合的概念就被配以这样一种直观。[4]

康德警告说，不要在实践理性领域误入“神秘主义”的歧途，切忌把“只是用作象征的东西当作图型”，以为“对某种不可见的上帝之国的直观”与“道德概念”直接对等。如果误把间接表现“理念”的象征当作图型并满怀热情进行追求，那么，这种热情未免是“过多的”，或曰“狂热”。[5] 康德也特别批评了这种狂热：“狂热是一种想要超出一切感性边界之外看见某物的妄想，也就是……驾着理性狂奔”。他还因此赞许

---

〔1〕康德：《纯粹理性批判》，邓晓芒译，北京：人民出版社，2004，第140页（“纯粹知性概念的图型法”）：“图型就其本身来说，任何时候都只是想象力的产物……想象力为一个概念取得它的形象的某种普遍的处理方式的表象，我把它叫作这个概念的图型。”

〔2〕本文将把 darstellen（darstellung）统一称作“表现”。

〔3〕康德：《实践理性批判》，第96页。

〔4〕康德：《判断力批判》，第198页（第59节），译文略有改动。勾勒（Hypotyposes）与模型（typus）属同一词源，都强调“typos”作为具体形象的造型特征。

〔5〕康德：《实践理性批判》，第97页（“模型论”）。“过多的”（Überschwengliche）亦即“浮夸”。譬如《判断力批判》第27节就说到，“那对于想象力来说过多的东西（Das Überschwengliche für die Einbildungskraft）仿佛是一个深渊”。

犹太法典里有关禁止偶像崇拜的诫命，指出这种宗教情感是“热忱”的而非狂热的。

这番警惕“神秘主义”、勿把象征与图型混为一谈的提醒，也适于对“美是德性之善的象征”的解读。也就是说，不可由于美是德性之善的象征而过分热切地耽情于美的能量，强使其成为德性之善的虚妄图型。席勒所疾呼的“美作为人性的完满实现”[1]，抑或那篇作者身份模糊难辨的《德国唯心主义最古老纲领》所欢呼的“真与善只有在美之中才结成姊妹”[2]，已然偏离美在康德那里的象征内蕴，直可谓神秘主义意味上的“审美的宗教”[3]。

康德所说的“象征”，重心在于“类比”。用“手推磨”表现“专制国家”，这就是用类比来进行象征性的表现，“在这种类比中判断力完成了双重的任务，一是把概念应用到一个感性直观的对象上，二是接着就把对那个直观的反思的单纯规则应用到一个完全另外的对象上，前一个对象只是这个对象的象征”[4]。而类比诚然须以两个事物之间的可比性为基础，但这两个事物终究是不同的。为此，康德还明确地谈到介入象征关系的双方是异质的。他说：“我也可以按照与一个知性的类比对至上的世界原因的原因性通过将其在世界中的合目的性产品与人类的艺术品相比较来设想，但却不能按照类比来推论出人里面的这些属性，因为在这里恰好缺乏这样一种推论方式的可能性的原则，即把最高存在者与人类算作同一个种类的理由。”[5]

利奥塔关于康德的“美是德性的象征”曾经作过诠释，认为可将其理解为“美是这个样子的，善也是这个样子的”，却不可以诠释为“如果

---

〔1〕席勒：《审美教育书简》，冯至、范大灿译，上海：上海人民出版社，2003，第120页（第15封信）。

〔2〕荷尔德林：《荷尔德林文集》，戴晖译，北京：商务印书馆，1999，第282页。

〔3〕诺瓦利斯曾从施莱尔马赫的《论宗教》里读出了“艺术宗教”：“施莱尔马赫宣告了一种爱的方式，一种宗教方式——艺术宗教——这宗教，属于那崇拜美与理想的艺术家。”参看Novalis, *Novalis Schriften*, hrsg. von Richard Samuel in Zusammenarbeit mit Hans-Joacim Maehl und Gerhard Schulz, Bd. 2, Darmstadt: Wissenschaftliche Buchgesellschaft, 1983, S. 562.

〔4〕康德：《判断力批判》，第199页（第59节）。

〔5〕康德：《判断力批判》，第323页（第90节）。

是美的，那就是善的”，也不以说“如果是善的，那就是美的”。[1] 这番诠释所强调的就是美与德性之善的异质性。毕竟，按照康德的思路，美能够是德性之善的象征，就在于美与德性法则在运作机制上有相似之处（可类比性）（在鉴赏判断中，判断力自己为自己提供法则，克服了自然法则的“他律”统治，有如理性在欲求领域里所做的，并且理论能力与实践能力和谐地结合在一起），而美只能够是德性之善的象征，则意味着德性法则的运作是美无法替代的（异质性）（在列举美与德性之善的类比的几个要点时，康德也还指出了两者间的差别）。[2]

美与德性之善的异质性关系也适用于康德的崇高论。但崇高与德性之善之间的关联，较诸美是更丰富的。除却崇高的事物是德性之善的事物的象征以外，崇高的内心情调作为崇高事物的来源还是与道德理念有关联的，固然只是一种间接的关联。

2. 康德明确地把一般意义上的鼓舞或者感动（包括道理层面上的、收获层面上的和审美层面上的）与崇高区别开来，指出：

> 即使是那些激烈的内心活动，不论它们是以训导的名义与宗教的理念相结合，还是仅仅作为属于文化修养的东西而与包含有某种社会利益的那些利益相结合，也不论它们如何绷紧着想象力的弦，它们都决不能要求有崇高的表现这种荣誉，如果它们不留下某种内心情绪，这情绪哪怕只是间接地对那追求在纯粹智性的合目的性身上所带有的东西（超感性的东西）的内心力度和坚决性的意识具有影响的话。因为否则这一切

---

〔1〕Lyotard, “L’intérêt du sublime”, in: *Du Sublime*, Éditions Belin, Paris, 1988, p. 196: “On peut en somme soutenir que《comme beau, de même bien》, mais non que《si beau, alors bien》(ni l’inverse).”

〔2〕参看康德：《判断力批判》，第 201 页（第 59 节）：“在这个能力中，判断力并不认为自己像在别处经验性的评判中那样服从经验法则的他律：它是就一种如此纯粹的愉悦的对象而言自己为自己提供法则，正如同理性就欲求能力而言所做的那样；并且认为自己既由于主体的这种内在可能性、又由于一个与此协和一致的自然的外在可能性，而和主体自身中的及主体之外的某种既非自然、亦非自由、但却与自由的根据即超感性之物相联的东西有关系，在这超感性之物中理论能力与实践能力就以共同的和未知的方式结合成为统一体。我们想列举这一类比的几个要点，同时也不忽视它们的差异。”

感动都只属于人们通常由于健康而来的骚动。紧跟着激情活动所导致的这样一种震荡而来的快适的疲倦，就是由于我们内部各种生命力恢复平衡的一种康健舒适的享受，这种享受最终是和那些东方国家的纵欲者们仿佛让自己的身体得到按摩、使自己的一切肌肉和关节得到柔和的挤压和柔韧化时所感到的那种惬意享受是一样的；只不过在前者那里运动的原则绝大部分在我们里面，反之后者的原则却完全在我们外面。于是有些人以为听一次布道就提高了自己，实际上却什么也没有建立起来（没有建立任何善的准则体系）；或是以为通过看一场悲剧就变好了，却只是有幸排除了无聊而高兴而已。所以崇高任何时候都必须与思想境界发生关系，也就是和赋予智性的东西及理性理念以凌驾于感性之上的力量的诸准则发生关系。[1]

这番话清楚地表明，康德所谈论的“崇高”情感虽是一种审美经验，却是一种特殊的审美经验。其特殊之处就在于，“崇高”所涵括的心灵已实实在在地被提升。从面对不可抵抗的自然界感到自身的无力，到另一种能力恰恰得以彰显（能够奠定另一种自我保存，这种自我保存是外界事物不能威胁、也无法攻击的），强力的心灵绝非只是经历了一场由紧张而松弛的审美游戏，这不过是一般意义上的感动抑或骚动（Motion）而已。康德对柏克崇高论的批判，也主要是围绕着这一点展开的。崇高所见证的是心灵的提升[2]。正是由于这一点，康德指出真正有资格由“崇高”来修饰的只有人的“内心情调”。所谓外在事物是崇高的，只是对

---

〔1〕康德：《判断力批判》，第114页（“对审美的反思判断力的说明的总注释”）。

〔2〕“提升”是崇高情感的真正内涵，其与美的事物所引起的愉悦的内涵“使倒下”也恰好形成反差。关于快适、美与善这三者所引起的愉悦，康德曾这样表述其差别：“快适对某个人来说就是使他快乐的东西；美则只是使他喜欢的东西；善是被尊敬的、被赞成的东西。”参看《判断力批判》第44页（第5节）。快适的所谓“使快乐”（vergnügt），意在“使舒服”，强调质料层面的魅力；美的所谓“使喜欢”（gefällt）意在“使折服”，强调审美鉴赏之维。

"崇高"一词的借用,[1] 但这借用意味着崇高的事物俨然已是自由世界的象征，因为康德明确说到，"对自然中的崇高的情感就是对于我们自己的使命的敬重，这种敬重通过某种偷换而向一个自然客体表示出来（用对于客体的敬重替换了对我们主体中人性理念的敬重），这就仿佛把我们认识能力的理性使命对于感性的最大能力的优越性向我们的直观呈现出来了"[2]。这就是说，崇高的事物是德性之善的事物的象征，一如美的事物是德性之善的事物的象征。[3] 作为象征的崇高事物，凭借其清晰的"借用"或者"偷换"特点，也更清楚地展现了象征事物与被象征事物的异质性。无所谓崇高的事物的善与不善，而只是那崇高情感的主体因此有了更坚实的道德情感。

而心灵之所以能够通过审美经验活动被切实地提升，是由于其原本就对理念有"感受性"。谁要是对理念缺乏感受性，就不可能有崇高的内心情调，而至多只是有所感动，理性世界并未因此向其敞开。依据康德的思路不难看出，未开化的人（未开化的意味就在于道德理念尚未展开）即便能够欣赏自然的美，也断然难以领略自然的崇高，至多只是感受到自然的壮观而已。有鉴于崇高情感的产生须以道德理念的发展为前提，这种审美经验也就只属于有一定文明程度的人。[4]

---

[1]就像 Jane Forsey 所说的那样，"康德较诸之前的思想家们最惊人的革新是，把崇高由客体（自然界里的客体或者超乎自然之外的客体）的一个特性改造为在进行认知活动的主体所经验到的一种情感"（His most striking innovation on earlier thinkers was to move the locus of the sublime from a property of an object (whether natural or supernatural) to a feeling experienced by the knowing subject）。参看 Jane Forsey, "Is a theory of the sublime possible", in *The Journal of Aesthetics and Art Criticism*, 65: 4 (2007), pp. 381 – 389, here p. 383.

[2]康德:《判断力批判》，第 96 页（第 27 节）。

[3]Zammito 很恰当地指出，"崇高这种审美经验特别好地象征了人的生存的道德之维"（The sublime was the aesthetic experience which par excellence symbolized the moral dimension of human existence）。John Zammito, *Genesis of Kant's "Critique of Judgment"*, Chicago: University of Chicago Press, 1992, p. 279, 转引自 Will Slocombe, *Nihilism and the sublime postmodern: the (hi) story of a difficult relationship from Romanticism to Postmodernism*, New York & London: Routledge, 2006, p. 41.

[4]参看康德:《判断力批判》，第 104 页（第 29 节）。当然，这里还涉及到先验根据的问题，就像黄克剑先生所清楚指出的，"人的天赋的道德情感是崇高判断的先验根据，有了这根据，它才不仅可能，而且完全出自必然"。参看黄克剑:《美：眺望虚灵之真际——一种对德国古典美学的读解》，福州：福建教育出版社，2004，第 86 页。

这样，康德所说的“崇高”实际上就把两种人排除在外，一是尚未形成道德理念的未开化者，二是壮观的审美经验并未引起心灵真正提升的文明人。借用新约对观福音书的“撒种”寓言，可把后一种人称作“跌倒的人”。[1] 面对险峻高悬、仿佛威胁着人的山崖，抑或天边高高汇聚挟着闪电雷鸣的云层，未开化者所经验到的只是恐惧，跌倒的人所经验到的激动则会迅速沦落为单纯的体验甚或独特的享受。

崇高情感所突显的是道德准则的基础地位以及理性世界的开启，由此也不难看出利奥塔崇高概念的意味与康德的差别。利奥塔所着意的，倒是柏克崇高论里有关紧张与松弛之张力的内容，而有意避开了康德崇高观里最重要的内容。他甚至直截了当地说：“康德将我认为是其重大赌注的东西从伯克美学中剥掉了；伯克美学的这个重大赌注就是指出，崇高是由对什么也不到来的威胁引出的。美引出实证的愉悦。但是还有另一种愉悦，它与比实证愉悦更强烈的欲念相关，它是苦痛和死亡的临近。灵魂在苦痛中受到震撼。”[2]

3. 康德还暗示道德法则是崇高的。他在“对审美的反思判断力的说明的总注释”里谈到，道德法则是“纯粹的和无条件的智性愉悦的对象”，这个智性的、本身自在地合目的的（道德的）善，“从审美上来评判，必须不是被表象为美，而是宁可被表象为崇高，以至于它更多地唤起敬重的情感（它蔑视魅力）而不是爱和亲密的眷恋的情感；因为人的本性不是那么自愿地、而只有通过理性施加于感性之上的强制力，才和那种善达到协调一致”。[3]

规定鉴赏判断（崇高亦是）的愉悦须是与兴趣无涉的（或曰无利

---

[1]《马可福音》13：19－23：“凡听见天国道理不明白的，那恶者就来，把所撒在他心里的夺了去，这就是撒在路旁的了；撒在石头地上的，就是人听了道，当下欢喜领受，只因心里没有根，不过是暂时的，及于为道遭了患难，或是受了逼迫，立刻就跌倒了；撒在荆棘里的，就是人听了道，后来有世上的思虑，钱财的迷惑，把道挤住了，不能结实；撒在好地上的，就是人听道明白了，后来结实，有一百倍的，有六十倍的，有三十倍的。”见《圣经》新标点和合本新标准修订版，香港圣经公会印，1989。

[2]利奥塔：《崇高与先锋》，见利奥塔：《非人》，罗国祥译，北京：商务印书馆，2001，第110－111页。

[3]康德：《判断力批判》，第111－112页。译文略有改动，把 vorgestellt 改为“表象”。

害），而善的事物所引起的愉悦总是与兴趣结合的。所谓善的事物就是借助理性、单凭概念而让人喜欢的东西，差别只在于有些事物由于其有用性亦即作为手段而是善的，有些事物本身就是善的，但无论如何都是通过目的而引起愉悦的，已然与兴趣结合着。当然，康德的这一区分并不意味着同一个事物如果是善的就不可以是美的，譬如自然界就其对人类有用而言可谓善的事物，却并不因此而不能够引起一种与兴趣无涉的愉悦。然而，自然界之所以能够既是善的、又是美的，前提是它有可能不通过概念而带来一种自由的愉悦，人与外在的自然事物的突然相遇也因此常常是孕育美感的时刻。可是，道德法则作为栖息在人内心里的概念，不可能超然于概念的作用。道德法则所带来的愉悦，必定是通过概念而绝非反思性的直观，这也是康德在对美与德性之善进行类比的时候明确说到的："美直接地令人喜欢（但只是在反思性的直观中，而不是像德性那样在概念中）。"不难看出，康德这里关于道德法则崇高的暗示显然只是诗性的语言，道德法则不可能是无概念地令人喜欢的。

也正由于通过概念而引起愉悦，道德法则作为一种特殊的善（德性之善）必然始终与兴趣有涉，这是因为其中包含着理性对意愿的关系，道德法则从来都要求理性对意志进行规定。这是智性层面的兴趣。如果把愉悦与智性层面的兴趣结合起来看，愉悦就是积极的。这种智性层面的兴趣其实就是他所说的道德性的兴趣。这种道德性的兴趣也即道德情感，它对于主体有着强制的效力，是对法则的服从，是命令。[1] 对准则的遵守，只有以对法则本身的兴趣为基础才是"在道德上纯正的"。这种道德性的兴趣，是单纯实践理性的一个纯粹的、脱离了感性的兴趣。与此同时，对道德法则的遵守必然会否定心灵的各种动机，这是对感性层面的兴趣的违背。如果把愉悦与感性层面的兴趣结合起来看，愉悦就是消极的，因为感性方面的兴趣被否定了。于是，道德法则作为智性愉悦的对象，其所引起的愉悦"在感性方面（就感性而言）是消极的，也就是与感性方面的兴趣相违背的，但由智性方面来看是积极的，是与某种

〔1〕康德：《实践理性批判》，第108－109页（"纯粹实践理性的动机"）。

兴趣结合着的”。康德甚至还把感性方面的被违背了的兴趣与动机称作“牺牲”。[1]

这样，道德法则所带来的愉悦也因此并非一种自由的愉悦，它直接关联着理性层面的兴趣的强迫，关联着“敬重”（或曰“注意”）而非愉快。[2] 康德甚至明确地说，敬重“作为通过法则对意志直接强迫的意识，与愉快的情感几乎没有类比性”[3]。即便要把道德法则引起的愉悦与规定审美经验的愉悦进行类比，也只能近取崇高而非美。

由此可见，所谓道德法则是崇高的，不只是像崇高的自然界那样从崇高的内心情调（崇高的人格抑或崇高的人）那里借用、偷换了“崇高”一词，而且还借用了审美经验这一形成崇高情感的过程。这就意味着，从康德美学的崇高之维来看，康德所敬畏的两桩事物“我头上的星空”与“我心中的道德律”如果是崇高的，并且如果可以被看作是与“数学的崇高”与“力学的崇高”分别对应的，也只是在借用已被康德确立为审美经验的“崇高”。

通过偷换得到了崇高名称的道德法则，同时又是智性的事物，所以，道德法则也因此是“智性的崇高”。与之相应，崇高的自然界则显然是“感性的崇高”。康德尽管没有给出“感性的崇高”一词，却明确地谈到了“智性的崇高”。不过，对于这个说法他是有疑虑的。他说：“如果我们谈到智性的美或崇高，那么第一，这些表达并不完全正确，这是因为倘若我们就是纯粹的理智者，那么感性的表象方式根本就不会出现在我们的里面；第二，尽管这两者作为某种智性的（道德的）愉悦的对象，

---

[1]康德：《判断力批判》，第111页。康德在对美与德性之善进行类比的时候也再次谈到了德性之善与兴趣的结合，尽管出于类比的目的他还对此有所限定：德性之善“虽然必然与某种兴趣结合着，但不是与那种先行于有关愉悦的判断的兴趣，而是与那种通过这判断才被引起的兴趣结合着”。

[2]康德：《判断力批判》，第45页（第5节）：“在所有这三种愉悦方式中惟有对美的鉴赏的愉悦才是一种无利害的和自由的愉悦；因为没有任何利害、既没有感官的利害也没有理性的利害来对赞许加以强迫。所以我们对于愉悦也许可以说：它在上述三种情况下分别与爱好、惠爱、敬重相关联。而惠爱则是惟一自由的愉悦。一个爱好的对象和一个由理性规则责成我们去欲求的对象，并没有留给我们使哪怕任何东西对我们成为一个愉快的对象的自由。”

[3]康德：《实践理性批判》，第161页（纯粹理性在规定至善概念时的辩证论）。

纵然由于不是以任何兴趣为基础的而能够与感性的愉悦相一致，但它们又毕竟还是难以在其中与后者结合起来，因为它们应当产生兴趣……”[1]他的这番疑虑，说到底还是根源于道德法则的“崇高”称谓的借用特点。

由此可见，即便康德在《实践理性批判》（1785）里曾用“崇高”（甚至“最崇高的”）来直接修饰“实践原理”、“神性”或者道德法则，抑或在《道德形而上学原理》（1785）里也曾用“崇高”来称谓“准则”，但在《判断力批判》（1791）里却已从审美经验的角度对“崇高”作了全新的规定，以至于道德法则的“崇高”只是一种借用，而且是双重的借用。[2]

4. 既然道德法则的“崇高”只是对“崇高”审美经验过程的借用，那么也就不可擅自对道德法则进行推定，以为它也像催生崇高情感的自然事物一样，在直观的层面上是想象力所不能承载的。在作为纯粹概念的道德法则面前，想象力只是找不到与之相对应的直观而已，并非无法容纳、统摄无限的量。与此同时，道德法则也并没有给予想象力以强迫，它所强迫的是意志、动机。由此便可知悉利奥塔对康德崇高论所作解读的偏差所在。

利奥塔把康德的崇高解读为与《会饮篇》里苏格拉底所说的作为精灵的爱相类似的东西，颇带调侃色彩地指出“崇高”的父亲是理性（法则），母亲是想象力，“崇高是一次不幸邂逅的产儿，理念与形式的邂逅。这邂逅是不幸的，因为理念明摆着是不会作出让步的，法则（父亲）是这般地专横、这般地无条件，他于专断中所要求的是敬重……他蛮横地

---

〔1〕康德：《判断力批判》，第111页。

〔2〕已有研究者指出，从“批判的伦理学”（包括《实践理性批判》与《道德形而上学原理》）到第三批判，康德对“崇高”一词的使用是经历了变化的，从之前道德方面的内涵转为审美概念。但他并没有明确地指出第三批判里有关道德法则的崇高说法与“借用”关联起来。详可参看 Paul Crowther, *The Kantian Sublime: from morality to art*, Oxford: Clarendon Press, 1989.

需要一位被欺凌、被超越、筋疲力尽的想象力"[1]，这完全是受了道德法则的"崇高"述谓的误导，或者说是他误读了崇高道德法则的崇高意味。

这一误读的直接后果就是把康德的"崇高"风格化为"表现那不可表现的东西"，这显然已与康德的崇高相去甚远。其所谓的不可表现的东西又是指观念之类的事物[2]，这至多只是与康德所说的"象征"有一定渊源。可是，康德的象征所倚重的是可比性，譬如手推磨之于专制国家，头上的星空之于心中的道德律，并且其所强调的是想象力的能力而非无能力，而利奥塔结合先锋派艺术所强调的则是可类比性的缺失，是观念与形象之间的落差（以及随之而来的震惊）。他所属意的崇高风格的画作，不是以"道德律"为题的"星空"，而是以"现成画"为题的有胡须的蒙娜丽莎。如此看来，与利奥塔所解读的崇高更切近的倒是德国浪漫派的反讽，因为反讽"出自生活的艺术感与科学的精神的结合"，"包含并激励着一种有限与无限无法解决的冲突、一个完整的传达既必要又不可实现的感觉"。[3]

但无论如何，利奥塔的误读源自对现时代艺术表现的关切。譬如就绘画而言，当摄影能够更准确地再现事物、营造传统美学所说的美的灵韵的时候，绘画必须要进行变革，走上他所说的"崇高"道路，表现不可表现的事物、摄影所不能覆盖的事物。[4] 无独有偶，阿多诺同样关切

---

[1] Lyotard, "L'intérêt du sublime", in: *Du Sublime*, p. 214: "Le sublime est l'enfant d'un malheur de rencontre, celle de l'Idée avec la forme. Mahleur parce que cette Idée se montre si peu concessive, la loi (le père) si autoritaire, si inconditionnelle, l'égard qu'elle exige si exclusif, ... Il lui faut impérativement une imagination violée, excédée, épuisée."

[2] Gernot Böhme 在批评利奥塔对康德崇高美学的解读时曾经指出，利奥塔的崇高其实是"艺术的规划"而非"对自然的经验"。参看 Gernot Böhme, "Lyotards Lektüre des Erhabene", in: *Kant-Studien*, Nr. 89 (1998), S. 217: "Damit zeigt sich erneut, daß Lyotard das Erhabene als ein Projekt der Kunst liest und nicht als Erfahrung der Natur."

[3] 弗·施莱格尔：《批评断片集》第 108 条，见弗·施勒格尔：《浪漫派风格：施勒格尔批评文集》，李伯杰译，北京：华夏出版社，2005，第 58 页。也有研究者指出，与利奥塔的"表现那不可表现的东西"相近的是诺瓦利斯而非康德，比如诺瓦利斯在断片中谈到了"诗"就是"直观那不可能被直观的东西"，甚至把利奥塔对浪漫主义的兴趣与这关联起来。参看 James Kirwan, *Sublimity: the non-rational and the irrational in the history of aesthetics*, New York: Routledge, 2005, p. 146 and fn. 21.

[4] 参看利奥塔：《表现、呈现、不可呈现性》，见利奥塔：《非人》，罗国祥译，第 132 - 142 页。

当前文学艺术的表现，却也同样误读了康德的崇高。

崇高在阿多诺的美学理论中有着极其突出的重要地位，韦尔施（Wolfgang Welsch）甚至认为阿多诺的整个美学就是一种未曾明言的崇高美学[1]。阿多诺在与传统意味上的崇高拉开距离的同时，对崇高作了创造性的转化。

他揭示了崇高的沉沦，“专注于表现什么崇高事件的作品，其崇高性基本上只是意识形态所结的果实，是向权力和伟大敬礼”[2]，“呈现为崇高的东西，听起来都是空洞的”[3]，“崇高最终还会转化为它的对立面，具体的艺术作品要是离开文明宗教里的胡言乱语就没办法谈论崇高了，究其根源还是这个范畴的动态性质使然。由崇高到可笑只有一步之遥，这句话让历史给接收了，完完全全地展现了这句话的恐怖，拿破仑讲这句话的时候也就是这样，当时他的境遇急转直下”[4]。

但他还是要保留崇高的，办法便是赋予其以新的内涵：“如果有关崇高的经验被破译为人意识到了自己的自然性质，那么崇高范畴的整个框架就全变了。”[5] 韦尔施颇为精当地指出，阿多诺通过对崇高的这番改造，实际上就用崇高经验“兑现了早先《启蒙辩证法》里的念想”，因为他设想崇高经验能让人“摆脱了主体性原则，不再沉迷于盲目地进行主宰”。[6]

为此，“崇高”的遗产就是“坚决的否定性”[7]，否定人的主体性原

---

[1] Wolfgang Welsch，“Adornos Ästhetik. Eine implizite Ästhetik des Erhabenen”，in：Wolfgang Welsch，*Ästhetisches Denken*，Stuttgart：Philipp Reclam jun.，SS. 114－156. 以下有关阿多诺崇高论的文字，大多得益于韦尔施的这篇文章。

[2] Adorno，*Ästhetische Theorie*，Frankfurt am Main：Suhrkamp，1997，S. 224. 参看阿多诺：《美学理论》，王柯平译，成都：四川人民出版社，1998，第259页。

[3] Adorno，*Ästhetische Theorie*，S. 294. 参看阿多诺：《美学理论》，第339页。

[4] Adorno，*Ästhetische Theorie*，S. 295. 参看阿多诺：《美学理论》，第340页。

[5] Adorno，*Äesthetische Theorie*，S. 295：“Enthüllt sich jedoch die Erfahrung des Erhabenen als Selbstbewußtsein des Menschen von seiner Naturhaftigkeit，so verändert sich die Zusammensetzung der Kategorie erhaben.”

[6] Wolfgang Welsch，“Adornos Ästhetik. Eine implizite Ästhetik des Erhabenen”，in：Wolfgang Welsch，*Äesthetisches Denken*，S. 120.

[7] Adorno，*Ästhetische Theorie*，S. 296：“Erbe des Erhabenen ist die ungemilderte Negativität，nackt und scheinlos wie einmal der Schein des Erhabenen es verhieß.”

则抑或主宰自然的动力。在阿多诺看来，现代艺术就得体现这种否定性，这首先表现在对“规范”的否定上。按照维尔默的诠释，“阿多诺认为，现代艺术中的解放潜能就在于对客观上具有约束力的意义进行否定。具体地说就是对传统的规范、习俗、意义综合体以及生活形式提出质疑”[1]。

阿多诺对崇高所作的这种辩证的处理，特别清晰地体现在对康德崇高论的解读上。他认为康德只把崇高留给自然界，而让崇高退出了艺术，[2] 就是察觉到了崇高艺术的问题所在，并因此指出康德的这种做法在客观上就是在批评豪迈风格的古典创作以及衍生出来的光鲜艺术。[3] 但在他看来，康德的崇高终究还是把重心落在人的尊严的确立上，这与意识形态所要弘扬的东西在客观上形成了共谋。意识形态通过崇高要把人确立为伟大的，是属灵的生命，是在驾驭着自然的生命，而康德也同样通过超然的伟大来界定崇高，“他未表示怀疑地与人的主宰合谋”。[4]

毫无疑问，阿多诺对康德崇高论的解读关联着他的理论兴趣。这里所要关注的却是，他所解读的康德崇高论，尤其是有关康德只把崇高留给自然界的解读，其实并不切合康德的原意。

5. 关于康德是否认可文学艺术作品也能激发崇高情感，学界一直各

---

[1] 维尔默：《真实、表象、和解——阿多诺对现代性的审美拯救》，见维尔默：《论现代和后现代的辩证法——遵循阿多诺的理性批判》，钦文译，北京：商务印书馆，2003，第 26 页。

[2] 见 Adorno，*Ästhetische Theorie*，SS. 293：“崇高，康德是只留给自然的，它已成为艺术本身的历史成分……康德心目中的艺术，俨然只是一种伺候人的东西。”（参看《美学理论》第 338 页）SS. 30 - 31：“享受的概念是应当抛弃的。但凡有关审美客体的感觉，按照黑格尔的观点，都附着于某个偶然的东西，基本上都是心理投射，所以，艺术作品要求观看者一定要进行认识，尤其是关于是与非的认识：艺术作品所想要的是观看者觉察到了艺术作品的真实与不真实。与审美享乐论针锋相对的，倒是康德在崇高论里所作的安排。康德很公正地让崇高从艺术中退了出去：由艺术作品感到的快意，最多也就是一种要扛住的感觉，这种要扛住的感觉是艺术作品要传递的。这适用于整个美学领域，而不只是单个的作品。”（参看《美学理论》第 27 页）

[3] Adorno，*Ästhetische Theorie*，S. 296. 参看阿多诺：《美学理论》，第 341 页。

[4] Adorno，*Ästhetische Theorie*，S. 296：“Indem er jedoch das Erhabene ins überwältigend Große，die Antithese von Macht und Ohnmacht setzte，hat er ungebrochen seine fraglose Komplizität mit Herrschaft bejaht.”

持己见，最近仍有研究者认为康德是排斥所谓艺术崇高话题的[1]。然而，伯墨（Gernot Böhme）的细致读解已实际地解决了这一疑问。按照他的读解，且不论康德是否着意于艺术作品的艺术性质来谈崇高的话题，单单考察其引为例证的崇高的自然景象，便多少可以领会其有关艺术崇高的观点。[2]

具体说来，康德谈到了“险峻高悬的、仿佛威胁着人的山崖，天边高高汇聚挟带着闪电雷鸣的云层，火山以其毁灭一切的暴力，飓风连同它所抛下的废墟，无边无际的被激怒的海洋，一条巨大河流的一个高高的瀑布”[3]，由这些“崇高”的自然景象至少可以看出，喷涌的火山和澎湃的大海必定是康德不曾亲历过的，因为他没有离开柯尼斯堡外出旅行过。那么，这两种景象要么是康德所遥想的，要么是他透过艺术作品所感受到的。伯墨通过分析指出，所谓“险峻高悬的、仿佛威胁着人的山崖”肯定是康德从索绪尔的阿尔卑斯山游记里读来的，其他的景象则借助于其他的文学艺术作品。这就意味着，康德本人所体会到的这些崇高情感均源自文学艺术作品，文学艺术作品成为自然事物的代理，以传递的姿态产生了崇高感。这显然就解答了有关艺术崇高的疑问，同时也消解了阿多诺有关康德把崇高只留给自然界的断制。

不过，伯墨的这番读解诚然精妙，也确实能够应付自如，却终究是在谈康德未曾明言于《判断力批判》里的思想，总不如从这部著作中直接寻得明确的文字予以佐证。事实上，康德也确实给出了这方面的阐述。他在一个注释里说到，没有比伊西斯神殿上的题词“我是一切现有的，曾有过的和将要有的，我的面纱没有任何有死者揭开过”说出过“更为崇高的东西”或者“更崇高地”表达过一个观念的。指出外在的事物（作为传递观念的文字）是崇高的或者传递了崇高的东西，这当然也还是对崇高的双重借用。但关键在于，文字能够承担这种功能，并因此可以

---

〔1〕参看 Uygar Abaci，“Kant's justified dismissal of artistic sublimity”，in *The Journal of Aesthetics and Art Criticism*，66：3（2008），pp. 237－251.

〔2〕Gernot Böhme，“Pyramiden und Bergen”，in：Gernot Böhme，*Kants Kritik der Urteilskraft in neuer Sicht*，Frankfurt am Main：Suhrkamp，1997，SS. 83－107.

〔3〕康德：《判断力批判》，第 100 页（第 28 节）。

借得崇高的称谓。康德所说的“甚至一个智性的概念也可以反过来给一个感官表象当记号，因而可以通过超感官东西的理念鼓动这个感官表象”，还明确地指出崇高的情感是可以通过观念而传递的。[1] 同样，康德也谈到了表象可以给崇高的观念作记号来传递情感，使单纯作为字面的语言包含有精神。这表象也就是所谓的“审美理念”，这记号（Attribute）在这种情形下也就是康德所说的象征。更宏大的文学艺术作品便可凭着对这一功能的承担而传递崇高的观念，激发崇高的情感。于是，有研究者因此借着对康德崇高与道德法则话题的探讨而谈到了“天才”[2]。

然而，阿多诺关于艺术崇高的疑惑甚或抵制仍然是深沉的，这与本雅明对政治审美化的警惕也是一致的。[3] 20 世纪后期，尤其是在德国，谈论崇高已无从回避纳粹对艺术崇高的利用。[4] 在很大程度上也正是基于类似的缘由，当代西方对崇高普遍持有怀疑的态度，康德的崇高论当然也不能幸免。有鉴这一情形，就有必要回到“借用”的话题。

即便都借用了崇高一词，“心中的”道德法则与“头上的”星空这两类事物还有着一个不可谓不重要的差异。道德法则是绝然善的事物，是善本身，或者说，道德法则就是目的本身。星空却并非直截了当就是善

---

[1] 康德：《判断力批判》，第 161 页（第 49 节）。

[2] M. C. Nahm，“Sublimity and the Moral Law in Kant's Philosophy”，in *Kant-Studien*，48（1956/1957），pp. 502 – 524.

[3] “法西斯期待用艺术的方式来满足为技术所改变了的感官知觉，就像马里奈蒂所说的那样，通过战争。这无疑是为艺术而艺术的圆满。在荷马那里，人是奥林匹斯诸神围看的对象，现在人则成了自己所围看的对象。人类的异化已经到达了这样的程度，居然能把自己的毁灭当作第一流的审美享受来体验。所以，法西斯所推动的是政治的审美化。共产主义回敬给法西斯的响亮回答则是艺术的政治化。”参看 Walter Benjamin，“Das Kunstwerk im Zeitalter seiner technischen Reproduzierbarkeit（erste Fassung）”，in：Walter Benjamin，*Gesammelte Schriften* 1. 2，S. 469.

[4] 1989 年德国 Merkur 杂志出版有关崇高的专刊，集中探讨的话题就是崇高与纳粹，主要有杂志主编 Karl Heinz Bohrer 的导论与《崇高的终结：一个范畴的倒掉与复兴》（Das Ende des Erhabenen. Niedergang und Renaissance einer Kategorie），Claus-E. Bärsch 的《崇高与纳粹》（Das Erhabene und der Nationalsozialismus）。就像 Jan Rosiek 所说的那样，“这份政治遗产对德国想要建构崇高的想法来说是很有挑战性的，既然它不想重蹈意识形态的覆辙。在那期杂志的导论里，Bohrer 在陈述各国有关崇高话题探讨的差异时承认，但凡是德国的探讨就一定要直面纳粹这一历史事实”。参看 Jan Rosiek，*Maintaining the Sublime*：*Heidegger and Adorno*，Bern：Peter Lang AG 2000，p. 86. 关于崇高理想与恐怖暴力之间的关联，也可参看朱学勤：《道德理想国的覆灭》，上海：上海三联书店，2003。

的，而即便是善的，至少在与作为目的的人相对的意味上也只不过是作为手段的善。包括星空在内的外在的崇高事物，其所以是崇高的，就在于促成了人对道德法则的敬重。外在的崇高事物的价值就在于此，也只在于此。由此也就不必因为纳粹曾利用过艺术的崇高而对崇高全盘否定，在崇高理想的道路上跌倒过的人同样无需废弃对崇高的向往，只要能够透过已洞察或者曾经历的故事领会到，人曾深信的所谓的崇高观念与真正崇高的观念（道德法则）之间其实有着巨大的鸿沟。体会这差异，是需要力量的，说到底这是一种内心的力量。

（作者单位：北京师范大学文学院）

陈一鸣

寻绎"审美自我"
——费希特美学思想发微

内容提要：本文旨在对未成体系的费希特美学思想作某种融贯式的解读。

本文对费希特美学思想的阐发，集中表现为对"审美自我"这一范畴的寻绎。"自我"作为为费希特的知识学体系奠基的元范畴，蕴涵着其由"绝对自我"演绎"实践自我"、"理论自我"并据此构筑知识学体系的内在理致，费希特本人虽没有关于"审美自我"的拟设，但依凭这一内在理致对该范畴的推绎显然并不违背其思想归趣。"审美自我"即在审美这一特定的价值向度上展开创设活动的"自我"，其隐贯于费希特就审美问题所发表的诸多见解之中。

费希特赋予"反思"概念的特有义涵（自我在实践的创设活动中对自身所进行的先验的反思活动），乃是本文借以契入"自我"范畴之真蕴、把捉知识学体系的内在理致并在此基础上获得对费希特美学思想的融贯式解读的致思线索。在本文看来，费希特有关审美具备"反思"功能的见解构成其美学思想的核心，这一见解贯穿在他几乎所有论美的文字中。"反思"使自我成其为"自我"，审美所具备的"反思"功能亦使那在审美的价值向度上展开种种创设活动——诸如审美冲动、审美教育、文艺创造、审美判断——的自我成其为"自我"，一种在审美的价值向度上自本自根、自己是自己理由的"自我"——"审美自我"。

关键词：费希特　知识学　自我　审美　审美自我

在从康德到黑格尔的德国古典哲学家中，费希特是唯一没有形成自己美学体系的一位。终其一生，他都未尝撰写过有关审美与文学艺术的专题性论著，其论及审美与文艺话题的文字仅散见于他的各类著述。但这并不表明费希特不曾就美的问题作过深入甚或系统性的思索，相反，从费希特留给我们的文字来看，对美的问题的关注、对拟想中的美学在其知识学体系中的地位的思考始终伴随着他整个耶拿时期的思想探索。对费希特略成一家之言的美学思想的发掘需要我们合观那些散见于各类著述的论美的文字，更要求我们对这些尚未成形却又不乏某种系统性考量的思想作出契合知识学内在理趣的融贯式解读。

费希特直接涉及审美与文艺话题的言论主要见诸《关于哲学中的精神与字母》、《以知识学为原则的伦理学体系》第31节（“关于文学艺术家的职责”）以及《用新方法阐述的知识学》书末专章（“对知识学所属各门学科的演绎”）第（4）部分（美学部分）等篇章。而在所有这些著述中，最集中、也最系统展现其美学思想的是以书信体形式撰写的近两万字的《关于哲学中的精神与字母》。

一 席勒的致思格局

写于1795年6月、却迟至1800年1月才发表于《哲学评论》的《关于哲学中的精神与字母》，原是费希特应席勒之约为其创办的月刊《季节女神》（*Die Horen*，1795－1797）撰写的，之所以未能在《季节女神》上发表，是缘于费希特与席勒围绕美的问题所展开的一场学术论争，并且，在很大程度上也正是因为这场论争，费希特的这篇最能反映其美学观点的论著最终以残篇的形式存留于学术史[1]。费希特本人在《季节女神》创刊伊始即是其编委会成员之一[2]，《季节女神》创刊号曾登载他的《论激励和提高对于纯粹真理的兴趣》。按照他与席勒的约定，《关于哲学中的精神与字母》将是他贡献给《季节女神》的第二部作品，鉴于它的篇幅较长，计划将其分期刊出。但大大出乎费希特意料的是，在

---

〔1〕在与席勒发生学术论争之际，《关于哲学中的精神与字母》只完成了前三封信，因遭遇席勒退稿，费希特中止了这篇论著的写作，亦未将其交由其他刊物发表。后因《哲学评论》（一份由费希特与尼特哈默尔合编的专业性刊物）缺稿，应尼特哈默尔之约，费希特将其封存数年的《关于哲学中的精神与字母》的这三封信发表于该杂志，文章发表时虽然在第三封信后加了“未完待续”的提示语，但终无下文。费希特终究没有将他在四年多前中辍了的这一写作计划接续下去。相关内容可参见《费希特著作选集》第三卷，梁志学主编，北京：商务印书馆，2000，第794页注174。

〔2〕为实现其办刊理想，席勒召集了多名才具卓越而背景各异的学者、诗人组成了一个编委会，除费希特外，该编委会成员还包括了歌德、洪堡、克尔纳、沃尔特曼、赫德尔等人。参见席勒：《〈季节女神〉邀请参加书和发刊词》，《秀美与尊严——席勒艺术和美学论文集》，张玉能译，北京：文化艺术出版社，1996。

他将《关于哲学中的精神与字母》第一期稿件（由前三封信组成）寄送席勒不过数日，竟等来了席勒的退稿信。在这封措辞尖锐、不无训诫口吻的长信中，席勒列举了诸多无法刊用此稿的理由，其中很重要的一条是文章的内容与标题并不相符，而之所以如此，席勒认为，根源在于费希特混淆了“艺术中的精神”与“哲学中的精神”：

> 您的文章标题为“关于哲学中的精神与字母”，文章的前三部分（即前三封信——引者注）论及的却不是别的什么而是艺术中的精神，而据我所知，艺术中的精神是与作为字母之对应物的精神完全不同的事物。作为字母之对应物的精神与作为一种审美性状的精神在我看来是全然不同的概念。[1]
>
> 哲学作品可以完全缺乏审美精神，而同时却可被看作是对精神的纯粹表象的范例。说实话，除非您有某种翻筋斗的绝技，我看不出您如何能自如地转换于这两者之间，并且，我更难以理解的是您如何设法在歌德作品中的精神——鉴于您文章的标题，鲜有人能料到这其中会出现他的名字——与康德或莱布尼茨哲学中的精神之间找到某种关联。[2]

显然，欲洞悉席勒与费希特美学思想上的分歧的实质，辨明两者分别赋予了“精神”（Geist/spirit）范畴以怎样不同的义涵是问题的关键所在，并且，这对于我们准确把捉费希特的美学思想同样关系重大。

大体而言，席勒在其致思格局中承袭了康德对“精神”作为一哲学—美学范畴所作的界定。康德在其三大批判中虽然常会随机谈到“精神”（比如“更为纯正的哲学精神”、“法则的精神”等），或是在通常的意义上使用“精神”一词（比如“刚毅精神”、“灵魂的精神本性”、“精神世界”、“不死的精神的存有”等等），但在康德哲学中，“精神”真正作为

---

[1] 席勒致费希特的信（1795 年 6 月 24 日），转引自 Claude Piché，“The Place of Aesthetics in Fichte's Early System”，in *New Essays on Fichte's Later Jena Wissenschaftslehre*，ed. Daniel Breazeale and Tom Rockmore，Evanston，Illinois：Northwestern University Press，2002，p. 306.

[2] 席勒致费希特的信（1795 年 6 月 24 日），转引自 Claude Piché，“The Place of Aesthetics in Fichte's Early System”，in *New Essays on Fichte's Later Jena Wissenschaftslehre*，p. 314，Note 28.

一个正式的哲学—美学范畴其义涵得到稳固的界定则是在《判断力批判》的“审美判断力批判”部分。康德在《判断力批判》第49节对构成天才的诸种心意能力所作的分析中，“精神”——其余三种能力为“想象力”、“知性”、“鉴赏力”——被界定为构成天才所必需的最切要的能力：“精神（灵魂）在审美的意义里就是那心意付予对象以生命的原理”[1]，而这令对象获得生命的“原理”正是“使审美诸观念表现出来的机能”[2]。结合康德就审美与美的艺术所作的种种阐说，人们可依其本意勾勒出一个关于“精神”的确切而完整的界说：“‘精神’乃是出自那种能够‘在自己的内心里’萌生出作为‘最高的范本’、‘审美的原型’的审美观念并把它以可能尽致的方式表现出来的能力。”[3]

既然“精神”被明确地关联于审美并被界定为萌生和表现“审美观念”的能力，可见在康德的致思格局中，审美与艺术创造才是“精神”驰骋其间的主要活动领域。席勒承袭了康德对“精神”的这一界定，身为剧作家和诗人——因而分外推重审美和艺术——的他尤其注意到了这一点：虽然在心灵活动的其他领域康德也曾提及“精神”，但只是在审美与艺术创造活动中，“精神”才作为一独立的心意能力为使心灵能在“一种想象力对于知性的关系”[4]中表现某一理性概念（“审美观念”）而发挥某种灵魂性的作用。“审美精神”因此相较于那仅是泛泛而论的“哲学精神”、“刚毅精神”在席勒心中占有远为重要的地位。

席勒之所以分外看重“审美精神”，除了深受康德主要赋予“精神”范畴以审美义涵的影响外，从一个更为本源的意义上讲，还是由“美”在席勒的致思格局中所拥有的举足轻重的地位决定的。如果说审美因其带给人以“自然的合目的性的审美表象”在康德三大批判中扮演着将人从自然概念的领域引达自由概念的领域的“津渡”的角色，那么在席勒的致思格局中审美则以其对他心目中之理想人性的成全而居于枢纽地位，

---

[1]康德：《判断力批判》上卷，宗白华译，北京：商务印书馆，1964，第159页。

[2]康德：《判断力批判》上卷，第160页。

[3]黄克剑：《美：眺望虚灵之真际——一种对德国古典美学的读解》，福州：福建教育出版社，2004，第106页。

[4]康德：《判断力批判》上卷，第164页。译文略有更动。

席勒因此甚至称叹“美”是“我们的第二造物主”[1]。

在席勒看来，从人这一有限存在物身上可同时区分出两种互不隶属的东西，此即恒常不变的“人格”（Person）与变动不居的“状态”（Condition）。“人格”表征人身上不乏某种神性的纯“形式”因素，它独立于一切感性素材，植根于人的绝对存在，只以自身为基础，因此，“人格”乃是使人成其为人的东西。相对于自是其是的人格，“状态”则是以人之外的事物为基础的，它意味着人作为一有限存在物不能不受到感性素材的规定，“状态”因此是人的各种规定性，表征人的“感性”本质。单单“人格”是无内容的“形式”，单单“状态”则是无形式的“内容”。“人格”要求着绝对的形式性，即人消除自身中一切只是物质性的存在以实现人的自相同一，它意味着人总是赋予一切感性素材以形式；“状态”则要求着绝对的实存性，即将一切只是形式性的东西转化为感性实存，它意味着人总是通过现象将所有的潜能充分表现出来。在人身上同时存在着的“人格”与“状态”的这两种要求，席勒分别称之为“形式冲动”与“感性冲动”。

“形式冲动”与“感性冲动”是实现完整人性必不可少的两种力量，它们各自独立，却又互为条件。形式冲动诚然植根于人的理性本质，着眼于在感性世界的洪流中坚守人的人格，但形式冲动却必须以人的感知能力为条件，因为纯形式的东西离开了感性素材将无从展示，恒久的人格亦只有在变动的状态中才得以彰显，离开了感性生命的人不再有任何形式冲动的必要。反过来说，感性冲动虽然揭示了人的物质性存在的本质，人的道德律令和理性观念亦只有通过感性冲动才获得其在时间与世界中的出口，但感性冲动却无从取代理性与形式的立法者角色，人若只是一味听凭感性的驱遣，必将因人格的丧失而仅仅局囿于变动与时间，局囿于变动与时间中的人实际上已彻底终结了他作为人的真实存在，而对于这样一种随波逐流的存在其实已无时间或世界可言，没有了“恒久”无所谓“变动”，没有了“一”亦无所谓“多”。

---

〔1〕席勒：《美育书简》，徐恒醇译，北京：中国文联出版公司，1984，第111页。

形式冲动与感性冲动之间的这种既相依存又相制约的关系被席勒称之为一种“交互”[1]（reciprocity）关系。席勒认为，唯有在一种良性的交互作用中，形式冲动与感性冲动双方才能既充分保持各自的活力又严格恪守相互间应有的界限，任何一方的强劲都不以对另一方活动畛域的僭越为代价，相反，却能引起另一方活力的不断增强。在席勒看来，实现形式冲动与感性冲动的这种和谐互动、相得益彰正是理性的使命所在，它意味着人性的充分实现。自然，欲实现形式冲动与感性冲动之间的这种良性的交互作用，单凭形式冲动或感性冲动自身已无法胜任，它只有诉诸形式冲动与感性冲动之外的人身上的第三种冲动——“游戏冲动”——方能达成。

如果说形式冲动的对象是本义和引申义上的“形象”（包括事物的一切形式因素及这些因素相对我们思考力的关系），感性冲动的对象是最广义的“生命”（指一切物质性的存在及所有直接呈现给感官的东西），“游戏冲动”的对象则是“活的形象”，亦即现象的一切审美因素，或最广义的“美”。[2] 人若仅仅受形式冲动的支配，难免时时受到理性规范和道德律令的制约，若仅仅受感性冲动的支配，又不免为官能方面的偏爱所挟持，前者对心灵施以理性的道德强制，后者对心灵施以感性的自然强制，唯有在“游戏”所带来的审美情境中，心灵才有望摆脱所有的强制获得真正的自由。席勒说：

> 在游戏冲动中两种冲动（即形式冲动与感性冲动——引者注）的作用结合在一起，它同时在道德上和自然上强制心灵，因为它排除了一切偶然性，从而也就排除了一切强制，使人在物质和道德方面都达到自由。当我们怀着热情去拥抱一个我们理应鄙视的人时，我们就痛苦地感到自然（本性）的强制。当我们敌视一个我们必须尊敬的人时，我们就痛苦

---

[1]值得注意的是，在《美育书简》第十三封信的一则注释中，席勒特地提到费希特曾在《全部知识学的基础》中就“交互作用”及其重要性有过精辟论述。席勒是从费希特那里沿袭了“交互”概念的，只是，他是在一个与费希特不尽相同的意味上使用它的。

[2]参见席勒：《美育书简》，第86页。

地感到理性的强制。但是只要一个人既能引起我们的喜爱，又能博得我们的尊敬，那么情感的压力和理性的压力就同时消失了，我们就开始爱他，也就是说，同时让喜爱和尊敬在一起游戏。[1]

一个理应遭到鄙视的人，我们却仍然在感性冲动的支配下怀着热情去拥抱，这不免将此时正当的理性欲求（冲动）——它要求我们出于道德义愤鄙视这个人——视为可有可无的偶然性事物；而一个本来并不讨人喜欢的人，我们却必须出于道德的强制予以尊敬，这又不免将一种正常的感性需求（冲动）——每个人都有出自感性本能的好恶迎拒——作为偶然性事物予以漠视；在上述任何一种情形中，感性冲动或形式冲动都单方面打破了人性的和谐，心灵都因为遭遇单方面的（要么感性自然的，要么道德理性的）强制而处于不自由状态。但如果一个人既能引发我们自自然然的喜爱之情，又能赢得我们发自内心的尊敬，那么我们的心灵就因为同时眷顾到感性自然与道德理性方面的欲求而扬弃了先前一切的偶然性和强制，既摆脱了感官方面利害感的牵羁，又不再为理性方面的善恶感所煎迫，而臻于一种自由的审美之境。这自由的审美境界正是“游戏冲动”的目标所在，唯有在“游戏”中，感性与形式、偶然与必然、受动与能动得以结合起来，人性得以充分实现。

因此，从这个意义上讲，美不仅是游戏冲动的对象，美还是形式冲动与感性冲动的共同对象[2]，并且，也是在这同样的意义上，席勒才分外要指出：“只有当人在充分意义上是人的时候，他才游戏；只有当人游戏的时候，他才是完整的人。”[3]

既然“美”是形式冲动与感性冲动的共同对象，直接关系到人性的完整，审美乃至艺术创造对席勒而言其价值就不仅仅局限在对美本身的趣求上，对美的理想的追寻即是对人性理想的追寻，对理想美的获致即

---

[1]席勒：《美育书简》，第85页。译文据英译本略作更动。

[2]参见席勒：《美育书简》，第88页。

[3]席勒：《美育书简》，第90页。

意味着“人性的完美实现”[1]。“美”因此在席勒的致思格局中拥有至关重要的地位。

席勒对“美”的推崇显然受到了康德“对于美的欣赏的愉快是唯一无利害关系的和自由的愉快”[2]（审美判断之“质”）这一论断的启发，但围绕审美的问题，两者在致思格局上却不无径庭。康德是在完成了对心灵的认识能力（知性）和欲求能力（理性）的批判性考察后，为寻求自然概念的领域和自由概念的领域的沟通而转向审美的，审美只是起到将心灵从自然引达自由的“津渡”的作用，整个康德哲学的旨归仍旧落在实践理性为之立法的自由概念的领域上。受康德的影响，席勒也将道德置于较高格位上，并因此措意于通过审美这一“中间情调”实现心灵从感性向理性的过渡，但其所谓“要使感性的人成为理性的人，除了首先使他成为审美的人，没有其他途径”[3]，所谓“美是自由在现象中表现自身的唯一方式”[4]等等说法，表明“美”在席勒思想中所扮演的角色已非“过渡”或“中间”这样一类词汇所能涵括，在席勒的整个致思格局中，“美”实际上以其使感性与理性和谐统一而居于枢纽地位。对席勒而言，审美教育的极端重要性也正是在这个意义上被领悟的：审美教育的意义不仅仅在于实现心灵从感性向理性的过渡，审美状态作为一种完整人性的体现本身就是教育的目的所在。

二　费希特的思想立场

与席勒相类似，费希特对美的问题的思索同样受到康德的启发，但他对康德美学思想的接受和重塑，一如其对整个康德体系的接受和重塑，是契合着知识学的内在理致和思想归趣的，因而，围绕“审美与文艺”的话题，他展现出既不同于康德、也有别于席勒的思想风致。

---

[1]席勒：《美育书简》，第88页。

[2]康德：《判断力批判》上卷，第46页。

[3]席勒：《美育书简》，第116页。

[4]席勒：《美育书简》，第120页，注文部分。译文据英译本作了较大更动。

从某种程度上说，费希特《关于哲学中的精神与字母》一文采用书信体是有针对性的，这是他为回应同为书信体的《美育书简》刻意采取的形式[1]，意在表达一种有别于后者的思想立场。任何一个将费希特的《关于哲学中的精神与字母》与席勒的《美育书简》作一番比较的人，都不难看出两者对人的冲动所作的不同划分，这种划分上的不同反映了两者围绕人的冲动所形成的不同认识，但从根本上讲，它却是由两者在致思格局及措思重心上的差异决定的。

在《美育书简》中，席勒对其思想体系的构筑是从区分人身上的“人格”与“状态”这两个互不隶属的东西开始的，由互不隶属的“人格”与“状态”出发，才有了相互独立的“形式冲动”与“感性冲动”，而为了实现这两种冲动的和谐统一，席勒又诉诸以“美”为对象的“游戏冲动”。感性冲动（“状态”）、形式冲动（“人格”）、游戏冲动（“美”）是支撑起席勒思想体系的主干范畴，其思想旨归则落在游戏冲动所带来的自由的审美境界上。相对于席勒的这三种冲动，费希特在《关于哲学中的精神与字母》中则把人的冲动划分为认识冲动、实践冲动与审美冲动，并且，费希特与席勒的根本不同在于，他从不认为这是三种相互独立、泾渭分明的冲动，相反，在列出人所具有的这三种冲动的同时他特别要指出：“所有我们还能这样称谓的特殊冲动和力量都不过是人所具有的唯一的、不可分割的基本力量的特殊应用罢了。”[2] 这是《关于哲学中的精神与字母》全篇最意味深长的论断，它表明，那真正牵动费希特学说根脉的并非他关联着心灵活动的不同向度对冲动所作的如此或如彼的划分，而恰恰是那“人所具有的唯一的、不可分割的基本力量”。人首先是由于灵魂深处存在着这样一种基本力量，才会因着对它的特殊应用而产生这样或那样的冲动，换句话说，“冲动”对于费希特而言首先是个“单数”而非“复数”的概念[3]，所有的冲动均生发并辐辏于

---

[1]在费希特将《关于哲学中的精神与字母》第一期稿件交由席勒发表以前，席勒的《美育书简》已陆续在《季节女神》上刊出。

[2]费希特：《关于哲学中的精神与字母》，《费希特著作选集》第三卷，第705页。

[3]参见 Claude Piché, “The Place of Aesthetics in Fichte's Early System”, in *New Essays on Fichte's Later Jena Wissenschaftslehre*, p. 302.

一个单一的基本冲动或最高冲动，而“人的最高冲动乃是人寻求自相同一、实现与自身和谐一致的冲动”[1]。

由“人的自相同一”、“与自身和谐一致”的说法，人们会立即联想到费希特的知识学关于“绝对自我”、“本原行动”的种种阐说，在整个知识学体系中，唯有主—客同体的“绝对自我”才在真正意义上是自相同一因而达到了与自身和谐一致的。依知识学的内在理致，“绝对自我”之为主—客共同体所蕴涵的真义是，“绝对自我”作为一绝对自发、自相同一的先验存在，同时具备主、客两重要素，亦即，它集主体的能动性与客体的受动性于一身，这意味着“绝对自我”既是设定者又是被设定者。对于“绝对自我”，设定者当下即是该设定者自身设定的对象，被设定者当下即是设定这被设定者的设定主体，“绝对自我”既是由它自身所设定起来的那个东西，又是将自己设定成为那个东西的东西。“绝对自我”的这种主—客同体、同时是行动与行动结果的本质，费希特亦称之为意识的同一性原理。绝对自发、自相同一的“绝对自我”既是整个知识学体系的基石，又是全部知识学的归趣所在。

由此，人们不难判定，费希特在《关于哲学中的精神与字母》中所指出的那个“人所具有的唯一的、不可分割的基本力量”其实即是绝对自我的本原行动，无论是认识冲动、实践冲动还是审美冲动，都溯源并辐辏于本原行动，都是自我为实现与自身的和谐一致在心灵的不同向度上对理性的运用。这与席勒一开始就将“形式冲动”与“感性冲动”设定为心灵的两个独立的活动领域形成鲜明对照：席勒虽然也指出“形式冲动”表征人的能动性的一面（“要求**自己规定**”[2]，可比拟于费希特的“实践冲动”），意在维护“人格”的“恒一”；而“感性冲动”表征人的受动性的一面（“要求**被规定**”[3]，从其以外物为基础来看略可比拟于费希特的“认识冲动”），因而陷于“素材”的“殊多”；但从其申论“形

---

〔1〕费希特：《关于学者使命的若干演讲》，《费希特著作选集》第二卷，梁志学主编，北京：商务印书馆，1994，第16页。译文据英译本有所更动。

〔2〕席勒：《美育书简》，第85页。译文据英译本有所更动，着重号系引者所加。

〔3〕席勒：《美育书简》，第85页。译文据英译本有所更动，着重号系引者所加。

式冲动”与“感性冲动”的相互依存、强调“人格”与“状态”的相即不离来看，表明在这“理性”与“感性”、“一”与“多”的关系中，他更多地是采取了两者并重的措思姿态，既“要求规定”，又“要求被规定”，既阐明“一”对“多”的统摄，又注重“多”对“一”的表现。而这自然导致他倾心于能协调理性与感性、同一与多样的审美之境。

自始便将措思重心置于“绝对自我”之上的费希特不满于席勒使“人格”与“状态”、“形式冲动”与“感性冲动”相互独立的致思格局。在他看来，既然“状态”以人之外的感性素材为基础，表征自我的各种规定[1]，那么“状态”就应当是一个纯粹表达受动性的范畴，在自我努力维护“人格”、寻求自相同一的创设活动中，感性的“状态”并无任何能动性可言，它受动于外在的感性素材，更受动于自我的绝对设定。相应的，“感性冲动”也不当获得与“形式冲动”分庭抗礼的地位：对费希特而言，席勒有关“感性冲动要求被规定”的说法本身便存在自相抵牾之处，“被规定”（被外在的感性素材所规定）原本就无需通过主动“要求”来实现，在知识学高卓的视界里，任何“冲动”都只能源出于自我的绝对设定，而不可能产生于纯然受动的“状态”，所谓“感性冲动”远非“形式冲动”（理性、实践的）那种意义上的真正的“冲动”。

在《关于哲学中的精神与字母》一文中费希特虽然也有所谓“认识冲动”的设置，但紧接着对“认识冲动”所作的“以创造一种认识为目的”[2]的界说，他旋即指出“它（即认识冲动——引者注）与所有我们还能这样称谓的特殊冲动和力量都不过是人所具有的唯一的、不可分割的基本力量的特殊应用罢了”，这表明，即便是“以认识为目的”——因而不免在心灵活动的这一特定向度上受动于认识对象——的“认识冲动”依然是隶归于那个单一的“基本力量”或“基本冲动”的，认识本身并非真正的目的所在，通过认识以改造对象从而实现自我的自相同一才是

[1]费希特对席勒的影响是显而易见的，《美育书简》第十一封信论及“人格”与“状态”时便将它们分别关联于“自我”和“他的各种规定”，这不免使人联想到《全部知识学的基础》中有关自我、非我以及非我限定自我的诸多论述。

[2]费希特：《关于哲学中的精神与字母》，《费希特著作选集》第三卷，第705页。

最终目的。而这又与费希特随后有关“一切冲动都是实践的”的说法全然相契，费希特说：

> 严格地说，一切冲动都是实践的，它是驱向主动性的，在这个意义上讲，人之内的一切都以实践冲动为基础，如果不依靠主动性，在人之内就没有任何东西。[1]

以“实践”和“主动性”涵括一切冲动的精神性状，意味着在知识学的语境里，那“以认识为目的”的“认识冲动”与其说受动于认识对象，不如说受动于主体自我的绝对设定，这即是说，在费希特所确立的“冲动”谱系中，“认识冲动”并不因其“冲动”的名谓而具备与“实践冲动”（直接源出于绝对设定）可等量齐观的能动性和独立性；毋宁说，在自我实践的创设活动中，作为自我理论状态（“以认识为目的”）的表征，“认识冲动”关联着自我受动性的一面（虽然这受动乃是一种主动的受动，因而在这个意义上亦被称作“冲动”），而“实践冲动”则关联着自我能动性的一面。这在根本上有别于席勒“感性冲动”与“形式冲动”约略并重的致思格局。

费希特与席勒在致思格局及措思重心上的差异是导致两者在美学思想上产生分歧的根源，并注定了这分歧更多的是一种“结构性”的而非具体观点上的分歧：即它集中表现为“美”在费希特与席勒各自思想体系中所占地位之不同。如果说在席勒体系中“美”以其对感性与理性的统一及对完整人性的成全而居于一种枢纽地位，在费希特的知识学体系中，“美”则并不占据如此关键的地位，因为在费希特看来，审美和艺术创造，一如心灵活动的其他领域，依然是隶归于绝对自我之本原行动的，是自我为实现自相同一对理性的“特殊应用”。从体系构筑的角度来看，“美”在席勒体系中起着类似“拱顶石”的作用，“美”不仅仅沟通了感

[1] 费希特：《关于哲学中的精神与字母》，《费希特著作选集》第三卷，第706页。译文略有更动。

性和理性（类似它在康德哲学中所扮演的角色），审美还是使感性和理性和谐统一从而实现人性理想的唯一途径，自由的审美之境既是席勒的措思重心又是其学说的旨趣所在，互不隶属的“人格”与“状态”、“形式冲动”与“感性冲动”需要“美”来统摄，以使体系成为一个真正有机的整体。相形之下，在费希特构筑其知识学体系的过程中，“美”从未扮演过如此决定性的角色，不仅如此，倘依循知识学的内在理致，“美”甚至不构成建筑体系所不可或缺的组成部分。“美”之所以成为康德与席勒体系的必要组成部分，乃是因为“美”在使他们各自的体系完整化方面发挥着不可替代的作用（在前者那里为沟通自然和自由，在后者那里为统一感性和理性）。然而费希特的体系却是植基于主—客同体、自我圆足的“绝对自我”的，费希特的“实践自我”与“理论自我”[1]（为回应席勒，在《关于哲学中的精神与字母》中分别表述为“实践冲动”与“认识冲动”）分别对应着自我能动性的一面与受动性的一面，当自我还处在自相同一的绝对自我的格位上时，它们原本就是浑然不分的，自我只是在遭到非我的限制致使设定者与被设定者判然二分的时候，才因着

[1]如果说纯粹先验、自相同一的“绝对自我”乃是全部知识学的基础，是一切经验意识的源泉（通过知识学第一原理“自我设定自我”加以揭示），那么“实践自我”与“理论自我”则分别表征意识活动的实践状态与理论状态（通过知识学第三原理的两个子命题得以展露），处于实践状态的自我“设定非我为受自我限制的东西”（作为知识学实践部分之基础的子命题），而处于理论状态的自我则“设定自己为受非我限制的”（作为知识学理论部分之基础的子命题）。知识学由作为体系之基石的第一原理论及其第二、第三原理并衍生出其实践部分与理论部分，并不意味着从“绝对自我”到“实践自我”与“理论自我”存在着一种时间序列上的先后关系，相反，知识学通过其三大原理（包括其实践部分与理论部分）向人们揭示的是同一瞬刻经验意识的内在活动机制。绝对自我的本原行动揭示了意识能动、先验的存在维度，它虽然并不显现于经验意识，但却是一切经验意识的源泉，是生命成其为生命的东西。绝对自我内在于自我创设活动的每一瞬刻，每一瞬刻的自我都因着对绝对自我的分有而成其为自我，同时，在每一瞬刻的行动中，自我还因着来自非我的限制而不能不是“有限自我”。有限自我虽受到非我对它的限制，但毕竟还关联着无限的绝对自我（自我并未因非我的限制丧失其无限性），因而，在其有限而又无限的创设活动中，自我不能不同时处于理性的理论运用状态（理论自我）与实践运用状态（实践自我）。

“反思”的有无而分化为实践自我与理论自我[1]，但即便如此，实践自我与理论自我（分别表征自我的实践状态与理论状态）也仍然是一体于自我的同一个创设活动的。换句话说，知识学原本就不存在实践自我与理论自我的统一问题，作为严格意义上的科学（Wissenschaft 而非 science），其体系性从一开始就获得了绝对自我的保障，而无需审美自我参与其间，这是导致费希特没有形成自己的美学体系的学理根源。

三　“美”使人“从普通意识观点上升至先验哲学观点”

然而，这并不意味着费希特不关注美的问题，相反，审美和艺术创造作为心灵活动的一个独特领域自始便为费希特所萦怀。费希特的美学思想虽未获得体系化的表达，但合观他散见于各类著述的论美的文字，契合知识学由“绝对自我”演绎“实践自我”与“理论自我”所依循的内在思致和理趣，未始不可以在既有体系中探寻出“审美自我”的行动踪迹。

与席勒的情形相类似，康德美学同样构成了费希特思考美的问题的

---

〔1〕理论自我与实践自我虽然表征自我创设活动的两种不同状态，但却一体于同一瞬刻之自我，对于理论自我与实践自我的辨识尚须诉诸自我的反思活动，通过反思，理论自我与实践自我之间既相区别又相依存的关系方能得到充分揭示。在知识学的语境里，“反思”乃是自我的一种先验活动，自我的一切设定行动无不伴随即时性的反思，反思的对象是那正被设定于自我中的东西，反思的依据是原初自我所蕴蓄的“绝对全部的实在性”，反思活动即自我以其所蕴蓄的“绝对全部的实在性”评判它正设定于自身中的东西。在绝对自我的本原行动中，设定者与被设定者均为无限的绝对自我本身，反思的依据与反思的对象是绝对同一、浑然不分的，因而并无实质上的反思行为，也不存在所谓理论自我与实践自我的判分。但在现实的创设活动中，设定者与被设定者有了主、客的判然二分，设定者仍然是那内蕴无限创设生机的自我本身，被设定者则是被设定于自我之中的客体——非我，反思的依据与反思的对象是相互脱离的，这使得自我有了因反思活动之有无而分化为理论自我与实践自我的可能。当自我单单“陷溺”于眼前的客体而不曾反思到自身固有的无限性时，自我是被设定为受非我限制的，受非我限制的自我是理论自我。但意欲“囊括一切实在于一身”——实现绝对自我所蕴蓄的“绝对全部的实在性”——的自我不可能满足于既有的客体，其设定行动虽然暂时受阻于非我，却必定保持着超越阻碍向无限拓展的“努力”。“努力”超越阻碍向无限拓展的自我是实践自我。诚如费希特所言：“只要自我不反思到那限制它的非我是由它自身设定的，它就能把自己设定为受非我限制的（理论自我——引者注）；只要自我反思到这一点，它就能设定自己为对非我进行限制的（实践自我——引者注）。”（费希特：《全部知识学的基础》，王玖兴译，北京：商务印书馆，1996，第 204 - 205 页。译文据英译本有所更动）

思想基础。康德借着“反思性”（而非“规定性”）的审美判断将人从自然引达自由，这一点深刻影响了费希特。审美沟通自然与自由的机理在于，在审美观审中，审美对象对于审美主体构成一种“主观的合目的性而无任何目的”的独特关系。审美对象作为自然界的“现象”，它的存在本身并没有任何预设的目的（“无任何目的”），审美因此直接关联着自然概念的领域，同时，审美对象的表象却以其形式引发主体的愉快情感，因此审美对象对于主体而言似乎又表现出某种合目的性（“主观的合目的性”），从这个意义上讲审美又关联着自由概念的领域。审美对象之所以能引发主体的愉快情感，进而使主体产生“合目的性”的感觉，乃是因为审美对象的表象契合着从主体内心萌生出的被康德以“共通感”相喻的带有普遍性的鉴赏标准（或曰“审美观念”），而这种“共通感”的萌发与自觉正是基于审美判断乃是一种“反思性”判断的原故。如果说“规定性”的判断是立足于既有的一般性（知性）概念对个别对象作一种向着此类概念的归纳，那么“反思性”的判断则是借着对个别对象的观审上升至某种非可概念化的普遍性原理。反思性的审美判断使主体由自然的现象界振拔出来进而臻于自由的理念世界。

在康德哲学中，“美”起到了沟通自然与自由的作用，在费希特的知识学中，“美”所扮演的这一角色则被转换成了“把先验哲学观点变成普通意识观点”[1]。至于何为“把先验哲学观点变成普通意识观点”，费希特作了进一步的阐述：

我想把我的看法说得更清楚一些。从先验哲学观点来看，世界是被创造出来的；从普通意识观点来看，世界是业已给定的；从审美观点来看，世界虽说是业已给定的，不过是按照那种认为它是被创造出来的观点给定的。世界，现实的、给定的世界，简言之，**自然**——因为我们谈的只是自然——有两个方面：一方面，自然是我们受到的限制活动的产

---

〔1〕费希特：《以知识学为原则的伦理学体系》，§31. 关于文学艺术家的职责，《费希特著作选集》第三卷，第381页。

物；另一方面，它是我们的自由的、显然理想的行动的产物，（但不是我们的实在效用性的产物。）从前一个方面来看，自然本身是处处受限制的；从后一个方面来看，它是处处自由的。前一种看法是普通意识的；后一种看法是审美的。[1]

为同一个自我所设定起来的世界，之所以从先验哲学观点来看是“被创造出来的”，从普通意识观点来看却是“业已给定的”，乃是因为先验哲学观点与普通意识观点分别表征着自我的两种不同状态：以先验哲学观点看待世界的自我是处在创设活动中的能动的实践自我，因而设定非我为受自我规定的（“世界是被创造出来的”）；而以普通意识观点看待世界的自我则是处在认知活动中的受动的理论自我，因而被设定为受非我限制的（“世界是业已给定的”）。仅仅局囿于普通意识观点的自我，是一味陷溺于受动的理论状态、放逐了主体能动性的自我，是委弃了生命本真、自相异化的自我。自相异化乃是众多在世的经验自我的生存状态，其根源在于异化了的自我未能“反思”（知识学而非心理学意义上的）到精神的绝对设定的存在，因而彻底淡漠了生命固有的先验、能动的存在维度，从而沦为一种随波逐流的存在。在这样一种因异化而纯然受动的自我眼里，世界当然只能是处处构成限制的“非”我（一种对于自我而言的异质的存在），而非自我为实现与自身的和谐一致——亦可谓实现那深蕴其心的“无条件的理性命令”——而主动创设的非“我”（一种通过实在性的让渡而来的为我的存在）。欲使自我从这样一种纯然受动的自相异化的状态中振拔出来，恢复生命所固有的先验、能动的存在维度，通过“反思”使自我自觉到精神的绝对设定的存在是问题的关键所在，正如费希特本人所言：“只要自我不反思到那限制它的非我是由它自身设定的，它就能把自己设定为受非我限制的；只要自我反思到这一点，它就能设定自己为对非我进行限制的。”[2] 正是在这一关节点上，审美作为将人从

[1]费希特：《以知识学为原则的伦理学体系》，§31. 关于文学艺术家的职责，《费希特著作选集》第三卷，第382页。译文略有更动。

[2]费希特：《全部知识学的基础》，第204－205页。译文据英译本有所更动。

受限制的自然概念的领域引达实践的自由概念的领域的“反思性”判断，为费希特所瞩目。当费希特断言“从审美观点来看，世界虽说是业已给定的，不过是按照那种认为它是被创造出来的观点给定的”时，他其实是将康德有关审美带给人以“自然的合目的性的审美表象”的思想作了一种知识学式的重塑。以费希特知识学的眼光看来，审美的独特功能在于，审美以其固有的“反思”的性状使先前局囿于普通意识观点的自我自觉到精神的绝对设定的存在，意识到世界与其被看作是业已给定的、只能为自己所被动接受的（因而只是“我们受到的限制活动的产物”），不如被看作是它依着自身的审美观念主动设定起来的（因而成了“我们的自由的、显然理想的行动的产物”），从而使自我在对世界的观审中重新确立起它本有的先验哲学观点，恢复生命所固有的先验、能动的存在维度。费希特所谓文学艺术家所做的工作就是“把先验哲学观点变成普通意识观点”的说法正可以在这个意味上获得切实的领悟：“把先验哲学观点变成普通意识观点”其实就是“从普通意识观点上升至先验哲学观点”[1] 的另一种表达。

审美因此在费希特的知识学中占有一种独特的地位。如果说以普通意识观点看待世界的自我是理论自我，以先验哲学观点看待世界的自我是实践自我，那么以审美观点看待世界的自我则是处于审美状态中的自我，处于审美状态中的自我未尝不可以称之为“审美自我”。费希特以审美观点融合普通意识观点与先验哲学观点这两种看待世界的方式（世界是“按照那种认为它是被创造出来的观点给定的”），似有以审美自我联结理论自我与实践自我的意味，颇有些类似于康德通过审美实现自然与自由的沟通，但这并不代表审美在知识学与批判哲学体系中扮演着同等性质的角色。审美虽然在这两种体系中都起到使理性从理论运用状态转进至实践运用状态的作用，但在批判哲学中对审美判断力的分析是联结

---

[1]事实上，在《用新方法阐述的知识学》书末专章（“对知识学所属各门学科的演绎”）讨论美学的第（4）部分，费希特就曾有“一个占据普通意识观点的人如何使自己上升至先验哲学观点”的发问。详见 Fichte，*Foundations of Transcendental Philosophy*（Wissenschaftslehre）Nova Methodo（1796/99），trans. & ed. Daniel Breazeale，Ithaca and London：Cornell University Press，1992，p. 472.

人的认识能力和欲求能力从而使批判哲学成为一完整体系所必不可少的，而在费希特的知识学中理论自我与实践自我的统一从一开始就获得了绝对自我的保障，从体系构筑的角度来看，审美自我与其说是起到了居间统合二者的作用，不如说与理论自我、实践自我一样是生发并趣归于作为体系之基石的绝对自我的，它亦不过表征自我为实现自相同一在心灵的某一向度（审美向度）上对理性的“特殊应用”。审美自我与实践自我甚至理论自我都因着精神的绝对设定而具备一种“主动性”的性状，从根柢上讲都是“实践的”。[1] 因而在费希特看来，审美和艺术创造，一如道德、哲学、立法、科学等等，同样是人为了实现自相同一这一终极目标而展开的诸多实践活动之一种。只不过，在人所拓辟的众多活动境域中，审美有其独特之处，“反思性”的审美判断尤其有助于在世的经验自我藉着对自身“主体性”的自觉而免于可能的自我放逐与自相异化，并且最重要的是，审美所引发的是“无利害观念的快感”，审美的发生对于主体而言常常是一个不知不觉、不期然而然的过程。

审美所具备的独特功能及其在知识学体系中所占有的独特地位使得费希特亦看重审美的教育功能，费希特的美育思想主要体现在他对所谓“文学艺术家的职责”的探讨中。审美借着无利害观念的快感在不知不觉中唤醒人的生命中固有的先验、能动的存在维度，这首先使得身为哲学家的费希特对文学艺术家在达致教育效能上所处的有利地位表达了他的艳羡之情：“哲学家劳神费心，按照规则，才把自己和别人提高到先验哲学观点上。文学艺术家不必明确思考，就站在这个观点上；他们不知道任何其他观点；他们同样不知不觉地把那些愿意接受他们的影响的人们提高到这个观点上，以致那些人察觉不到这种转变。”[2]而他有关文学艺术家的职责的阐述则直接反映出其美育思想的旨趣，费希特说：

---

〔1〕如前文所引述的，费希特在《关于哲学中的精神与字母》一文中便将包括审美冲动与认识冲动在内的一切冲动都视为“实践的”、“驱向主动性的”。此外，还是在《用新方法阐述的知识学》一书中，费希特亦明确申言“审美也是实践的”（Fichte, *Foundations of Transcendental Philosophy* (Wissenschaftslehre) Nova Methodo (1796/99), p. 474）。

〔2〕费希特：《以知识学为原则的伦理学体系》，§31. 关于文学艺术家的职责，《费希特著作选集》第三卷，第 381 – 382 页。

文学艺术家要引导人反求诸己，使人感到那里才是自己的家。他们使人脱离给定的自然界，让人独立自主地站立起来。理性的自我圆足（self-sufficiency of reason）就是我们的最终目的。

审美意识并不是道德，因为道德规律是按照概念要求独立性的，而审美意识是无需任何概念自行产生的。但审美意识是走向道德的准备，它为道德准备了基地；当道德来临时，它就会发现从感性的束缚中解放出来的工作已经完成了一半。

由此可见，审美教育与促进理性目的有一种最有效的联系，职责是可以从这种联系方面加以规定的。[1]

显而易见，既然“我们的最终目的”在于实现“理性的自我圆足”，那么从努力促进这一目的的意义上说起的文学艺术家的职责，无疑是费希特心目中审美教育的宗旨所在。而“理性的自我圆足”不啻为“绝对自我的自相同一”的另一种表述，这表明，费希特对于审美所具有的教育功能的理解依然是立足于高卓的绝对自我的，自我的审美状态溯源于自我的绝对设定，自我的自相同一亦是审美自我一切设定行动的归趣所在。

由费希特对审美所具有的教育功能的看重，很自然地令人联想到席勒有关美育的种种见解。但同是属意于美育，二者的美育思想却呈现出完全不同的面貌。如果说教育是以实现人的完全自由为其终极趣求，那么在席勒看来，自由的审美之境恰是一切教育活动的目标，因为“美是自由在现象中表现自身的唯一方式”，唯有处于游戏的审美状态中的人方能同时摆脱来自感性自然或道德理性的单方面强制而臻于自由。因此对于席勒而言，审美教育的重要性不仅仅在于通过审美使人实现从感性向理性的过渡，审美状态作为人性自由的体现本身即是教育的目的所在。与席勒相异，费希特的自由观是辐辏于绝对自我的，在他看来，唯有自

---

[1]费希特：《以知识学为原则的伦理学体系》，§31. 关于文学艺术家的职责，《费希特著作选集》第三卷，第383页。译文据英译本略作更动。

相同一的绝对自我才是真正自由的，在世的经验自我的使命便在于努力实现自我的自相同一，教育的重要性是从这个意义上说起的，审美教育作为诸多教育活动（相应于人所拓辟的诸多活动境域）之一种其价值也首先是从这个意义上说起的。费希特的美育思想与其说以审美为其措思重心，不如说依然是以自在自为、自是其是的绝对自我为旨归的。

四 “精神”，“艺术中的精神”与“哲学中的精神”

费希特与席勒美育思想旨趣的不同，缘于各自学说在致思格局及措思重心上的差异。以绝对自我统摄其学思体系的费希特，即便是在对审美教育、审美冲动、审美判断以及艺术创造等问题的探讨中，其视野也从未局囿于审美的畛域，可以说，费希特是紧紧关联着绝对自我展开他在美学上的种种探索的，审美自我是合着绝对自我“自我设定自我”的行动律则向人们显现其行动踪迹的。费希特的这一思想立场与席勒高度推崇审美、以审美统摄其学思体系形成鲜明对照。费希特与席勒的这种“结构性”的思想分歧是他们二人在审美问题上发生学术论争的根源，也是他们围绕《关于哲学中的精神与字母》一文形成不同看法的根由。

如本文开篇所阐明的，席勒拒绝刊用《关于哲学中的精神与字母》的一个主要理由是文章的内容与标题不符，而之所以如此，在席勒看来是因为费希特混淆了“艺术中的精神”与“哲学中的精神”。因此，席勒与费希特围绕《关于哲学中的精神与字母》所产生的分歧在很大程度上可归结为二者对“精神”范畴之义涵的理解不同。倚重审美的席勒更多地赋予了“精神”范畴以审美的义涵，他认同康德对“精神”的界说，将“精神”明确关联于审美并界定其为使“审美观念”产生并表现出来的能力，在他看来，那活跃于审美和艺术创造领域中的“精神”与人们通常泛泛而论的“精神”（比如“哲学的精神”、“道德的精神”）有着泾渭之别。席勒据此认定，费希特由“艺术中的精神”着手谈论“哲学中的精神”乃是文不对题，正如他在致费希特的信中所说的，他看不出费希特“如何能自如地转换于这两者之间”。

然而在自始便以绝对自我为其学说重心的费希特眼里，“精神”决不仅仅是一个隶属于审美境域的范畴，毋宁说，费希特是直接关联着自我的绝对设定来领悟“精神”范畴的义涵的。而事实上，费希特也确曾在其著述中将“精神”作为一哲学范畴作了明确的界定。

在《关于哲学中的精神与字母的差别》[1]一文中，“精神”在最宽泛的意义上被界定为人所皆备的“创造性的想象力”，亦即人作为一种理性的感性存在物（rational sensuous being）所固有的“使感觉抵达意识层面的能力”。[2]将“精神”界定为“创造性的想象力”，易使其看起来等同于人在普通意识层面上对外在客体的表象能力，因为在自我表象非我的活动中，自我正是藉着“创造性的想象力”将“感觉”（官能意味上的）图式化（schematism）以实现在意识层面上对非我的构造。但费希特随即透过对问题的深入探讨向人们阐明，对“精神”义涵的领悟应在一个更深的层次上来进行。他指出，那在“精神”的作用下抵达意识层面的“感觉”并不仅限于从感性官能意味上说起的那类感觉。在他看来，人的“感觉”有两类：一类是官能意味上的，它代表人的动物性的一面，受制于客在的现象世界，易于通过表象上升至意识的层面；另一类则非

---

〔1〕一篇有别于《关于哲学中的精神与字母》的文献，原系费希特1794年5月至8月间在耶拿大学开设的题为“学者的道德”系列公开演讲的一部分，1924年由学者Siegfried Berger首次以《关于哲学中的精神与字母的差别》为题编辑出版。迄今未见中译本。据学者考证，“学者的道德”系列演讲总共包括约十一至十三讲，除费希特生前以《关于学者使命的若干演讲》为题公开出版的前五讲，以及共计三讲的《关于哲学中的精神与字母的差别》以外，其余讲稿已基本散轶。不过费希特发表在《季节女神》创刊号上的《论激励和提高对于纯粹真理的兴趣》，虽然在行文体例上与演讲稿不符，但在内容上却恰好与《关于哲学中的精神与字母的差别》形成承接关系，构成“学者的道德”系列演讲的结尾部分。事实上，费希特在致席勒的一封信中便承认，《论激励和提高对于纯粹真理的兴趣》一文是在该系列演讲末尾二篇讲稿的基础上修订、润色而成的。由《关于学者使命的若干演讲》、《关于哲学中的精神与字母的差别》以及《论激励和提高对于纯粹真理的兴趣》，可大体一窥“学者的道德”系列演讲全貌。

相关内容详见“Concerning the Difference between the Spirit and the Letter within Philosophy”, Editor's Preface; “On Stimulating and Increasing the Pure Interest in Truth”, Editor's Preface, in *Fichte*: *Early Philosophical Writings*, trans. & ed. Daniel Breazeale, Ithaca and London: Cornell University Press, 1988.

〔2〕J. G. Fichte, “Concerning the Difference between the Spirit and the Letter within Philosophy”, in *Fichte*: *Early Philosophical Writings*, p. 194.

关人的感性官能，它关联着人的理性与精神生活，服从道德律令，相对于前一类感觉，这类感觉蕴藏于心灵深处。[1] 在人的表象活动中，如果说第一类感觉关联着（知性）概念的领域，第二类感觉则关联着观念与理想的领域（亦即人的理念世界）。因此，由“精神”乃是“使感觉抵达意识层面的能力”的界说来看，“精神”不仅仅意味着自我表象非我的能力，它更表征着自我“表象诸理想”、“使诸观念抵达意识层面”的能力[2]，而依照费希特的本意，“精神”的义涵显然更多地应当是在这后一重意味上被领悟的。并且，值得注意的是，在阐明“精神”的主动性本质、将其明确关联于理想的观念世界的同时，费希特还特意列出了“精神”致力于表象的“诸种观念”：

如下是那诸种观念的最普遍的形式，精神在对这些观念的表象中显现自身：精神从空间形体的必然形式中振拔出来，自由地描摹“原初美”（primal beauty）的观念，在物质世界中没有什么可与这一观念相媲美。精神从感性知觉的时间之流中振拔出来，描摹“愉悦”（the delightful）的观念，在这一观念中各种感性知觉纷涌而入却并不表现出因此而有所改变。精神从感性知觉的时空限制中振拔出来，驰骋于时空之外并惊叹于其所窥见的那“源始的壮伟”（primal sublime）。精神超出于各式各样众说纷纭的观点学说，使自己升达“永恒真理”（eternal truth）的感觉，

---

〔1〕从理性与精神生活的层面上界定“感觉”的义涵，在费希特的著述中并不仅限于《关于哲学中的精神与字母的差别》这篇文献。《全部知识学的基础》便有专门探讨“感觉”的章节，如第三部分的§8（“感觉本身必须被设定和被规定起来”）与§9（“感觉必须进一步被规定和被限制”）两节，那关联着“努力”、“冲动”、“限制”诸范畴谈论的“感觉”显然不是官能意味上的那类感觉；此外，在《用新方法阐述的知识学》中，费希特亦有“努力的感觉”、“限制的感觉”的明确提法。在理性和精神生活的层面上使用“感觉”一词亦不违背人们通常的语言习惯，在日常生活中，人们常说那些非凡的事物给他们带来了“美感”、“崇高感”，“美感”和“崇高感”正属于费希特所说的关联着理性与精神生活、蕴藏在心灵深处的那一类感觉，它所表达的是对理想事物的祈慕，而非一种官能意味上的感性知觉。在人的意识活动中，正是这类“感觉”向意识传递着来自灵魂深处的“理想”与“理念”的消息。

〔2〕J. G. Fichte, “Concerning the Difference between the Spirit and the Letter within Philosophy”, in *Fichte: Early Philosophical Writings*, p. 195.

它远离所有感性官能的影响上升至所有观念之最崇高者——完美道德全然实现的观念，“神性”（divinity）的观念。[1]

可见，费希特的“精神”所要表象的理想观念并不局限于审美的观念，审美只是“精神”驰骋其间的诸多活动领域之一，并且，“精神”所努力表象的诸观念最终都趋归于一个最高的“神性”的观念。而依循知识学一贯的理致，那在道德完善的意义上说起的最高的“神性”观念，应当指的是人完全实现了自相同一、达到了与自身的和谐一致。因此从这个意义上讲，“精神”——作为表象观念与理想的能力——亦可被领悟为自我努力实现自相同一的能力，是用以表达自我在多大程度上展现了自身主体能动性的范畴。[2]

费希特将“精神”范畴直接关联于绝对自我，这使得他的“精神”相较于席勒的“精神”具有完全不同的义涵，亦导致他对“艺术中的精神”与“哲学中的精神”的关系有着不同于席勒的理解。对于费希特而言，无论“艺术中的精神”还是“哲学中的精神”，都源出于同一个“精神”，都是努力实现自相同一的人的“精神”在不同领域中的展露，在“艺术中的精神”与“哲学中的精神”之间原本就不存在不可跨越的鸿沟。在费希特看来，席勒因着对审美的执著过分强调了艺术与哲学之间的区别，而忽视了两者其实都属于自我实践的创设活动，因而在它们之间天然地存在着一种内在的关联，正如他在答复席勒的信中所申言的：“据我所知，哲学中的精神与艺术中的精神之间的亲缘程度类似于同一种属下的所有亚种属之间的亲缘程度——这正是我所要证明的论断。”[3] 此外，关联着“精神”的义涵，细细审察《关于哲学中的精神与字母》一文的相关用语，人们还能发现，费希特为保持其思想立场的连贯性，甚

---

[1] J. G. Fichte, “Concerning the Difference between the Spirit and the Letter within Philosophy”, in *Fichte: Early Philosophical Writings*, p. 195 - 196.

[2] 这也是为什么人们平时会针对不同的个体发出“某某人有精神”、“某某人缺乏精神”一类感慨的原故。

[3] 费希特致席勒的信（1795年6月27日），详见 J. G. Fichte, “Selected Correspondence, 1790 - 1799”, in *Fichte: Early Philosophical Writings*, p. 392.

至刻意将“哲学中的精神”与“哲学的精神”这两个易于混淆的概念作了区分。[1] 在费希特看来，“哲学的精神”与“哲学中的精神”虽表述相近，意味却不尽相同：如果说“哲学的精神”意在突出“哲学”这一心灵活动的特定领域，“哲学中的精神”则在指明“哲学”这一特定领域的同时侧重强调了那统摄诸多领域的“精神”本身；在“哲学的精神”与“艺术的精神”之间总是存在着一间之隔，而在“哲学中的精神”与“艺术中的精神”之间却并不存在席勒所说的无法“自如转换”的问题。

以“精神”而非具体的“艺术精神”或“哲学精神”为其措思重心，使得费希特有理由因着艺术与哲学都溯源于“精神”的绝对设定而主张“艺术中的精神”与“哲学中的精神”之间的亲缘关系，正是这种亲缘关系构成费希特从“艺术中的精神”入手探讨“哲学中的精神”的理论基础。由此人们亦可以了悟，《关于哲学中的精神与字母》一文，恰如其标题所昭示的，原本就不是针对审美与艺术创造的专题论著，“哲学中的精神”才是它所要探讨的主题[2]，前三封信围绕审美和艺术话题的种种探讨，其实是为进入拟议中的主题所作的学理铺垫。只不过令人遗憾的是，因为遭遇席勒退稿并与之发生学术论争，费希特中止了这篇论著的写作，使得人们无缘一睹他在后续篇章中围绕“哲学中的精神”所可能展开的精彩论述[3]，更无从领略知识学从“艺术中的精神”向“哲学中的精神”转换时将会呈现出来的思想细部。

但同时，在明了这篇论著真实的写作意图后，人们不免会产生这样的疑问：既然该论著的主题是关于“哲学中的精神”的，缘何要从审美

---

〔1〕首先，文章的标题就选用了“哲学中的精神”而非“哲学的精神”一词，并且，文章开篇不久就有“解释什么是哲学的精神，什么是哲学中的精神”这种明确区分这两个概念的表述。另外，通观全文，人们还可注意到，费希特在谈论审美与艺术创造的话题时从未使用“审美精神”、“艺术精神”一类的概念，而一概代之以“精神”，这亦可看作是费希特属意由“艺术中的精神”而非“艺术精神”着手展开其拟议中的“哲学中的精神”的写作主题。

〔2〕这其实亦不违背《季节女神》“向历史询问过去的世界，也向哲学询问未来的世界……成为高尚化的人类的理想”的办刊理念。参见席勒：《〈季节女神〉邀请参加书和发刊词》，《秀美与尊严——席勒艺术和美学论文集》，第229页。

〔3〕不过，这方面的遗憾在很大程度上为《关于哲学中的精神与字母的差别》中的相关论述所弥补。

和艺术创造谈起？直接从哲学、精神一类话题入手岂不更加顺理成章？这仍然要从审美相对于心灵活动的其他领域所具有的独特功能说起。如前所述，在费希特心目中，审美使人从“普通意识观点上升至先验哲学观点”，对于可能局囿于普通意识观点、自相异化的经验自我而言，审美作为“反思性”的判断能够起到使理性从理论运用状态转进至实践运用状态的作用，并且，审美对生命固有的能动、实践的存在维度的唤醒，是借着一种“无利害观念的快感”在审美主体毫无觉察的情况下完成的。相形之下，从事艰深的哲学思维（philosophize）对于任何人说来却都是件“劳神费心”的事。对于知识学，哲学思维的对象乃是作为活动而非某一实体性存在把握的人的心智（或精神）（der menschliche Geist/the human mind or spirit）本身，哲学思维就是为了揭示人类心智（精神）内在的活动机制。但哲学思维的一大困难在于，在日常生活中人的精神常常沉湎于对象性世界，并不是总能够充分自觉到自身的“主体性”本质，对处于普通意识观点中的人而言，总是表象的对象而非表象活动本身成为他精神眷注的焦点。为使在世的经验自我从对象性世界中振拔出来，知识学诉诸一种哲学思维上的“反思”，通过这种哲学的反思，自我从对客体的表象上升至对表象活动本身的表象，对表象活动的表象不同于对客体的表象[1]，它意味着自我将精神眷注的焦点从非我转向自我自身，意味着自我对精神的绝对设定的自觉，并基于这自觉转而关注这一设定行动本身的内在运作机制，这是一个精神内转的历程。[2] 而这样一种精神的内转，哲学的反思，是以自我对设定于意识中的所有非我的“抽除”（abstraction）为前提的，唯有将一切非我抽除殆尽，那贯穿一切表象活动的先验的纯粹自我、独立于一切外部事物的自在自为的精神本身（或

---

〔1〕对客体的表象意味着对理性的理论运用，属于对经验对象的认知行为；而对表象活动的表象虽然亦有精神眷注的对象，但这对象却是先验的“自我”本身，表象的对象与表象者是同一的，故对表象活动的表象不同于对非我的表象，不属于通常的基于经验的认知行为，毋宁说，它是以自我对自身的“理智直观”为前提的。

〔2〕其实，费希特本人建构知识学的过程，就是一个哲学反思的过程，无论《全部知识学的基础》还是《用新方法阐述的知识学》，都可看作是深入探究人类心智（精神）内在活动机制的一种尝试，是试图对表象活动本身所进行的表象。

曰行动本身）方能显露出来，对精神活动的内在机制的深入探究才有可能展开。[1] 但从事哲学思维所必需的这种哲学的反思及相应的对非我的抽除活动，意味着精神的自我纯化，它要求精神的高度聚敛，要求高度的主动性、自发性，这对于众多陷溺于非我的经验自我而言恰恰是最“劳神费心”、难以胜任的事情。而同样是致力于恢复自我的主体能动性，审美却使主体在“不知不觉”中“从普通意识观点上升至先验哲学观点”，主体在从理论状态向实践状态转进的过程中丝毫不必“劳神费心”，因为“反思性”的审美判断所引发的是“无利害观念的快感”。这是费希特选择从审美而非其他活动领域入手探讨哲学话题的重要原因。

五　审美冲动与“精神”的自觉

事实上，《关于哲学中的精神与字母》的前三封信，在某种程度上便可看作是关于自我如何经由审美乃至艺术创造“从普通意识观点上升至先验哲学观点”、从理论状态向实践状态转进的详尽而深入的阐述。

审美使主体产生“无利害关系的和自由的愉快”，这意味着处于审美情境中的人同时摆脱了来自客体的规定和主体的欲求，审美的这一特“质”（审美判断的“质”的契机），在《关于哲学中的精神与字母》中则表现为审美冲动相形于其他两种冲动——认识冲动与实践冲动——的不同之处。认识冲动“以创造一种认识为目的”，实践冲动的目的则“不在于像物实际上存在的那样，单纯认识物，而是在于像物应当成为的那样，规定、改变和塑造物”[2]，认识冲动与实践冲动虽然在保持还是改变物的性状方面遵循截然相反的原则，但在要求表象与物的和谐一致方面却是相同的，前者要求表象以物为准（主体服从客体的规定），后者要求物以表象为准（客体服从主体的欲求）。审美冲动则不然，审美冲动与认

[1] 有关“哲学思维”（philosophize）、哲学的“反思”、“对表象活动的表象”、对非我的“抽除”等内容的详尽阐述，详见《关于哲学中的精神与字母的差别》第二讲。J. G. Fichte, “Concerning the Difference between the Spirit and the Letter within Philosophy”, in *Fichte: Early Philosophical Writings*, pp. 200 – 202.

[2] 费希特：《关于哲学中的精神与字母》，《费希特著作选集》第三卷，第706页。

识冲动、实践冲动都不一样的地方在于，它既不要求表象以物为准，也不要求物以表象为准，对于物与表象的一致与否它采取的是一种超然的观审姿态。费希特指出：

> 在这种冲动（即审美冲动——引者注）的领域内，表象以它自身为目的；它不是从它与对象的一致中得到它的价值，在这里，对象是不受重视的，而是它本身就具有价值；要关切的不是复制的东西，而是形象本身的自由、独立的形式。这样一种表象作为冲动的最终目标，是在与客体没有任何交互规定的情况下孤立地存在的，与任何物都没有联系，决不以任何物为准，而任何物也不以它为准。[1]

费希特强调在审美冲动中“对象是不受重视的”、“［表象］与任何物都没有联系”，不外乎是要阐明，处于审美情境中的人一方面摆脱了外在客体对他的限制（不以认识为目的，只以审美表象自身为目的，因而“与任何物都没有联系”），另一方面又不受理性欲求的束缚（与道德实践不同，审美并非一开始就有着目的自觉，不汲汲于实现外物与表象的一致，故而“对象是不受重视的”），因而处在一种同时摆脱客体规定和主体欲求的超然的观审状态中。费希特所谓审美冲动“目的在于某种确定的表象，仅仅是为了这种表象，而决不是为了一种与表象相符的物，或只是为了对这种物的认识”[2]，原不过是康德有关审美对象的表象是“主观的合目的性而无任何目的”[3] 这一论断的知识学表达。不同于依从知性概念的理论自我，亦有别于遵从理性概念的实践自我，审美自我是超脱于一切服从关系之外的，它的幸临乃是一个不期然而然的过程。

审美冲动是一种游离于主体欲求之外、缺乏目的性自觉的冲动，这使得审美冲动之被唤起不同于以实现物与表象之一致为务的实践冲动。诚然，审美冲动与实践冲动一样都植基于自我的绝对设定，因而同样具

〔1〕费希特：《关于哲学中的精神与字母》，《费希特著作选集》第三卷，第 707 页。

〔2〕费希特：《关于哲学中的精神与字母》，《费希特著作选集》第三卷，第 706 页。

〔3〕康德：《判断力批判》上卷，第 59 页。

备“主动性”的性状，如费希特所言，“就像一种在内容方面通过绝对主动性制定的表象是实践规定的基础一样，一种以同样的方式制定的表象也是审美规定的基础”[1]；但实践冲动作为一种自始便有着目的自觉的冲动，是通过对某一理性概念的欲求标示给意识的，故而原本就不存在需要被唤起的问题，审美冲动则不然，自始便缺乏目的性自觉的审美冲动无法通过对任何事物的欲求显现给意识，而只能因着被满足与否透过愉快或不愉快的情感显露出自身的存在。换句话说，相形于实践冲动，对于不受主体欲求驱遣的审美冲动而言，唤起它的关键不在于深入自我主观的精神世界探询它的消息，而在于借重对客观对象的观审在一种表象形式与愉快情感的相缘共生中确证它的存在。费希特说：

> 实践冲动在其各种各样的规定方面是很容易以多种方式进入意识的；甚至从内在经验出发，彻底认识和阐明它，看来也是可能的。在审美冲动方面则出现了许多难题，要进入我们的精神的深处去找到这种冲动，看来只有这样一个办法：大家或者根本不考虑这种冲动，而在外在的经验里前进，等待着这种冲动是否并且如何能在外在经验中偶然显露出来……[2]

溯源于自我的绝对设定、却又不显现为主体欲求的审美冲动是先验而又不离经验的，它的唤起需要以外在经验为契机，审美的这一特性为局囿于普通意识观点的经验自我铺就了从经验出发上达先验哲学观点的通道。但既然审美是一种摆脱客体规定、超越利害关系的观审，对于审美冲动的唤起就不仅仅需要以心灵活动指向观审对象为契机，自我对审美表象之“形式”的摄取，首先须以心灵荡开对观审对象的一切功利化考量为前提。在对自我如何“从认识领域向审美感受领域过渡”的阐述中，费希特回顾了人类历史上诸多阻遏审美冲动萌发的因素，比如自然

---

[1]费希特：《关于哲学中的精神与字母》，《费希特著作选集》第三卷，第707页。译文略有更动。

[2]费希特：《关于哲学中的精神与字母》，《费希特著作选集》第三卷，第712页。

的贫瘠或敌对民族的攻击引发生存危机、人与人之间的相互压迫致使人心普遍失范、处于社会压迫下的人的鉴赏能力普遍低下等等，所有这一切都使心灵陷入利害关系的网罗，处于受奴役的状态，从而遏制了审美意识的发展。

受奴役的时代和地区同时也是没有鉴赏能力的时代和地区；如果从一方面来讲，在人的审美意识得到发展以前，使人得到自由是不可取的，那么，从另一方面来讲，在人自由之前发展这一意识也是不可能的；如果我们不事先找到一种办法，在大量的个人身上唤起不做任何人的主人和任何人的奴隶的勇气，那么，通过审美教育使人上升到自由的尊严并由此上升到自由本身的想法，就会使我们兜圈子。〔1〕

相反，人类唯有在摆脱了因自然或社会的压迫所带来的生存压力，不再为过多的功利性考量所累时，才有可能臻于审美所需的那种从容、闲适、自由的观审状态：

人类必须首先达到某种外在的富裕，达到安宁，并且内部的需要的声音和外部的战争也必须首先得到平息和调解，这样，人类才能从容不迫，不着眼于当前的需要，甚至冒着犯错误的危险去进行观察，进行长期的观察，并在这种闲散和自由的观察中沉醉于审美印象。〔2〕

当然，人之所以能臻于审美情境，除了必须摆脱官能方面利害感的牵羁以外，从根本上讲还是由于人在审美活动中充分发挥了自身的主体能动性，这是“通过绝对主动性制定表象”的审美冲动与“表象须以物为准”的认识冲动的本质区别。诚然，审美冲动不显现为主体欲求，不汲汲于改变物的性状，它的萌发须以外在经验为契机，因而与立足于经

〔1〕费希特：《关于哲学中的精神与字母》，《费希特著作选集》第三卷，第713页。
〔2〕费希特：《关于哲学中的精神与字母》，《费希特著作选集》第三卷，第713页。

验的认识冲动有相似之处："审美表象首先只有在指向认识的经验中，并借助于这经验，才能够发展"[1]；但必须辨明的是，费希特在此处指出审美表象只有借助认识的经验才能够发展，与此前他所谓"［审美］表象作为［审美］冲动的最终目标，是在与客体没有任何交互规定的情况下孤立地存在的，与任何物都没有联系，决不以任何物为准"的说法并无扞格。审美表象的发展离不开经验并不意味着审美表象必须以经验客体为准，而只是说，那引发主体愉快情感的审美表象的"形式"首先是审美自我从作为"现象"的观审对象那里"捕捉"来的，但这"捕捉"出自主体自我的审美趣求，是有选择的捕捉，这"形式"契合主体自我的审美观念，是有意味的形式。[2] 这为审美自我捕捉到的有意味的"形式"，已不再是审美对象依其原样直接映现在主体心灵中的自然"现象"，而是审美自我为表象那深蕴其心的审美观念而创设的审美"表象"。从单纯作为自然"现象"的审美对象到作为创设成果的审美"表象"，需要审美自我充分展现人所固有的"主动性"和创造"精神"（表象诸观念——此处为审美观念——的能力），这是审美自我与理论自我、审美冲动与认识冲动根本不同的地方。

事实上，自我"从认识领域向审美感受领域过渡"的过程，从某种程度上讲，就是一个恢复自身主体能动性的过程，是唤醒生命固有之先验、实践的存在维度的过程，是从"缺乏精神"（to be spiritless）到"有精神"（to possess spirit）的过程。在知识学里，"精神"指代人所固有的"使感觉抵达意识层面的能力"，如果说在认识活动中那在"精神"的作用下抵达意识层面的只是官能意味上的感觉，在审美活动中"精神"所努力呈现给意识的则是关联着人的理想与观念世界的感觉，换句话说，在认识活动中"精神"表象的是非我，作为"创造性的想象力"它是被动于知性的，而在审美活动中"精神"所努力表象的则是一种理性概念（审美观念），"精神"是主动于知性的。依知识学的旨趣，"精神"的真

［1］费希特：《关于哲学中的精神与字母》，《费希特著作选集》第三卷，第712页。

［2］这不禁使人想起那句人人都耳熟能详的谚语：生活中并不缺乏"美"，只是缺乏发现"美"的眼睛。

切义涵当在这后一重意味上被领悟，因为“想象力”、表象非我的能力是人所皆备的，而欲表象那深蕴人心的诸理想和观念则唯有“有精神”的人方能胜任。对于主体自我而言，审美冲动的萌发即意味着“精神”的焕发，意味着一个原本“缺乏精神”的人开始变得“有精神”。

审美焕发了自我的“精神”，但既然“精神”意在表象审美观念，“精神”的目光就不会仅仅停留在经验的审美对象上，而必定因着对理想美的趣求从单纯的审美观审进至艺术创造的领域。因为在单纯的审美观审中，审美表象的形式虽然是契合着审美观念有选择地摄取的，但它毕竟是取自经验的审美对象，审美对象作为“无任何目的”的自然“现象”不可能不制约着“精神”对审美观念的表象，而艺术创造却赋予了“精神”以更广大自由的表现空间：如果说在单纯的审美观审中想象力仍不免受制于观审的对象，审美活动不得不在对象“是什么”的基础上进行，那么在艺术创造活动中，想象力则完全摆脱了现实对象的羁绊，可以更自由地满足“精神”为尽致地表现审美观念而提出的对象“应当是什么”的要求。艺术创造是“精神”振拔于现象世界走向独立的开始，是自我为实现理性的自我圆足势所必致的行动，比起单纯的审美观审来，艺术创造更大程度地展现了自我的主体能动性，艺术创造由此受到费希特的高度重视。

在这种还在沿着现实的线索前进的观察——在这种观察中，对我们来说重要的不是事物的真实性状，而是事物与我们的精神的符合——中，那种由此被培养成自由的想象力很快就上升到完全的自由了；这想象力到达了审美冲动的领域，停留在这个领域，即使审美冲动偏离了自然，去描述那些根本不存在、但按照其要求应当存在的形象；这一自由的创造能力就叫做精神。鉴赏能力评判业已存在的事物，精神则创造这种事物……通过精神，扩大了包容于自然界限内的鉴赏能力领域；通过艺术，精神的产品为鉴赏能力创造出各种新的对象，并使它得以继续发展，却并不因此一定将它提升到自己的高度。[1]

精神将现实的界限抛到身后，在它独特的领域里是没有任何界限的。精神沉湎于冲动，这冲动是无限进展的；通过冲动，精神从一个场景被带到另一个场景，而当精神达到了它视野中的目标时，新的世界就向它敞开了。在它的出生地的纯洁晴朗的天空中，除了它自己通过自己的双翼激起的振动，就没有任何别的振动。[2]

从认识活动到审美观审，再从审美观审到艺术创造，这是一个审美自觉的历程，而审美自觉，对于知识学来说，其意义恰在于“精神”的自觉。

诚然，那经由审美和艺术创造而自觉的“精神”依然是“艺术中的精神”而非统摄诸多领域的“精神”本身，亦非“哲学中的精神”。“艺术中的精神”所努力表现的是“审美观念”，“哲学中的精神”所孜孜以求的则是某种“永恒真理”[3]；但无论“审美观念”还是“永恒真理”，作为一种理性概念，都趣归于一个最高的理念——“完美道德全然实现的‘神性’的观念”，无论“艺术中的精神”抑或“哲学中的精神”，都源出于同一个“精神”——自我努力实现自相同一的“精神”。因此可说，对于知识学，审美和艺术创造的重要性不在于带来了审美自觉，而在于使自我充分自觉到“精神”的绝对设定的存在，反思到先验的绝对自我的在场；一个已然从普通意识观点上升至先验哲学观点、由理论状态转进至实践状态的自我，具备从事艰深的哲学思维所必需的高度的主动性、自发性。

一言以蔽之，审美和艺术创造虽然与哲学分属心灵活动的不同领域，但它与哲学以及人类所开展的其他实践活动一样，都是自我为实现自相同一对理性的“特殊应用”，是溯源并趣归于绝对自我之本原行动的，审美自我是合着绝对自我“自我是自我”的行动律则展开其创设行动的。

---

〔1〕费希特：《关于哲学中的精神与字母》，《费希特著作选集》第三卷，第717页。

〔2〕费希特：《关于哲学中的精神与字母》，《费希特著作选集》第三卷，第718页。

〔3〕对于知识学，这意味着对人类心智（精神）内在活动机制的尽致展现。

六 “审美判断是正题判断”

审美自我是溯源并趣归于绝对自我的，审美自我与绝对自我之间的这种紧密关联，还可由费希特有关“审美判断是正题判断”的著名论断获得切实的领悟。费希特在《全部知识学的基础》一书中为阐发绝对自我之真蕴而论及一种有别于“反题判断”与“综合判断”的无限的“正题判断”，审美判断是作为正题判断之一种被他举例提及的：

> 审美判断就是这样，“A是美的”（等于说，在A里有的一个标志，在美的理想里也有）是一个正题判断；因为我不能拿那个标志同理想相比较，因为我并不认识那个理想。寻求理想毋宁说是我的精神的一项任务，一项从我的精神的绝对设定中产生出来，然而只在完成了向无限接近的过程之后才能得到解决的任务。[1]

自我在设定行动中免不了要对行动的对象作出某种判断，费希特基于知识学诸原理（正、反、合题）将人的判断划分为正题判断、反题判断与综合判断。其中，反题判断即一种通过反题处理得到的判断，它意味着“在相互关联的事物中寻找它们彼此区别的那种标志”[2]；而综合判断则是一种通过综合方法得到的判断，意味着“在相互区别的事物中找出它们彼此关联的那种标志”[3]。虽然反题与综合判断所依凭的根据不同，前者为区别根据（ground of distinction）而后者为关联根据（ground of conjunction），但由知识学第三原理——实现自我与非我之“对立统一”的根据的原理——可知，没有合题就没有反题（对立是以统一为前提的对立），没有反题也不可能有合题（没有对立则无所谓统一），反题与合

[1]费希特：《全部知识学的基础》，第35页。《全部知识学的基础》系费希特耶拿前期的代表作，费希特在这部文献中论及审美判断这一事实充分表明，“美”的问题在其思想发展的早期便已为他所关注。

[2]费希特：《全部知识学的基础》，第30页。译文据英译本有所更动。

[3]费希特：《全部知识学的基础》，第30页。译文据英译本有所更动。

题互为前提、互为条件，一个反题判断必然同时包含着关联根据（虽然它突出的是事物之间的区别），一个综合判断也必然同时包含着区别根据（虽然它强调的是事物之间的关联）。为进一步说明反题与综合判断都是“以一个双重根据为前提：一方面是关联根据，一方面是区别根据”，且“如果要证明判断，它们就都必须予以指明”，[1] 费希特各举了一个反题与综合判断的例子：比如“一种植物不是动物”这一反题判断固然突出了区别根据，即植物与动物之间的独特差异，但这一判断却是以植物与动物同属有机物这一关联根据为前提的；而在“鸟是一种动物”这一综合判断中，虽然是动物概念这一关联根据得到了强调，但它却是以不同动物物种之间的独特差异这一区别根据为前提的。

由此可见，反题与综合判断虽然一个是否定判断，一个是肯定判断，却都是同一种性质的判断，即它们都是受到关联和区别根据规定的“有根据的判断”，或者按照康德的说法，都属于“规定性”的判断，是立足于既有的一般性（知性）概念（在费希特所举的例子中，无论动物的概念、植物的概念，抑或有机物的概念，显然都是一种知性概念）对个别对象作一种向着此类概念的归纳，以成就一种知识。因此从这个意义上讲，人们亦可说，反题与综合判断同属“非关理念的知性判断”[2]。

相形于反题与综合判断，正题判断则是一种性质完全不同的判断。费希特指出，正题判断“会是这样的判断，在它那里，某种事物既不与别的事物相同，也不与别的事物对立，而仅仅被设定为与自身等同。这样的正题判断因此根本不能以任何关联根据或区别根据为前提，而如果说，按照逻辑形式，它必须以一个第三者为前提，那么这个第三者毋宁只是一项寻找根据的任务”[3]。也就是说，正题判断根本不同于反题、综合判断的地方在于，反题与综合判断都是“有根据”的判断，在反题与综合判断中，判断的对象是受到确定的知性概念规定的；而正题判断却“根本不属于根据命题”，在正题判断中，判断的对象不为任何知性概念

〔1〕费希特：《全部知识学的基础》，第 33 页。
〔2〕黄克剑：《美：眺望虚灵之真际——一种对德国古典美学的读解》，第 166 页。
〔3〕费希特：《全部知识学的基础》，第 34 页。译文略有更动。

所限定。但正题判断既然是一种判断，就不可能没有作出判断的根据，只不过，正题判断所依凭的根据是一种有别于关联和区别根据的根据，对于它的获致只能是“在完成了向无限接近的过程之后”。其实，费希特用“任务”、“向无限接近”一类词汇形容正题判断所依凭的那种根据，不外乎是要传达一种“无限性”的意味，即在一个正题判断中，那用以评判判断对象的根据——不同于作为知性概念的关联和区别根据——乃是一个赋有“无限性”的概念，它（命题的谓词）通过系词“是”赋予判断对象（命题的主词）以一种无限性。赋有“无限性”的概念即理念，唯有无限的理念才既不与任何事物相同，又不与任何事物对立，而仅仅与自身等同。费希特正是在这个意义上援引康德及其后继者称正题判断为“无限的判断”，也同样是在这个意义上，正题判断亦可谓“涉及‘理念’的理性判断”[1]。

在费希特看来，命题“自我存在”（知识学第一原理）是最典型的正题判断。费希特指出，在“自我存在”这个判断里，“对于自我什么也没说，说明自我的可能规定的谓词位置是无限地空着的”[2]，所谓“谓词位置是无限地空着的”，指的是“自我”永远不为任何经验事物所限定，对于像“自我”这样的判断对象的规定，不可能像在知性判断里那样一次性地完成，而只能是一个“向无限接近的过程”。换句话说，“自我”之为何物只能由自我在一种永无底止的自己成全自己——一种“自我是自我”的心有存主的“存在”——的历程中展现出来。费希特因此亦称“自我存在”这一命题为“原始的最高的判断”，并申言，“一切判断，凡在这个判断之下的……凡在自我的绝对设定里面包含着的判断，都属于这一类（即使它们实际上并非每次都以自我为逻辑主词）”。[3]

在费希特看来，命题“人是自由的”、“A是美的”便是这类“在自我的绝对设定里面包含着的”正题判断。“人是自由的”其实即“自我存在”或“自我是自我”的非思辨表达，以“自由”衡之于“人”，与其

---

〔1〕黄克剑：《美：眺望虚灵之真际——一种对德国古典美学的读解》，第165－166页。

〔2〕费希特：《全部知识学的基础》，第34页。译文略有更动。

〔3〕费希特：《全部知识学的基础》，第34页。

说是对“人”作了某种确然的规定，毋宁说和命题“自我存在”一样是将说明主词的“谓词位置无限地空着”。“人”之为何物，唯有人自身在一种自己是自己的理由（“自由”的本义）的意趣上自作贞认，而人的这种自贞自认、自是其是以实现完全的自由注定是一个永无止境的过程。

至于命题“A是美的”，其义蕴亦当在一个相同的意趣上得到领悟。在这一判断里，那用以说明主词“A”——自我设定于意识中的某一审美表象——的谓词是一个形容词（“美的”），它表明自我以一种非可限定的美的理想境地评判其所创设的审美表象“A”，非可限定的美的理想境地亦可谓“美的理想”，“美的理想”作为一种无限的理性概念（而非某一确定的知性概念）非可向外求取，而只能从自我的内心里生发出来。一如在“自我是自我”的判断里自我使自我成其为自我只是“在完成了向无限接近的过程之后”才有可能，在“A是美的”这一审美判断里，“美的理想”亦“只能在‘我’使‘我’成为‘我’的无限过程中从‘我’这里产生出来”[1]。相应于“自我是自我”中的绝对自我，那在审美创设的行动中努力表象“美的理想”的“我”是“审美自我”。契合绝对自我“自我是自我”的内在理趣，人们未尝不可以说“审美自我是审美自我”，“‘自我’（作为‘自我是自我’的谓词的‘自我’）、‘自由’的理念生自自我精神的绝对设定，‘美’的理念（亦可谓作为‘审美自我是审美自我’的谓词的‘审美自我’——引者注）同样生自自我精神的绝对设定”[2]。

自我精神的绝对设定即绝对自我的本原行动，绝对自我的本原行动是全部知识学的根脉所系，费希特的美学思想虽未形成体系化的表达，但他同样是紧紧关联着绝对自我的本原行动展开其在美学上的种种探索的：无论是在《全部知识学的基础》（1794/95）中断言“审美判断是正题判断”，还是在《关于哲学中的精神与字母》（1795）中将审美冲动隶

---

[1]黄克剑：《美：眺望虚灵之真际——一种对德国古典美学的读解》，第165页。
[2]黄克剑：《美：眺望虚灵之真际——一种对德国古典美学的读解》，第166页。

归于那“人所具有的唯一的、不可分割的基本力量”，抑或在《以知识学为原则的伦理学体系》（1798）中关联着“理性的自我圆足”探讨审美的教育功能、申言文学艺术“把先验哲学观点变成普通意识观点”，审美自我合着绝对自我的行动律则展开审美创设的行动蹊径，清晰可辨。

费希特是德国古典哲学家中唯一未形成自己的美学体系的一位，但这并不妨碍人们契合知识学的内在思致和理趣对其散见于各类著述的论美的文字作一种融贯式的解读；一如费希特辐辏于绝对自我的知识学是德国古典哲学依其内在的逻辑进程所不可或缺的，那隐贯了审美自我的费希特美学思想亦在同样的意义上构成德国古典美学的重要组成部分。

（作者单位：福建教育出版社）

任　翔

“美”与“死”

——爱伦·坡的诗歌与心理小说探析

内容提要：“美”与“死”构成了爱伦·坡诗歌和心理小说的两个重要维度，它们之间的足够大的张力使这些风格奇特的诗歌和情节怪异的小说别具一格。这里，爱伦·坡在窥探人性中深藏的幽昧时也在宣吐着他自己；他也许无意于作那种疗救世运的努力，但毕竟把一份诊察人类沉疴的脉案留给了这个充满罪恶的人间。

关键词：爱伦·坡　诗歌　心理小说　美　死

引　言

爱伦·坡的文学创作呈现了人类幽微复杂的精神世界。一方面，他不断地在梦境中表达关于美、关于生命及对世界的总体印象，另一方面，他又对死亡、谋杀、复仇、疯狂、提前埋葬、死人复活等保持着令人不安的沉默。虽说爱伦·坡从未对自己的创作提供过一种清楚明白的阐释，也未曾对于文学创作袒露过某种承诺，但通过对爱伦·坡的诗歌和心理小说的考察，仍可以看到他对人生的理解。在爱伦·坡的文学世界中，爱与被爱的女人和挚爱她们的心灵都被死亡的幽灵所啃噬，爱与被爱永远沉浸在悲苦之中。“美”与“死”构成了爱伦·坡诗歌与心理小说的两个重要维度，它们之间的足够大的张力使其诗歌与心理小说蕴蓄了人生的别一种意味。

一　“美”与“死”：爱伦·坡的诗歌

爱伦·坡是一位充满激情的人。他称写诗纯粹是因为“激情”，因为“激情”使他对“美”充满了爱，也因为“爱”使他对“美”具有了精微的感觉。这感觉使心灵变得沉重，却也给他带来醉人的快乐。在爱伦·坡看来，美的效应在于使“灵魂激动”而变得高尚，而不论哪一种美，其最高形式所必致的效果都会是“灵魂悲泣”。的确，诗越是切近灵魂，越能体现其本质——一种人类对至高的美的向往。但这种发于天性的对纯粹美的向往与爱伦·坡所处时代形成的反差是如此之大，以至于在爱伦·坡的眼里，他生存的世界只是“上苍理想世界”的“拙劣的影子”。个人的悲惨遭遇，心灵的极端敏感，使爱伦·坡比常人更多地感受到物欲汹涌的世界带给人类的诸多不幸。他企图在一个熙熙攘攘的世界里寻求一方心灵的净土，这种遗世独立、超然物外的浪漫情结遂也使他的诗歌世界充满了矛盾。

1. 爱伦·坡诗歌的创作背景

美国独立以后，以凝聚清教徒团体意识的宗教诗歌和为政治独立呐喊而带有某种文化启蒙色彩的哲理诗歌渐渐消退。面对一个按天赋人权观念创立的新型国家，面对荒廓、广漠、神秘莫测的北美大地，美国诗人的创作题材发生了巨大的变化。政治上获得独立的美国人虽对“山巅之城”和“希望之乡”这样的崇高理想充满憧憬，因而常常陶醉于与旧世界旧文化彻底决裂的狂欢之中，但历史断层与文化空白却也使那些早期的诗人们坠入前所未有的精神恐慌之中。旧世界的历史文化遗产成为他们笔下的一声声“哀叹”。而养育他们但又使他们感到茫然的大自然这时正成为他们沉思的对象。大自然中的山山水水、花草飞禽成了启发新兴的美国浪漫主义诗人灵感的源泉；与英国浪漫主义诗歌产生的背景略可比拟，美国浪漫主义诗歌一诞生就天然地带有反叛工业主义与物质主义的意向。爱伦·坡的《十四行诗——致科学》就是对那个时代的叛逆心理的最好写照。

这些美国浪漫主义诗歌的先驱们或模仿英国浪漫主义的诗歌形式，或另辟新径创造性地探索新的诗歌形式，但这些诗歌无论是以物咏情还是借物言志都有一个共同的主题——“人性”。显然，19 世纪的人性话题在别一种背景下，它具体表现在人对其生存与精神、理性与情感以及人与历史、人与上帝、人与自然、人与机器的关系的关注。人与众多“他者”的特殊关系从中世纪以来就是诗人们探讨的话题，也是诗歌美学争论的焦点。在这些争论中，曾有过两种截然相反的观点：一方认为人是自然的一部分，但具有与其他自然造物不同的特征；上帝以自己的形象创造了人类并赋予其观察世界的“理性”，赋予其掌握神圣知识的能力，所以，人类才能记忆过去，憧憬未来，思索自己作为上帝造物的命运。另一方则认为纯粹的理性阻碍了人与上帝的真正交流，也使人类走向了一条“抽象或量化”生存的歧路，使人类成为“关闭在机器中的天使”；理性成为囚禁于机械体中的“纯粹理性”，从而阻隔了人与上帝、人与自然那种当有的情感的交流。

19 世纪前半叶美国浪漫主义诗歌起步阶段也是美国民族走向文化独立的阶段。人的生存状况，是诗歌探索的主题之一。在一部分诗人从自然中寻求艺术创作灵感、从上帝创造的灵的世界寻求精神的永恒时，另有一部分诗人急切地关注新世界前途未卜的命运，他们崇尚已逝古典的美感与和谐，对当时的现实世界充满困惑与绝望。前者以探索大自然的方式探索人生存的本质，以理解外部自然世界的方式来理解人的内心世界，以赞扬自然的美来称颂上帝所创造的美；后者却在远离现实的想象世界中，沉醉于古典文化，试图以此作为精神的寄托。所以，这一时期的诗歌大体上可谓沿着两条路径嬗变：一是延续英国和美国独立战争时期的诗歌传统，着重表现自然与灵魂的和谐关系，表现人类接近自然，从自然中寻求人生的启示；二是独创性诗歌的出现，其着重表现东西方古典文化与当代人生的关系，向着遥远的过去探询美的真谛，探询当代人灵魂的栖息之地。爱伦·坡似乎属于另一类，他为不竭的灵感所驱动，却也眷注于沉重的命运。他渴求诗歌的形式美，醉心于表现人类灵魂的晦涩、冲动与畸变，这种对不寻常的高雅、美妙和深邃的追逐，使他在物质丰盈而精神萎缩的时代更其陷于孤独。

2. 爱伦·坡诗歌中的美

爱伦·坡的诗歌创作始终伴随着他凄凉孤独的人生，即使单调枯燥的军旅生活也未能遏止他对诗歌的渴望。在 1827 年至 1831 年的四年时间里，他连续出版了三部诗集，此后，爱伦·坡虽然写了大量的心理小说，但他仍然不能淡忘他的诗歌，1845 年，他又出版了诗集《乌鸦与其他诗歌》。与爱伦·坡的心理小说相比，他的诗歌在量上显得单薄，为此，他常常感到遗憾，为了养家糊口，以至于不能专门从事他认为的“最高贵的工作”。但是爱伦·坡诗的魅力总是有增无减的，真可谓似“梦一般深沉”，似“水晶一般神秘和完美”。他的最好的诗，是肉体与精神的和谐结合，一种庄严、热烈与苦涩的相互渗透，一种理智与情感极其罕见的融摄。这些诗无论在主题上还是在审美追求上都具有超前性和独特性，所以有批评家反对把爱伦·坡归属于浪漫主义诗人的范畴。如果说他是浪漫主义诗人，那也是一个极其“独特的浪漫主义者”。与美国主流浪漫主义诗人相比，爱伦·坡更敏锐地感受到新旧世界秩序的断裂以及由此所产生的心理震撼，他对已逝世界的迷惘和对当下世界的困惑使他对未来世界充满焦虑。

爱伦·坡的诗歌意象怪异，诗质意味深长。他远离美国现实生活，在虚无缥缈的梦幻世界里创作他的诗歌，在纯粹“美的形式”和“无限的暗示”中寻觅自己“独特的浪漫主义”灵感及其特殊表达方式。他不像同时代的诗人那样，钟情于大自然的山水花鸟或旷原野趣。他追求的是“陌生化”的美——一种遥远的美，一种畸变于内心世界的奇异的美。爱伦·坡的诗歌意境是听觉与视觉、节奏与音韵、想象与情感错落而又谐调的世界，是一个纯粹形式美的世界，一个具有动感的音乐世界，一个远离他所愤恨和恐惧的一切的遥在彼岸的世界。他的大部分诗歌取材于遥远的古典时代。他的名诗《致海伦》就是一个例证：

海伦，你的美丽对于我
就像昔日尼斯安的小船，
在芳菲的大海轻轻颠簸，
载着精疲力竭的流浪汉，
驶向他故乡的岸边。

海伦，你的风姿令我尽赏，
你的美貌照我回乡，
回到昨日希腊的光荣，

和往昔罗马的盛况。

……[1]

在这首诗中，爱伦·坡追求一种古典的美，他采用古典的象征、古典的意象以及古典的诗歌韵律和结构。他创作此诗是从史丹纳夫人身上获取灵感的。通篇诗歌载负着古希腊史诗与神话背景，以“美”与“灵”的关系为主线，运用对比、通感、比喻、象征等手法，给人以无限的情感回味和玄妙的意境联想。

爱伦·坡不仅将古希腊和古罗马的文化艺术作为其创作灵感的源泉，而且对神秘的阿拉伯文化充满向慕之情。《以色拉费》一诗中的“以色拉费”是阿拉伯传说中穆罕默德的天使，她有一副美丽甜美的嗓音。爱伦·坡从《古兰经》中采摘典故，把它转换为富于乐感的诗章。全诗共分八节，每节有五、六、七、八行不等。诗中写道，以色拉费的歌喉美若“笛声”，能使浩瀚之星辰羞涩，使寰宇之天籁无声；皎洁之明月为它动情，旋转之北斗也停步聆听。以色拉费激情如火，燃烧在那竖琴急切颤动的琴弦之上；回荡的琴声给天堂之主以圣名，给美之女神罩上光影。在诗的后半部分，爱伦·坡寄情于天使，托理于琴声：“以色拉费，你没有错”，“你蔑视无病呻吟的歌声”；“你的悲哀、你的欢乐、你的愤恨、你的真爱”化作“你燃烧般的音符”；“你属于天堂”，但却给这个“甜蜜与痛苦交织的世界”带来“阳光”。诗人在最后一节写道，若“我”可以走在“以色拉费居住的地方”，从“我的竖琴上也许会荡起更响亮的乐章”。整首诗歌如行云流水，音韵高妙而雅致，给人一种“此声只应天上有，人间能有几回闻”之撼动，表现了诗人对诗歌中古典美的刻骨铭心的向往。

3. 爱伦·坡诗歌中的死亡意象

爱伦·坡对古典的视觉美感和悠远的听觉谐音的追慕，常常伴随着悲郁之命运的喟叹。关于诗歌“伤感性的主题”特征，爱伦·坡在《创

[1]奎恩编：《爱伦·坡集》，曹明伦译，北京：生活·读书·新知三联书店，1995，第79页。

作哲学》中有所强调，他说：人世间“最伤感的”莫过于“死亡”，而“最伤感且最具有诗性”的则是“一位美丽的女人之死”，因为“这一刻最接近美”。所以，爱伦·坡的诗多是写“死亡”的，尤其是写那种象征天堂美的年轻女人的卒世。这些女人的幽魂常常出没于爱伦·坡的脑际，多在梦中或酷似梦境的氛围里。死神在爱伦·坡的世界里是至高无上的统治者，那种在19世纪文学中培壅起来的死亡主题在爱伦·坡的诗歌里有过别一种风致的宣吐。《海中之城》是这方面的代表作，它可谓为爱伦·坡对“死神”的一种“高贵”的诠注：

> 瞧！死神为自己竖起了宝座，
> 在一座奇妙的城市，肃森寥落
> 就在那遥远而迷朦的西方，
> 那儿，欢乐与痛苦、邪恶与善良，
> 都早已坠入永恒的梦乡。[1]

在此，死神于一处孤立的怪城中为自己建起一座宫殿。叙述者以敬畏的语词将“死神”供奉在冥方的圣地，而充斥尘世的一切“欢乐与痛苦”、“邪恶与善良”在这里毫无例外地归于沉寂。四周弥漫着不死的死亡的气息，更没有来自天顶的圣洁的光——整座城市一片幽暗：

> 静静地，在灰空之下沉睡，
> 延伸着一汪忧郁的海水。
> 千塔和万影交缠为一体，
> 全城都似乎高悬在空际，
> 而城中，自一座骄傲的塔上，
> 死神巍然地狞视着下方。[2]

---

[1]奎恩编：《爱伦·坡集》，第86页。

[2]奎恩编：《爱伦·坡集》，第87页。

在死神高傲的狞视下，城市在慢慢地降入海底，“地狱将升自于一千个宝座”，向它致敬。《海中之城》色调暗淡，宛如地府一般阴晦，城与人在死神的催眠下气息奄奄，最后葬身海底，而可怖的地狱却荣升为金碧辉煌的宝殿。爱伦·坡借着诗的韵律随心所欲地书写死亡，竟至于将死亡演绎为美的绝唱。

其《睡美人》所表现的审美姿态也是这样。这是一首可以和中国古典诗歌相媲美的诗，颇有几分东方神韵：

我伫立在神秘月色之中，
一缕湿润晶莹的气息，
从金色的丛林中腾升。
然后又一点一滴地温柔下落，
到静谧的山巅。
无声无息，音乐一般
滑入了宇宙之谷。
……
百合花懒洋洋地在波浪上开放，
将浓云密雾搂在怀中。
美都在沉睡！——瞧！那边
躺着伊蕾娜，伴着她的命运！
……
在那墓门有回声的坟茔，
她再不会牵强地解释那回声，
惊恐地认为，有罪的可怜孩子！
那是死者在墓中发出的呻吟。[1]

这是一首“咏死之诗”。爱伦·坡以少女“伊蕾娜”的午夜“沉睡”

[1]奎恩编：《爱伦·坡集》，第83页。

和“死亡”的模糊意象的交错，把生、死融为同一美的造境。全诗分四节，共六十行。前两节主要描写伊蕾娜之睡态，但诗人却以“午夜时分”、“陌生的月光”、“寂静的山顶”、“长满迷迭香的坟墓”等意象烘托她那“不祥的沉睡”；特别是到第二节的中间以后，诗人加强了这种暗示：伊蕾娜那“紧闭的双目”、“沉睡的灵魂”，还有那“奇异的客厅”、“奇异的睡衣”以及“奇异的发束”。后两节，诗人以“沉睡与死亡”为主调，想到伊蕾娜“永远不会睁开眼睛”和“永恒的沉睡”，字里行间透露出作者对美与死竟至于携手的那份无以名状的凄迷之情。整首诗述说着作者的高峰情感体验——在美与死默然相撞时灵府被旋进从未遭遇过的那种悲喜一如的狂澜。

显然，在以黑暗为底色的“沉睡与死亡”中，诗把人们引向一个情感的异国。诚然，迷恋死亡并非精神的正态，爱伦·坡诗歌中对死亡画面的铺陈及死亡意象的创构，或当在于以终极眷注处的美消去死亡可能带给人的恐惧，尽管那美因着死的底色才具备了前所未有的魅力。无论何等荒凉、凄厉和恐怖，爱伦·坡诗歌的意境都会唤起一种审美意趣，诱使人们在迷幻中去体味一种生命的真实。爱伦·坡也正是由于诗，同时也通过诗，通过音乐，让灵魂窥见了坟墓后面的光辉。一首美妙的诗使人潸然泪下，这眼泪并非“快乐的证据”，它毋宁表征着一种“发怒的忧郁”，一种“精神的请求”，一种在不完美之中的“流徙的天性”！这即是爱伦·坡所追求的“情感张力”和他所谓的“诗歌总体效果”。

《乌鸦》(1845) 是爱伦·坡“诗歌音乐性”表现得最为淋漓尽致的一首诗。诗中那些精湛的艺术手法和无与伦比的想象是碎片世界之中的完美物种，是纯美之诗中的纯美。他以独异的灵思创设的奇诡意境总能给读者一些值得追求和难以拒绝其诱惑的东西。在《诗歌原理》中，爱伦·坡称“诗歌的目的在于渲染某种情感效果”。《乌鸦》以“恋人”与“乌鸦”交替出现为主线，吟唱出诗人“哀伤与永恒怀念”的情结。全诗共18节，108行，每节都以类似于“Nothing more”或“Nevermore”的脚韵结束。从叙述时间来看，诗歌是“追溯性的”，情感发生于过去一个寒冷的冬季，而且是一个令人“无聊的”、“疲惫的”、“淡薄的”午夜时分；从叙事空间来看，爱伦·坡首先置恋人于“卧室”，然后渲染带有某种陌生与恐怖气氛的卧室的布置；从所描绘的环境来看，这是一个“风雪交加”的夜晚，外面传来“轻轻的敲门声”；从诗歌的情绪基调看，爱伦·坡似乎在吐露一种不忍的诀别——“永远不再”说出的是一种不可逆溯的终结，一种不留踪迹的伤逝。诗人在充满恐惧、神魂飘摇之际还是壮起胆子打开了门，但“什么也没有”发现，只看到茫茫的雪夜，一片漆黑。面对这样的场景，他犹豫、狂想、彷徨、怀疑、恐慌。再侧耳细听，却见一只“乌鸦”，竟那样的雄壮，傲霜凌寒，像是来自“往昔的圣贤时代”。诗写到后半部分，爱伦·坡以“鸟”颂古，以“鸟”诉今，以“鸟”吟思，以“鸟”咏情，想象驰骋于古今，消歇于哀思。《乌鸦》的艺术特色主要表现在它的形式美上。诗歌的节奏和韵律虽然是古典式的，但爱伦·坡的运用却独具一格。诗行长短交错，多用头韵和重复，如第一节中的 dreary，weak and weary；napping，rapping，nothing；最后一节的 never flitting，still is sitting，still is sitting 等；叠句，如 Nothing more 和 Nevermore，不仅渲染出了整首诗歌的气氛，也烘托出诗歌的主题，在带给读者以音乐美的同时，也令读者体味到一种“欲辩已忘、欲说还休”的诗思交融的境界。作为诗歌主要表现形式的意象和象征，在爱伦·坡那里有独到的运用，“乌鸦”在古典诗歌中常常暗示某种“不祥之兆”、“不谐之音”，而在这里却是傲立寒冬、自适于寂寞的美的形象；它在喧嚣的风雪中重复呐喊的“Nevermore”似乎在宣说旧世界逝去的悲怆、新世界来临的恐惧、未来的不测和生命的无常。

爱伦·坡的诗的背后存在着一个与之对峙的“他者”，他同这异在威虐相互不可妥协、不可容忍。事实上，他在向这一把威压施向他的现实秩序挑战的同时也在消耗着自己，他只能在“美”与“死”的相携的艺术想象中自我逃避，在怪诞和梦幻中寻求片刻的喘息。

二 “美”与“恐怖”：爱伦·坡的心理小说

爱伦·坡在文学创作中对节奏的把握、对美的感觉、对灵思的表现总是出人意料的。他的另一种文学形式——心理小说显然比诗歌更容易为普通读者所欣赏。在这里，他将对“美”与“死”的书写再度推向某种生命体验的临界境地。

1. 源自灵魂深处的恐怖

在爱伦·坡的心理小说中，他以惊恐的叙述语言，描写了一个又一个常人难以想象的怪异故事，他像是在着意考量人类的心理或意曲，用他的小说测试读者的想象力到底能离开现实走出多远，看看人类的心理承受力到底何处是极限。在这些可怖的故事背后，读者感觉到的是爱伦·坡本人那永不安宁的想象力的漫游与放纵。在《瓦尔德玛先生病例之真相》中，爱伦·坡以相当的篇幅描写身患重病后要求催眠的瓦尔德玛喉咙深处发出的那种怪异声音，描写这位罹此恶疾者在结束催眠后随着“我死也”的绝望呼喊其骨肉之躯竟至于顷刻间即化为浓水。爱伦·坡沉耽于近于迷狂的书写之中，在死亡中追寻可铭刻于心灵的罗曼司。《瓦尔德玛先生病例之真相》中那段奇特的自白就是这罗曼司之一。在垂死者的催眠状态中，声音、音响、音节和词语都造成了生命的整体震荡。瓦尔德玛说：

——是，——不，——我已经睡着了——而现在，——现在，我死了。[1]

生命本来就是亦生亦死的状态，爱伦·坡对这状态作了切近真际的描写。爱伦·坡的创造性在于，他将生命放置在临界状态，让垂死者叙说孤独的灵魂生活，一种被死亡主宰着的灵魂生活。但他毕竟没有停留在这一点上，而是在以书写——这一追求永生的符号实践——努力穿透生死间的暌隔。爱伦·坡的心理小说是意味深长的，他一手呈现了令人作呕的死亡景观，又一手从那死里揭破生的隐秘。

在爱伦·坡的最具哥特式特色的心理小说《厄舍府的倒塌》中，他

[1]奎恩编：《爱伦·坡集》，第924页。

不仅描写了一幢阴气弥漫、鬼影憧憧的古宅及面无血色、病入膏肓的主人公罗德里克，还描写了被当作已死之人而入殓的马德琳。这是一个描述理智崩溃过程的故事，死亡是主人公罗德里克的期盼。他从即将到来的死亡中获得无上的乐趣，而他的理智又使他具有自卫心理，因而又怕死，这两种怪异心理的相互较量最终导致了精神的彻底崩溃。故事伊始，一座即将倾颓的古屋树在读者面前：它处在险峻的山池岸沿，颓墙、臭苇、枯树。“那山池就在宅边，满地死辉，黑黝黝，阴森森，倒映出灰色的芦苇、惨白的树干，茫然眼睛似的窗户。”[1] 死亡的怨毒笼罩着这座古屋。在这座古屋中住着一对孪生兄妹——罗德里克与马德琳。马德琳已病入膏肓，哥哥罗德里克无奈，在她“死”时将她入殓，把棺材安放在密封的地下室中。一天夜里，风雨大作，马德琳突然破棺而出，冲入哥哥怀中死去，哥哥也随即咽气。这时古屋突然倒塌，坠入山池。小说的主人公罗德里克是典型的爱伦·坡式小说中人。他深知自己正在失去理智，于是，他请他幼时朋友即故事叙述人“我”前来陪伴，观察他的理智崩溃的可怕过程。“我”发现他脸色惨白，表情怪诞，令人顿时觉得他“一举一动不正常不对头；不久便看出，原来他神经极端不安定，手脚一直痉挛……”。罗德里克告诉“我”，他犯了神经病，快要在疯癫中死了，要“豁出性命，抛开理智，跟狰狞的幻影、恐惧，大战一场”。他还说，公馆的模样，影响了他的精神，换言之，古屋就是他，他就是古屋。“我”终于悟出，他的异样阴郁的心情，多半是“因为他心爱的妹妹重病缠身……多年来，妹妹就是他唯一的伙伴，这世上仅有的最后一个亲人”。他们彼此之间有无从理解的共鸣。现在马德琳死了，罗德里克悲痛万分。他“极端变态的心胡思乱想，就此使一切都蒙上硫磺的青光”。他谱写悲曲，画恐惧幻想图，使“我”惊骇不已。他最喜好读追思亡魂的书，他在“屋内徘徊”，脚步“散乱”、“匆忙”，眼睛也“暗淡无光”。他“声音颤抖”，“双目空视”，仿佛在倾听“虚无的声音”。“我”心头的恐惧也与日俱增。马德琳的尸体入殓七八天后的一天夜间，狂风肆威，

---

[1] 奎恩编：《爱伦·坡集》，第 367 页。

屋内黑幔乱动，间或杂有某种低而模糊的声音。一股无名的恐惧突然向“我”袭来。罗德里克在楼梯上走着，脸色“白如死尸”，眼里“透出狂喜的神采”，“一举一动都带着显然压抑的歇斯底里”。外面狂风怒号，乌云低垂，氤氲雾气笼罩着公馆，散发出怪光。“我”与罗德里克都紧张得透不过气来，便以古书消遣以减弱恐惧的心理。突然传来低低的刺耳声，接着哐当一声，罗德里克奔到坐椅前，“眼睛直视”，“浑身颤抖”——他似乎早已察觉妹妹破棺上楼的声音。“屋门突然敞开，满身鲜血、枯瘦如柴的马德琳立在门口”。可怕的景象终于出现了——“我”顿时逃出公馆，古屋开始栽进山池。

爱伦·坡在这篇小说里不厌其烦地描述了精神自我崩溃的痛苦过程。故事的杰出之处就在于，它忠实地记录了这个过程的各个阶段，并有意识地探索人头脑中的下意识状态，探索人正常生活下的非正常的心理状貌。爱伦·坡最擅长描绘的是人的无意识和下意识思想活动的渊源。对人类精神的这一特殊领域，对人头脑中最深层的活动，爱伦·坡竟能细致入微地加以描写，其笔锋所指往往为他人难以触及的人类心灵的幽微与隐秘。可以想见，爱伦·坡故事中的主人公多数是他自身如此或如彼的再现。他所写的终不过是他内心充满了的对眼前世界的恐怖与焦虑。“如果我的许多作品的主旨是恐怖”，他在1840年的《怪异故事集》序中说，“我认为，那恐怖源自灵魂深处”。[1] 爱伦·坡一生凄凉悲苦，屡试屡踬，他将人生所有的梦幻都投射给了他笔下的人物。在《厄舍府的倒塌》中，主人公罗德里克就是爱伦·坡本人的一面魔镜，他沉湎于幻想的世界里，让隐秘的思想和感情隐匿于灵魂深处。不用说，爱伦·坡的“恐怖”还往往和“美”共生共存。他的心理小说的两大主题——“美”与“死”——与所有的诗歌的主旨并无二致。这里，分外值得一提的是，他笔下的女性代表着一种美，这种美或是容貌上的美丽，或是智力上的出众，或是两者兼而有之：

---

〔1〕奎恩编：《爱伦·坡集》，第166页。

啊！她的形象在我眼前是多么生动，她早年是多么轻松愉快！啊，多么神奇的美丽！她是丛林中的仙子！啊，她是溪流旁的女神！[1]

这是作者所惊叹的神奇艳丽、美若天仙的贝蕾妮丝。

莫雷娜学识渊博。说实话，她的天才决非寻常之类，她的心智力量巨大。我感受到了这一点，在许多事情上对她言听计从。不久我便发现，也许是因为她在普雷斯堡受的教育缘故，她拿来一些早期德国文学中没有什么价值的神秘主义作品让我看，这些作品，通常被人们认为没有什么价值，但不知出于什么原因，这些东西成了她最喜爱的作品和研究对象。[2]

这是作者所赞誉的心智超群、学识渊博的莫雷娜。

我说过丽姬娅的学识：那可真是广博啊！我从来没见过如此博学的女子。她精通各种古代语言，而就我所掌握的现代欧洲语言中，我还没见她不会的。谈起当前那些被认为最深奥的学术问题时，我何时见她张口结舌过？[3]

这是作者最为心仪的美貌与智慧兼备的丽姬娅。

然而，爱伦·坡笔下的这些美丽智慧的女子，不是自身笼罩在一层令人恐惧的迷雾之中，就是直接导致了自己或他人的可怕的死亡，几乎到了“美”和“恐怖”相依相从，而至于非美不恐怖、非恐怖不美的程度。细推这些形象，她们个个宛如神秘的幽灵。爱伦·坡笔下的丽姬娅——“她来去形如影子”，“她脸上闪现着吸食鸦片之后的容光”，“她的牙齿和头发是毫无生命的惨白和乌鸦般的黑色”。在《丽姬娅》中，

〔1〕奎恩编：《爱伦·坡集》，第270页。
〔2〕奎恩编：《爱伦·坡集》，第279页。
〔3〕奎恩编：《爱伦·坡集》，第307页。

“我”在似梦非梦、似醒非醒中发现已死的前妻丽姬娅在刚死的妻子罗文娜身上还魂，此时，极度的兴奋与极度的恐怖完全融合在一起，生死两极的界限模糊了。

在这怪异故事中，作为叙述者的“我”似乎都有一种病态的心理：他无法接近正常状态中的女性，无法对她们正眼相看，甚至连他对主人公的描绘，也显得用词抽象，语气感伤，而一旦女主人得病，虽然病人容貌可怖，男主人却有一种无法抗拒的冲动，要接近她们，观察她们。《贝蕾妮丝》中的“我”，在贝蕾妮丝身体健康、容光焕发时觉得很难同她接近，及至她病倒，形容枯槁、面相恐怖时，反倒觉得可以与她相处为伴了，他甚至说，健康时的贝蕾妮丝只是供他凝视研究的对象，而病中的她才是他交往的同伴；而《莫雷娜》中的“我”甚至暗中希望妻子得病。即使此时“理性”的他竭力要从病人可怕的形象边逃开，“迷狂”的他却依然坚持留在病人身边，用比他先前描绘美貌时更为具体的笔触，细细记录下令人毛骨悚然的画面。在《贝蕾妮丝》中，“我”这样描述病中的妻子：

她的额头高突，一片惨白，身子一动不动；曾经是乌黑的头发散落其上，遮住了深陷的太阳穴；一小圈一小圈的头发，闪着黄色，随着脸上阴郁的神色杂乱无章地颤动着。眼中失去了生命的光彩，甚至好像连眼珠都不存在了，我不自觉地躲开她玻璃珠似的眼光，朝她那薄薄的凹陷的嘴唇看着。嘴唇分开了，在一声古怪的笑声中，形容大变的贝蕾妮丝的牙齿慢慢地进入我视线之中。上帝啊，但愿我从来没见过这两排牙齿，居然看见了，还不如立刻死了的好！[1]

这一段相当具体的描写似乎表明，此时的“我”理智十分清醒，但这样一来，“我”先前对妻子的美丽描述是否可靠就成了问题。读者会发现，理性与迷狂、梦境与清醒的界限，又一次含混不清了。而“我”所

〔1〕奎恩编：《爱伦·坡集》，第270页。

得以享受的，似乎是超自然的超理性的恐怖的美，又是现实的丑陋和恐怖所带来的颤栗的快感。

2. 不安的谋杀

在爱伦·坡的心理小说中，理智与激情、清醒与迷狂、现实与想象，不仅以极端对立的形式出现，还经常同时存在，中间并没有明确的界限。非此非彼，亦此亦彼，就是这种弥平界限后的艺术意境。爱伦·坡的心理小说中的故事，最具有现实特征的却完全出自想象；爱伦·坡笔下的人物，迷狂中却能做出最有理智的举动。爱伦·坡似乎一直在探究——醒与梦、灵与肉、正常与变态之间的界限，竭力揭示人类灵魂深处的晦昧之域。他的《泄密的心》、《黑猫》和《反常之魔》就是这类小说最好的例证。

在这些故事中，可以发现疯狂杀人犯的一系列理性的忏悔，这些人在本质上并不是简单的“罪犯/警察”模式中人的化身，而是病理学上那种隐含了多种对立的形象。在这里，叙述者同他的受害者的关系对于乖谬模式完全是偶然外在的关系——通过这种乖谬模式，每一方都精心策划完美的谋杀，并通过自发的忏悔来完成自己的巧计。在《泄密的心》、《反常之魔》中被预先策划而在《黑猫》中更加随意地表现出来的那种谋杀策略，反映了一种强烈的冲动——冷静精密地实施惊心动魄的犯罪：一方面欺骗警察，另一方面保证自己有惊无险，从而表现出智力上的绝对优越。但是，每一个谋杀者都自我暴露了，甚至还要以不惜自我毁灭的代价让自己的行迹大白于天下。这种自我暴露的心理在《泄密的心》中的“我”那里得以全面展示。“我”曾假设，谋杀这个老人是毫无意义的，但是，“我”讨厌老人那“兀鹰的眼睛”、“暗淡的蓝眼睛”、“为白膜覆盖的眼睛”。“一旦遭遇到这种眼光，我的热血就变冷；这样，我渐渐下定了决心——要这老人的命，然后一劳永逸地摆脱这双眼睛。”[1] 由于犯罪最终是根源于死亡的焦虑，所以叙述者的理性决定造成了一种相当奇特的感觉：“兀鹰”间接地让人联想到死尸，眼睛上的“白膜”让人

[1]奎恩编：《爱伦·坡集》，第619页。

想起死人的苍白面孔。为了摆脱这种眼光以及它所代表的恐惧，“我”精心构想了一种讽刺性的欺骗情节：“我从来不会比杀他之前的整个一星期里对他更加仁慈。”“我”在夜里预演犯罪，希望看到这“邪恶的眼睛”，而在白天则假装孤独：“每天早晨，天一破晓，我就大胆地走进他的卧室，鼓起勇气对他说话，用亲切的语音语调呼唤他的名字，询问他是如何度过夜晚的。”叙述者秘密的杀人预演使自己产生了征服恐惧的幻觉。爱伦·坡试图通过叙述者在最后一次致命的拜访中激起的杀人行为来暗示他的无意识动机：“现在，我听到了一声轻微的呻吟。我知道，这是死亡恐惧的呻吟。它不是因为痛苦或者悲哀而发出的呻吟，哦，不是！它是低沉的被窒息的声音，来自于充满敬畏的灵魂的深渊。我太熟悉这样的声音了。许多个夜晚，恰好在午夜，当整个世界沉入梦乡，这种声音就从我心底升发出来，带着阴森恐怖的回响，加深了使我倍受折磨的恐惧。”[1] 在“我”看来，这个老人就是他自己深层存在的缩影，这颗心对午夜的恐惧十分敏感。当“我”点亮灯笼，看到了“兀鹰眼睛”，“惨不忍睹的面具覆盖着它，一阵凉气冷透了骨髓”。死亡的标记，以及老人对死亡的恐惧和痛苦的呻吟，激起了“我”对死亡的焦虑，当他听到了受害者心中“可怕的搏动”时，“我”自己也被恐惧压倒了：“现在，在死一般静谧的黑夜时分，在古旧房子的可怕宁静之中，如此陌生的声音，激起了我不可制服的恐惧。”正是为了摆脱这种恐惧，“我”在这“死一般静谧的黑夜”杀死了老人，因为，午夜对于他自己正是苦恼的恐惧感的开始，“我”肢解了尸体——就好像解构了死亡的恐惧——将遗留的尸体埋葬在地下。但是，“我”马上觉得自己被一种冲动牢牢控制了。当三名警官到达，“我”欢迎他们调查“完美的胜利和天衣无缝的聪明”。但是，“我”的聪明巧智失去了现实的目标，“我”的胜利也并非完美无缺。墙上时钟像甲虫一样滴答作响，那种“低沉、阴森而又快速的声响”，马上和老人心底那“令人恐惧的搏动”留给“我”的记忆混为一体了，再次激发了“我”对死亡的恐惧。叙述者对于想象中声音的狂易的敏感，

---

〔1〕奎恩编：《爱伦·坡集》，第619页。

再现了罪感的流露；在叙述者看来，杀害老人就是间接地预演自杀。罗伯特·杰伊·里夫顿说："在精神分裂之中，不像在其他神经错乱的情形下，灭绝的形象可能统治着自我的心理构造。精神分裂者生活在一个受到毁灭所威胁的世界。为了反抗这种威胁，他可能会自我毁灭。他毁灭的目标常常是他的自我。"[1] 的确，"我"是面对死亡的精神分裂者，罗伯特·杰伊·里夫顿的分析正好揭示了叙述者的心理特征。想象中的老人心脏的搏动成为一个失败的符号使"我"备受折磨，无法通过毁灭别人来毁灭恐惧的自我，叙述者完成自杀计划的唯一方式，就是忏悔罪行和自作了断。于是，"我"大叫："我认罪！掀开这些隔板——这里，这里——是他丑陋的心脏搏动的地方！"当然，这个不可窒息的器官属于叙述者，掀开这些隔板的意图表示了一种最后的绝望——揭露"隐秘的心"，将"我"的"恐怖回音"化为静默。

《黑猫》和《反常之魔》也一再重演了自我毁灭的犯罪行为。在《黑猫》里，爱伦·坡将心理的乖谬等同于一种潜在指向自我的毁灭冲动，这种冲动激发了杀猫行为。在灵魂深处，天翻地覆地涌动着自我虐待、自我施暴，那目标是毁灭灵魂，废黜永生的希望。"我"心中强烈敌意的直接对象是"宠物猫"。"我"愤怒地挖出了它的眼睛。叙述者不满足于这种可怕的毁形，他承认，"一天早晨，我极度冷酷地在它的颈上勒上一根绳索，把它吊在树枝上"。这个行为是夸张而又可怕的，与这个精神分裂者所对应的是"夸张的变态形象"，是"绝望和幻觉"，他借助于"漫画式的形象"来嘲笑他想象的死亡。在"黑猫"死亡的那一天，一场火灾将一个奇特的浮雕形象映在石灰墙上，颈上勒着绳索的"大猫"形象，让叙述者永久难忘。像一个不断重复出现的梦魇一样，这个悬挂的形象也一再回归。当"我"得到了第二只黑猫时，"我"发现这只猫的前胸上有一道白色的绒毛，它的轮廓特别清晰："它就是我害怕命名、首先是十分厌恶、十分恐惧的对象的代表。如果可能，我自己要主动摆脱这个怪物。哦，我是说，摆脱这个可怕的、令人惊讶的形象——哦，绞刑

---

[1] Robert Jay Lifton and Eric Olson, *Living and Dying*, New York, Bantam, 1974, pp. 3 – 21.

架！哦，悲哀而又可怕的恐怖和犯罪的动机，痛苦和死亡的引擎。”[1] 绞刑架，这个处决罪犯的工具，现在是“我”敬畏的最后缘故。“我”既害怕绞刑架，又渴望在他畸形的另一个自我之上实施“痛苦的折磨和死亡的威胁”。“我”不假思索地杀害自己的妻子，这是一次盲目随意的愤怒而不是有预谋的犯罪。这就导致了一种自我惩罚的弗洛伊德式的错误。就像永不停息地搏动的“黑暗的心”一样，黑猫成了难以排遣的恐惧的符号，强加给“我”一种持久的意义。“我”写作，是为了让灵魂“不堪重负”，但是“我”仍然不理解那些“使它恐惧、使它备受折磨、甚至使它毁灭”的事件。“我”不能看到，它不是“隐秘阴森的动物”，而是自我惩罚的渴望的象征。这样看来，倒是主人公最后把自己送上了绞刑架。同样，《反常之魔》也记载了一个重刑犯人的自我忏悔。叙述者这样说明他的谋杀行为：“任何一种劣行都不可能是经过蓄意的预谋而完成的。这是不可能的。几个星期，几个月，我琢磨着谋杀的手段。我——排除了几千种方式，因为完成这些谋杀的策略却给侦探留下了机会。”[2] 在这些文本中，爱伦·破对主人公不安的灵魂与忏悔的心理引发的谋杀行为进行了细密的图解，他向读者揭示了人类灵魂深处的最隐秘、最晦昧的一隅。

3. 复仇的欲望

在上述文本中，爱伦·坡以异样的缜密剖析着人类最隐秘的谋杀心理。正如约塞夫·摩尔顿豪尔（Joseph Moldenhauer）所说的那样，在这种谋杀的美学中，非常荒诞的是，完美的犯罪常来自于对理想的渴望。爱伦·坡的“凶手”往往是一些精神分裂者，在他们那里，渴望中的理想无一不是美丽的乌托邦。爱伦·坡发现，完美的谋杀并不能消除主人公的惊恐心理与忏悔意识，于是他在《一桶蒙特亚白葡萄酒》中将恐怖的谋杀演绎为精彩的复仇，再次将他的笔锋伸向人类灵魂的最深处。

在《一桶蒙特亚白葡萄酒》中，爱伦·坡把福尔图纳托和“我”

---

〔1〕奎恩编：《爱伦·坡集》，第665页。
〔2〕奎恩编：《爱伦·坡集》，第917页。

（蒙特雷索）之间的冲突深深地定位在不可追忆的对立中——“对福尔图纳托加于我的无数次伤害，我过去一直都尽可能地一忍了之；可当他那次斗胆侮辱了我，我就立下了以牙还牙的誓言”[1]。文本开篇就亮出了“我”的复仇信念。“我”发誓要以这么一种确定的“理想报复方式”进行复仇：“我不仅必须惩罚，而且还要心安理得地惩罚。”完美的复仇预先被周密地计划着，于是，复仇者获得了心理上的满足：第一，他必须惩罚曾经伤害自己的人；第二，保证自己在这之后不受伤害；第三，向对手证明自己技胜一筹。整个故事的展开也是“我”的一种复杂策略的实施，而策略最终都是为了避免危险。首先，“我”的计划依赖于反讽的双重性；福尔图纳托采取的策略正好和“我”的主观意图相对立：“必须明白，我既不靠语言也不靠行为来激起福尔图纳托对我的善良意志的怀疑。我习惯于面对着他，继续微笑，他当然不知道我的微笑中隐藏着他的灭绝。”[2] 其次，这种复杂的策略依赖于对福尔图纳托弱点的精明分析。“我”这样评价“我”的复仇对象：“这就是福尔图纳托，他有一个弱点，尽管在别的方面他倒是可以尊敬甚至是可以畏惧的人。他对于自己品酒的鉴赏力十分自豪。”[3] 复仇策略的下一步就是利用对手的弱点设置一个陷阱。为了证明复仇对象的精明，就必须把陷阱设置得充满诱惑力，让福尔图纳托通过积极的挣扎而自投罗网。陷阱必须具有一种游戏的要素，必须让受害者有所选择。在完美的复仇中，强制的暴力是没有地位的，因为受害者只是到后来才意识到自己上当了，从而陷入一场不可避免的灾难中。虽然“我”准确无误地实施了这一谋杀计划，“我”还是有一种挥之不去的焦虑。这种焦虑感动摇了复仇者的心理安宁。这焦虑感本身源于福尔图纳托的最后话语之中，他绝望地挣扎，“放开我!”“看在仁慈的上帝份上，宽恕我!”福尔图纳托这两句绝望的呼声一再被“我”重复，这就显露出了复仇的悖论，因为这绝望呼唤的回声暗示了一种强烈的欲望，那就是谋杀者急不可待地模仿他的猎物，与他的对手融

[1]奎恩编:《爱伦·坡集》，第940页。
[2]奎恩编:《爱伦·坡集》，第942页。
[3]奎恩编:《爱伦·坡集》，第943页。

为一体。在策略上他要从根本处认识复仇欲望，与他的复仇对象在理智和情感上完全合一，在游戏活动之中彼此呼应，在话语层面上建立相互关系。

> “看在仁慈的上帝份上，蒙特雷索！”
>
> “是的，看在仁慈的上帝份上。”我回答说。
>
> 可是，我徒劳地为等待回答而听着这些词语。我变得烦躁起来。我大叫一声：
>
> “福尔图纳托！”
>
> 没有回答。我再次大叫——
>
> “福尔图纳托！”
>
> 仍然没有回答。我将火烛通过剩余的孔穴扔下去，从地窖返回的只是戏铃的沉闷的回声。我开始恶心——仅仅因为墓穴的潮湿。[1]

蒙特雷索之所以恶心，确实是因为墓穴的潮湿引起的。因为，他和福尔图纳托之间的同一，使他同样也感受到活埋的恐惧。与福尔图纳托的沉默相应的是“我”的沉默，这双重沉默指示着必有一死，并预先投射了复仇者自己对死亡的恐惧。像威廉·威尔逊一样，他发现杀死他所厌恶的影子，即使他付出了双重的代价——即使这种策略被完美无缺地构想并十分准确地实施，也终是无法摆脱那影子的纠缠。其实，问题十分简单：复仇者必是犯罪者！复仇引起的心理毁灭永远是自我毁灭。《一桶蒙特亚白葡萄酒》入木三分地刻画了被复仇欲望裹挟而在毁灭他者的行为中毁灭了自己的那个“我”，却也忠实地记录了爱伦·坡对那种毁灭性的循环复仇意识的解剖。爱伦·坡创作这部作品正好在他和福勒、恩格利希等文人展开苦斗之时，事实上，他不可能不在小说中相当程度地写进他自己。

正如米歇尔·达维特·贝尔所说的那样，“爱伦·坡的小说之根本在

---

〔1〕奎恩编：《爱伦·坡集》，第948页。

于强制的自我谋杀"[1]。这种强制性来自于复仇者最终毁灭其对手的渴望——因为这个对手活生生地体现了人性中的不堪。在看似怪异的心理小说中，爱伦·坡试图通过对罪犯形象的塑造，揭示潜藏于人类心理深层的犯罪意识，使罪恶的隐秘根源大白于天下。他的心理小说既探索和表现了人类的理智与迷狂这两个极端，又着力描绘了对立中的两极的相通，从而使理智和迷狂的界限模糊了，清醒与梦境的区别淡化了。这里，极度的美和极度的丑相依相从，极度的恐惧和极度的快感相因相成。着思于这两极相通，爱伦·坡的心理小说展示了其独特的想象力、深刻的洞察力和伟大的创造力，并由此为读者了解人类隐秘心理中阴暗的一维提供了不失深刻而极富审美意趣的范本。

结　语

爱伦·坡以他杰出的天赋创造了独具风格的诗歌与心理小说。这些有着极高审美品味的文本，带给人类文化危机时代的是不无终极意趣的人文启示——犹如叔本华以天才华美之笔书写"生命意志"的"痛苦"，如克尔凯郭尔以"个人被放逐"、"价值被废黜"的"精神之荒芜"述说人类生存之"恐怖与战栗"，如尼采以对酒神的回味赋予艺术以宗教的使命，反抗命运般笼罩现代世界的"虚无"。"美"和"死"在这里邂逅，一切是那样的引人骇怪而不可思议，却又化作一种不可名状的痛切而沁人心脾。这里，爱伦·坡在窥探人性中深藏的幽昧时也在宣吐着他自己；他也许无意于作那种疗救世运的努力，但毕竟把一份诊察人类沉疴的脉案留给了这个充满罪恶的人间。

（作者单位：北京师范大学文学院）

[1] Michael Davitt Bell, *The Development of American Romance*, University of Chicago Press, 1980, p. 99.

林栋梁

哲学诠释学的实践哲学向度
——伽达默尔与柏拉图的对话辩证法

内容提要：本文对柏拉图的对话辩证法与哲学诠释学之间的关系作了可能切近的考察，认为正是通过柏拉图的对话辩证法，伽达默尔逐步认识到对话在诠释学理论中的中心位置，并且实现了哲学诠释学向实践哲学的延伸。然后，从“价值形而上学”的整体预期出发，本文还探讨了哲学诠释学的价值取向，指出尽管哲学诠释学最终落在了语言的对话辩证法上，但它毕竟以其独有的方式探讨了人与人的精神交流和个人的自我反思问题，因而具有对人生境界的价值关怀和对“虚灵的真实”的隐在祈求。

关键词：伽达默尔　哲学诠释学　柏拉图　实践哲学　价值形而上学

“理解一个问题，就是对这问题提出问题。理解一个意见，就是把它理解为对某个问题的回答。”[1] 伽达默尔对柏拉图哲学的阐释是从敞开柏拉图的问题视域开始的。这样，一个“批判”的柏拉图就出现了。在伽达默尔看来，柏拉图面临的一个问题在于，当时雅典的伦理共同体处于分崩离析的状态，智者派利用诡辩术对诗进行歪曲，试图攫取世俗的政治话语权力。缘此，传统的荷马及大悲剧家们的诗不但没有起到原来为共同伦理提供标准的作用，反而使城邦公民的灵魂更加放荡了。柏拉图的问题视域一开始就与正义、城邦这些话题关联在一起。

从柏拉图自身的经历来看，苏格拉底对他产生了极大的影响。在《第七封信》（*Seventh Letter*）中，柏拉图叙述了苏格拉底对他的一生所产生的莫大影响，叙述了当这个他深深崇敬并竭力仿效的人被当时盛行的诡辩术指控为败坏青年而被处死时，他内心受到的巨大震动。在苏格拉底身上，柏拉图明白了一个人如何才能够在活生生的现实中毫厘不爽地、无条件地执著于他认为是正确的东西，并且自我充实，不为外界的一切

[1] 伽达默尔：《真理与方法》，洪汉鼎译，上海：上海译文出版社，1999，第482页。

影响所动。在《克力同篇》（*Crito*）一文里，苏格拉底的拒绝出逃表明其所执著的东西就是正义，而正义之所以是毫无疑问、无可争辩的真实存在就在于它乃是理念。“正义并不是由某种习俗约定的（它的约束力是有争议的）而生效的东西；它是绝对真实的，它的存在超越一切为社会约定所确立的行为以及一个社会的全部信念……理念论正是在精心推敲这类事实时，系统论述了一切真实知识的条件。”[1] 可见，柏拉图的理念论从一开始就与正义的话题关联在一起。同样，《理想国》（*Republic*）对理想城邦的讨论，也是对“苏格拉底何以可能”这同一问题的回答。在这个用哲学来治理的城邦中，正义，即个体与整体的完全同一当是无处不在的现实。

更为重要的是，所谓正义不仅跟理念论关联在一起，还跟辩证法——对话辩证法——关联在一起。伽达默尔认为，尽管苏格拉底在自己的论证中也经常使用诡辩术，存在许多缺乏逻辑严密性之处，但正如亚里士多德在《形而上学》（*Metaphysics*）一书中所说，辩证法与诡辩之间的差别仅在于对生活方式的选择，即辩证法严肃认真地对待所讨论的事情，而诡辩家们则只把它们看作是赢得论证、证明自己正确的材料。所以，在苏格拉底—柏拉图的辩证法中，提问的艺术——辩证法艺术——并不是那种用以制服人的论证艺术，相反地，在听众眼里看来，使用辩证法艺术、提问和探究真理的艺术的人很可能会遭遇到论证失败的结果。作为提问艺术的辩证法被证明可靠，只在于那个知道怎样去问的人能够掌握他的问题，也就是说，能够掌握开放的方向。“提问艺术就是能继续提问的艺术（die Kunst des Weiterfragens），但也就是说，它是思考的艺术（die Kunst des Denkens）。它之所以被称为辩证法，是因为它是进行某种真正谈话的艺术。”[2] 谈话必然具有问和答的结构，“柏拉图所描述的问题和答复、知识和无知之间的戏谑性的替换中，包含承认问题对于一切有揭示事情意义的认识和谈话的优先性。应当揭示某种事情的谈话需要通过问题来开启该事情”[3]。由于这种理由，辩证法的进行方式是问和

---

〔1〕伽达默尔：《伽达默尔论柏拉图》，余纪元译，北京：光明日报出版社，1992，第5页。

〔2〕伽达默尔：《真理与方法》，第471页。

〔3〕伽达默尔：《真理与方法》，第466页。

答，或者更确切地说，是一切通过提问达到认识的过道。

伽达默尔坚持认为，柏拉图的每篇对话必须被理解为说出来的语言，一场发展着的讨论。因此，我们不仅要解释它们所提出的论述的客观的或表达语意言语的意义，而且（甚至主要地）要解释它们所包含的加强语意和取得语效的言语的意义。伽达默尔证明，一场出色讨论的开端常常不是做出“言语行为”的人；它有一个讲话结构，不是作为我们遵从其规则的一场游戏，而是作为我们参与其中的游戏[1]。要而言之，伽达默尔认为，柏拉图之所以追随苏格拉底并进一步发展他的谈话艺术，其目的是要把辩证法当作对事物的理由和基础的最高和最终的要求，而不仅仅是用来反对政治家、诡辩家和诗人的。在这个意义上，柏拉图如此表达善的观念：善是一切知识的最高对象。可见，在辩证法中，柏拉图所欲求的是有关理念的知识，而这理念关联的是柏拉图的哲学观念：人的至善追求。善的追求之路就是“逃入逻各斯”之路——对话辩证法之路。

一 “逃入逻各斯[2]”（Flucht in die Logoi, Flight into the Logoi）

对伽达默尔来说，柏拉图的辩证法所达到的基本规定是植根于活生

---

[1]早在 *Plato's Dialectical Ethic* 一书里面，伽达默尔就用“游戏”这一概念来说明对话的特点了。见 Gadamer，H. G. *Plato's Dialectical Ethics*：*Phenomenological Interpretations Relating to the Philebus*，translated and with an introduction by Robert M. Wallace，New Haven：Yale University Press，1991．p. 32.

[2]逻各斯（logos）一词来自动词“言说”（legein），所以逻各斯的存在是内在于语言当中的。logos 的复数是 logoi。从词源学来看，logos 的基本含义至少有以下两方面：一是语言，二是与语言同时进行的行为，即人的理性，所以说 logos 具有“理性”（ratio）和“言说”（orato）这两层涵义。而从延伸意义来看，logos 意思则非常丰富，正如海德格尔所说，逻各斯“一向被解释为：理性、判断、概念、定义、根据、关系”（海德格尔：《存在与时间》，陈嘉映、王庆节译，北京：生活·读书·新知三联书店，1987，第 40 页）。从伽达默尔有关“逻各斯”的论述来看，他在柏拉图那里把逻各斯界定为“概念”，而在黑格尔那里把逻各斯界定为“判断”，从而把逻各斯与黑格尔的“先验逻辑”关联起来，认为“先验逻辑”根据的是希腊的“逻各斯”概念。概言之，正是通过逻各斯，伽达默尔将黑格尔和柏拉图统一在“辩证法”的名下。（伽达默尔：《诠释学Ⅱ：真理与方法》，洪汉鼎译，北京：商务印书馆，2007，第 54－55 页；伽达默尔：《科学时代的理性》，薛华等译，北京：国际文化出版公司，1988，第 140 页）但是，归结来看，伽达默尔承继了海德格尔关于逻各斯的“基本含义是言谈”和“又意味着理性”的思想，从而强调语言的本质在于对话、语言表明人是有理性动物、对话乃是人思想的体现这些主张。（海德格尔：《存在与时间》，第 40、44 页；伽达默尔：《哲学诠释学》，夏镇平、宋建平译，上海：上海译文出版社，1994，第 59 页）

生的对话之中的。这种引导和指向对话的原初辩证法和逻辑关系的相互渗透最终演变成柏拉图关于概念形成的精辟理论，即天才的假设和划分的程序。柏拉图告诉我们，这乃是辩证法的精髓所在。因此，在阐明柏拉图的辩证法时会遇到这样一个问题，就是他从苏格拉底的对话艺术中发展出来的两个程序——一个是在对立面中进行思想训练，另一个是区分各种概念——是如何互相联系的。

诚然，柏拉图用数学的逻辑来解释“一”（Das Eine）和“多”（Das Viele）之间的关系是一个事实，同样地，他在诸如《巴门尼德篇》、《智者篇》中展示在对立面中思维的因素也是一个事实。然而，它们的共同基础在哪里呢？这个答案关涉到“一个见解与其可证明性之间的差异”这一问题。伽达默尔说，《巴门尼德篇》中按相反假定进行的辩证法为此提供了一个例证。辩证法家知道如何在对话讨论和论证、相反论证中前进，但正如柏拉图所反复强调的，要向反对它们的某个人证明它们的有效性，这是极其困难的，“论敌的否证有着如此大的力量以至于要成功地证明理念的有效性需要超乎寻常的方法”[1]。从柏拉图的思想意图来看，这超乎寻常的方法显然与理念数论有着直接的关联。《第七封信》“附论”正是要表明从理念数论来看，一个见解也只能在讨论中证实自己的真理性。[2]

柏拉图为了说明一个见解只能在讨论中证实自己的真理性，举了圆这个数学研究对象的例子。这从侧面反映了这样一个主题：获得见解及交流见解的途径、媒介、契机不能推动某人去理解。亚里士多德的三段论或演绎系统，欧几里德的几何学，可以通过它们的逻辑一致性构成证明进而推动我们去认识真理。但是，在柏拉图看来，这在理念哲学的领域里却是不可能获得的，我们关于事实的讨论和论证中应用的所有方法都不能保证另一个人能够理解，我们具有内在的说服力也并不足以抵抗

---

〔1〕伽达默尔：《伽达默尔论柏拉图》，第105页。

〔2〕伽达默尔坦承，他是从伟大的对话家柏拉图（包括苏格拉底）那里认识到“哲学的语言”总是在“同自己历史的对话中不断地构成”，而第七封信的附论在其中起着至关重要的作用。（见伽达默尔：《诠释学Ⅱ：真理与方法》，第15页）

任何反对者的攻击。为了让我们明白这一点，柏拉图在我们关于某个事物的观点中，区分了三种要素——三种我们的知识可以借此传达的途径，此外，他还加上了第四种途径，即为前三种因素所产生的知识本身。除此之外，我们还可以把作为被认识的知识对象的实在本身列为第五种因素，尽管它并不是认识的途径。它们可列之如下：

（1）名字和词；

（2）解释或概念规定；

（3）现象，例证性的影像，例子，图形；

（4）知识或见解本身；

（5）事物本身。

柏拉图断定，前面四种因素都不能保证“事物本身”会通过它们逐渐得到认识，这从“圆”可以看出。我们知道，真正的圆与我们平常所见的圆形事物乃是不相同的。当然，这里所说的圆并不是柏拉图叫作理念的东西，它乃是数学结构的范畴，是可感世界与可知世界的居间者。正是通过圆这一图形，我们可认识到存在于可感世界诸多的圆的本性，这就是几何学的对象——圆自身。

首先，很显然，圆只是所有那些我们只能用思想去认识的事物的一个例子，它表明，除非一个人知道名字，能够通过概念规定去解释用来命名的那个词，否则他就不能传达他的知识。这一例证也说明了柏拉图的逻各斯根本不是一般性的陈述，而是本质规定，是定义性的陈述。柏拉图关于圆的概念规定“周围各点与中心等距离”便说明了这一点。

对上述的第三个因素“图形”的说明，柏拉图是以人在沙堆上所画的圆及制造出来的圆来进行的。他表明，虽然可感现象和阐释性例证不同于圆自身，但圆却呈现在这两种形式的影像中，正如它呈现在词和概念中。而第四个因素知识或见解本身则与前三个不同，它只存在于灵魂之中。尽管如此，它也不是圆自身，因为圆自身并不存在于灵魂中。由此看，见解并不属于真正的实在，而属于生成物，见解总是在变化着。

尽管上述的四种认识途径互有差异，但存在着把它们集合在一起的共有东西，这就是事物本身。在圆这个例证中，圆自身就是这种东西，它通过这种或那种途径而呈现出来。但是，柏拉图进一步表明，尽管这四种途径与真正的知识不可分离，但它们都具有一样的性质，即："如果一个人利用了它们，那么他就永远不能用完全的确实性把握事物本身。"[1] 事物本身不会通过这些途径完全而无遮蔽地展现出来。这些途径，无论是单个地看还是集合起来看，它们实际上都不能推动某人去认识事物自身。

伽达默尔说，奇怪的是，柏拉图尽管只强调逻各斯（第二个因素）的缺陷，而没有谈及其他的诸如词、言语、图形、灵魂的缺陷，但实际上这四种因素都有缺陷。其实，"逻各斯的缺陷也就是这四类的缺陷，也正是依赖它们的我们的理智自身的缺陷。它们自己并没有提供保证说，事物自身会真正'无遮蔽地'存在于它们之中"[2]。所有这些途径都断定自身是独立存在的东西，有它们自身的实在，因此有一种把自身与所表现的事物区分开来的特性，在进行揭示的过程中它们同时也遮蔽了要通过它们得到展现的事物。

但是，伽达默尔问道，为什么断定自身并遮蔽了要通过它们得到展现的事物乃是词以及在词中所出现的概念规定性的缺陷呢？柏拉图认为，这是因为有关事物的所有指定多少总有些武断，在约定状况不同的情形下，同一规定也可以指称别的事物。正如柏拉图在《克拉底鲁篇》（*Cratylus*）中所说的，如果一个事物不是声音的意义的话，那么词的声韵就根本没有揭示该事物的任何内容。这里柏拉图通过约定的武断来说明，词借以命名一个事物的声音自身的意义并不是十分明确的。词的这种歧义性容许一个词表现其他事物，而不呈现出所意指的事物。

柏拉图继续论证说，定义性的陈述因为是由词组合而成，所以同样也有缺陷。伽达默尔在这里指出，由于一个词的歧义可以通过具体的语境而被减少，所以，从单个词到完整的讲话的转变可以充分克服约定指称本身所存在的缺陷，柏拉图的辩证法提出逻各斯理念之间的"分有"

---

[1] 伽达默尔：《伽达默尔论柏拉图》，第115页。

[2] 伽达默尔：《伽达默尔论柏拉图》，第116页。

(Teilhabe, Participation)，显然是考虑到了这一点。这样，柏拉图用反对词的论证来反对定义性的陈述就令人费解了。显然，“只有逻各斯才能克服词本身的缺陷。作为区分性质的概念定义，它的真正目的是要超越在语言的日常用法中，以及它对事物的命名中所存在的人为因素。通过规定那个概念，它使事物的本然面目呈现出来”[1]。然而，柏拉图为什么又会说逻各斯具有缺陷呢？概念性定义如果通过词的论证同样是有遮蔽事物的危险，为什么又只有它才能克服词的缺陷呢？

这里，伽达默尔指出，正如柏拉图没有诉诸种—属图式提出圆的定义，同样地，一个人要描绘思想的辩证分类，他不能预先假定这个分类性概念规定的系统学说，相反，“他必须说明概念性定义自身的程序怎样包含着武断和不确实的成分，因为一个事物可以归入的种（genus）显然缺乏意义的单一性”[2]。从逻辑上讲，伽达默尔认为柏拉图可能是打算以“全部理念的系统”为背景来揭示这种定义的武断性，并因而根除这种武断性。《智者篇》里最高种之间的相互联系，《巴门尼德篇》里巴门尼德教导苏格拉底达到这样一个否定性的结论，即不可能纯粹通过孤立的理念自身来定义它，而理念之间的联系又妨碍我们对由理念构成的紧密的金字塔获得一个肯定概念，它们都说明了柏拉图对理念系统的诉求。

如此看来，作为人，我们只能在有限的、有条件的情况下认识整体实在的秩序。柏拉图所谓“二”的不定性，清楚地表明无歧义的“存在”的结构是不存在的。因此，在讨论事物时，“意义的相互分离的众多方面的效价包含着一种富有成果的歧义”。这其实就是辩证法的创造性，是逻各斯作为概念规定的程序所具有的缺陷的肯定方面。正因为如此，语言与说话的全部基础，它们得以可能的根据其实就是歧义性。柏拉图清楚地知道，一切困境的源泉其实就在我们的谈话中，《斐多篇》（*Phaedo*）就已经有了“逃入逻各斯”的论述。在这篇对话里，柏拉图描述他对自然哲学研究与解释自然事物所持朴素、直观方法原则的反对态度，因为

〔1〕伽达默尔：《伽达默尔论柏拉图》，第120－121页。

〔2〕伽达默尔：《伽达默尔论柏拉图》，第121页。

这种未经中介的哲学，无法让自身转向反思。柏拉图借着苏格拉底之口说，由于他对古代思想家们不了解，他踏上“次佳之路”，不再直接地观照太阳，而是去寻求反映在逻各斯中的真理——设定形式的程序。[1] 柏拉图在此表明，“在逻各斯中寻求真理根本不是什么第二好的道路。实际上，它是获得真理的唯一途径”[2]。

不过，还是让我们先回到上面关于四种认识途径的论述上。在柏拉图看来，前三种认识途径固然都是有缺陷的，而第四种途径（处于认识或知道状态的灵魂）也同样有缺陷。我们称作对真理的知识和见解的灵魂状态必定也具有断定自身并因而遮蔽事物自身的性质。伽达默尔认为，这从柏拉图在“附论”中所讲到的灵魂的“不良教养”可以看得出来。灵魂的“不良教养”有一种拒绝承认对手们有对的可能性的偏执，它总是从自己的立场出发，断定自己的认识是正确的，以致到了不停地对他人进行反证的地步。伽达默尔说，这里阻挡客观真理之路的因素在于“不良教养”的人认为，“第一，一个观点或见解总是我的观点或见解，总具有这样那样的特殊性质。第二，由于我过于注重自己，所以一般说来总是先入为主地反对别人的观点”[3]。

概言之，这四种途径之所以都有缺陷，乃是因为它们都囿于自身。“为了成为途径，它们必然拥有某些对它们是非本质的事物。这是认识途径的固有性质。在柏拉图看来，这就是我们错误的源泉。”[4] 可见，《第七封信》关注的其实是一个事物怎么能够确实无疑地存在于所说的内容中，被揭示出来，而这其实也就是一个见解怎么才能变得可理解的问题。只是因为我们的“不良教养”，我们一般都不习惯去理解一个见解，去寻求真实事物自身。

因此，在柏拉图看来，一个人要去认识真实事物本身，除了理智上

---

〔1〕柏拉图:《斐多篇》96A－101E，见《柏拉图全集》第1卷，王晓朝译，北京：人民出版社，2003，第104－111页。

〔2〕伽达默尔:《伽达默尔论柏拉图》，第216页。

〔3〕伽达默尔:《伽达默尔论柏拉图》，第124页

〔4〕伽达默尔:《伽达默尔论柏拉图》，第124页。

的理解和记忆外，还必须对事物拥有一种“亲近感”。[1] 这种亲近感就是苏格拉底通过谈话艺术告诉我们的，存在着正义本身、美本身、善本身这样的事物。伽达默尔说：“柏拉图坚持认为，理解真正的好的和坏的人同时也就理解了整个实在的真和假。”[2] 在此，柏拉图通过“整个实在”揭示了作为见解之基础的整体的持久统一性。柏拉图在这里显然意指的是，“这个或那个德性的问题总是被归结为德性的统一体和整体的问题”。这个整体最后在《理想国》中以一个政治乌托邦的形式出现了，通过知识整体达到善的理念的途径在那里作为真正的教育形式得到了展开和论述。

正是从这里出发，伽达默尔认为，柏拉图的“一”与“不定之二”（the indeterminate two）的学说作为他哲学的真正主题并不是超越并否定理念论的一个环节，而是在理念论之后的一个环节。正是“一”与“多”的辩证法确立了人类讨论和见解的界限，确定了我们居于单一意义和众多意义之间的情形。柏拉图所关心的乃是存在的意义，是在逻各斯的统一和杂多中对存在本然面目的揭示。正是这个存在意义的问题导致他走向“一”和“多”，走向了逻各斯全体。

对柏拉图来说，逻各斯的全体是一个真正的全体，但有限的人类知识只有通过特殊语境才能获致它。“是什么（what is）”乃是作为事物无限联系的整体。在《蒂迈欧篇》（*Timaeus*）里，柏拉图想要表明的是，理念乃是整个世界的秩序，创造主得穆革（Demiurge）以理念作为范型，通过光照而造成事物。不过，在创造中，相异、无限却对理念构成了阻碍。伽达默尔说，理念与必然性的并置说明柏拉图的宇宙学隐含着毕达戈拉斯（Pythagoras）的对立学说。但是，“对立实际上是一种逻各斯结构概念中的对立。它不是起源于宇宙学，而是起源于辩证法”[3]。伽达默尔说：“正如在世界的秩序化和定型的过程中不可避免地会碰到障碍一样，在阐明所讨论事物的谈话中也会不可避免地碰到障碍。在《斐多篇》

---

[1]这其实是针对智者诡辩的说法，伽达默尔也说，认识的这四种途径也都有产生诡辩的危险。

[2]伽达默尔：《伽达默尔论柏拉图》，第129页。

[3]伽达默尔：《伽达默尔论柏拉图》，第134页。

提出要‘逃入逻各斯’之后，那种对话在柏拉图哲学中提供了唯一的通向知识的途径。辩证法的劳作最终会把握到‘是什么’的真理，并且，向我们显现出来的从本性上说，它是无止境的、无限的。”[1] 柏拉图的毕达戈拉斯主义（Pythagoreanism）乃是一种人的毕达戈拉斯主义，“多”、“不定之二”所维系的不仅是世界的秩序，也是人类认识的可能性。“逃入逻各斯”表明，通过认识的四种途径而进行的反复、无休止的运动实际上就是辩证法技艺。

柏拉图晚期对话《斐利布斯篇》（*Philebus*）的主题正是：是否最高的善也是一种愉悦，或者永恒的幸福是否等同于此在的短暂愉悦？柏拉图的关怀最后被作了这样的喻示，即最重要的提问不是什么是善的理念，而是对此在而言，什么是最适宜的善？[2] 善的理念乃是正确与正义地实践生活的指南，所以生活是由愉悦与理智恰如其分地节制的混合，人在一切交往活动中，两者都不可以过或不及，而当循中庸之道而行。这里，一与多的辩证关系再次被点出。伽达默尔认为，《斐利布斯篇》与《蒂迈欧篇》一样，都是以直接应用理念论来认识我们的世界或生活。《蒂迈欧篇》建立起了一种物理学，而《斐利布斯篇》则建立起了一种伦理学或实践学说。与《理想国》不同，《斐利布斯篇》并没有探讨“善”的理念以及它作为人类生活之范型的功能；相反，它所问的是，人类的具体生活具有暂时性和不纯洁性，既为知识和见解所决定，又为愉悦和冲动所影响，它怎么可能仍然会是善的？或者说它怎么能够分有善呢？

正如柏拉图在《理想国》中通过洞穴比喻告诉我们的，只有通过思想的力量才能使我们从现实世界的枷锁中解放出来，只有在一次次的辩证法的教育下，通过思想训练才能使我们克服重重眩晕的感觉，从而分有“善”。同样地，《斐利布斯篇》一开始就假定了《巴门尼德篇》所提出的“分有”难题乃是不太恰当的，因为“分有”之说认为人类根本不可能获得关于理念的知识。伽达默尔说：“确实，可认识的确定秩序的各

---

[1] 伽达默尔：《伽达默尔论柏拉图》，第 134 页。

[2] Gadamer, H. G. *The Idea of The Good in Platonic-Aristotelian Philosophy*, trans. P. Christopher Smith, Yale University Press, 1986, p. 217.

种形式将众多的形式系统化了。因而，只有当理念的知识意味着不确定的确定性（每个理念凭籍它而在这样一个系统获得其完满的定义）时，人们才能谈论它。"[1] 所以，"最后甚至正直生活的理想也被归结为正当的和谐混和，其中每个无尺度的事物也接纳其规定性"[2]。

正如前面所说的，"逃入逻各斯"表明：认识的四种途径尽管都有其缺陷，但是也只能通过辩证法，即通过它们反复地讨论去逐步地接近事物本身，同样，"善"也是以这种方式出现，以至于它的确定性也是在无尺度和不确定中才能被寻求和发现。德性从来就不是先于实践存在的，我们对于何谓正义、何谓美或多或少胸中有所了然，但却是要透过多次的与他人的讨论和实践来不断校正。伽达默尔说，"得穆革"对世界的创造，意味着人类对世界的认识在每一点上都是一种不确定性的确定化，一种无秩序的秩序化，而这其实潜藏着世界乃是理性的这一前提性预设。在《蒂迈欧篇》中所明确阐述的实在秩序，作为事物的秩序或者人们自身生活的秩序乃是出现在一切人类行为可能性之前的。构造世界的目的乃是为理想的人类灵魂结构和社会结构的可能实现提供基础。正如我们前面所说的，必然性对理念的实现是一种阻碍，但理念的实现却必须依赖于它，神的创造也要为前秩序的必然性所制约，或者说，它也有其可能性的制约。同样，对于人类来说，人的实践和认识——使自己灵魂的运动秩序化，也是受到种种现实制约的，而人的受制约这点意味着我们不能逃避作为共同体中之一员的责任，或者说，逃避社会生活的这一必然性。

可见，柏拉图理念论的核心与对话辩证法乃是一致的。理念论表明并非超然存在一个形而上的理念世界，然后把现实世界的一切存在都视为对它的分享或反映。这正如我们卷入苏格拉底的对话时，总有一个无法逃避的结论在背后，一个超越各种差异观点的共同意义指涉作为关照，并因此赋予我们以一个意义的共同体。这也正如伽达默尔通过《柏拉图

---

[1] 伽达默尔：《伽达默尔论柏拉图》，第208页。

[2] Gadamer, H. G. *Dialogue and Dialectic: Eight Hermeneutical Studies on Plato*, translated and with an introduction by P. Christopher Smith, CT: Yale University Press, 1980, p. 191.

〈吕雪斯篇〉中的言语与行为》所表明的那样，理念乃是超越一切有条件东西的真正实在——自身即是善的东西。“人与人之间的友谊在于这样一个事实：一个人通过一个人发现了他的自我意识、自我信任，并非他只希望在另一个人中忘掉他自己，忘掉他的需要。”伽达默尔通过苏格拉底找到了一个描绘这种需要和满足在其中的充满张力的关系的特征的名词，这就是希腊词 oikeion，即“共属一家的”。[1] 真正认识到理念、认识到“善”的理念的人会明白，理念是与之共属一家的。要而言之，自由乃是自身所确立的，“康德的批判对人类自由的‘证明’与柏拉图对灵魂不朽的证明一样，没有说明什么。但它确实证明了决定一切自然科学的因果率的先天有效性不可能否证我们人类的自由。对康德来说，自由只是一个理性的事实。而柏拉图用另一个名称来称呼这同一个事实，那就是‘理念’”[2]。

二　柏拉图的至善之思——逻各斯与对话

对伽达默尔这样一位关注精神、关注真理的思想家来说，问津哲学，其实即意味着在根源处求索人生的真义。哲学诠释学不仅仅“探究人类一切理解活动得以可能的基本条件”，而且也“在人类的有限的历史性的存在方式中”探讨“人类与世界的根本关系”。伽达默尔对柏拉图对话辩证法、理念论的倾心眷注意味着哲学诠释学为自己承诺了更重要的使命，此即在面对人类生存困境时的价值觅寻，以及对灵魂在自我对话中所祈求的超越之维的瞩望。从《真理与方法》的书名来看，不管研究者们对“真理”与“方法”之间的关系如何予以判别和说明，他们都必须承认这

---

〔1〕正如伽达默尔在后来的《友谊与团结》一文中所说的，Oikeion 总是表现在友谊的不同形态之中，而各种友谊其实早就具备了人与人之间的“共同关系（Miteinander）与相互关系（Füreinander）”。概而言之，友谊反映了一种意义的共同体，真正的友谊在于承认人与人之间的相互隶属（Zueinandergehören），而从这一点来看，它与黑格尔的承认辩证法又是关联着的。（参见伽达默尔：《友谊与团结》，载成中英主编：《本体与诠释：中西比较》（第三辑），林维杰译，上海：上海社会科学院出版社，2003，第 283 页；伽达默尔：《真理与方法》，第 464 页）后文也将对隶属性作一分析。

〔2〕伽达默尔：《伽达默尔论柏拉图》，第 42 页。

一点，如果“方法”指示的是近代兴盛起来的自然科学所取的方法，那么“真理”指示的乃是与自然科学方法不同的别一蹊径上的目标，而从真理与对话辩证法的基源关系来看，对话则蕴涵着伽达默尔对人类前途的忧思。

思想家与思想家的相契，不仅是天缘，更是生命与生命之间的对话和融合。从1922年在马堡完成博士论文《柏拉图对话中的快乐的本质》(*The Essence of Pleasure in Plato's Dialogues*)，到1928年撰著教授资格论文《柏拉图的辩证伦理学——对〈斐利布斯篇〉的现象学阐释》[1]，甚至到生命最后几年写作关于柏拉图的论文[2]，伽达默尔始终有着某种挥之不去的柏拉图情结，其哲学视野甚至使得他“能够从柏拉图的视野中恰当地解释他的新导师（海德格尔）的现象学的本体论”[3]。对伽达默尔来说，逻各斯作为言说与对话，是一切理性之为理性的前提，理念也只是在言说与对话中才可能显现；正是通过对话，伽达默尔对柏拉图的阐释一直是在一种整体的关照中进行的。正因为这样，在对柏拉图的持续研究中，伽达默尔坚持认为，柏拉图的每篇对话必须被理解为一种说出来的语言艺术，理解为一场发展着的讨论。

更为关键的是，对话作为教导我们认识自己无知的艺术，能够使我们真切地明白自己认识的界限，认识到自己在对话中所实现的乃是一种更高然而有限的真理追求。因此，柏拉图的对话与其说是论证哲学观念的学说，不如说是发展问题以及为问题所决定的讨论方向的理论。对伽达默尔来说，“柏拉图将对话作为思想的艺术来发展，而这意指认真提问的艺术，这种艺术追问一个人思这思那或说这说那时，其真正的意义是什么”[4]。基于这一点，哲学乃是追求智慧、追求善的知识，而这种追求

---

[1] Gadamer, H. G. *Plato's Dialectical Ethics*: *Phenomenological Interpretations Relating to the Philebus*, 1991.

[2] 见 Gadamer, H. G. *Gesammelte Werk*, bd 7. J. C. B. Mohr (paulsiebeck) Tübingen, 1991.

[3] 见 “Translator's Preface”, in Gadamer, H. G. *The Beginning of Knowledge*, translated by Rod Coltman, New York: Continuum, 2001, p. 7.

[4] Joel C. Weinsheimer. *Gadamer's Hermeneutics*: *A Reading of Truth and Method*, New Haven: Yale University Press, 1985, pp. 33 – 34.

总是意味着对话的开放——一种自己对自己的开放，对别人的开放，一种永恒的、不会结束的开放。如果联系到逻各斯，我们可以发现，对伽达默尔来说，柏拉图对话的秘密乃在于指出："哲学思维并非必然要服从以一种最高原理的形式建立起来的体系性的指导思想才能执行解释的功能。相反，哲学思维总是受到某种指导的支配，它在对原始的世界经验继续思考的时候必然要透彻地思考我们生活于其中的语言的概念力和直观力。"[1] 进而言之，对伽达默尔来说，辩证法在本来意义上是一种引导对话以取得一致意见的艺术，因此，"理解最后就与取得一致意见相关，并在取得一致意见的交往联系中获得了它的地位。柏拉图有一个非常关键的见解，他认为辩证法是以善良意志为前提的，这个见解证明了柏拉图的智慧"[2]。

这个善良意志指的是什么呢？伽达默尔认为，"这说的是：人们并不谋求维持权利，并且因此要发现他人的弱点；相反地，人们试图使他人变得尽可能强大，使得他人的陈述得到某种说服力。在我看来，这样一种态度对任何互相理解来说都是本质性的"[3]。这种态度乃是一种认同，在伽达默尔看来，它其实应该是人之为人的本质。

正如上面通过论述《蒂迈欧篇》所表明的，"得穆革"对世界的创造，乃是一种不确定的确定化，一种无秩序的秩序化，而这其实潜藏着世界乃是理性的这一前提。世界理性对于柏拉图说来就是世界灵魂，而这灵魂乃是自我运动的。我们知道，灵魂说是从阿那克萨戈拉的"努斯"说发展出来的，它表明了努斯乃是运动的源泉，是在原始的混沌中分离出一切具有形状的事物的源泉，正像心灵能在自身中感知、认识和理解

[1]伽达默尔："汉斯-格奥尔格·伽达默尔自述"，见《真理与方法》，第775页。

[2]伽达默尔：《赞美理论》，夏镇平译，上海：上海三联书店，1988，第151页。

[3]伽达默尔、德里达等：《德法之争——伽达默尔与德里达的对话》，孙周兴、孙善春编译，上海：同济大学出版社，2004，第45页。

外界的事物一样[1]。正如阿那克萨戈拉所认识到的一样，柏拉图所说的灵魂标识着生命的本质。对于柏拉图来说，无须解释灵魂为什么会自我运动，因为正是这种运动把有生机的身体与死后留下的无生机的身体区别开来。作为世界不可见的基础，灵魂可以在每个有机体那里找到，它不仅是运动者，而且还具有认识的能力。柏拉图通过将"混合"概念作为定义灵魂的出发点，论述了世界灵魂的三种组成：存在、相同、相异。相同与相异总是呈现在任何存在并被认识到其本质的事物之中的。灵魂学说表明，如果一个人定向于同，则三种组成成分的混合便引向洞见和科学形式的认识；而如果一个人定向于异，则把这种混合引向观念和信仰或知觉的形式。[2]

世界灵魂告诉我们的首先就是同，即世界是有序的整体。创造主得穆革是善的，他能够创造好的和美的东西，也必定能使有理性（努斯）的事物产生出来。所以说，当我们人认识到宇宙是一个有生命、合理的存在，并进而领悟到作为有灵魂、有生命的我们要比低级组织的存在物更好、更善时，那便意味着我们具有较高的一致性并对其统一性有着最高的意识。一句话，我们具有理性，所以，我们能在灵魂的运动中认识灵魂，认识善。哲学和人类求知的欲望乃是人所具有的自然潜能。

灵魂的"混合"说，在伽达默尔看来，蕴涵着柏拉图的理念数论，即"一"与"不定之二"的辩证关系。对伽达默尔来说，理念数论并不

---

[1]正如黄克剑先生所指出的，阿那克萨戈拉"所推重的'心灵'最后还是让苏格拉底失望了，——苏格拉底认为，既然世界是由'心灵'安排的，那就理应对这个世界作出好、比较好或更好的安排，然而阿那克萨戈拉的'心灵'犹如人体的植物神经，它安排世界并不作'好'与'不好'的价值承诺"。因此，苏格拉底转为由人的心灵对"好"的感受去契接作为世界最后原因的那个"好"，从而肯定了人对"美"、"善"、"大"诸价值的无尽追求之祈向。而柏拉图作为苏格拉底的弟子，其实是以"理念论"的形态将人之心灵或者灵魂所当有的价值内涵进一步"引向更深微的境地"。（参见黄克剑：《由"命"而"道"——先秦诸子十讲》，北京：线装书局，2006，第8页；《心蕴——一种对西方哲学的读解》，北京：中国青年出版社，1999，第12-13页）通过笔者的相关论述，可以看出，伽达默尔对柏拉图的理念论所倾心之处最终也是归结在人之所以为人的"求善"或"爱智慧"的理性上的。

[2]柏拉图：《蒂迈欧篇》37a-c："当理性围绕感性世界翱翔，而那运行着的'相异'的圈也把感觉的真实情况传达给整个灵魂时，意见和确定的信念也就产生了。但若涉及的是理性事物，那平稳运转的'相同'的圈也会做出宣告，此时获得的必然是理智与知识。"（见《柏拉图全集》第3卷，王晓朝译，北京：人民出版社，2003，第287-288页）

是柏拉图后期才出现的东西，相反，柏拉图很早就注意到了一和多的问题。[1] 事实表明，“一”的概念与“善”的概念从很早开始就非常紧密地联系在一起了，“一”的概念主要出现在柏拉图讨论“德性”问题的语境中。在《理想国》第四卷中，柏拉图证明了德性的所有概念在本质上都隐含着同一个东西，即知识，这种知识是关于“一”或善的；与此相应，灵魂的真实本性是多中之“一”，“和谐”、“一致”等表述都指向这一方向。正如有论者所说的：

“理念”对于它的诸多同名的可感事物是某种“一”和“多”的关系，“理念”的无不趣归于“善”的品格对于诸多个“理念”是又一重“一”和“多”的关系。柏拉图的“善”不仅涵着道德的高洁，也蕴有美趣的欣求、身心的幸福和事物在尽性中的圆成；这是一个意蕴丰赡得多的“好”，它的极致是“善”之所以为“善”的“善的理念”。正像太阳作为“善的儿子”在可感世界或“可见世界”中为眼睛把可感事物照亮那样，“善本身”或“善的理念”在“可知世界”或“理念世界”中为人的灵魂把“理念”照亮。由于太阳，运用视觉的灵魂得以把握可感事物——“我们周围的生物以及一切自然物和人造物”（柏拉图：《国家篇》510A，《古希腊罗马哲学》，第199页）——的“实物”及其“影像”；由于“善的理念”，灵魂则得以把那可见世界中有其“影像”的“实物”看作理念的影像，并进而从理念那里获得知识和真理。[2]

正是从“一”与“不定之二”的辩证关系[3]出发，伽达默尔认为作为柏拉图的美或善的理念的模型其实就是数。我们知道，理念作为一个被断定是真实的存在，是拥有它的每一个现象的，而现象却是不同于事

---

〔1〕伽达默尔：《伽达默尔论柏拉图》，第144、145、148、161页。柏拉图数次提到《大希庇阿斯》已经有理念数论的痕迹了。这就是说，对伽达默尔来说，柏拉图的思想乃是有连续性的整体，并不存在所谓的断裂，而他的根据主要是“一”与“不定之二”的理念数论。

〔2〕黄克剑：《柏拉图“理念论”辨正》，载《哲学研究》1995年第5期，第14页。

〔3〕伽达默尔认为，“多”的问题从一开始就是“二”的问题，因为只要“一”成为问题，“多”的问题就随之出现。（参见伽达默尔：《伽达默尔论柏拉图》，第145页）

物本身（理念），柏拉图用数来说明这种关系。数是由单位构成的，其中每一个自身是一，而数自身，根据它所包括的单位的数目，却不是一而是一个特定的"如此多"，由杂多综合而成的统一体："两个是二，但每一个都是一"[1]。这就是说，每个数字都是一个本质直观的单位，但却是总和的一部分，我们只能在一个没有终极的动态数列中认识一种可能，一与二的关系是不确定的。因此，"在柏拉图努力从'一'和'不定之二'这两个原则所推论出的一切中，明显地隐含着我们思想的不确定性或无规定性"[2]。不过，这里也要看到，对伽达默尔来说，"一"是作为逻各斯整体、语言整体而出现的，它不可能还原为个别组成部分。互相交织的理念的"总和"超过了个别组成部分，超过了不定的单个理念。从这里出发，伽达默尔认为，"一"的各个方面，如存在、善、美，乃是超验性的理念，它们就像阳光一样，处处呈现，却超越一切分有它们的事物之上。[3]

概言之，凭籍"一"与"不定之二"的辩证关系，伽达默尔看到了人类见解的局限性。从"不定之二"出发，任何把我们的经验界定于一定范围的逻各斯总是依靠某种背景，而这种背景总是处于未定的状态之中。数的系列可无限延伸，它超出了任何可以标志出来的特殊总和。因此，从人类灵魂的求善本能来看，它意味着人类的认识的最大可能性必须被称作是爱智慧而不是智慧，柏拉图明确地指出："善的理念"是"给予认识的对象以真理并给予认识的主体以认识能力的东西"[4]。

正如有论者所深刻指出的："从一定意义上说，人总是使自己处在两

---

〔1〕《泰阿德篇》185b，转引自伽达默尔：《伽达默尔论柏拉图》，第161页。

〔2〕伽达默尔：《伽达默尔论柏拉图》，第169页。

〔3〕对伽达默尔来说，"理念"多多少少更像是个假设，它们是用来检验与感官事物是否一致的主观性悬设。（R. R. Sulixan，*Political Hermeneutics*：*The Early Thinking of Hans-Georg Gadamer*，Pennsylvania State University Press，1989，p. 18）黄克剑先生也持相同的观点，在他看来，理念"是这类事物的某种极致状态，它为此类事物悬起一个可供鉴照而值得追摹的范型"。（黄克剑：《价值形而上学引论》，见《心蕴——一种对西方哲学的读解》，第369页）

〔4〕柏拉图：《国家篇》508E－509A，见北京大学哲学系编：《古希腊罗马哲学》，北京：商务印书馆，1961，第181页。转引自黄克剑：《柏拉图"理念论"辨正》，载《哲学研究》1995年第5期，第14页。

重世界中：一重是可感的或当下的，另一重是超越的或理想的。前者诚然是真实的，后者就其永远与前者相伴并永远是真实的人的一重处境而言也决不可斥之为虚妄。带着价值的‘好’的追求因而往往涵有不言而喻的目的性的理想，也许不无这样或那样的失错，但为价值的‘好’所发动的理想本身却总与人对自己生命意义的理解相协应。对人生意义的究极询问，把人引向比现实关切更深刻的关切，此即所谓终极眷注。被现实关切所关切的是可感的遭际或感性的真实，被终极眷注所眷注的则是超越感性真实的真实，或可强称之为‘虚灵的真实’。这两重真实配称于人的两重处境，它们不无张力地一元化于人的真实生命或具有真实生命的人。”〔1〕从“善的理念”出发，从人类灵魂的求善的本能来看，柏拉图所谓“可见世界”其实就是感性的真实的世界，而所谓“可知世界”则是虚灵的真实的世界。

概言之，柏拉图有着对虚灵之真实的祈向，而伽达默尔在与其生命的对话中，显然不无同情地体味到了这一点。从人的理性、灵魂到对话的善良意志，从人的自然倾向——爱智慧到人的自我理解，从语言作为精神到共同体的伦理，都表明了伽达默尔有着对“可知世界”认识和必可认识的确信。理论意味着爱智，实践意味着行动中的自我调整，它们乃是一个统一体。智慧总是要在行动中获得，实践作为自我调整意味着思想的一再超越自身，意味着经验的新维度的拓辟；同样的，行动总是在实践智慧（phronesis，practical wisdom）〔2〕下的行动，它不是价值中立之规则指导下的科学活动，而是有着价值抉择的智慧下的一再调整。

---

〔1〕黄克剑：《柏拉图“理念论”辨正》，载《哲学研究》1995年第5期，第17－18页。

〔2〕关于伽达默尔与亚里士多德“实践智慧”的关系，学者们已经就理解的应用性与实践哲学转向之间的关系作了相关论述（见彭启福：《理解之思：诠释学初论》，合肥：安徽人民出版社，2005，第107－123页；张能为：《理解的实践》，北京：人民出版社，2002，第136－144页），故本文在此不予重点论述。更为重要的原因在于，“实践智慧”不过是柏拉图通过对话辩证法业已揭示的阐释与发扬。（见伽达默尔：《科学时代的理性》，第106页；Gadamer，H. G. *The Idea of The Good in Platonic－Aristotelian Philosophy*，p. 61；Gadamer，H. G. *Plato's Dialectical Ethics*：*Phenomenological Interpretations Relating to the Philebus*，p. 2）

三　实践理性——理论与实践的同一

无论是柏拉图的对话辩证法，还是亚里士多德的“实践智慧”，伽达默尔都从中看出了一种实践理性，这种实践理性并不与理论理性相对立——在伽达默尔看来，正是这种实践与理论的对立或区分导致了现代社会工具理性对人的控制，相反，这种实践理性意味着理论与实践的同一，它就是理性本身。

对伽达默尔来说，理论与实践这两个概念并不是我们现在认为的那样，前者是运用逻辑程序加以论证形成的知识，而后者是对前者的运用。理论与实践在希腊人那里乃是统一的，对于亚里士多德来说，理论的生活只是相对于实践生活更高的生活方式。古代的理论并不是现代科学意义上的手段，而是目的本身，是人类存在的最高方式。[1]

理论一词来源于何处呢？伽达默尔说：“我们可以回忆一下宗教里的共享（Kommunion）概念，古希腊的Theoria（理论）概念就是依据于这一概念的。众所周知，Theoros（理论研究者）就是指节日代表团的参加者。节日代表团的参加者，除了同在于那里，不具有任何其他的本领和作用。”[2] 所以Theoros就是参加节日意义上的观赏者，他“通过同在而参与了庆典活动，并且由此赢得了他的神圣合法的称号，例如赢得了他的不可侵犯性”[3]。这样看来，最早的理论家（Theoros）指的是宗教庆典的观察家，这样的观察家尽管是观赏者，但却不是始终保留“自我”的观赏，而是一种参与，因此乃是一种介于游戏状态的委身。伽达默尔又说：“同样，希腊的形而上学还把Theoria和Nous（精神）的本质理解为与真实的存在物的纯粹的同在，并且在我们看来，能从事理论活动的能力是这样被定义的，即我们能在某个事物上忘掉我们自己的目的。但是Theoria（理论）并不首先被设想为主观性的一种行为，即设想为主体

[1]伽达默尔：《真理与方法》，第580页。
[2]伽达默尔：《真理与方法》，第161页。
[3]伽达默尔：《真理与方法》，第161页。

的一种自我规定，而是从它所观看的东西出发来设想的。Theoria 是实际的参与，它不是行动（tun），而是一种遭受（Psthos），即由观看而来的入迷状态。"[1] 确实，理论家是观赏者，是我们所谓的“中介者”、“转述者”，他会将他所观赏到的情况和所遭受的状态告诉别人，但他又不是一个将庆典对象化了的观赏者，即不是立足于自我的冷静的中介者。因此，理论家的转述必然也是类似于灵感式的表达，或者说乃是一种提示。

伽达默尔又说，在古希腊那里，理论其实就是哲学，或者说就是爱智。[2] 如此，哲学家就是理论家。这样的话，我们再来看苏格拉底、柏拉图的对话，那就有了别一种意趣。对话其实就是转述，这种转述不是按照严格的逻辑程序来推演的，而更多地是通过问答而达到一种提示，最终传达的就是我们上面所说的柏拉图提供的答案，这答案最终指向的乃是理念，乃是至善。

如果我们再注意上面所说的关于理论始源的“共享”（Kommunion）一词，我们就能更深地体会到理论对于塑造伦理共同体的功能。理论来源于“共享”和“参与”这一事实，说明理论具有实践哲学的意味，因为共享和参与是哲学家的生活方式，而这种方式之所以比实践生活更高，乃是因为理论家既自我又忘我。这就是说他能够真正参与到共同体当中又能够保持自己的个性。就此推广而言，理论就是公民的自我教育和互相教育，理论生活是一切共同体的目的。所以柏拉图才会在谈论理想国时讲到哲学王，那意思是说城邦由哲学家统治将会造就一种理论家的生活。理论就是哲学，这意味着理论对柏拉图而言就是理念论，就是善的祈向。

所以，伽达默尔认为理论的东西在希腊人那里其实是属于 kalon（美）的，是与善、道德、美具有相同意义的美好的事物。而理论的东西之所以是美好的，在于它是必需品之外的东西，它之所以值得选择不是出于实利的考虑，而是因为“它被认为仅根据其统驭一切的存在就能够

---

〔1〕伽达默尔：《真理与方法》，第 161 – 162 页。另参见伽达默尔：《科学时代的理性》，第 15 页。

〔2〕伽达默尔：《赞美理论》，第 21 页。

理解所有的共同事物，它还在如下方式中表现出特点，即在一种和所有其他物品的对立中，它不会因被分享而有所减少，因此它不像所有其他物品一样是斗争的对象，而实际上是通过参与才有所得。说到底，这就是理性这个概念的诞生：合意的东西在一种对全体人有说服力的方式中对全体展示得越多，有关的那些人越能发现他们处在此种共同的现实中；并且在这个范围内，人类在积极意义上具有自由，他们也就在那个共同的现实中有了真实的认同"[1]。如此说来，理论其实又是共同体的理念。

但是，伽达默尔看到："介入生活就是介入政治实践。但理论这个概念却告诉我们：越是把理论作为纯游戏、纯直观和纯旁观，就越是应该远远避开作为使用、利用等严肃的事物。要定义理论这个概念可以干脆说：理论就是实践的反义词。"[2] 然而，何以会如此呢？伽达默尔承认，对这个问题的追踪与他的整个研究工作——哲学诠释学——有着一种密切的亲缘关系。

伽达默尔认为，在人类文化发展和谋生的早期阶段，纯粹的求知欲只是一种罕见的例外情况，而且它常常需要有宗教的或其他的利益来作为自己辩护的理由。实际上，希腊人都是城邦的公民，他们出于经济或政治利益的考虑都要行使自己公民的权利和义务。因此，柏拉图提倡政治节制，鼓励人们献身于纯理论的生活，这无疑是对当时城邦的共同信念的一种挑战。这样，理论与实践——在当时意味着城邦政治——到底处于怎样的关系中呢？而柏拉图又是如何看待这种关系的呢？

柏拉图通过他那以思想为立国之本的理想国，尤其是著名的洞穴比喻，对政治和理论的关系问题作出了自己的回答。依据洞穴说，经验主义者和实用主义者都生活在一个阴影的世界中，这个阴影世界就是现实世界。只有通过思想的力量才能使他们从自己的枷锁中解放出来，从而走出洞穴，面对白昼和阳光。当然，他们要经过一段较长时间的眩晕，才能适应亮光，从而看到真实的世界——永恒的思想世界。当然他们必

[1]伽达默尔：《科学时代的理性》，第68页。
[2]伽达默尔：《赞美理论》，第21页。

须再回到洞穴中去，因为他们作为城邦的公民要去履行所必须完成的义务，他们重又发生眩晕，虽然只有一小会儿，但就不能像那些习惯于洞穴中黑暗的人那样能预见到事情的后果了。所以，洞穴中的人们认为，追求知识是无用的，甚或是有害的。柏拉图这样解释了从政治的角度看理论为何会有坏名声的原因。

但柏拉图同时也用哲学王的理想来解决这一矛盾。他用哲学王的悖论道出了一个永恒的真理：只有因统治他人职位的要求，知道更好的知识，并懂得如何求得这种知识的人，才能统治他人。这样，理论生活的理想也就同时具有了政治的意义。[1]

理论与政治统一的这一任务最终是由亚里士多德完成的，对伽达默尔来说，尽管亚里士多德同样赋予了理论生活以优先地位，但他这种赋予却不是对柏拉图在简单重复意义上的继承，“毋宁说，正是亚里士多德才第一次建立了同古老的、起源于宇宙学的理论相独立的询问善的实践——政治问题”[2]。

正如亚里士多德在《形而上学》开头所说的，“人类求知是出自本性”，知识是出自本性，是为了幸福，而并非仅仅是为了现世生活的需要。即使在仅仅对实际的后果具有重要意义的地方，亚里士多德也保留着知识的优先地位。而且，这种优先在哲学那里得到最完全的体现，因为哲学是从事物的起源去思考它不变的本质，即所谓原则。人最高的幸福就在于进到“纯理论”的境地。伽达默尔说，拉丁语中同理论等价的词就是沉思，理论生活的理想其实是沉思的生活。从沉思出发可以窥见理论的生活乃是纯粹的思想本身，它与外在的世界并不直接发生联系。与柏拉图一样，亚里士多德也看到了人类生活实践的特殊性。这种特殊性使人从其他与自然界紧紧相连的生物中提升出来，使人作为社会的动物去创造人类的关系、道德和秩序。而人之所以有这种特殊性，乃在于

---

〔1〕不过，伽达默尔认为，我们没必要再受柏拉图这种乌托邦的诱惑，这是因为尽管柏拉图赋予了理论以政治的意义，但这种赋予却没有给实践——善的实践以与理论生活同样的合法性地位，反而因为政治的原因给予了理论家某种目的论的实践生活。

〔2〕伽达默尔：《赞美理论》，第25页。

人是有理性的生物，有语言。从最根本来说，人是一种“理论的生物”。

所以，亚里士多德不仅在人的活动中发现了秩序观念以及政治和社会生活的基本形式，同时又给予了理论生活以优先的地位，从而进一步发展了实践哲学。伽达默尔提醒我们，这并不是说亚里士多德缺乏理论的一贯性，想以此说明每个人都能过一种脱离实践的沉思生活，而是说人只有出于生活的实践才能逐渐转向纯粹知识。因此，生活乃是理论与实践的统一。

然而，随着近代科学在充满艰辛的方法论之路上的逐渐形成，自然科学的世界观改变了理论生活的理想。首先，这种科学意味着线形的进步。科学变成了研究，所有的单个研究者只不过是众多研究者中的一员，他们的研究成果对科学都有所贡献，而他们之所以有所贡献乃在于“科学”不断超越自己而不断进步。其次，科学研究的方法论意味着理性自我的确信。

在现代科学中，理论的含义同希腊人用以接受世界秩序的观看和认识行为几乎完全无关。现代的理论是一种建设手段，人们通过它可以统一地概括经验并能够统治经验，人们是“构造”理论。这就意味着，一种理论总会被另一种理论所取代，它从一开始只要求有条件性的有效性，亦即并不要求前进着的经验改变观点。总之，现代科学使理论认识的兴趣让位给研究的逻辑，并表现出一种人类自我确信的姿态。这样一来就加剧了理论与实践之间的对峙。

自我确信意味着自我意识的优先权就是方法的特权，而方法的特权意味着相信一种持续不断的进步。这样，理论研究者的自由及其理论兴趣的自我感觉就受到这种世界观带来的实用主义的挤压，从而不得不捍卫自己。糟糕的是，理论者对理论的捍卫却是在实践的法庭上为自己辩护的，实践意义对理论进行最大限度的包围，科学进步的信仰进一步蔓延到社会文化领域了。

伽达默尔问，现代科学的范围真的包含一切，没有边界吗？有没有科学方法涵盖不了的领域呢？回答是有的，那就是人与人之间相互理解的问题。伽达默尔问：“如果说一切认识对象都必须在自我意识中找到最后的证据，并按此规定才能作为我们意识的对象，那么其他像我一样的人怎么可能成为一种对于我们的认识不仅是被给定的对象，而且是自为的对象、自己的自我意识的对象呢?"[1] 随着自我存在的被给定，似乎人与人之间不再能相互沟通、相互理解了。但我们的经验所告诉我们的却正好相反，恰恰在人与人之间存在着相互开放和信任，这种信任使我们不把他人看作他人、看作自我存在的世界，而是把他人看作是自我存在的提升、扩展和补充，或者说看作我的自我意识的转换。人类只有在这种相互理解中才能认识现实，从而形成一个真正的共同体。

因此，伽达默尔认为，人在生活中要学会同时考虑他人的立场并寻求对集体和共同体的理解。这一观点是从柏拉图在《理想国》中要求人们不要仅仅关注本身的利益，而要谋取共同的最佳者这一说法而来的;[2] 同样，亚里士多德也认为，人们之所以能够全身心地投入理论研究，是因为理论研究是以"实践知识"——即把理性引入人的行动和举止中的知识——为前提。实践才是理性展现其力量的地方。人在理性这一能力基础上形成的为政治科学服务的知识就是一种实践理性的实用科学，这种实践理性并非是达到预定目标的手段，它毋宁是一种"理智性"，人的一种准则，它使得人们能够把建立在共同标准中的道德和人类秩序不断地重新创造并保护下来。因此，实践理性在亚里士多德那里被纯粹地视为达到目标的准则——因为它认识到了共同性，并且预先思考了共同的最佳者，是构成充满意义生活的普遍性的具体化。

然而"实践知识"同样随着科学的思想从属于自然科学方法论这一结果而丧失了自身的真理性。从"实践"这一方面来看，现代科学的问题和研究方式乃是在对存在物统治的基础上而把自身称为实践的科学，这样，在对存在物的有意识统治的人那里，现代科学理论知识本身不是被当作目的，而是当作手段。可是，正如上文所指出的，古代意义上的理论则与之完全不同，理论的含义不仅仅意指观察现存秩序的活动，而

---

[1]伽达默尔:《赞美理论》，第 37 – 38 页。

[2]当然，柏拉图对理想城邦的讨论，主题关联的当然是"正义"。而在伽达默尔看来，正义就是个体与整体的完全统一，而这种观念其实与"理论"或"实践理性"的内涵乃是一致的。

且还意指超出它而加入到秩序整体之中去的整个活动。

因此，从实践这一方面来看，对“实践”的涵义也不能作狭隘的理解，它并不仅仅是科学理论的实践性运用。伽达默尔说：“‘实践’还有更多的意味。它是一个整体，其中包括了我们的实践事务，我们所有的活动和行为，我们人类全体在这一世界的自我调整……在这一意义上的‘实践’就是亚里士多德所创立的实践哲学的主题。”[1] 人类的实践显然是受理性引导的，而这一引导实践的理性就是实践智慧：“它只在具体的情境中证实自己，并总是置身于一个由信念、习惯和价值所构成的活生生的关系之中，即是说，在一个伦理（ethos）之中。”[2] 理解我们的情境，进而阐释它，这就是伦理学和实践理性的诠释学之维。在伽达默尔看来，这个对实践情境，对我们在其中如何去做的理解不是独白性的，而是具有对谈的特性，因为人总要生活在共同体之中。实践就是交互行动，人在行动中会自我调整、自我检验，并具有榜样的作用。

伽达默尔讲到，通过苏格拉底之口，柏拉图曾表明他不愿意把医生对食谱的权威作为对文化政策实施理智监督的范例，从而使文化受国家的检查；[3] 相反，他强调精神食粮的特殊性，以及它通过说话艺术传递的无与伦比性。通过谈话带来的确信是直接进入的，每一个听到和被它说服的人都已经在事先被它所吸引了，这就是说话的力量，它渗入到社会生活的一切领域。对精神食粮是否能促进健康作出判断，这是理性，也就是对话足以做到的。对话表明理性的需要在于通过认识和洞见而达到自我的同一。同样，对话也表明，理性就在于意识到自己的界限；它是一种洞见，因此，理性也在于批判地对待自身，即对自身和自己的条件性进行进一步的自我解释。

总的说来，伽达默尔反对的是被工具意义所减缩了的理性概念，是衰退为技术的各种主客观形式的实践知识，他的哲学所承担的其实是一

---

〔1〕伽达默尔、杜特：《诠释学　美学　实践哲学——伽达默尔与杜特对谈录》，北京：商务印书馆，2005，第 67－68 页。

〔2〕伽达默尔、杜特：《诠释学　美学　实践哲学——伽达默尔与杜特对谈录》，第 68 页。

〔3〕见柏拉图：《高尔吉亚篇》467D－481B，《柏拉图全集》第 1 卷，第 344－367 页。

种社会批判。针对实践的技术化，伽达默尔说："我们的实践乃在于在共同的深思熟虑的抉择中确定共同的目标，在实践性反思中将我们在当前情境中当做什么具体化。这就是社会理性。"[1] 实践其实也意味着理性的批判，正如伽达默尔在论述柏拉图的《理想国》时认为的，乌托邦对于我们的实践而言是一个绝对必要的提示。伽达默尔说："谁如果不懂得怎样恰当地谈论乌托邦，谁就根本不可能恰当地谈论柏拉图。《理想国》和《法律篇》就是乌托邦……在不允许言论自由的地方，人们只能以此类隐曲的方式进行批判。"[2] 乌托邦的首要功能恰在于：对当下进行批判，而不是设计出行动的方案，柏拉图总是一再地在对话中展示他的批判理性。可以看出，哲学诠释学的实践转向之所以一再地与对话辩证法发生联系，乃是因为对话辩证法其实就是实践理性的体现[3]。

结语　哲学诠释学与价值形而上学之间的致思张力

对伽达默尔来说，对话辩证法就是引导谈话的艺术，就是像提问者一样通过进一步的提问而发现他人意见不恰当的"模仿"。从这个意义上讲，辩证法意味着一种澄清，它使对事物的正确观照显现出来。而语言

---

〔1〕伽达默尔、杜特：《诠释学　美学　实践哲学——伽达默尔与杜特对谈录》，第 76 页。

〔2〕伽达默尔、杜特：《诠释学　美学　实践哲学——伽达默尔与杜特对谈录》，第 78 页。

〔3〕必须指出，有论者认为伽达默尔谈到的实践理性也就是社会理性，而社会理性的主要内容和追求的目标就是团结、一致和友谊，这三者不可分，它们构成了实践哲学主张最主要的部分。不过，考虑到本文只是就哲学诠释学理论建构的实践哲学向度——尤其是对话与实践理性之间的关系——作一梳理，因此对伽达默尔后期的有关"友谊"、"团结"的思想就未能进一步涉及。当然，对于何为"友谊"，我们在上文有关"柏拉图的理念论及辩证法"的论述中已有所涉及，细心的读者会发现它与柏拉图对话辩证法、黑格尔的承认辩证法乃是紧密关联的，而从"团结"（solidarity）一词来看，其与"友谊"的内涵当是一致的，它们都与共同体（community）的善有关。（参见伽达默尔：《赞美理论》，第 134 – 137 页；伽达默尔：《科学时代的理性》，第 28 页；伽达默尔：《友谊与团结》，载成中英主编：《本体与诠释：中西比较》（第三辑），第 280、286 页；伽达默尔：《柏拉图〈吕雪斯篇〉中的言语与行为》，见《伽达默尔论柏拉图》，第 1 – 23 页；何卫平：《解释学与伦理学：关于伽达默尔实践哲学的核心》，载《哲学研究》2000 年第 12 期，第 60 – 67 页）帕尔默认为从相互隶属（Zueinandergehören）这一点出发就可以找到《真理与方法》中"团结"的取向，从本文相关的论述来看，论者认为这一观点是中肯的。（R. E. 帕尔默：《伽达默尔哲学的七个关键术语》，江涛译，潘德荣校，载《安徽师范大学学报》2002 年第 5 期，第 507 页）

本身就包含着这种思辨的因素，因为语言作为理解的事件，是隶属于所指的意义的，对话就是把被说出的话同未被说出的无限性连结在意义的统一体之中而使之被人理解。从语言的思辨存在方式来看，语言具有普遍的本体论意义，它使自我和世界在其原始的归属性中得以表现。这种原始的归属性就是语言的游戏性〔1〕。正如艺术游戏就在于表明自我表现乃是艺术品的真实存在，语言也是自身表现在所说出的内容中，作为对话，它把游戏者纳入自身之中并使自己成为游戏的真正主体。语言游戏在“向我们诉说、建议、沉默、询问，并在回答中使自身得到完成”〔2〕。理解就是这样的一种对话游戏。艺术游戏与语言游戏在对话辩证法中有机地关联在一起。

也正是通过对话，伽达默尔实现了哲学诠释学向实践哲学的延伸。伽达默尔承续柏拉图的对话辩证法，同时将亚里士多德的“实践智慧”予以转化，从而力图贯彻一种实践的理想。对伽达默尔来说，理解我们的情境，进而阐释它，这是伦理学和实践理性的诠释学之维。而对于我们的实践情境，对于在其中如何去做的理解不是独白性的，而是具有对话的特性，因为人是生活在共同体之中的。

可见，哲学诠释学的逻辑建构是以对话辩证法来联结海德格尔前后期的工作，真理最终在对话这里落脚。伽达默尔与海德格尔的最终分离点在柏拉图这里。伽达默尔认为，不能仅仅把柏拉图看作是形而上学的先驱者，他的哲学思想包含形而上学之外的因素。这种因素就是：“形而

---

〔1〕伽达默尔正是从“游戏”这一概念出发对真理作出规定的：我们在理解中所遇到的事物如何使其重点发挥出来，这本身就是一种语言过程，或者说是围绕着所意指内容而用语词进行的一场游戏。理解是一种游戏，“谁进行理解，谁就总是已经进入了一种事件，通过这种事件有意义的东西表现了出来。所以这既很好地证明了诠释学现象所使用的游戏概念恰如美的经验所用的游戏概念一样”。（伽达默尔：《真理与方法》，第625页）要而言之，藉着柏拉图的对话辩证法，伽达默尔坚持把语言看作是一场游戏，因为语言在语词上的表现其实是一种自我表现，而语词的表现总是以对话的形式出现的。语言其实就是对话，就是游戏。正如柏拉图的对话，每个人只有作为参与者积极地投身其中，对话才能完成；同样，游戏者在游戏里是一种“遭受”，游戏者只有全身心地投入其中，游戏旨在表现自己的目的才能完成。不管怎样，伽达默尔藉着游戏，把传统（流传物、文本）、语言这两个哲学诠释学的重要概念最终关联在一起了，从而表明理解作为游戏，总是意味着问与答的发生。

〔2〕伽达默尔：《真理与方法》，第625页。

上学的语言总是并永远是一种对话，即使这种对话已经经历了数百年数千年之久的历史距离。正是出于这种理由，所以哲学本文并不是真正的本文或作品，而是进行了诸多时代的一场谈话的记录。”〔1〕对话是语言的本质结构，语言意味着对话，在对话中根本没有形而上学和非形而上学语言的区别。诠释学的任务在于同柏拉图一起进行哲学思维，而不是去批判柏拉图。

从这里出发，本文进一步探询，对话辩证法作为哲学诠释学的重心，它意味着怎样的一种哲学观念。对于伽达默尔来说，这意味着对海德格尔的超越。他指出：“哲学诠释学超越了或是先验的反思或是经验—实用的知识这种二难选择。我最终懂得将其看作诠释学之基本经验的东西，正是对普遍的东西的具体化这一伟大的主题。”〔2〕在他看来，我们对语言的使用，渗透了我们对世界的全部经验。语言本身在不断地实现着对普遍东西的具体化。对话与辩证法的统一从语言的角度来讲，就是代表了普遍的具体化。

何为普遍的具体化？对于伽达默尔来说，对话辩证法不仅仅是达成一致意见的艺术，而且还是审视对话双方灵魂的艺术，并且，由于思想总是超出自身，它也还趋向某种超越之维——“善”。伽达默尔认为，柏拉图的理念说困难的地方在于“分有”上，它涉及的是理念与现象、理念之间的关系。而这种困难的解决则在于“美”。“美”表现在对“善”的追求之中，“美”相对于“善”的突出之处在于它是由自身得到表现，是在自己的存在中直接呈现出来的。这样，“美”就能够在理念和现象之间起到中介的作用。对于伽达默尔来说，在可理解领域中，语词也同样具有这样一种呈现。艺术的游戏和语言的对话游戏都表现了这一点。在游戏当中，游戏本身是主体，游戏者只有通过游戏的表现才能达到进一步的自我理解，柏拉图的对话辩证法表明了这一点。

如此看来，哲学诠释学寻求的是一种人和世界之间的新的关系，它

---

〔1〕伽达默尔：《真理与方法》，第642页。
〔2〕伽达默尔：《科学时代的理性》，第43页。

对人类的知识进行了重新审视并寻求其界限。在对理解进行研究的过程中，哲学诠释学逐渐发现理解构成了人类此在生存的方式，从而将其上升为一种本体论的存在方式，诠释学在此意味上属于哲学。所以，伽达默尔指出，古希腊的名言“认识你自己”对我们来说仍然是适用的，因为它意味着：“要知道你不是神，而是人。”真正的自我认识，并不是认识的完全透明性，而是洞见到我们不能不承认横在有限之躯面前的界限。从实践哲学的角度看，道德的知识也不是任何客观知识，求知者并不只是立于他所观察的事实的对面，而是直接被他所认识的东西所影响。道德知识就是某种他必须去做的东西。德性不是逻各斯，不是普遍有效的认识，而是规定道德行为的见识，它是由对话而来的“实践智慧”。

对伽达默尔来说，对话辩证法是教导我们认识自己无知的艺术，在对话中我们逐渐明白自己认识的界限，认识到自己在对话中通向的乃是一种更高的真理追求。正如柏拉图通过《蒂迈欧篇》告诉我们的，我们具有理性，所以，我们能在灵魂的运动中认识灵魂，认识善。哲学和人类求知的欲望其实是人的自然潜能。

在伽达默尔看来，柏拉图的灵魂“混合”说蕴涵着理念数论，即“一”与“不定之二”的辩证关系。“一”的概念与“善”的概念是紧密联系在一起的，在《理想国》第四卷中，柏拉图证明了德性的所有概念在本质上都隐含着同一个东西，即知识。这种知识是“一”——善的知识。与此相应的是，灵魂的真实本性是多中之一，和谐、一致等表述都指向这一方向。从“不定之二”出发，我们发现任何界定、任何把我们的经验局限于一定范围的逻各斯总是依靠某种背景，而这种背景又总是处于未定的状态之中。数的系列可无限延伸，它超出了任何可以标示出来的特殊总和。所以，从人类灵魂求善的本能来看，它则意味着人类的认识的最终可能性乃在于爱智慧而不是智慧。从“善的理念”出发，从人类灵魂的求善的本能来看，柏拉图所谓“可见世界”其实就是感性的真实的世界，而所谓“可知世界”则是虚灵之真实的世界，它们不无张力地一体化于人的真实生命或具有真实生命的人。

概言之，柏拉图有着对虚灵之真实的追慕，伽达默尔在与其生命的对话中，则不无同情地体味到这一慧觉。从人的理性、灵魂到对话的善良意志，从人的自然倾向（爱智慧）到人的自我理解，从语言的精神性到共同体的伦理，这些都表明伽达默尔有着对“可知世界”认识和必可认识的确信。理论意味着爱智，实践意味着行动中的自我调整，它们乃是一个统一体。智慧总是要在行动中获得，自我调整表明思想一再地超越自身而获取经验的新维度；同样地，行动总是实践智慧下的行动，它不是运用规则来指导行动的科学活动，它乃是智慧引导下的一再调整。

从实践哲学的角度讲，对虚灵之真实的追慕其实就是实践理性的体现。对于伽达默尔来说，人并非受本能驱使，而是有理性地过自己的生活，这是人的本质，而从本质中得出的基本美德就是引导人投入“实践”的理性。柏拉图对话中所运用的概念性陈述是与这些陈述由之产生的对话现实相关联的，在这些对话中存在着做和说、激情和逻各斯等柏拉图认为并非只用语词言说的“多立克式的和谐”。“多立克式的和谐”意味着言行合一，它是一种实践理性的体现。苏格拉底与人对话所涉及的都是特殊的知识，而不是跟他交谈各行各业的人的专业知识。“这种特殊的知识指的就是‘转向理念’，在自认为有知识的人的一切敞露之后就存在着这种向理念的转向。”[1] 柏拉图并没有提供一种人们能向他学习的理论，亦即“理念论”。接受“理念”不是接受一种“理论”，而是标明一种超越的指向。与海德格尔认为理念论是所谓存在遗忘的开端相反，理念论作为辩证法的基础，意味着对一切在者此岸的超越，乃是一种超出“肤浅地”接受理念的步伐，其最后结果乃是对形而上学地把存在解释为“在者的存在”这一做法的反动。

如此看来，黄克剑先生关于“价值形而上学”的慧思对我们如何理解哲学诠释学当不无启示。按照黄先生的论述，“价值形而上学”辐辏于人的自本自根的自由，它以人的“受动”而“能动”的“对象化”活动为致思之入路，自始顾念于人的生命存在所具有的两个相互不可替代的维度——“对待性向度”与“非对待性向度”，以及在这两个维度上确证

---

〔1〕伽达默尔：《真理与方法》，第798页。

的人生的两重终极眷注——“命运”与“境界”。在“价值形而上学”看来，在“对待性”向度上，人与其他现实性的生命存在一样，都是一种对象性的存在物，有着自己的生存条件或生存环境，人必须在一定的自然、社会环境中才能生存，才能获得现实的存在。但是，与其他有生命的存在物不同，人是唯一能自觉意识到这种存在、并以“对象化”的方式获得自己的生命现实的存在物。人自己使自己生活在以“对象化”方式创设的境域中，或者说人的生命存在所以如此而非如彼是由于人自己。在自己是自己的存在方式的理由的意义上，人当然可以说是“自由”而非“他由”的，不过“自由”的内涵并不只是不牵累于他物，它的一个理所必致的诠解也还在于自由者的功过自承或休咎自取。“如果说有待向度上的人的自由挣开了他律的自然命运的束缚，使人得以自己左右自己的命运，那末这无待向度上的人的自由带给人的则是一个真正的内在世界，只是在这里才产生了所谓‘境界’问题。”[1]

显然，“境界”的自觉并不意味着人们的“命运”关切从此隐去，它只在于标示被“境界”所穿透的“命运”不再是“他在的命运”，而是被“境界”意识提升为内蕴着人的自由选择并由其自我担待的“自在的命运”。诚如黄克剑先生指出的：“‘命运’的观念诚然也可以在‘自由’的前提下作一种保留，但这命运已不再是人之外的力量的一种不容抗拒的强加，而是人因其‘自由’而自己为自己抉择可能的前景。他在的命运使人无从自作主宰，却也免去了人所可能担负的责任；自在的‘命运’——由可能的选择而自己为自己安排的‘命运’——是自由的允诺，但由自由带出的则是人的自我担待的沉重。”[2]

要而言之，所谓“价值形而上学”就在于将人最切要的眷注引向由人生意义或价值的抉择所开示的人生境界。可以看出，伽达默尔透过对话辩证法所标识的接受“理念”与“价值形而上学”所期许的至高的虚灵“境界”相似，正如“境界”所标示的趣之弥远、仰之弥高的虚灵之

---

〔1〕黄克剑：《黄克剑自选集》，桂林：广西师范大学出版社，1998，第373页。
〔2〕黄克剑：《黄克剑自选集》，第372－373页。

真际，“理念”也以其理想的精神性状烛引着人的自律提升，并在终极处显示出人的自由和理性。当伽达默尔认为“在自认为有知识的人的一切敞露之后就存在着这种向理念的转向”时，就已隐约透露了他对人的“非对待性向度”的关切。对他来说，人之所以为人，之所以有理性，乃是因为人能够在有限中趋于无底止的自我认识、自我提升。

同样，从“价值形而上学”的角度来看，柏拉图所谓一类事物的“理念”其实就是这类事物的某种极致状态，它为此类事物“悬起一个可供鉴照而值得追摹的范型”。“而每一类事物的理念所以成其为理念，则是因着赋予了这些理念以‘善’——意蕴宽泛得多的‘好’——的价值内涵的‘善的理念’。”显然，正是在柏拉图的“善”和“善的理念”那里，“形上的终极眷注从‘命运’之维向‘境界’之维的转向”才臻于明朗。[1]

可见，伽达默尔之所以与“非对待性”的心灵祈向颇有精神共缘之处，乃是因着“对话辩证法”与“价值形而上学”都从柏拉图那里汲取了运思的智慧。一个不可忽略的事实是，“价值形而上学”受柏拉图启示所眷注的主要在于人文价值取向的厘定，相较于“价值形而上学”，“对话辩证法”则在科学方法主观主义的界限处走向了以语言交往与对话为津梁的“实践理性”。因此，尽管“境界”自觉并未成为伽达默尔的运思重心，但这并不意味着他对“境界”无所察识。作为一位毕生对其所处的人类文化危机境遇有着深切体察与批判的哲人，他的哲学无疑具有穿透“命运”的暖色。伽达默尔在《黑格尔的遗产》一文中曾说：“像我在《真理与方法》一书中那样强调这一点（一切理解和协调意见活动的对话结构），在一个信仰科学的时代，在一个铲平一切的工业技术摧毁了所有曾经繁荣兴旺过的事物的时代，也许听起来像是盲目乐观主义。但事实上，在这种乐观主义背后，有着一种对‘知识分子’，尤其是对哲学在人类事务中所起作用的深沉的悲观主义。这并不是说我要否认哲学的

---

〔1〕见黄克剑：《黄克剑自选集》，第369页。

无所不在。我甚至相信这一事实：没有人会在某时和某处不‘思想’。”[1]

有“思想”意味着有追求，伽达默尔从柏拉图和亚里士多德那里看到，理论生活乃是人生最美好的理想，尽管这样的“理论”植根于那受条件制约的现实生活实践，因而由之培壅。理论来源于“共享”和“参与”这一事实说明理论生活之所以比实践生活更高，乃是因为理论在于人的自我教育和相互教育，理论生活是一切共同体瞻之在前的目的。柏拉图在《理想国》里所讲的由哲学家主宰的城邦其实就是以理论生活为最高生活的乌托邦。

理论就是哲学，意味着理论就是柏拉图的理念论，就是纯粹知识。理论的东西在希腊人那里是与善、美等向往相通的美好的事物，而它之所以是美好的，乃在于它是必需品领域之外的东西，它不牵累于利益的纷争，“不会因被分享而有所减少”，而且“通过参与才有所得”。说到底，理论就是理性。

理性就是此在在对话辩证法中首先体验到一种“无知”感。在伽达默尔看来，“无知”并不是知性意味上的愚昧无知，而是“在无知中去知”，一言以蔽之，“无知”意味着由自知其无知，人遂呈现其不以利欲为念而唯求灵魂更大程度的改善的“善良意志”。这“善良意志”带着浑化于人的“非对待性向度”之上的“尊重”与“承认”的温润，向人们启示着与惴惴于“命运”感迥异其趣的“境界”之消息。正如伽达默尔援引亚里士多德《形而上学》的话所说，辩证法与诡辩之间的差别仅在于对生活方式的选择。因此，一个人要去认识真实事物本身，除了在理智上能进行理解和记忆外，还必须对事物拥有一种“亲近感”——这种亲近感则在于苏格拉底通过对话辩证法提示给人们的所谓“美本身”、“善本身”和“大本身”。伽达默尔通过苏格拉底找到了一个描绘这种需要和满足而其内涵充满张力的名词，这就是希腊词 Oikeion，即“共属一家的”。真正认识到理念、“善”的理念的人会明白，理念有着共属一家

---

〔1〕伽达默尔：《科学时代的理性》，第53页。

的性质；真正有着对价值的形而上追求的人会明白，对“善”的追求，或者说心灵境界的自我提撕乃是他人无法予夺的，是与自我的生命存在共属一体的。

可见，与“境界”的自觉相应，哲学诠释学有着这样的基本关怀：人类的心智如何能够在不同层面（与传统、他人的对话）上自我启迪和自我提升。由此看，理解的历史性无非表明，人类生活的内容，于一定程度上固然有先前条件的规限，但人类生活之所以不至于成为千篇一律的机械运作，或者说人不至于像蝼蚁那样苟活于世，乃是因为人类能够一再地突破这些先前条件，拓开一个意义的世界。这是伽达默尔的信念：“人一起分享的信念、价值、习惯的事实性，是构成我们生活制度的东西的总概念”，它或许可以叫作“理性”——人类自己建立起来的世界所具有的意义。正是有着这一个意义世界，生活才有对话、检讨、计划和希望的可能。对话辩证法深刻地表明，人类若要摆脱工具理性的拘牵，使生存不至于失去其本当有的意义，那就必须使自己与自己的灵魂对话、使自己与他人对话，从而编织出一个自己心仪、众人确认的意义共享的世界。

可以说，那涵括了实践理性之全部的“对话辩证法”同样建基于人类意义共享这一文化责任主义的立场，它把虚灵不滞的“理念”诉诸个体生存当下的人生践履，并以运命自承的责任意识从根底处厘定了人的本明而自律的自由。在伽达默尔那里，纽结于理解的自由是从人的有限存在和无限可能性这一张力说起的。对伽达默尔来说，人成为一个人，乃是有理性的，完全是自己选择了自己，因而理应自我担待，功过自承。可见，“对话辩证法”与“价值形而上学”在内在精神上是相通的，它们都赋有鲜明的“超越”关切。

概言之，对人成其为人而言，问题的关键并不在于人是有待的，而在于人能反省到自身的有待性并持一种相应的态度。对伽达默尔来说，作为生活于历史与世界之中的个体，人是有限的，人的有限性即意指人的有待性（有条件性）。所谓“处境”，即指谓人主动介入其中而创造的属己的历史与世界，这里，重要的是，人在其“处境”中怎样才不至于拘囿于对象化的认知与自然规律下的“他在的命运”。“‘至善’是一种生命体验，也是生命在有待的实践中对自我健全、充实而更臻丰满的渴望的体验。它根于人的朴真而切实的愿望，并以其虚灵之光把人从当下境遇中引向理想。它的魅力不在诗与梦的造境中，而在人的悲情充盈的践履处。”〔1〕从“诠释学处境”来看，尽管“此在”在“处境”之中的选择只意味着一种“相对自由”，但这毕竟在提醒人们，即便如此，人在有待的向度上仍可能是自由而非他由的；而且，尽管人的有目的行动常会带来某些“效果历史”，但每一种效果其实都不在人的自由选择之外。正因为人自由地创发人自己的“处境”（效果历史），因而，这看似被给予的“他在的命运”事实上仍是人的“自在的命运”，当然，人也必须无可推诿地直面这“自在的命运”，并敢于对自己的行动所带来的一切后果承担责任。这里，藉着对“效果历史”的喻说，伽达默尔突破了主体与客体截然二分的思维模式，提醒人们不能把自身引生的“传统”简化为一种诉诸认知的客观对象。

对于我们来说，哲学诠释学作为有价值的学说不在于它提供了一些过去的思想片断或史实，而在于它本身就是人类为了面对当时的挑战而对自己的构成条件所作的反省与回应。对伽达默尔来说，这种挑战就是科学时代的理性工具化问题，正如我们在关于“理论与实践”的论述中所看到的那样，在现时代，“理论”必须凭借“实践”的检验来合理化和正当化。“对实践没用”意味着对理论的责难，而“对实践有用”则意味着对理论的称许。理论也好，实践也好，总是着眼于某种过分功利化了的“目的”，这就是说，它们都被从“工具”的角度来加以把握了。

在伽达默尔看来，“理论”的本质是“与真实的存在物的纯粹的同在”，或者是“参与”，理论就是“一种介于游戏状态的委身”，它并不是主观性的行为，其着眼处乃在于从主体所观看的事物。可以看出，这种“理性”概念是与被批判为“逻辑中心主义”的“逻各斯”概念完全不同的东西。正如我们观看艺术作品，被它吸引的时候，艺术作品就变

---

〔1〕黄克剑：《心蕴——一种对西方哲学的读解》，第388页。

成“绽出自己的存在”，而我们作为参与者也会由此而扩展自身，这就是“超越”。概言之，对伽达默尔来说，我们是隶属于传统、隶属于语言的；因此，透过语言，我们应开放自身，倾听事情本身说话、倾听别人说话，并与之对话，这样，“真理事件”才会自行发生。

可见，对伽达默尔来说，“对话辩证法”所致力的乃是一种关联着人的生命的辩证法，它的最终落脚点或许还在命运上。对伽达默尔来说，人在历史之中所包含的“生命之谜”乃是由“民族”、“国家”、“社会”——径直说乃是语言——构成的“传统”之深层背景所造成的。伽达默尔深深懂得人类生命的这种深层背景所蕴涵的暗淡，他所谓“历史”背后的理性其实是意指这种超越主观意识的领域——他说：“柏拉图的对话集对此有一种表述——思维把人们引向太一、引向存在、引向‘善’，而这些东西就表现在灵魂、国家宪法和世界构造的秩序之中。”[1]

（作者单位：华侨大学文学院）

---

〔1〕伽达默尔：《真理与方法》，第798页。

考释

邓宝剑

《兰亭序》作者新议

内容提要：本文简要回顾并检讨了清以来对《兰亭序》作者问题的讨论，并从东晋书法之时代趣尚与个人创作风致的张力入手，对此问题提出了一种异于前人的看法。

艺术史中的时代趣尚和个人创作风致总是处于这样的张力之下：个人无法脱离自身所处的时代，因而无论何种风格的创作总有某种时代气息涵于其中；杰出的作者以其卓越的艺术探索对时代艺术格局形成某种突破，从而进一步影响时代风气。在时代与个人的张力下审视《兰亭序》作者问题，《兰亭序》的书风恰恰处于某种边界位置上。如果径直肯定作者为王羲之，那么王羲之相对于时代风气的超前性似乎有些不可思议；如果径直否定作者为王羲之，那么又不得不面对《兰亭序》和王羲之诸帖的深刻共通性。正因如此，《兰亭序》作者问题成为一个令人困扰的难题。

如果《兰亭序》真的并非王羲之的作品，那么就存在另一种可能：王羲之当年所写的序文正是《世说新语》注所引《临河序》，而王献之在《临河序》的基础上发挥文采，补充了大量的文字，其手稿流传至后世，便是李世民所获的那本《兰亭序》。本文从王献之时代的书风、王献之的书法以及王献之的个性三个方面论证了这种可能性。

关键词：兰亭序　王羲之　王献之　智永　时代趣尚

永和九年暮春，王羲之与亲朋好友在兰亭雅集，并为众人所作诗集写了一篇序言。王羲之作《兰亭集序》一事在《世说新语》中有明确的记载。又据唐人刘𫗧《隋唐嘉话》和何延之《兰亭记》记载，《兰亭序》帖被李世民所获，太宗离世之后便随葬昭陵。流传于世的诸种《兰亭序》版本，就是李世民所获《兰亭序》的摹本、临本、刻本，最著名的有“神龙本”、传褚摹本、传虞临本以及定武石刻本等。

对《兰亭序》的考辨由来已久，然而诸多论说均出于不同的问题意识。清以前的学者大抵并不怀疑李世民所获《兰亭序》为王羲之所书真迹，也相信《兰亭序》诸复制本可以基本上展现原作的面貌，他们着力考察的是《兰亭序》各临本、摹本、刻本的特点、流传、摹写者等。这种考察一直贯穿至今。但在清代，另有问题浮出水面：《兰亭序》的真面目究竟如何，李世民所获《兰亭序》（即传世诸本的底本）真的是王羲之所书吗？而这便是本文所要探讨的《兰亭序》作者问题。

关于《兰亭序》作者问题，最热烈的讨论是20世纪六七十年代的“兰亭论辩”，这场讨论对《兰亭序》作者问题的深入考察功不可没。时至今日，清人对《兰亭序》的考论以及“兰亭论辩”本身皆成为学术考察的对象。《兰亭序》作者问题涉及的枝叶虽多，但其主干清晰可辨，而且其中的脉络相贯有绪。对于清代的诸多论说，当代学者的考索之功显而易见，但其中的理路还有待进一步清理。厘清了清人的诸种态度、方法，当代“兰亭论辩”对此问题的推进也就愈发清楚了。本文拟首先对《兰亭序》作者问题的讨论作一简要的回顾与检讨，然后由东晋书法的时代风气与个人创作之间的张力入手对此问题提出别一种看法。

一　《兰亭序》作者问题的回顾与检讨

1. 清人对《兰亭序》的质疑

（1）八大山人

《世说新语·企羡篇》记载：“王右军得人以《兰亭集序》方《金谷诗序》，又以己敌石崇，甚有欣色。”南朝刘竣注则引用了题为《临河序》的一段文字，这段文字与世传《兰亭序》前一部分大体重合，但篇幅短小，与《兰亭序》颇为不同。八大山人（朱耷，1626－1705）临《临河序》有多本，其文辞与《世说新语注》所引《临河序》大同小异[1]，与世传《兰亭序》长短悬殊，迥然不同。如其中一件作品的正文与跋文为：

[1] 八大山人临本中有几处文字与《世说新语》注引《临河序》略有不同，启功对两者作过比较：“如‘此地有崇山峻领’，八大山人写本作‘此地迺峻领崇山’，又‘惠风和畅’作‘惠风何畅’，‘信可乐也’作‘洵可乐也’。”见启功：《〈兰亭〉的迷信应该破除》，见《兰亭论辩》上编，北京：文物出版社，1977，第71页。

永和九年，暮春，会于会稽山阴之兰亭，修禊事也。群贤毕至，少长咸集，此地迺峻领峦山，茂林修竹，更清流激湍，暎带左右，引以为流觞曲水，列坐其次，是日也，天朗气清，惠风何畅，娱目骋怀，洵可乐也。虽无丝竹管弦之盛，一觞一詠，亦足以畅叙幽情已。故列序时人，录其所述。

此为王逸少《临河集叙》，近世所传定武本凡三百廿五字，《临河序》止得百字。更碑室一本，校山人所临字大。子昂北道那得此耶？八大山人记。[1]

除文句之外，值得注意的是，八大山人临本中几处文字的写法与《兰亭序》墨迹有异，如《兰亭序》中“崇山峻岭”的“崇”，八大山人临本作“峦”；“映带左右”的“映”，八大山人临本作“暎”。异体字的使用对文辞意义毫无影响，而对于书法艺术以及书法作品的考辨而言，这种情况便不能忽略。既然八大山人多个临本在这两个字的写法上保持一致，那么可以推想其所见刻本中的“崇”、“映”二字便极有可能分别写作“峦”、“暎”。[2]

八大山人所见刻本今已不见，其面貌如何不得而知。凭其与《兰亭序》文辞不同、字亦有异这两点，他便有理由认定自己获见了一个珍贵的刻本，更何况其中的文辞与《世说新语》注所引基本相符而颇有来历呢。八大山人的跋语虽未明确宣称定武诸本为伪，然而在“子昂北道那得此耶”的嘲讽中，毕竟透露出对世传《兰亭序》的不信任。

朱耷为明宗室后裔，身临家国倾覆之痛，与赵孟頫境遇相似。朱耷

---

[1]八大山人临《临河序》及跋文，见《兰亭论辩》上编，第75页。

[2]白谦慎曾从明末清初书家们对“临”字的非常宽泛的用法出发，怀疑八大山人只是抄写了《世说新语》中的《临河序》，并声称自己“临”了《临河序》；而“更碑室一本”云云，则是八大山人的一个假托的游戏。（见白谦慎：《从八大山人临〈兰亭序〉论明末清初书法中的临书观念》，载华人德、白谦慎主编：《兰亭论集》，苏州：苏州大学出版社，2000，第462－472页）此说颇有启发性，不过，我们尚无足够的证据否定八大山人临写某个《临河序》刻本的可能性。况且，如果八大山人真的只是抄写《临河序》，很难解释他为何在诸本中不约而同地使用了“峦”和“暎”这样的写法。另外，他伪称“碑室一本”的动机又何在呢？

决然出家避世，自然鄙夷赵氏之效忠异族，“子昂北道”云云正是讽刺其北上为官。与朱耷同样遭受江山变故的傅山（1607－1684）曾说：“予极不喜赵子昂，薄其人，遂恶其书。”（《霜红龛杂记·字训》）朱耷对赵孟頫所推重的定武本《兰亭序》产生质疑，或许也受到了道德好恶的影响。

（2）赵魏与阮元

与八大山人怀疑《兰亭序》的理由不同，清人赵魏（1746－1825）与阮元（1764－1849）质疑《兰亭序》另有根据。

赵魏云：

> 南北朝至初唐，碑刻之存于世者往往有隶书遗意。至开元以后始纯乎今体。右军虽变隶书，不应古法尽亡。今行世诸刻，若非唐人临本，则传摹失真也。（汪中《定武兰亭跋》引）

赵魏认为南北朝至初唐的碑刻皆有隶书遗意，唐开元之后才隶意尽消，从而断定王羲之的字亦当存有古意，世传《兰亭序》诸刻本与王羲之书法的原貌相去甚远。

阮元则发现晋代砖文的字样同《兰亭序》以及刻帖中的晋人书法差别极大，于是发出疑问：

> ……王著所摹晋帖，余旧守“无征不从”之例，而心折于晋宋之砖，为其下真迹一等，古人不我欺也。试审此册内永和三、六、七、八、九、十年各砖隶体，乃造坯世俗工人所写。何古雅若此。且“永和九年”反文例字，尤为奇古。永和六年王氏墓，当时羲之之族。何与《兰亭》绝不相类耶？……（阮元《揅经室续集》卷三《毗陵吕氏古砖文字拓本跋》）

若无验证则不信从（“无征不从”），是阮元标举的治学原则。在阮元看来，晋宋砖文为当时人所书刻，不会欺人耳目，可谓“下真迹一等”。既然砖文与《兰亭》诸帖“绝不相类”，那么其中的原委又是如何呢？

阮元表达过这样的看法，民间碑刻体与二王体在东晋是并行不悖的。他说："且以南朝敕禁刻碑之事，是以碑碣绝少，惟帖是尚。字全变为真、行、草书，无复隶古遗意……阁帖晋人尺牍，非释文不识，苟非世族相习成风，当时启事，彼此何以能识？东晋民间墓甎，多出陶匠之手，而字迹尚与篆、隶相近，与《兰亭》殊殊，非持风流者所能变也。"（《北碑南帖论》）又在《晋永和泰元甎字拓本跋》中说："此甎新出于湖州古冢中，近在《兰亭》前后十数年。此种字体，乃东晋时民间通用之体。墓人为圹，匠人写坯，尚皆如此。可见尔时民间尚有篆、隶遗意，何尝似羲、献之体？所以唐初人皆名世俗通行之字为隶书也。羲、献之体，乃世族风流，譬之尘尾、如意，惟王、谢子弟握之，非民间所有。但执二王以概东晋之书，盖为阁帖所愚蔽者也。况真羲、献，亦未必全似阁帖也。不独此也，宋元嘉字甎亦尚近于隶，与今阁帖内字迹无一相近者。然则唐人收藏珍秘，宋人展转勾摹，可尽据乎？"（《揅经室二集卷一》）阮元以为民间使用的字体尚有篆隶的遗意，以二王为代表的世族子弟们则有自家体段，所以不能以为东晋的书迹全是刻帖中二王书法的样子。看来，民间自有民间之古朴，二王自有二王之风流，两不相碍，问题似乎就此解决了。

然而阮元并未停留在这个结论上，他进一步怀疑世传二王书帖根本就和原初的样子不同。关于《兰亭序》的真面目，阮元有两种推测。一种推测是，《兰亭序》本来就不是王羲之所书，经过唐人摹写便更加失真。另一种推测是，唐太宗所获《兰亭序》是右军原本，被唐人临摹后变成了唐人书法的模样。这两种推测表面上看可以作为两种可能性并行不悖，但如细审之，便可发现阮元学说中的巨大扞格。

首先看第一种推测。清人甘熙《白下琐言》记述：

乙酉仲冬，祺仁伯兄摄宝应学篆，过扬州，于市上得晋残砖一块，其文曰"永和右军"四字，在篆隶之间。时仪征阮公总督云贵，同里汪梧山刺史选授鹤庆州篆。家大人以拓本从汪刺史寄呈于公，为跋一则，由滇寄还。跋曰："余固疑世传王右军书帖为唐人改钩、伪托，即《兰亭》亦未可委心，何况其余！曾以晋砖为证，人多不以为然。贵耳贱目，良可浩叹。顷从金陵甘氏得‘永和右军’四字晋砖拓本，纯乎隶体，尚带篆意，距楷尚远。此为彼时造城砖者所书，可见东晋世间字体大类如此。唐太宗所得《兰亭叙》，恐是梁、陈时人所书。欧、褚二本，直是以唐人书法，录晋人文章耳。”予屡曰学者当得古人之益而不为古人所愚，此类是也。阮公所论，真发前人所未发者。

阮元的这种推测出于一种“无征不从”的考据学视野。既然晋砖是“下真迹一等”而确凿可信的，那么就要以此作参照来考量世传二王书帖。即便晋砖上的文字形态可以和二王书帖并行于世，可是二者的差别为何如此之大？（值得注意的是：阮元并未真正反省铭石体与日常书写体的差别，以及手写和刀刻的差别。）阮元推测“唐太宗所得《兰亭叙》，恐是梁、陈时人所书”，言下之意便是：二王书法的原貌应当较为古朴，纵然不同于晋砖，也不应当与其判若霄壤；只有在梁、陈时代，才能出现消退隶意的《兰亭序》。当然，梁、陈时代的《兰亭序》经过唐人“改钩、伪托”，就更加不似二王原貌了。循着这一番论证的逻辑不难看出：根据晋砖的字样，阮元猜测二王书法当有隶意，书风较为古朴。

再看第二种推测：

王右军《兰亭修禊诗序》，书于东晋永和九年，原本已入昭陵，当时见者已罕，其元本本无钩刻存世者，今定武、神龙诸本，皆欧阳率更、褚河南临搨本耳。夫临搨之与元本，必不能尽同者也。观于欧、褚之不能互相同，即知欧、褚之必不能全同于右军矣。真定武本，余惟见商邱陈氏所藏一卷，余皆一翻、再、三翻之本。真定武本虽欧阳学右军之书，终有欧阳笔法在内，犹神龙本之有河南笔法也。执定武，而以为右军书法必全如是，未足深据也。昭陵原本谁见之耶？况此外颍上、张金界奴骞、异僧押缝等百数十本不同耶？“领”字或从“山”，“崇”字或作“㟤”，更大不同耶？要之，右军书之存于今者，皆展转钩摹，非止一次，怀仁所集、淳化所摹，皆未免以后人笔法羼入右军法内矣。然其圆润妍浑，不多圭角，则大致相同，与北朝带隶体之正字原碑，但下真迹一等者，不同也。世人震于王右军之名，囿于《兰亭》之说，而不考其始末，是岂知晋、唐流派乎？《兰亭》帖之所以佳者，欧本则与《度化寺碑》笔法相近，褚本则与褚书《圣教序》笔法相近，皆以大业北法为骨，江左南法为皮，刚柔得宜，健妍合度，故为致佳。若原本全是右军之法，则不知更何景象矣！（《王右军兰亭诗序帖二跋》，《揅经室三集》卷一）

这一番论说则与阮元倡导的“北派”、“南派”之分密切相关。阮元以为《兰亭序》的多种摹本、刻本，皆有后人笔法掺入，定武本和神龙本分别出于欧、褚之手，已经带有了欧、褚的笔意，并非《兰亭序》之原貌，所谓“欧本则与《度化寺碑》笔法相近，褚本则与褚书《圣教序》笔法相近”。不过通过观察诸多摹刻本的共同点，可以依稀拟想右军法书的原貌，所谓：“圆润妍浑，不多圭角，则大致相同，与北朝带隶体之正字原碑，但下真迹一等者，不同也。”看来“圆润妍浑”当是右军的书风，与“带隶体”、写“正字”的北朝书迹不同，这完全可以和他在《南北书派论》与《北碑南帖论》中的著名论断相参证。阮元是倡说北派南派之分、碑学帖学之异的先驱。对于南北之分，他以为“南派乃江左风流，疏放妍妙，长于启牍，减笔至不可识”，而“北派则是中原古法，拘谨拙陋，长于碑榜”（《南北书派论》）。至于碑、帖之异，阮元则云“短笺长卷，意态挥洒，则帖擅其长。界格方严，法书深刻，则碑据其胜”（《北碑南帖论》）。

南派疏放妍妙，北派古朴方严，那么《兰亭序》原迹同现存的诸多摹本比起来是更加妍美还是更加古朴呢？寻绎阮元立论之意致，我们不难得出结论。阮元认为欧阳询、褚遂良皆为北派中的人物，他们摹写《兰亭序》自然加入了北派的笔法，正因如此《兰亭序》才显得几近完美，所谓“皆以大业北法为骨，江左南法为皮，刚柔得宜，健妍合度，故为致佳”。如果没有北派笔法掺入，王羲之所写的《兰亭序》恐怕只剩下“柔”和“妍”了，阮元因而喟叹：“若原本全是右军之法，则不知更何景象矣！”从这一番论说中，可以判断：阮元猜测《兰亭序》原作当比诸多摹本还要妍美。

时而觉得真正的二王书法（包括《兰亭序》）要比后人摹本古朴，时而觉得真正的二王书法要比后人摹本妍美。前者出于根据金石文物验证历史真相的考据学态度，后者则出于阮元自己倡发的“北派”、“南派”之说。既然两种视野下的二王书法大相径庭，就需对其立论的依据进行反省，然而阮元自己并没有直面这个问题。

对于第一种推断而言，阮元因晋砖而疑唐摹，其原由在于他对书写与刀刻、铭石字体与日常字体之区别等问题并没有悉心省察。日常书写，所用字体自然流便简约；勒碑刻铭，所用字体则力求庄重古雅。严于碑、帖之辨的阮元对此差别却并不清楚。在“无征不从”的考据学视野下，他只相信晋宋之砖为“下真迹一等”，而以唐人的摹、刻本为不能验证之物。其实，晋砖刻工粗糙，与书写的原貌相距甚远，根本不能和唐宋人摹、刻之精工相比。当然，阮元宁可相信晋朝的砖块，也不相信唐朝的摹、刻本，这和他没有见过近世出土的晋人楷、行、草书迹有关，在这一点上我们不能苛责古人。然而，遵照阮元自身的逻辑，他看到《兰亭序》和晋砖中的字样相差甚远，便推测其“恐是梁、陈时人所书”，是否也需要“下真迹一等”的梁、陈时代石刻书迹的证据呢？

阮元的第二种推测让我们不得不对他倡说的“北派”、“南派”之分进行反省。南北朝的石刻书迹虽然也有精工之作，但大多是民间草创之物，这些书迹虽然并非杰出的书法“作品”，却常常能给人带来一种朴拙、雄健的审美感受。碑学兴起于赵孟頫、董其昌的书风日趋乡愿化的背景之下，其初衷本是由着对南北朝石刻书迹的取法而重新振起雄强、古朴的风气。若说魏晋以来的书法史中本来存在着传承有绪的“北派”（“碑学”）、“南派”（“帖学”）两个流派，则纯属子虚乌有之事。然而阮元在倡说南北之分、碑帖之异时完全抛开了“无征不从”的实证精神，强行划分出两条“判若江河”的脉络来，所谓“南派由钟繇、卫瓘及王羲之、献之、僧虔等，以至智永、虞世南；北派由钟繇、卫瓘、索靖及崔悦、卢谌、高遵、沈馥、姚元标、赵文深、丁道护等，以至欧阳询、褚遂良”（《南北书派论》）。此外，唐代颜真卿、李邕也被划入北派，甚至宋代的蔡襄也入了北派，赵孟頫、董其昌在写正书的时候也得学北派，所谓“宋蔡襄能得北法，元赵孟頫楷书摹拟李邕，明董其昌楷书托迹欧阳，盖端书正画之时，非此则笔力无立卓之地，自然入于北派也”（《北碑南帖论》）。稍有方严之象，便被划入北派，看来南派只能落到柔若无骨的境地了。阮元眼中的南派大概只是《阁帖》中的模样，他甚至以为世传二王书帖（如《兰亭序》）已经掺入了北派的笔法，其原本的状态或更为妍媚。如果阮元承认《兰亭序》诸摹本、刻本可以大体反映原作的面貌，则等于承认王羲之的字和北派没有多少区别，书分南、北之说就不攻自破了，所以阮元不得不说《兰亭序》掺入了北派的笔法。由此看来，“南派”、“北派”之分不过出自一种先入为主的想象！难怪另一位“碑学”的倡导者康有为也会说他“妄以碑帖为界，强分南北也”（《广艺舟双楫》）。阮元的学说一传再传，影响极大。直至今日，人们谈及书法史上的某一人物，辄口必称其为碑派、帖派，似乎舍此便无法讨论书法史；论及二王书法，不顾唐摹《丧乱》、《初月》诸帖之雄逸，亦不顾古人“龙跳天门，虎卧凤阙”（传梁武帝语）、“力屈万夫、韵高千古”（刘熙载语）诸种评价，辄口必称其阴柔、妩媚，其实都直接或间接地受到阮元学说的影响。

（3）包世臣、何绍基与赵之谦

纵然阮元的论证并不严密，他对《兰亭序》的质疑以及解决问题的思路却非常有代表性。他的两种猜想——唐太宗所获《兰亭序》根本就不是王羲之写的，此其一；世传《兰亭序》诸本对原作进行了较大的改造，此其二——在后世关于《兰亭序》的探讨中时时可以见到。

与阮元大约同时而略晚的包世臣（1775－1855）是另一位碑学大家，他有论书诗云：“中正冲和龙藏碑，擅场或出永禅师。山阴面目迷梨枣，谁见匡庐雾霁时。”又自注云：“隋《龙藏寺》，出魏《李仲璇》、《敬显儁》两碑，而加纯净。左规右矩近《千文》，而雅健过之。《书平》谓右军字势雄强，此其庶几。若如阁帖所刻，绝不见雄强之妙。即定武兰亭，亦未称也。”（《艺舟双楫·论书十二绝句》）包世臣以为隋代《龙藏寺碑》与智永所书《千字文》刻本有相近之处，因而猜测其书写者可能就是智永。而《龙藏寺碑》比智永《千字文》刻本又多一些“雅健”之趣，几可当“字势雄强”之评。包世臣又因此推测世传王羲之诸帖刻本多有失真之处，即便定武《兰亭》也未能尽致。包世臣没有言及《丧乱帖》、“神龙本”《兰亭序》等唐人摹本，但即使他见到，也必然是要怀疑其可靠性的，因为唐摹本与南北朝、隋代碑刻的差别比刻帖与碑刻的差别更大。因古“碑”而疑后人摹、刻之“帖”，是阮元和包世臣的共通处。

阮元的门生何绍基（1799－1873）则弥合了阮元论说中的裂隙。阮元时而觉得王羲之的字古朴而有八分遗意，时而觉得王羲之的字比世传《兰亭序》还要柔和、妍媚，其论述颇有扞格之处。何绍基是这样解决此问题的：王羲之的书法本来有隶意，后人模仿渐渐失真，《兰亭序》比较特殊，是由初唐欧、褚这些北派人物所摹，所以能够得八分气度。

何绍基云：

余学书从篆分入手，故于北碑无不习，而南人简札一派不甚留意。惟于《定武兰亭》，最先见韩珠船侍御藏本，次见吴荷屋中丞师藏本，置案枕间将十日，至为心醉。近年见许滇生尚书所得游似本，较前两本少瘦，而神韵无二，亦令我爱玩不释。盖此帖虽南派，而既为欧摹，即系兼有八分意矩。且玩《曹娥》、《黄庭》，知山阴棐几本与蔡、崔通气，被后人模仿，渐渐失真，致有昌黎“俗书姿媚”之诮耳。当日并不将原本勒石，尚致平帖家聚讼不休，昧本详末，舍骨尚姿，此后世书律所以不振也乎？（《跋国学兰亭旧拓本》）

又云：

右军行草书，全是章草笔意，其写《兰亭》，乃其得意笔，尤当深备八分气度。初唐诸公临本皆窥此意，故茂逸超迈之神如出一辙。然欲遽指为山阴原墨，则诚未见何本为可据，以其中总不免有齐、隋以后笔致也。（《跋褚临兰亭拓本》）

王羲之的书法本来与崔瑗、蔡邕等东汉名家的书法一气相通，有八分意趣，而经后人摹刻之后，出现了两种情况：一种是淳化诸刻中的王羲之作品，这些作品因由后人模仿而渐渐失真，八分意趣尽失；一种是《兰亭序》，因由初唐诸家所临，所以能“茂逸超迈”、“兼有八分意矩”。何绍基抛弃了阮元将王羲之书法视为柔若无骨的想象，而将阮元的其他论点保留、发挥，并将其缝合为一个整体。

另一位碑学大家赵之谦（1829－1884）也深受阮元、包世臣的影响，认为世传二王书迹皆已被唐人改头换面。他以一种特别的方式揣测了唐人的隐衷：

安吴包慎伯（世臣）言曾见南唐揭本《东方先生画赞》、《洛神赋》，笔笔皆同汉隶。然则近世所传二王书可知矣。重二王书，始唐太宗。今太宗御书碑具在，以印证世上二王书无少异。谓太宗书即二王，可也。要知当日太宗重二王，群臣戴太宗，橅勒之事，成于迎合。遂令数百年书家奉为祖者，先失却本来面目，而后八千万眼孔，竟受此一片尘沙所眯，甚足惜也。此论实千载万世来莫敢出口者，姑妄言之。阮文达（元）言：“书以唐人为极。二王书非唐人橅勒，亦不足贵。”与余意异而同。（赵之谦《章安杂说》）

唐太宗推重王羲之书法并勤于临习，因而其所书碑刻与世传王羲之作品的摹本、刻本非常近似，这本是顺理成章的事。赵之谦则将其中的逻辑倒转过来，认为群臣为了迎合唐太宗的口味而把王书摹勒成了唐太宗的风格。在赵之谦看来，太宗书之所以和王书相似，不是太宗学王书，反而是王书学太宗了。

赵之谦从未像阮元那样推测过世传《兰亭序》的底本根本就不是王羲之的书法，只是认为后人所摹多有失真而已。如果见到符合自己审美趣味的摹刻本，他便赞赏有加：“余所见《兰亭》凡数十种。独吾乡王式庵都转家所藏七种最奇。其中唐拓一本，纸墨绝古而余无甚爱。最爱其红梨板本，盖即《山谷集》中所称赏者，此真绝无仅有。字体较定武小十之三而肥数倍。一展玩如神龙寸缩，老鹤山立。‘恰到好处’四字，不足言也。今其文孙□□携往复州，不可得见。每一忆及，尚觉腕下鬼跃跃欲动。”（《章安杂说》）这个用“恰到好处”都难以形容的“红梨板本”看来最接近“笔笔皆同汉隶”的王羲之书法原貌了。

值得反思的是，“碑学”思潮中的众多大家对碑刻、刻帖中的“刀痕”并没有清晰的省察，赵之谦所称赏的那件“较定武小十之三而肥数倍”的刻本其实不过是刻工粗糙造成的罢了。

（4）李文田

对“刀痕”的忽视在清末李文田那里依然有所体现。李文田一方面延续了阮元的推测，认为《兰亭序》是梁、陈以后人的作品，一方面发前人所未发，列举出多重证据质疑《兰亭序》文章的可靠性。李文田说：

唐人称《兰亭》自刘餗《隋唐嘉话》始矣。嗣此，何延之撰《兰亭记》，述萧翼赚《兰亭》事如目睹。今此记在《太平广记》中。第鄙意以为：定武石刻未必晋人书，以今所见晋碑，皆未能有此一种笔意；此南朝梁陈以后之迹也。按《世说新语·企羡篇》刘孝标注引王右军此文，称曰《临河序》，今无其题目，则唐以后所见之《兰亭》，非梁以前《兰亭》也。可疑一也。《世说》云人以右军《兰亭》拟石季伦《金谷》，右军甚有欣色，是序文本拟《金谷序》也。今考《金谷序》文甚短，与《世说》注所引《临河序》篇幅相应。而《定武本》自“夫人之相与”以下多无数字。此必隋唐间人知晋人喜述老庄而妄增之，不知其与《金谷序》不相合也。可疑二也。即谓《世说》注所引或经删节，原不能比照右军文集之详，然“录其所述”之下，《世说》注多四十二字。注家有删节右军文集之理，无增添右军文集之理。此又其与右军本集不相应之一确证也。可疑三也。有此三疑，则梁以前之《兰亭》与唐以后之《兰亭》，文尚难信，何有于字！且古称右军善书，曰“龙跳天门，虎卧凤阙”，曰“银钩铁画”，故世无右军之书则已，苟或有之，必其与《爨宝子》、《爨龙颜》相近而后可。以东晋前书，与汉魏隶书相似。时代为之，不得作梁陈以后体也。然则《定武》虽佳，盖足以与昭陵诸碑伯仲而已，隋唐间之佳书，不必右军笔也。往读汪容甫先生《述学》有此帖跋语，今始见此帖，亦足以惊心动魄。然予跋足以助赵文学之论，惜诸君不见我也。（李文田跋汪中旧藏《定武兰亭》）

根据晋碑中的字样怀疑《兰亭序》的可靠性，进而推测其为“南朝梁陈以后之迹”，这种思路和阮元一脉相承。不同的是，李文田进一步质疑《兰亭序》文章的可靠性。他将《世说新语》注引《临河序》中的文字同世传《兰亭序》进行对比，发现有三处疑点：其一，《兰亭序》与《临河序》题目不同；其二，《兰亭序》比《临河序》新增百数十字；其三，《临河序》又比《兰亭序》多出“录其所述”以下的一段。《兰亭序》与《临河序》题目不同，繁简亦有异，所谓“文尚难信，何有于字”，这便为《兰亭序》作者的疑案增添了又一重迷雾。

在清代诸家中，八大山人的跋语因为所据刻本不行于世而不能产生真正的影响；阮元的学说影响最大，包世臣、何绍基、赵之谦的看法基本上没有越出阮元的论证格局；李文田则对阮元的看法提出了重要的补充，成为对此问题论证最为详备的一家。可以说，清人的探讨已经奠定了《兰亭序》作者问题的基本格局。后世学者对《兰亭序》作者的考辨尽管结论不尽相同，但基本上是在文辞、书法这两个方面寻找线索。而且，清人提出的两种推测——其一，《兰亭序》为梁、陈以后人所书；其二，《兰亭序》在摹写的过程中有较大的失真——对后世的探讨影响巨大。

2. “兰亭论辩”对《兰亭序》作者问题的推进

发生在 20 世纪六七十年代的“兰亭论辩”对《兰亭序》作者问题的讨论最为热烈，并且引发了学界对此问题的持久论辩，直至今日不曾稍歇。这场论辩并非无源之水，郭沫若在 1965 年发表的《由王谢墓志的出土论到兰亭序的真伪》不仅全文援引了李文田的跋语，而且从讨论的切入点看也与清人一致，即一方面根据《临河序》怀疑《兰亭序》文章的可靠性，一方面根据石刻中的字迹怀疑《兰亭序》书法的可靠性。然而，

“兰亭论辩”并非仅仅是对清人所说的重复，在论辩双方的交锋之中，解决问题的思路愈发趋于缜密。

在文章的真伪方面，论辩双方不仅从文章繁简、题目等问题上进行讨论，而且针对《兰亭序》所表达的情感、思想对其真伪进行了辩说。执否定态度者以为《临河序》题目、文辞与《兰亭序》不同，《兰亭序》中的哀痛情感亦不符合王羲之的性格。持肯定态度者则援引文献中的例证，认为作注者节录文章、变换题目等现象皆属正常，文中的情绪悲、欣交集亦是王羲之内心的真实表达。

在书法面貌方面，“兰亭论辩”对清人的讨论作出了如下推进：

（1）对铭石体与日常书写体作出了区分

郭沫若援引李文田的言论并以南京出土之王氏墓志为根据来怀疑《兰亭序》的真伪，受到高二适与商承祚诸家的反驳。高二适说：“以碑刻字体例，固与兰亭字迹无可通耳。”又云：“使右军写碑石，绝不可作行草。而今右军书兰亭，岂能斥之以魏晋间铭石之隶正乎？”[1] 商承祚也说：“一般说来，用以传之后世的碑刻或宗教方面的经文，多以体制较古、郑重庄严的书体去写，公牍多用当时上层最流行的书体去写，尺牍、文稿写得较为随便……墓志、砖刻所代表的只能是‘铭石’的书体，而不能代表‘章程’、‘行押’等其它手写书体……李文田以《宝子》、《龙颜》书体强加于羲之头上，谓不能再写出其它笔法的书体，并认为这是‘时代为之’，是没有认识到石刻书体和‘时代风格’的关系，不恰当地以石刻书体风格代替了‘时代风格’，以偏概全，是没有什么理由的。”[2] 这即是说，铭石字体和手札字体本来就大不相同，即使出土再多的碑石，也不能因此而怀疑《兰亭序》的真伪。

郭沫若虽然援引了李文田的论述，但也并非只是重复李文田的怀疑。他在文中不仅引证了石刻，而且提到出土墨迹：“其实存世晋陆机《平复帖》墨迹与前凉李柏的《书疏稿》，都是行草书：一南一北，极相类似。

[1]高二适：《〈兰亭序〉的真伪驳议》，见《兰亭论辩》下编，第8页。

[2]商承祚：《论东晋的书法风格并及〈兰亭序〉》，见《兰亭论辩》下编，第16页。

还有南朝和北朝的写经字体，两者也都富有隶书笔意。这些都和《兰亭序》书法大有时代性的悬隔。”[1]

针对高二适的反驳，郭沫若不仅没有否认铭石体和手札体有区别，反而和他的反对者们达成了共识，但这并没有动摇他怀疑《兰亭序》的最终根据。郭沫若说：

我们也知道碑刻与简牍，所用字体有正整与草率的不同，但用笔的方法是有同一的时代性或同一作者的个性的。即使把砖石之类抛开，专就字帖而言，王羲之的《豹奴帖》是章草，有名的《十七帖》是稿书，但仍带有章草笔意。这些和《兰亭序》帖是大有距离的。《十七帖》中的《青李来禽帖》是行书，颇带后来的楷法，但与《兰亭序帖》也截然不同……唐玄宗时传入日本的《丧乱帖》与《孔侍中帖》，我们也看过。那是双钩填墨本，字体颇为流媚，相传是隋以前书。仔细推敲起来，用笔与《宝子》《杨阳》及王谢墓志等尚有一脉相通之处。特别是《丧乱帖》，还有梁代徐僧权和姚怀珍押缝书的痕迹，足以证明所据以拓摹的原迹之古。其中有一两则特别好，但原迹是否王羲之亲笔或其晚年代笔者所作，无法判定。[2]

对于羲之字帖，应该分别研究，定其真伪；不好抱着一成不变的态度，认为“一真一切真，一伪一切伪”。不是这样。我们并没有意思否认所有王羲之的字帖，更没有意思推翻王羲之的地位。《兰亭序帖》即使肯定不是王羲之写的，它的书法价值是谁也不能抹杀的。[3]

如果仅仅根据石刻书迹的样态而怀疑世传右军书札，那么必然导致“一真一切真，一伪一切伪”这样的结果，阮元和李文田便对世传王羲之作品的刻帖和摹本大有怀疑，至少认为其失真颇多。而郭沫若进一步做到了在传世书札当中进行比较，他认为有的尚存隶意，如《十七帖》、

---

[1]郭沫若：《由王谢墓志的出土论到兰亭序的真伪》，见《兰亭论辩》上编，第11页。
[2]郭沫若：《〈驳议〉的商讨》，见《兰亭论辩》上编，第37页。
[3]郭沫若：《〈驳议〉的商讨》，见《兰亭论辩》上编，第37页。

《丧乱帖》、《孔侍中帖》等，有的则毫无隶意，如《兰亭序》。另外，郭沫若还引证了《李柏文书》、南北朝写经等出土墨迹，认为其尚存隶意，与《兰亭序》不同。当然，郭沫若开始并没有将立论的重点放在诸种摹本和《兰亭序》的比较上，而是放在了石刻和《兰亭序》的比较上。在回应高二适的驳议时，他将思考进一步细密化了。他在与高二适的商讨中着力强调《十七帖》、《丧乱帖》、《孔侍中帖》等与晋代石刻的相通之处，这样做倒是可以和最初的发论保持一定的连贯性。

晋人石刻书迹和世传二王书札摹本为何有明显不同，这在阮元、李文田诸家那里构成一宗难以解决的疑案。阮元曾猜想世家大族写二王体，民间书手写砖石中的字体。但近世出土的大量晋人残纸墨迹让人们看到，并非以二王为代表的世族子弟们才写流畅便利的楷、行、草书，民间也在大量使用不同于隶书、隶行、隶草的楷书、行书和今草。二王书帖的字体和砖石字体的差异不是世族与民间的差异，更不是一真一伪的差异，而是手札体与铭石体的差异。

（2）对刀刻与手写作出了区分

手札和碑刻在字体的使用上有所不同，而手札与碑刻中的字样颇有异致，也还由于毛笔书写和刀刻的差别。阮元、包世臣诸家倡说“碑学”，对此问题却并无省察，他们只是从南北朝石刻遗迹中发扬一种方严、拙厚的审美趣味。在晋人墨迹渐次出土而“碑学”又常常被格套化的背景下，刀刻与书写的区别得到了学者们的特别关注，其中尤以启功“透过刀锋看笔锋”之说影响最大。而在“兰亭论辩”中，商承祚最早对刀刻与手写进行了详细的比较：“从近代在甘肃居延等地发现的魏晋木简及纸帛写的材料看，其字迹和晋代碑刻有很大的距离。毛笔富有弹性，墨汁对木、纸、帛纤维有渗透性，所以写出的字，笔划圆润丰满而多姿，写在砖刻、石刻上的墨迹尽管是圆笔，但在施工时每将之刻方。《王兴之夫妇墓志》刻工极劣，刻法是向墨迹夹刻两刀然后切齐两头（自然崩齐的则不切），撇、捺则以较大的角度切削，致令原墨迹的轻重笔和圆笔都机械地将之整齐而方划化。"[1] 在这里，刀刻与手写之区别、刻工之优劣、凿刻之方法诸种问题都得到明确的辨说。

别持一家之说的唐兰亦云："《兰亭》是行押书，真书与行书比较还接近，而'二爨'是铭石书，是八分隶书一类，比起来就远一些，加以石刻往往经工匠之手，与墨迹又有所不同。所以要认识右军书迹的真面目，必须从唐以后摹刻本取其外貌，而从传世魏晋人墨迹推想其笔意。"[2] 虽然径直把"二爨"判为"八分隶书"未尽妥当——《爨龙颜碑》基本上还属于楷书的范畴，只是多了一些隶意而已，但是对铭石书与墨迹在字体选择、书刻工艺上作出区分是非常有价值的。

郭沫若虽然没有对刻工问题作出明确的回应，但他既然已经有"即使把砖石之类抛开，专就字帖而言……"的说法，人们也就无须再纠缠于这个问题来苛责他了。

明确了铭石体与手札体、刀刻与书写的差别，人们不仅对"碑"与"帖"（"帖"包括墨迹与刻帖）的区分有了更为清晰的认识，而且进一步看到唐摹本的逼真程度一般要高于刻帖。而这些观念在清代诸家那里是没有的。

(3) 明确了《兰亭序》作者问题的焦点所在

既然"兰亭论辩"中的诸家明确了铭石体与手札体、书写与刀刻的区分，那么对《兰亭序》的考证便不再像清人那样简单地将石刻书迹和《兰亭序》摹、刻本进行对比，而是要综合考察晋人石刻、新出土晋人墨迹、王羲之作品的摹本和刻本，尤其要在诸种墨迹之间进行比较。在论辩过程中，有各种问题被提出来讨论，如"隶书"的名实问题、征引文献的版本问题等等，而其中的焦点问题则是所谓"隶书笔意"的问题。

郭沫若在他的论证中反复强调，晋人书迹皆未能脱离隶书笔意，而《兰亭序》已经没有了隶书笔意，故而为后人伪造。高二适则针锋相对地说："王右军《定武兰亭》佳本，即是没有脱离过隶书笔意的。"[3] 商承

---

[1]商承祚：《论东晋的书法风格并及〈兰亭序〉》，见《兰亭论辩》下编，第13－14页。

[2]唐兰：《"神龙兰亭"辨伪》，见华人德、白谦慎主编：《兰亭论集》，第77页。

[3]高二适：《〈兰亭序〉的真伪驳议》，见《兰亭论辩》下编，第7页。

祚则干脆否定了郭沫若持论的前提，认为“王羲之能写出脱离隶书笔意的行、草、楷是完全可能的”[1]。不管发论者是辨伪派还是证真派，也不管其对隶书笔意有着怎样的理解，都没有脱离“隶书笔意”这一问题去进行讨论。在书法层面上，“隶书笔意”的问题正是“兰亭论辩”的焦点所在。

以所谓“隶书遗意”、“隶古遗意”审视王羲之书法，清人赵魏和阮元便已开其先河。虽然“兰亭论辩”依然以此为焦点问题，其内涵却大有不同。清人眼中的“隶书遗意”只表现为石刻中的模样，而“兰亭论辩”中的诸家虽然观点各不相同，却因为考虑到新近出土晋人墨迹而对隶书遗意有更为细密的体察。

（4）辨伪者补充了新的证据和疑点

在“隶书笔意”这一焦点问题之外，辨伪者又提出了一些新的疑点，其中最令人瞩目者为郭沫若对“癸丑”二字所作的推想。

在《兰亭序》诸本中，“永和九年，岁在癸丑”一句中的“癸丑”二字显得很特别，写的很扁而且挤在一起。郭沫若认为这是伪托者留下的漏洞，即属文时不记得当年的干支，于是留下空白待填，但空白的地方留得不够，最终只能将“癸丑”二字写得扁平而且紧接。[2] 高二适不同意郭沫若的说法，引《笔阵图》“若平直相似，状如算子。上下方整，前后齐平，此不是字，但得其点画尔”、“用笔亦不得使齐平大小一等”云云，证明这样的写法反倒是王羲之的独特匠心所在。尽管高二适亦能自圆其说，“癸丑”这样的奇特写法毕竟是一个疑点。

（5）论辩双方提出了解决问题的设想

在论辩中，证真者对问题有了更为深微的思考。商承祚说：

> 不管是传世的神龙本以及定武石刻本，皆属唐人辗转叠摹钩填，由于辗转叠摹者“间用我法”，笔法神韵与原迹逐渐失真而相去日远，但在

[1]商承祚：《论东晋的书法风格并及〈兰亭序〉》，见《兰亭论辩》下编，第15页。

[2]郭沫若：《由王谢墓志的出土论到兰亭序的真伪》，见《兰亭论辩》上编，第21页。

一定程度上还是能反映出羲之书法的体态和面貌，不同于“向壁虚造”。《姨母帖》和《丧乱帖》等因未经较多次的转摹填廓，故《兰亭序帖》与《丧乱帖》等自有距离。[1]

商承祚肯定《兰亭序》底本为王羲之所作，但也体察到《兰亭序》和其他王书摹本的差异。他认为，《丧乱》诸帖和《兰亭序》的底本皆为王羲之真迹，只不过它们因为转摹次数的不同而有了笔法神韵的差异。

对于辨伪者而言，一个值得探讨的问题是：既然《兰亭序》不是王羲之写的，那么究竟是谁写的？清代阮元猜测《兰亭序》“恐是梁、陈时人所书”，李文田则说“此南朝梁陈以后之迹也”。这是怀疑派对《兰亭序》作者所作的最早推测，二者的共同点是跨过东晋、宋、齐，而推测《兰亭序》产生的时间为梁、陈或之后。

在“兰亭论辩”之中，这个问题在辨伪者那里继续被思考着。有的学者不满足于为《兰亭序》给出一个模糊的断代，而是力求推断出究竟是谁、又是如何伪造出《兰亭序》来的。郭沫若的观点最为著名，他看到在刘餗和何延之关于《兰亭序》流传的记载中都有智永这样一位关键人物，并且《兰亭序》和智永的书帖颇有相近之处，于是说“我乐于肯定：《兰亭序》的文章和墨迹就是智永所伪托”[2]，而且认为“这个墨迹本（指神龙本——引者注）应该就是智永所写的稿本”[3]。郭沫若以为神龙本是一件真迹而不是摹本，这不符合事实，但他第一次将作伪者视为智永，这是一个大胆而又不乏根据的猜测。

郭沫若的观点影响很大，纵然其他辨伪者有和他不同的猜测，但大多围绕在智永身上做文章。比如史树青便以为事实的真相是，唐太宗命欧阳询、褚遂良等“根据褚遂良鉴选的王羲之墨迹，即陈、隋以来与智永的书体相近的文字，包括智永千字文在内，集成‘王书’《兰亭序》全

---

[1]商承祚：《论东晋的书法风格并及〈兰亭序〉》，见《兰亭论辩》下编，第23页。
[2]郭沫若：《由王谢墓志的出土论到兰亭序的真伪》，见《兰亭论辩》上编，第17页。
[3]郭沫若：《由王谢墓志的出土论到兰亭序的真伪》，见《兰亭论辩》上编，第22页。

文，所谓‘奉旨摹搨’就是‘奉旨集字’”[1]。这种说法有一定的想象力，但皇帝带头造假，近乎荒诞。况且《兰亭序》通篇挥洒自如，疏密有致，不可能是集字作品，只要拿《兰亭序》和怀仁集字《圣教序》一比较便知。

另一种比较缜密的推想是由熊秉明在“兰亭论辩”之后作出的。熊秉明看到了《兰亭序》和智永所书《千字文》的诸多相近之处，又看到了《兰亭序》和智永书法有一定差异，于是假定：“唐太宗所得到的兰亭序是智永的临本，而今天所存的《神龙半印本》（或谓冯承素所摹）即是此临本的摹本。”[2] 因为李世民所获《兰亭序》是智永的临本，所以它既有智永书法的特点，又有王羲之书法的特点。这种说法比郭沫若的说法丰富了许多，也缜密了许多，但二者的联系也是一目了然的。

二　对《兰亭序》作者的一种猜想

1. 从时代趣尚与个人创作风致的张力看《兰亭序》作者难题

正反双方的学者们热烈地争论王羲之时代的书法能否脱离隶书笔意，证真者着力证明王羲之的时代可以产生《兰亭序》，辨伪者则否定之，并费尽心思猜想《兰亭序》究竟在何时产生、如何产生。归根结底，这些讨论都力求在宏观的时代背景之下考察《兰亭序》的真相。清代的阮元、李文田诸家也是在这样一种问题意识中进行讨论的。诸家的论说有一个共同的前提，那便是肯定在时代和个人之间具有某种联系。

在艺术史上，没有哪一个艺术家能脱离他所处的时代。身处同一时代的人们的生活经验总会有着某些共通性，人们的艺术创作易于产生相似的性状。作者之间的相互影响、工具与材料的相近等因素也有可能导致时代风气的形成。时代风气总是以这样那样的方式影响到个人的艺术创作，尽管有些艺术家自觉地远离或拒绝时代风气，但针对时代风气而

[1]史树青：《从〈萧翼赚兰亭图〉谈到〈兰亭序〉》，见《兰亭论辩》上编，第118页。
[2]熊秉明：《关于兰亭序真伪问题的一个假定》，见《熊秉明文集3·书法与中国文化》，上海：文汇出版社，1999，第173页。

产生的艺术作品也总是与同时代的其他作品有着某种共通之处。

书法艺术也是如此。我们看到某件书法作品，纵或对作者的名字很陌生，但往往能根据其艺术特征判断其为哪个历史时段的作品，如为明人作品或清人作品。即使这个断代很模糊，也总是有着某种确定性。比如，纵使我们不去解读《礼器碑》、《华山庙碑》中的文辞，也可以根据其字形作出判断，那样成熟的八分书不可能产生于秦代和西汉早期；另外，像《冠军帖》（此帖曾被附会为东汉张芝所书）那样连绵纵引的草书不可能产生于汉代，甚至不可能早于东晋。

艺术家总是受到时代的影响，然而艺术家的创作并非全然受制于时代。杰出的艺术家总是能够以其个性化的探索突破既有的格局，而开风气之先。比如，唐代褚遂良、颜真卿诸家从他们所处的时代中脱颖而出，影响极大，我们从大量唐代墓志、写卷中处处看到褚、颜诸家的身影；而到了宋代，苏、黄、米别创一格，宋人书法中又处处可见苏、黄、米的身影。

艺术史中的时代趣尚和个人创作风致总是处于这样的张力之下：个人无法脱离自身所处的时代，因而无论何种风格的创作总有某种时代气息涵于其中；杰出的作者以其卓越的艺术探索对时代艺术格局形成某种突破，从而进一步影响时代风气。因此，要对一件经典作品进行考证，既要考察其和同时代其他作品的关联，即时代气息在这件作品中有何种体现，也要考虑到其可能的创变，即这件作品如何突破了既有的艺术格局。若偏执一端，便不能恰当地把握时代与个人的张力，并可能对经典作品产生的时代作出过于滞后或过于提前的判断。

若要探讨世传《兰亭序》摹本的底本是否为王羲之所书，必须对王羲之所处时代的书法艺术风气以及王羲之本人的艺术创变作出省察。在魏晋南北朝，篆书与隶书缓缓降下了帷幕，楷书、行书、草书大行于世，逐渐消褪隶意而变得清畅妍美，此时期书法艺术的宏观发展趋势可谓“古质而今妍”（虞和《论书表》语）。钟繇、索靖、卫瓘、王廙、王羲之、王献之、王僧虔、萧子云、智永诸家诞生于这个时代又引领着这个时代。趣向妍美是整整一个时代人的审美主潮，这种审美趣味在东晋和南朝得到典型的体现。不同的朝代之间有古今之别，同处东晋的羲、献父子也有古今之别，即使王羲之本人在不同的时期也有古今之别。如果我们将王羲之《姨母帖》、《何如帖》、《孔侍中帖》、《丧乱帖》、《二谢帖》、《奉橘帖》等唐人摹本并置，就可以看到，王羲之一生当中的书风跨度极大，其艺术创变深远而且卓绝。《姨母帖》多存古质之意，《丧乱帖》、《孔侍中帖》比起《姨母帖》来便多了一些妍美的趣味，《二谢帖》、《奉橘帖》则更为典雅妍丽。这一系列作品和近世出土的晋人残纸墨迹气息相通，却又表现出书圣不拘成法而能"日日新"的艺术天才。

由《姨母帖》式的质朴到《奉橘帖》式的妍美跨度极大，一个艺术家在有限的一生之中完成如此卓绝的探索堪称奇迹。而《兰亭序》比起《二谢帖》、《奉橘帖》来更为妍美。尽管从《奉橘帖》到《兰亭序》似乎只有一步之遥，可王羲之能够再跨出这一步吗？从《姨母帖》到《奉橘帖》的探索已是奇迹，王羲之能在奇迹之上再创奇迹吗？

仅仅以晋砖、《二爨》为蓝本考察《兰亭序》，很容易得出《兰亭序》并非王羲之所写的结论。仅仅通过《姨母帖》、《丧乱帖》和《兰亭序》的比较，也很容易对《兰亭序》产生怀疑。然而，当我们拿《二谢帖》、《奉橘帖》这些较为平正妍美的作品和《兰亭序》作比较的时候，便会发现其丰富的共通性，也会发现其微妙的差异性。（见附图1）这样，

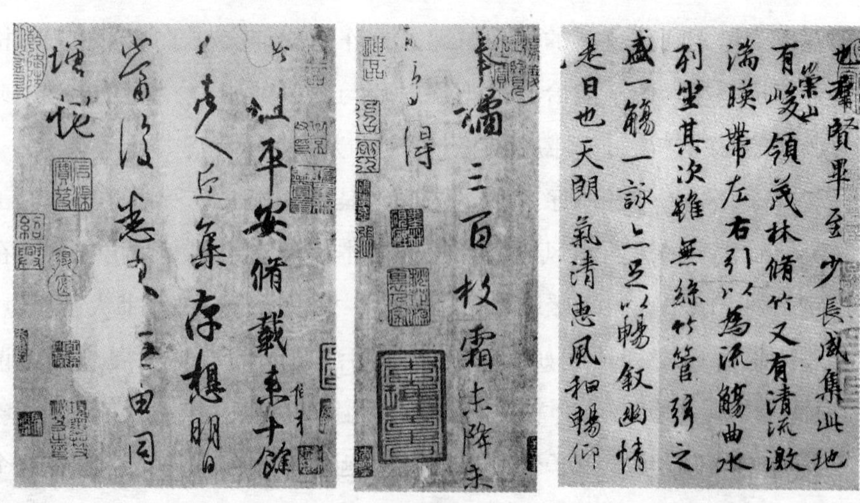

附图1　平安帖、奉橘帖、兰亭序

无论肯定《兰亭序》作者为王羲之，还是否定《兰亭序》作者为王羲之，都不是一件容易的事。而这正是《兰亭序》作者问题成为一个难题的原因。

在时代与个人的张力下审视《兰亭序》作者问题，《兰亭序》的书风恰恰处于某种令人尴尬的边界位置上。如果径直肯定作者为王羲之，那么王羲之相对于时代风气的超前性似乎有些不可思议。如果径直否定作者为王羲之，那么又不得不面对《兰亭序》和羲之诸帖的深刻共通性，况且王羲之在书法创变的道路上已经跨出了如此多的步伐，难道就差这一步吗？

解决这一问题有相当的难度，但是这并不妨碍我们继续思考另一个问题——假如《兰亭序》真的不是王羲之所作，那最有可能是谁所作的呢？

2. 对智永书、临《兰亭序》的否定

目前最为雄辩的两种解决方案分别是由郭沫若和熊秉明提出来的。二人皆以神龙本《兰亭序》为考察对象，郭沫若认为神龙本是智永所书真迹，熊秉明则假定神龙本的底本是智永临摹王羲之当年所写《兰亭序》的作品。笔者以为，这两种看法都不能成立。

首先考察郭沫若的看法。神龙本是一件摹本而非真迹[1]，这一点自然是郭沫若的失察。但是，神龙本的底本是否智永所书真迹呢？郭沫若曾举出墨池堂祖本智永所书王羲之《告誓文》，认为其“用笔结构和《兰亭序》书法，完全是一个体系”[2]。如果拿出世传智永真迹《真草千字文》（尤其是其中的真书部分）和神龙本作比较，我们也能看到二者的结字方式有很多相似之处。然而《兰亭序》和智永的书法却在笔法上有着重大的差异。《兰亭序》多用中锋，风流峻爽；而智永书写《真草千字文》几乎笔笔侧锋，他的侧锋用得沉厚、含蓄、丰富，绝无单薄浮滑之相。米芾曾评价智永的书法“秀润圆劲，八面具备”（《海岳名言》），可

---

〔1〕参见启功《兰亭帖考》、《〈兰亭〉的迷信应该破除》等文对神龙本的论述。

〔2〕郭沫若：《由王谢墓志的出土论到兰亭序的真伪》，见《兰亭论辩》上编，第17页。

谓深得其妙。假若《兰亭序》真的是智永创作的作品，那么他习惯运用的侧锋笔法总应当有一定程度的体现，但是我们发现，智永的笔法与《兰亭序》的笔法并不像郭沫若所说“完全是一个体系”，而是两个体系。因此，《兰亭序》底本不可能是智永的作品。

那《兰亭序》是否像熊秉明所说是智永的临本呢？《兰亭序》和《真草千字文》既相似又不同，假如推测它是一个临本，似乎可以很好地解决这个问题。但《兰亭序》的底本绝非临本，只能是某位书法家率性书写的作品。临摹可分为两种情况，一是实临，即尽可能地逼近原帖的笔意；一是意临，不求逼似原帖，而将自己的艺术趣味与原帖的趣味相融合，表现一种新的趣味。首先，《兰亭序》不可能是实临的作品。因为实临力求逼肖原作之笔法、结构，故而行笔较为严谨、稳重，难以做到洒脱连贯。从唐摹神龙本《兰亭序》看来，通篇一气呵成，疏密有致，率意洒落，绝不可能是一件实临之作。其次，《兰亭序》不可能是意临的作品。书法家意临古人，旨在创造性地吸收原帖的表现手法与艺术趣味，对于某些非关要旨的细节便大可忽略。《兰亭序》有很多涂涂改改的痕迹，这是书法家撰写文稿时很自然的表现。假若《兰亭序》是智永意临王羲之的作品，他又何必将这些涂涂改改的痕迹一一临出？《兰亭序》既非实临也非意临，自然便不可能是智永的临本。纵使智永真的临写过《兰亭序》，其形态也绝非“神龙本”的样子。

3. 王献之重写《兰亭序》——一种可能

假若《兰亭序》并非王羲之所书，这位作者也绝非一名泛泛之辈，因为它所达到的艺术高度令人惊叹。郭沫若和熊秉明在智永身上费心思，其实不约而同地肯定了若非高手决不能写出《兰亭》。在王羲之以后，李世民获得《兰亭序》以前的这一段时期，谁书写《兰亭序》的可能性最大？笔者以为不是智永，而是王献之。以下分别从时代风气、王献之的书法、王献之的个性三个方面进行论证。

东晋书法可以分为三个阶段：东晋前期，以王廙等人为代表；东晋中期，以王羲之为代表，这个时期可以称为王羲之时代；东晋后期，以王献之为代表，这个时期可以称为王献之时代。这些艺术天才引领着时代的艺术风气向着典雅、清丽趋进。在王羲之的时代产生出妍美的《兰亭序》似乎显得有些超前，而在王献之的时代产生《兰亭序》那样妍美的书风则是完全可能的。王羲之时代与王献之时代差别不远，从《奉橘帖》到《兰亭序》其实也只有一步之遥，完全没有必要将《兰亭序》产生的时间推置于梁陈时代甚至梁陈之后。王献之时代的书风有向妍美平正继续发展的趋势，唐摹《万岁通天帖》中的王献之《廿九日帖》、王徽之《新月帖》以及传世真迹王珣《伯远帖》皆可为证。综观王徽之、王献之、王珉、王珣诸家书迹可知，王献之时代的书风比起王羲之时代进一步脱去了古质，而更多地增添了新妍。从《二谢帖》、《奉橘帖》踵事增华而产生《兰亭序》，这一跨越在王羲之时代显得举步维艰，发生在王献之时代却并不显得勉强。

如果《兰亭序》出现在王献之时代，那么其作者之最大“嫌疑人”当然便是王献之，因为似乎只有他才有可能写出出神入化的《兰亭序》来。《兰亭序》是一件手稿而并非临作，其中涂涂改改的痕迹并非对王羲之原作的模仿，而是作文时的自然表现。我们姑且猜想这样一种情况：王羲之当年所写的序文正是《世说新语》注所引《临河序》，而王献之在《临河序》的基础上发挥文采，补充了大量的文字，其手稿流传至后世，便是李世民所获的那本《兰亭序》。这是一个颇为大胆的假设，当然还需继续小心求证。

王献之的书法除了《廿九日帖》这样的唐摹本之外，还有《淳化阁帖》、《大观帖》、《宝晋斋帖》等丛帖中摹刻的作品，以及《洛神赋十三行》这样的单刻帖。从这些摹、刻的作品来看，王献之的行草书大约有三种类型：其一以《授衣帖》、《卫军帖》、《思恋帖》、《十二月帖》等为代表，行草相间，忽正忽奇，纵横开阖；其二以《廿九日帖》为代表，平正方严，不乏妍润；其三以《大观帖》所刻《月终帖》、《宝晋斋帖》所刻《乞假帖》为典型，平正灵巧，典雅华净。虞和说：“夫古质而今妍，数之常也。爱妍而薄质，人之情也。钟、张方之二王，可谓古矣，岂得无妍质之殊？且二王暮年皆胜于少，父子之间又为今古，子敬穷其妍妙，故其宜也。”（《论书表》）从宏观上看，王献之的书风比起王羲之来更为妍美，这是王献之与王羲之的区别，也是王献之时代与王羲之时代书风的差别。张怀瓘评价王献之行草书云：“无藉因循，宁拘制则；挺然秀出，务于简易；情驰神纵，超逸优游；临事制宜，从意适便。有若风行雨散，润色开花，笔法体势之中，最为风流者也。”（《书议》）可谓得其神趣。

在王献之《余杭帖》、《岁尽帖》、《静息帖》、《节过帖》[1] 等作品中，很多字的写法与《兰亭序》非常近似。只是上述王献之诸帖多行草相间，忽正忽奇，所以比起《兰亭序》来显得纵逸一些。这样的写法体现了王献之的独特艺术追求，所谓“今穷伪略之理，极草纵之致，不若稿行之间”（张怀瓘《书估》、《书议》引）。如果略去上述诸帖中的草书字形，而拿其中的一些行书字形和《兰亭序》作对比，便可发现它们极为相似。（见附表）

神龙本兰亭序	定武本兰亭序	王献之帖

[1]《余杭帖》收刻于《淳化阁帖》、《大观帖》、《宝晋斋帖》，《岁尽帖》收刻于《淳化阁帖》、《大观帖》、《绛帖》、《宝贤堂帖》、《玉烟堂帖》，《静息帖》收刻于《淳化阁帖》、《大观帖》、《宝贤堂帖》、《玉烟堂帖》，《节过帖》收刻于《淳化阁帖》、《大观帖》、《宝贤堂帖》、《玉烟堂帖》、《快雪堂帖》。本文所选以上作品中的字例皆出自《淳化阁帖》。

《大观帖》卷十刻有王献之的《月终帖》（见附图 2），尽管《月终

帖》有些字形比《兰亭序》更多了些散朗的趣味，但是它与《兰亭序》在点画和结构上的相近是一目了然的。这件作品没有采用王献之惯用的行草相间的写法，而是通篇写作平正端庄的行书。王献之的作品多大正大奇，他在将字形写平正和写险绝两个方面都有新的探索。他在这件作品中主要示人以平正、妍美，因而便和《兰亭序》有了更大的近似度。

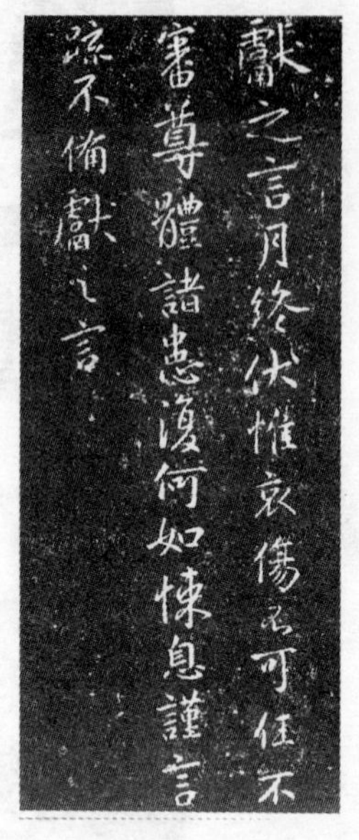

附图 2　王献之《月终帖》

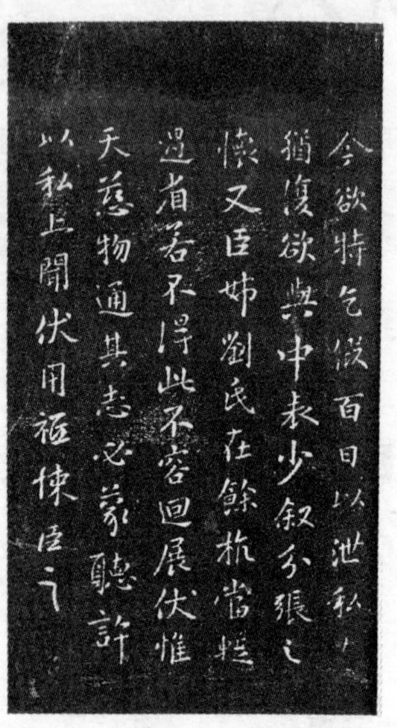

附图 3　王献之《乞假帖》

《宝晋斋帖》卷六刻有王献之《乞假帖》（又名《违远帖》，见附图 3），与《兰亭序》尤为相近。《宝晋斋帖》刻于南宋咸淳四年（公元 1268 年），由曹之格摩勒。王献之书写《乞假帖》是在他任中书令时期，约在四十岁左右，此时距羲之去世已二十余年。[1]《乞假帖》是王献之向皇帝请假百日省亲的奏表，故而写成端庄谨严的行楷书，没有采用常见的行、草相间的写法。《乞假帖》从点画形态、结字特征到风神韵致都与《兰亭序》极为近似。二者皆点画精微，结体平正，风神妍美，只不过《乞假帖》显得更为庄重一些，而《兰亭序》则更为洒脱。

---

〔1〕王羲之卒于公元 361 年，时王献之十八岁。王献之任中书令大约在公元 383－384 年，时 40－41 岁。参见王玉池：《王献之书法艺术》，北京：北京体育大学出版社，2002，第 16 页、第 57 页、第 93 页。

《宝晋斋帖》主要由翻刻《星凤楼帖》而成，而《星凤楼帖》早已失传。值得注意的是，在辗转翻刻的过程中，《宝晋斋法帖》中的诸帖常常显得比更早的摹、刻本平正妍美，这只要将《宝晋斋法帖》中王羲之《建安灵柩帖》与《大观帖》中所刻相对比便知。尽管《乞假帖》与原帖相比可能有某种程度的失真，但它与《兰亭序》的相近程度依然是令人瞩目的。因为《乞假帖》与《兰亭序》的相近程度不亚于甚至超过了《宝晋斋法帖》中所刻王羲之《官奴》等帖与《兰亭序》的相近程度。

若说智永重新创造一件《兰亭序》，这很难令人相信，因为这种情况不符合智永和尚恬淡笃定的性格。而王献之则是满腔意气风发的情怀，充满挑战性。王献之在少年时便在书法创作上跃跃欲试，希望成为像父亲那样的书法家，正如孙过庭《书谱》所载："后羲之往都，临行题壁。子敬密拭除之，辄书易其处，私为不忝。羲之还见，乃叹曰：吾去时真大醉也。敬乃内惭。"当他对书法有更深的造诣时，更有一种不亚于父亲的自信。虞和《论书表》记载："谢安尝问子敬：君书何如右军？答云：故当胜。安云：物论殊不尔。子敬答曰：世人那得知！"王献之自称胜父，引来后世诸家的诟病，其实王献之只是针对书法艺术自身作出一种评判，而并不牵涉伦理的尊卑高下，这种通脱放达的晋人风度在王献之身上有极自然的流露。

《世说新语·企羡》载"王右军得人以《兰亭集序》方《金谷诗序》，又以己敌石崇，甚有欣色"，可见《兰亭序》是王羲之在文学方面的得意之作。而据唐人刘餗《隋唐嘉话》和何延之《兰亭记》的记载，王羲之对他所写的《兰亭序》颇为珍爱宝重，可见它也是王羲之在书法方面的得意之作。年幼的王献之当年参加了兰亭雅集，对这一场盛会有亲身体验，只是因为年幼而不能赋诗，诸位才俊饮酒赋诗、其父王羲之书撰《兰亭序》的风采自然让他神往。依王献之的个性，他在成年以后以一种特殊的方式表现自己的文学、书法才华，并缅怀当年的胜景，是有可能的。王羲之在献之不到二十岁时已经离世，献之以其父当年《临河序》中的文字为基础再续新篇，自然会有"向之所欣，俯仰之间，以为陈迹"、"修短随化，终期于尽"的感慨。这种做法已经不同于少年时题壁的顽皮，而在放达不羁中蕴藏着一往深情。

如果《兰亭序》真的是王献之所书，智永书法与《兰亭序》在结字上的相近便不是一件奇怪的事，因为智永很可能受到王献之此路书法的影响。《兰亭序》中扁小的“癸丑”二字也显得顺理成章，因为王献之背写《临河序》（大体上是《兰亭序》的前一部分）时确实可能像郭沫若所说，忘掉了当年的干支，而填补的时候才发现空间逼仄。

对《兰亭序》持有疑问的人考证其作者，必然要从王羲之以后的时代寻索，看哪位书法家的书法特征与《兰亭序》相近。于是，看到智永的书法与《兰亭序》相近，便推测《兰亭序》为智永伪托；看到褚遂良的书法与神龙本相近，便推测神龙本是褚的摹本并较多地掺进了褚的笔意。笔者将目光投向王献之，依然考虑到王献之书风与《兰亭序》的近似，只不过笔者没有像阮元之后的怀疑者们那样，一概将目光投诸梁、陈之后。东晋时代趣于畅达、清丽的书法艺术风气已经为《兰亭序》的产生提供了条件，而王献之的诸多摹、刻书迹以及对其个性、行止的文献记载也透露着王献之再写《兰亭序》的可能。

（作者单位：北京师范大学艺术与传媒学院）

陈洪杏

近代以来以篇为单位疏解《论语》之考辨（下）

内容提要：近代以来的《论语》注疏在体例方面出现了一些令人耳目一新的创制，其中以篇为单位疏解《论语》——所谓“依篇疏解”——对促进《论语》注疏向儒学义理深处的开掘最可寄予厚望而难度亦最大。本文通过对唐文治《论语大义定本》、齐树楷《论语大义》、方骥龄《论语新诠》、黄克剑先生《〈论语〉解读》四个较为典型地采用过这一体例的注本的研究，对其依据、意义及相关的制约因素一一作了悉心剖析，从而指出，能否始终对《论语》这一由诸多看似互不联缀的章句构成而又有着一以贯之之虚灵命意的独特文本保持足够的尊重和信赖，能否在一个相当的高度上与孔子的生命达成某种渊默的共鸣，进而对“道”、“教”、“中庸”诸范畴有较深切的悟解，将决定“依篇疏解”这一注疏体例能否真正配称于《论语》大义的钩抉。

本文还指出，对篇旨及编次较为理想的探索也许应当是这样：《论语》乃是一个由诸多散落的章句构成而有着辑纂者的意趣贯穿其中的文本这一信念，决非理性探索之外——在某个固定的地点静静地等待理性到来——的那种实体性的信念，它的合于《论语》真趣的最终生成有赖于理性探索的矫正和促成；依篇疏解这一理性活动，必得朝着意向中的信念的大致取向趋进因而烛引于远方的有待辨析的信念，它的合于《论语》实旨的完全展开有赖于确定中的信念的凭系和引领；在二者互为前提的循环中，二者在成比例地相互丰赡、相互成全着。

关键词：《论语》　依篇疏解　文本特殊性　道　教　中庸　理性　信念

三　制约“依篇疏解”的第二重因素：对“道”、“教”、“中庸”诸重要范畴的悟解

在以篇为单位疏解《论语》的尝试中，一如信念并不是泛泛而言的，所谓理性亦有着确凿而丰赡的涵义，其中的一层意谓是对孔子之“学”的悟识。在《论语》所辑的全部章句里，孔子曾两次提示弟子其“道”

或其“学”一以贯之。编纂者在辑集夫子遗句时显然是按照夫子的这些自白来编次的。因此，对任何试图借助“依篇疏解”的方式探讨《论语》的人来说，在理性层面上神会于孔子的一以贯之之“学”都是必要的，唯有如此，方能保证这种由章而篇又由篇而章、由篇内而篇际又由篇际而篇内的诠疏，始终保持一种不失深度的真切感或一种不失真切感的深度。孔子的一以贯之之“学”，倘扼要而言，其神韵乃集中体现于“道”、“教”、“中庸”诸枢纽性范畴。其中，“教”规定孔子之“学”的价值趣向、教化鹄的和教化过程，“道”为孔子之“学”在应然意义上的确立——“教”——提供“本然”依据，“中庸”为人实现人生的根本价值“仁”而趋于“为仁”之最高境地或极致境地开示可能的途径，并为这一过程指示虚灵的终极目标，从而赋予孔子之“道”一种形而上的品质。孔子对“道”、“教”、“中庸”诸重要话题的指点渗透于他对弟子及时人的“近取譬”之谈。可以说，对这些范畴能否真正了悟，将在相当大程度上决定注疏者能否以相应的深度契接富有深度的孔子之“学”，从而决定其理性探索能否合于《论语》本旨地矫正、丰富其已有的有关《论语》的信念，并转而决定这新信念能否合于《论语》之指凑地引发、诱导对孔子之“学”的新悟解，以至最终决定这尝试中的“依篇疏解”能否配称于对《论语》精蕴的抉发。

不过，就对孔子之“学”的探究而言，理性探索与信念笃守的关系还不仅于此，由“道”、“教”、“中庸”诸重要范畴所指示的人生境界——可一言以蔽之为“仁”境或“圣”境——的圆成和证可本身，就有待于理性探索与对信念的笃守在一种微妙张力下的相互成全。这是因为，“仁”的端倪——人对自己的亲人、对众人、对万物有一份由衷的爱或不忍之心、不忍之情——虽然是人与生俱来的，对它的唤醒却有一个过程，而且，即便对它有所觉悟，意识到对它的培壅是一件关乎人成其为人的大事，对它的弘大也仍然有一个过程，这个过程在每个人那里都必须重新开始，它和每个人的生命践履直接关联。但是，人毕竟是在一定的时空里存在着，生存境遇的局限性和人的生命的有限性决定了人对“仁”的端倪的扩充总会受到或此或彼的制约。倘把人对“仁”的端倪的恰到好处的弘扬称之为“中”，那么，这些存在或此或彼之缺陷的扩充则可称之为“过”或“不及”。人如果能够从“过”与“不及”的两端有意识地不断逼近这个在人的心目中存在的“中”，那么，他自身的“仁”德就可以获得不断的提升。另一方面，人如果能够对越来越相互接近的“过”与“不及”有越来越深刻的体会，那么，他对在“过”与“不及”中逼现出来的“中”的确凿意味就可以有越来越亲切的领悟。而且，他对“仁”的极致境地或“中”的感悟越深入，他对在提升“仁”的端倪的过程中所出现的“过”与“不及”就越敏感，自我端正的可能性也就越大。在这个过程中，那个被他越来越确切感受到的“中”实际上构成了他自我评判的标准和自我提升的理想，尽管这个标准和理想本身又随着他的不断延伸着的践履而在不断的厘定当中。从这可以看出，倘若不“依于仁”而以“仁”为信念，通过闻“仁”、弘“仁”以探求“仁”的精微，“仁”境或作为一种“中”的极致境地“圣”就不可能在人的祈慕中如如而现。令人遗憾的是，由此检勘唐氏、齐氏、方氏和黄先生这几位以“依篇疏解”方式诠贯《论语》的先行者，可以看出，他们对“道”、“教”、“中庸”诸范畴及其所导示的“仁”境或“圣”境的把握，令人信服的并不多见，换言之，“依篇疏解”更多地还只是一种形式。

“可与共学，未可与适道”，孔子之学乃“适道”或“致道”（“学以致其道”）之学，其所“适”或所“致”之道在唐氏、齐氏、方氏和黄先生看来即是“仁”道。在前三位学者中，方氏对“仁”的论述较为充分，这里拟重点将其与黄先生作一番比较。方氏指出：

经典中论“仁”者，莫详于《论语》，细按其义蕴，约而言之，可析为五类：

其一：仁即人　……例如“雍也”篇“仁者，虽告之曰井有仁焉，其从之也”，《注》：“刘聘君曰：‘有仁’之‘仁’，当作‘人’。”至如“微子”篇“殷有三仁焉”之“仁”，当为“仁人”二字之简称……古人以“仁”代“人”，殆以人之所以异于禽兽，即因人有与生俱来之仁心欤？

其二：仁即人性　……例如“学而”篇“孝弟也者，其为仁之本与”，朱熹《集注》：“程子曰：盖仁是性也。”……人有与生俱来之人性，即为仁。但与生俱来者尚有兽性，必须力加惩窒克制，仁心始可如“火之始然、泉之始达。苟能充之，足以保四海；苟不充之，不足以事父母”。《论语》“颜渊”篇颜渊所问与孔子所答之“仁”，即此本善之仁心。孔子以“克己复礼为仁”释之。礼，理也。《论语》中无“理”字，即以“礼”代之。盖人既有兽性，如何克制惩窒，理而已矣。故仁心亦即理性，人之所以异于禽兽，亦即人能克制兽性而光大人性。“颜渊”篇所论，亦即如何发扬与维护此本善之人性是也。

其三：仁为人相亲附之道　……经子典籍中以亲爱释“仁”字者，不一而足。盖仁心存于内而无形，亲爱则见诸行动，此相人耦之“仁”所以异于仁心之“仁”也。人不能离群索居，二人相处，为社会组织之始基，人与人相接，始可见其人性，故“仁”字从人从二，二人也。“里仁”、“公冶”、“雍也”三篇中所论之“仁”，皆相人耦之“仁”，亦即人与人相亲附之道……

其四：仁，与人为善也　孔子以为独善其身之“仁”及相人耦之“仁”，前者为个人之修养，后者为和谐之共处，皆不足以发挥仁道之极致；只是由相互影响中产生同情心，尚非积极为善。孔门之学，德贵自觉，善贵及人。子路闻过则喜，禹闻善言则拜，大舜又大焉，善与人同。所谓善与人同，亦即孔子“己欲立而立人，己欲达而达人”之“仁”。较“己所不欲，勿施于人”之“仁”更进一步……“子罕”篇“仁”字虽二见，但全篇所论，莫不切合推己及人之原则。且“罕言利与命”，已近乎忘我之境界……

其五：为“舍生取义、杀身成仁”之“仁”　此为仁道之最高境界。成功则为圣贤，失败亦不失为君子。“微子”篇“殷有三仁”之“仁”，即符合此标准。逸民伯夷叔齐，周之八士，皆孔子所仰慕者。孔子不以虞仲之夷逸诪张为是，亦以柳下惠之少连而降志辱身。孔子异于是，无可无不可，虽非舍生杀身，取义行仁则一。知其不可为而为之，行其义，仁也；道之不行，已知之矣。存有此种胸襟之仁者必不忧，皇路清夷，则含和吐于明庭；风雨如晦，则临难决不苟免。若楚狂接舆、长沮、桀溺、丈人之流，独善其身，皆不足以言仁。“宪问”、“卫灵”、“微子”各篇所论者，皆“舍生取义，杀身成仁”之仁道是也。

要之，生而为人，必须保持其固有之人性，方可与人相亲附；进而立人，达人，人饥已饥，人溺己溺，以天下国家为己任，发扬仁道，已致其极。《论语》中所论之仁道，五者莫不具备。[1]

依方氏所见，“人之所以异于禽兽”，乃“因人有与生俱来之仁心”，这“仁心”是“本善”的。“但与生俱来的尚有兽性，必须力加惩窒克制，仁心始可如火之始然，泉之始达。苟能充之，足以保四海；苟不充之，不足以事父母。”这可“惩窒克制”兽性的东西乃是“理性”，亦即“仁心”，换言之，“人之所以异于禽兽，是由于人能克制兽性而光大人性”。方氏认为，“人不能离群索居，二人相处为社会组织之始基，人与人相接始可见其人性”，这时“存于内而无形”的仁心之“仁”由于人与人的“亲爱”而开始“见诸行动”，演为“相人耦”之“仁”，亦即“人与人相亲附之道”。不过，“相人耦”之“仁”“只是由相互影响中产生同情心，尚非积极为善”，而“孔门之学，德贵自觉，善贵及人”，“推己及人”之“仁”或“与人为善”之“仁”才是“积极为善”。这种“积极为善”的最高境界是“以天下国家为己任，舍生取义，杀身成仁”。方氏没有解释人的“仁”德修养是如何由“相人耦”之“仁”升华为“与人为善”之“仁”，最后臻备为“以天下国家为己任，舍生取义，杀身成仁”之“仁”的，不过，从其“仁心亦即理性，人之所以异于禽兽，亦即人能克制兽性而光大人性”的提法，可以判定仍是“理性”在其间起了关键作用。然而，作为“仁”的端倪的“仁心”首先是一种油然而生的情感，而不是一种用于裁断是非、进行价值抉择的理性。而且，人在自我反省时对“仁心”有所觉悟，将其在人成其为人的意义上裁断为

---

〔1〕方骥龄：《论语新诠》“卷首”，第22－24页。

"好"，或把"仁心"省悟为"仁"的端倪，努力使之达到极高的境地，这些活动诚然都离不开理性的参与，但理性毕竟只是起着一种引导和匡正的辅助作用，整个活动依然是情感的陶滤而不是理性的推嬗。或更确切地说，在这个过程中，理境与情境相融为一，理之所至也是情之所至，为人所渐次领悟到的那重"仁"的人道而天道的思致是培壅或润泽于一种日臻高尚的情操的。

此外，据方氏所见，"相人耦"之"仁"、"与人为善"之"仁"、"以天下国家为己任，舍生取义，杀身成仁"之"仁"与"独善其身"之"仁"相对，而且，与"独善其身"之"仁"、"相人耦"之"仁"相比，"与人为善"之"仁"、"以天下国家为己任，舍生取义，杀身成仁"之"仁"这些"积极"之"仁"方能发挥仁道的极致。倘把"独善其身"之"仁"称作"为己"之"仁"，则"相人耦"之"仁"、"与人为善"之"仁"、"以天下国家为己任，舍生取义，杀身成仁"之"仁"可以说都是"为人"之"仁"，因此亦可谓"为人"之"仁"较之"为己"之"仁"在方氏这里更受重视些。姑且不论方氏对"仁"的义蕴作这四种划分是否妥当，这里必须指出的是，"仁心"首先是一种情感，而情感总是切己的，属于活生生的个体的，所谓对"仁"道的弘大永远首先是注重对被经验的个人最先亲证到因而又无从规避地受到个体经验局限的"仁心"的兴长、匡正和成全，在任何境况下，"仁心"的壅养都须经由个体的生命践履，首先表现为个体的心灵境界的提高。孟子把"仁心"的蓄养过程分为"善"、"信"、"美"、"大"、"圣"（"神"）若干格位，即是就"仁心"涵煦的绵密程度和对其间的造意的打落程度而言的，孔子虽然尚未可被称作可以"圣"或"神"相喻的不滞濡于任何经验的"最高的范本"，但他之所以足以垂范于世而为万世师表亦在于其切己的"仁"德蓄毓已臻于"温而厉，威而不猛，恭而安"的境地。就"仁心"在提升的过程中所涵润的对象来说，"仁"德的修养过程诚可谓为由"亲亲"推扩至"仁民"，再由"仁民"推扩至"爱物"，但无论是"亲亲"还是"仁民"、"爱物"，这些"为人"之"仁"都是滋养于"为己"之"仁"的，或更确切地说，这些"为人"之"仁"原是"为己"之

“仁”向着境界的弘深处不倦地自我拓展的题中之义。缺少了“为人”之“仁”，“为己”之“仁”诚然不免于褊狭，离开了“为己”之“仁”，“为人”之“仁”则将变成一种由外在于人的生命躬履的理性或律令主导其中的德行，甚至有可能沦为一种作意的表演。

由于方氏把“仁心”更多地理解为一种理性，把“仁心”的养治过程更多地理解为理性起着主使作用，又由于方氏更加看重所谓“为人”之“仁”而把“为己”之“仁”与“为人”之“仁”多少对立起来，他对孔子的“仁”道的推述便难免出现较大偏差。这一点，突出地体现在他对诸多涉及“仁”、“道”的章句的研讨上。如，他把“参乎！吾道一以贯之”释为：

> 本章所谓道，殆待人接物之道……“一以贯之”，孔子谓待人专心于善而无贰心，必可圆满贯彻无缺，决不前后不一而自相矛盾，绝无二重人格而内外不一；必人我一体，内外一德；必言行相符而始终不渝，于是而己立立人、己达达人；必己所勿欲、而勿施于人。能推己及人，忠也；不以不善加诸人，恕也。故曾子释之以“忠恕”。“而已矣”者，谓“一以贯之”之道，仅忠恕而已，并无深远奥义。[1]

所谓“待人专心于善而无贰心”对墨子的“兼相爱，交相利”之“道”来说也是相宜的，但墨子却认为，“儒之道足以丧天下者四政焉”[2]，这“四政”之一即有“厚葬久丧”。墨子批评儒家“厚葬久丧”诚然有一定的历史合理性，不过儒家重葬重丧原是出于那份不能自已的“亲亲”之情，而儒家所谓“忠恕”正是“亲亲”顺着人情自然向更广范围推扩的结果。因此，即便从“待人专心于善而无贰心”可以推出“己立立人，己达达人……己所勿欲、而勿施于人”，这一推导也需若干有别于墨学的义理作为前提。

---

〔1〕方骥龄：《论语新诠》，第101页。

〔2〕《墨子·公孟》。

由于未能较为准确地体察“仁”的精义，方氏对诸多与“仁”间接相关的章句的读解亦多有可商榷处，如其对“为政”篇“吾十有五而志于学”章、对“卫灵公”篇“《书》云：‘高宗谅阴，三年不言。’何谓也”章的把握。其对“里仁”、“子罕”、“颜渊”、“微子”等篇的旨趣的研求也因此受到影响。如，他认为：“（‘子罕’篇）皆孔子不言利及命之说。孔子所不言之利，私利也；不言之命，个人之命运也。但孔子独重视取人为善、助人为善、许人为善之道。孔子善与人同，乐取于人以为善，是与人为善者也……故首章‘子罕言利与命，与仁’。‘与仁’，殆即与人为善之谓，故全篇所编列之各章，无非为孔子与人为善之事实。”〔1〕

与方氏不同，黄先生关联着孔子所谓“道”而阐释其所谓“仁”。鉴于近代以来人们更多地把“道”视为一种所谓的客观规律，黄先生在阐明孔子之“道”时首先对“道”作了一番意味深长的字源学上的考论，他指出：“‘道’是哲理化了的一个隐喻，它由可直观的道路升华而来，却也因此把道路必当有的朝向性和那种必得在践履或践行中才得以发生和持存的性态保留了下来。‘道’的朝向性使‘道’有了‘导’或导向的内蕴；‘道’的只是在践履或践行中才得以发生和持存的性态，则注定了‘道’之所‘导’的实践性和非一次性。一如在人的行走之外并不存在独立于人而自生自成的道路那样，‘道’只延伸在致道而弘道者的‘致’、‘弘’的不懈努力中。”〔2〕通过对“道”原初具有的实践性和导向性义蕴的揭示，黄先生遂破除了把“道”静态化、实体化的执见，并钩探出了“道”所蕴涵的价值意趣。黄先生发见，同是推重所谓“道”，孔子创立的儒家之学与老子奠基的道家之学理趣相通却又大相径庭，这托底的秘密即在于寓托于儒家之“道”的价值取向与寓托于道家之“道”的价值取向通而不同。黄先生遂从价值归趣入手来推究儒家之学与道家之学的分别，他说：“老子立意中的‘道’乃‘法自然’之‘道’，‘道’

---

〔1〕方骥龄：《论语新诠》，第227页。

〔2〕黄克剑：《〈论语〉解读》“孔子与《论语》”，第4页。

为人所取法，却在‘道’之为‘道’的意义上并不托望于人的可能‘弘道’或可能‘弘道’的人。孔子则着意以‘仁’喻示他心目中的‘道’。他宣称：‘志于道，据于德，依于仁，游于艺。’这里，最可致意的是‘依于仁’，它是孔、老（儒、道）之‘道’最微妙的关联和最可确指的分野所在：由‘依于仁’所称述的‘道’是孔子所倡立的儒家之‘道’，由‘失道而后德，失德而后仁’所称述的‘道’是老子所倡立的道家之‘道’。”[1] 在把孔子之道辨断为“仁”道后，黄先生对“仁”作了独具只眼的阐发，他从“生”、“亲”、“爱”、“觉”诸义说起，所论至为独到、亲切而深挚。他说：

《说文》云：“仁，亲也。”然而，“亲”由“生”而来，父母与子女之“亲”的缘起在于“生”，所以宋儒周敦颐遂有理由以“生”解“仁”或以“仁”解“生”，他说：“生，仁也。”“生”而有“亲”，“亲”又必致于“爱”；“爱”有差等，起初最自然的一种爱在于“亲亲”，由“亲亲”之爱顺其人情自然的推扩则有“泛爱众”或“老吾老以及人之老，幼吾幼以及人之幼”。因此，孔子也分外要以“爱人”指点他所谓“仁”。“生”、“亲”、“爱”，“亲”是把“生”关涉到“爱”的中介，倘出于对这一中介的看重，孟子所谓“亲亲，仁也”也就完全可以理解了。不过，真正说来，由“生”、“亲”、“爱”说“仁”，尚不能不以人可对“生”、“亲”、“爱”有所反省因而有所觉悟为前提，在这一意义上，孟子却又把渗透“爱”意的“恻隐之心”仅仅称为“仁之端”。“仁”是孔子创始的儒家学说最能挈其要领而最富践履性和最具价值诠释功能的范畴，儒门立教之初虽未对“仁”与“生”、“亲”、“爱”、“觉”的微妙关系作明晰分辨，但从一开始，这些有待分辨的意趣就已圆融地默贯于立教者的言传身教中了。[2]

---

[1]黄克剑：《〈论语〉解读》“孔子与《论语》”，第4－5页。
[2]黄克剑：《〈论语〉解读》，第77页。

通过把“仁”溯源于“爱”，把“爱”溯源于“亲”，把“亲”溯源于“生”，黄先生揭橥了为儒学创立者所提撕的“仁”与两性之“生”、血缘之“亲”、“亲亲”而“泛爱众”之“爱”、心灵之“觉”的不解之缘。不仅儒家何以重“孝”、重“亲”、重“血缘”得到了鞭辟入里的说明，儒家又何以能不落入血“亲”的褊狭而主张“泛爱众”或“老吾老以及人之老，幼吾幼以及人之幼”也得到了入木三分的诠解。近代以来学人常以从“天志”说起的墨家的“兼爱”、从“上帝”说起的基督教的“博爱”来责难儒家的“等差”之“爱”落于狭隘，至此，这一做法遂为黄先生所辩折。

黄先生接着分辨说，既然萌朕于人的性情自然的“仁”只是在为人所觉悟因而为人所祈慕和弘扬的过程中才成为一种应然之德的，那么，则可以说，在认可“仁”为人得以立身的根本德行时，人也发现和成全着“仁”。这用孟子的话说，即是：“仁也者，人也；合而言之，道也。”朱熹为这句话作注说：“仁者，人之所以为人之理也”，“以仁之理，合于人之身而言之，乃所谓道者也。”[1] 黄先生认为，这讲法看似并不错，但无论是“仁”、“人”，还是“道”，都在拘于字句的疏解中被静态化了。在他看来，

倘上追孔子论“仁”之旨而关联着孟子“四端”说重新予以理会，其意趣或应当是这样：“仁”固然使人成其为人，而“仁”也只是在人对“人之所以异于禽兽者几希”有所觉悟，并对这“几希”自觉予以提升、扩充时，才被人确认为“仁”的；人因为“仁”而成为人，“仁”也因为人而成为“仁”，这是一个“人”、“仁”相即不离而相互成全的过程，贯穿这一过程始终的那种祈向和其所指的至高而虚灵的境地即是所谓孔儒之“道”。[2]

---

〔1〕朱熹：《孟子集注》卷十四。

〔2〕黄克剑：《〈论语〉解读》“孔子与《论语》”，第5页。

这是黄先生对“仁”、对“道”的底蕴的洞见。由是，人对“仁”道的弘大或对自身“仁”德的修养被把握为一种对浑然于生命自然中的价值性状的有为的开出，一个与人同始与人同终的过程。

“人因为‘仁’而成为人，‘仁’也因为人而成为‘仁’”，离不开人对内在的由衷之情或所谓“恻隐之心”顺其自然地向着可能的应然的提升。沿此理致，黄先生对众多有关“仁”、“道”的重要章句的理解都颇能穷其幽赜而真挚有味，如，他如此疏解“参乎！吾道一以贯之”章：

“仁”不是实体，它作为一种收摄诸多其它人生价值——如孝、忠、信、义、恭、俭、让等——的价值，决定着孔子学说的初始而终极的导向，这导向本身及其所确指的那种极致境地构成孔子的“道”。孔子说：“吾道一以贯之。”此一以贯之的“道”即是“仁”道。《礼记·中庸》所谓“为政在人，取人以身，修身以道，修道以仁”，可以说是对孔子之道乃为“仁”道的最好诠释，而孟子所引“孔子曰：道二，仁与不仁而已矣”（《孟子·离娄上》），则正可看作是夫子对自己所寻觅和信守的“道”的告白。“仁”的根芽在自然而然的生命亲切处最易体认，不过“仁”虽在起初最自然地显现于“亲亲”，却并不限定于“亲亲”之爱，它由“亲亲”之爱向更广范围的推扩必至于“泛爱众”。以“泛爱众”之心爱人，又必至于尽己为人以“忠”，推己及人以“恕”。所以，孔子的“一以贯之”的“仁”道在曾参看来则完全可以用“忠恕”作概括。如果依孔子的说法，“其恕乎，己所不欲，勿施于人”，那么，“忠”的涵义就理应是“己欲立而立人，己欲达而达人”了。然而，“仁”或“忠恕”都不是某种可测定或可预设的常量，它只在人的不懈探求的人生践履中才可能被渐次悟知，而且对其真正有所体会也只能是会之弥深。如此的“道”非以全身心的投注而无缘识其真趣，而即使投之以全身心也终究难以企及其虚灵的极致之境。正是在上述意义上，孔子说：“士志于道，而耻恶衣恶食者，未足与议也”，并且，他甚至也说：“朝闻道，夕死可矣！”[1]

长期以来，对“一以贯之之道”与“忠恕”之间的关系主要有两种观点，一种认为“一以贯之之道”即是“忠恕”，另一种认为“一以贯之之道”在“忠恕”之外，诚然“忠恕”亦违“道”不远，曾子所以以“忠恕”应答同门，乃是由于前者难言而后者易解。黄先生由“生”、“亲”、“爱”、“觉”诸义解释“仁”，将“忠恕”理解为由“亲亲”之爱顺着人情自然的推扩而有的“泛爱众”，亦即由“恻隐之心”说起的“仁”的派生性环节，这样就避免了前一种观点在强调“一以贯之之道”与“忠恕”二而一、一而二时可能出现的以“忠恕”取代浑全的“仁”、“道”的倾向。更重要的是，他还由此避免了后一种观点在强调“一以贯之之道”难言而“忠恕”之事易解时可能出现的另一种在人的“忠恕”躬蹈之外谈“仁”论“道”的倾向。黄先生把对“仁”、对“忠恕”的践履把握为一种没有底止的过程，则更是避免了把“仁”和“忠恕”静态化、实体化的倾向，与“道”的幽趣可谓若合符节。

值得一提的是，黄先生对众多只是笼罩于“仁”而并未与之直接相关的章句的阐抉亦时时予人一种造微入妙之感，如其对“为政”篇“虽百世可知”章、对“颜渊”篇“君君臣臣父父子子”章的疏解。他对“里仁”、“卫灵公”等篇的旨趣及“八佾”、“里仁”、“公冶长”、“雍也”、“述而”、“泰伯”、“子罕”诸篇关系的玩绎也因此——正如上文指出的那样——颇为引人入胜。

唐氏、齐氏、方氏对孔子之“教”均有较为丰富的诠释，不过，考虑到唐氏是一位近代以来殊为难得的教育家，其对孔子之“教”的钩汲堪称不遗余力，其对孔子之“教”的身体力行更可谓死而后已，这里拟将其与黄先生作一比照。

就孔子之“教”而言，价值取向和教化过程是其中分外值得留意的两点。在对孔子之“教”的价值取向的领会方面，唐氏、黄先生和历代

---

[1]黄克剑：《〈论语〉解读》，第80页。

注家在大端处并无分歧，但唐氏也和先儒一样不曾就此叩源推委，黄先生从人生的“无待”和“有待”两个向度来予以究诘则使问题在趋于复杂的同时也趋于深微。通常，学者们都把“为仁由己”、“我欲仁，斯仁至矣”读解为孔子对“仁”在人的天性自然中有其根荄和端倪的默许，这诚然是非常正确的，不过黄先生还从中寻玩出了另一层幽深的意味。黄先生提请人们注意，“就‘为仁由己’而言，‘为仁’——离开‘为仁’而‘仁’不能自存——无须依赖外部条件或受制于外部际遇，因此可以说，‘为仁’对于人说来是非对待性的或‘无待’的”[1]。接着，他又向人们提示了人生的另一向度：“人的生命存在毕竟还有对待性的一面，亦即所谓‘有待’的一面。人的生存的维系不能没有外部境域的成全，人只有同对象世界进行必要的物质交换才可能使自己富有生机的肉体存在得以持续，单是这一点就决定了人在他的生存境域中必得时时处处作某种利害权衡。”[2] 因此，即便是主张“君子忧道不忧贫”的孔子也并不否认人对“利”的必要考虑，并不一般地贬抑人对“富贵”的求取。“邦有道，贫且贱焉，耻也”，当他这样把“贫”、“贱”与可“耻”关联在一起时，他显然肯定了人对“富贵”追求的合理性，不过，这合理的前提是“邦有道”。所以这位儒教的创始者也这样说：“富与贵，是人之所欲也，不以其道得之，不处也。贫与贱，是人之所恶也，不以其道得（去）之，不去也。”依孔子的看法，对“富贵”有“所欲”，对“贫贱”有“所恶”，乃是人之常情，问题不在于如此常情的或弃或取，而在于这弃取中是否体现了“道”。黄先生申明，“这里所说的‘道’，依然为人因着‘仁’而成为人、‘仁’也因着人而成为‘仁’这‘人’、‘仁’相即不离以相互成全的导向所规定”，不过，他也提出，当孔子以“邦有道”为“富贵”追求的前提时，这“仁”而人、人而“仁”的“道”之所导已不再局守于无待的向度：

---

〔1〕黄克剑：《〈论语〉解读》“孔子与《论语》”，第5–6页。

〔2〕黄克剑：《〈论语〉解读》“孔子与《论语》”，第6页。

（它）把人的那种有着惓惓爱意（“亲亲”而“泛爱众”）的“不忍人之心”从无待的境地推扩到了有待的领域。这推扩在当政者那里即是所谓“有不忍人之心，斯有不忍人之政”，而在匹夫、匹妇那里则可按同样的逻辑谓其为：有不忍人之心，斯有不忍人之举。[1]

在这推扩的过程中，对“仁”德的躬行的无待性、彻底性被毫不含糊地引为前提。在孔子看来，对有待的“富与贵”的“所欲”无由影响对无待的“仁”德的履行，亦不可摇夺人的用以蹈履“仁”德的心志，但对无待的“仁”德的修持却不能不对有待的“富与贵”的“所欲”有所烛引，以保证后者堪可与人的名义相配称。因此，这里实际上包含着何种价值对人之为人来说至关重要的判析。对此，黄先生强调：

从无待的“为仁”，到有待的“人之所欲”的“富与贵”，“道”在人生中的贯彻必致引出人的价值取向的抉择，而这在孔子那里最终被归结于所谓“义”、“利”之辨——他说：“君子喻于义，小人喻于利。”[2]

与包括唐氏在内的以往学者不同，在黄先生看来，“孔子并没有把‘义’、‘利’这两重价值简单地分派给‘君子’和‘小人’；‘小人喻于利’固然说的是小人只懂得‘利’，而‘君子喻于义’却是要指出：君子未必全然拒绝‘利’，但君子成其为君子乃是因为他总能够做到‘见利思义’或‘以义为利’”[3]。他进一步申衍其说：

对于孔子说来，人生最高的“义”莫过于“仁”，而最大的“利”莫过于“生”，人当然应该珍爱自己的生命，然而一旦“义”与“利”或“仁”与“生”不能两全而必得作出某种两难选择时，人便须以舍弃生命为代价来守护那使人成其为人的“仁”。正是在这个意义上，孔子认

---

[1]黄克剑：《〈论语〉解读》“孔子与《论语》”，第6页。
[2]黄克剑：《〈论语〉解读》“孔子与《论语》”，第6页。
[3]黄克剑：《〈论语〉解读》“孔子与《论语》”，第6页。

为："志士仁人，无求生以害仁，有杀身以成仁。""杀身以成仁"表达了"义"、"利"之辨的彻底，它申说的是孔子"一以贯之"之"道"见之于人生价值弃取的最高断制。[1]

黄先生指出，"杀身成仁"或"舍生取义"尽管作为成语已流传了两千多年，但"舍"、"杀"、"成"、"取"中所蕴涵的人生意趣的分量并没有被更多的人所真正悟识。实际上，这可以视为儒家学说为中华民族启示的心灵教化的最高断制或最后断制。它作为一个终极性的信念，使中华民族在两千多年中始终能够挺直自己的脊梁，昂起自己的头颅。终极意趣上的"义利之辨"构成了一种教化，所谓"孔孟之道"的"道"就以最不易误解的方式展现在这里。

相较于唐氏，黄先生从人生的"无待"、"有待"向度来辨析孔门之教的价值取向更易于探得孔门义理之三昧。关于这一点，可比照这两位先生对"君子喻于义，小人喻于利"、"三军可夺帅也，匹夫不可夺志也"等非常典型地体现了"义利之辨"的章句的读解。唐氏在推察"三军可夺帅也，匹夫不可夺志也"时说：

三军虽众，而其志不一，故其帅可得而夺。匹夫虽微，而其志独立，故不可得而夺。夫子曰："志士不忘在沟壑。"盖此志大矣，终身立德立功，在于是人，苟志为圣贤，谁能沮之，所谓不为威屈，不为利诱也。[2]

以"三军虽众，而其志不一"、"匹夫虽微，而其志独立"来论证三军之帅"可得而夺"、匹夫之志"不可得而夺"，无疑是站不住脚的。因为"三军虽众"，亦有"其志齐一"之时，这在民族危难的关头常可见到，然而即便是在这时，其帅依然可能由于被上司免职、遭外敌斩获或所统率的"三军"被击溃而被"夺"。匹夫单微，在其身上与其志一样

[1]黄克剑：《〈论语〉解读》"孔子与《论语》"，第6–7页。
[2]唐文治：《论语大义定本》，卷十五。

"独立"或"单一"者比比皆是，但为何它们可被夺而其志"不可得而夺"呢？唐氏对此有欠申释。

黄先生借着把人生区分为"有待"、"无待"两个向度的理解结构，则在《论语》注疏史上第一次对此章从人生的根柢处予以透彻的喻示，他说：

> "帅"固然尊贵，却毕竟属于孟子所谓的"人爵"；凡"人爵"都是对待性的或"有待"的，其予夺在人，一如孟子所说："赵孟之所贵，赵孟能贱之。""帅"要有人任命，也要有"三军"可统领，一旦不再被任命，或是所统率的"三军"被击垮，那"帅"就被"夺"了。而"志"却不同，"志"属于孟子所谓的"天爵"，"天爵"是"贵于己者"，是非对待性的或"无待"的，就是说，它对外部条件无所依赖，只要心存此志的人自己不放弃，外部条件无论怎样改变都不能使"志"像"帅"那样被夺去。[1]

就孔子之"教"的教化过程来说，唐氏倾向于主张"述而"篇中的"志于道，据于德，依于仁，游于艺"较有涵盖性，同时又认为此章与"泰伯"篇中的"兴于诗，立于礼，成于乐"相通，黄先生则相对更注重后一章在义理上的涵容性，并将其关联于前一章。唐氏在注解"志于道"章时说：

> （"志于道"，）道者，自内言之，率性之谓，纯粹中正者是也。自外言之，修齐治平之学，达于万物者是也。凡言道必兼内外，始为完备。志为学者入门之要，譬诸两途，志乎名利，则入乎名利矣，志乎道，则入乎道矣，是第一关也。（"据于德"，）据者，行据之也。《周官·师氏》："以三德教国子。"《注》："德行，内外之称。在心为德，施之为行。"又《大司乐》注："德，能躬行者。"是"德"字亦当兼内外而言，

---

〔1〕黄克剑：《〈论语〉解读》，第194页。

后儒专言心，以至堕于空虚，殊未合。（“依于仁”，）依者，不违之谓。或谓仁者心之德，仁与德何分。不知德乃普称，仁乃善之长。依仁则私欲尽去，而天理常存矣。此三句，有循序渐进者，有同时交修者，与“志学”章（指“吾十有五而志于学”章——引者注）稍异。（“游于艺”，）游，周览博习之谓。李氏（指李光地——引者注）曰：“凡名物器数为艺，六艺皆载道者，而有本与末之别。如同一礼乐，庄敬和乐不可斯须去身者，本也；玉帛笾豆鼓舞铿锵者，末也。虽曰‘德成而上，艺成而下’，然又曰‘藏焉，修焉，息焉，游焉’。”《集注》所谓“博其义理之趣，而应务有余，心无所放，而动息有养者”，亦兼知行言之，而为志道据德依仁之助也。黄氏（指黄式三——引者注）曰：“士固有滞于艺而不闻道者，要未有不通于艺而遽高语道德者，此实学之所以出也。后人以冥悟为仁，以虚无为道，以清净为德，遂滋流弊，君子博学无方，六艺之学，皆宜遍历以知之，故曰‘游于艺’。”[1]

他在注释“兴于诗”章时又说：

（“兴于诗”，）人皆求有以兴，而不知所以兴之道，未通经也。《礼记·经解篇》曰：“温柔敦厚，诗教也。”此盖以养性为主。故不曰“诗可以兴”，而曰“兴于诗”。（“立于礼”，）人皆求有以立，而不知所以立之道，未通经也。《记》又曰：“恭俭庄敬，礼教也。”此盖以定命为主，故不曰“礼可以立”，而曰“立于礼”。（“成于乐”，）人皆求有以成，而不知所以成之道，未通经也。《记》又曰：“广博易良，乐教也。”此盖以磨砻德器为主。故不曰“乐可以成”，而曰“成于乐”。可见夫子非评论诗礼乐也。李氏（指李光地——引者注）曰：“‘志于道，据于德，依于仁，游于艺’，首一字是用功处。‘兴于诗，立于礼，成于乐’，首一字是得效处。文虽同而意异。然二章之理，有可相通者。感发兴起，是志道中事。卓立不惑，是据德中事。纯粹完成，是依仁中事。至于诗礼乐，

---

[1] 唐文治：《论语大义定本》，卷七。

皆艺也，其精者与道德仁同归，故可以兴可以立可以成，其粗者为篇章文辞器数声容之属，亦莫非至精之所寓。故彼言道德仁又言艺，而此混而一之。”[1]

尽管唐氏认为“志于道”、“据于德”、“依于仁”“此三句，有循序渐进者，有同时交修者”，但他在阐述“志于道”、“据于德”、“依于仁”时更多地还是从教化过程中的若干平行面这一角度进入，其对“兴于诗”、“立于礼”、“成于乐”的研读亦复如此。无论是对“志于道”、“据于德”、“依于仁”，还是对“兴于诗”、“立于礼”、“成于乐”，其理解都尚未臻于贯通。但孔子毕竟提醒过曾子“吾道一以贯之”，又提示过子贡“予一以贯之”。就“志于道”、“据于德”而言，这对道家来说也是相宜的，不过为这个主张“尊道而贵德”的学说所同时肯认的还有“大道废，有仁义”、“六亲不和，有孝慈”。因此，即便只是为了区别儒道两家学说，也有必要把“志于道”、“据于德”辐辏于“依于仁”而对三者作一种义理上的贯轶疏解。在孔子以“儒”立教之前，《诗》、《书》、《礼》、《乐》、《易》和作为记事文献的《春秋》就已经存在，供人们咨询古代典籍和礼仪规范的所谓儒者也已出现。但孔子显然并不满足于“儒”只是修习一专之能的“术”，否则他就不至于告诫比他小四十四岁而“始可与言《诗》”的子夏“女为君子儒，无为小人儒”了。“君子儒”、“小人儒”在提法上的对峙表明了孔子意趣中的“游于艺”重在涵养“仁”心而“学以致其道”。唐氏在注释“游于艺”时引述了朱熹的见解，以为其“言兼知行”，以“游于艺”为“志道据德依仁之助”，又援引了李光地的看法，赞同其把六艺分为“本”、“末”的做法，最后还征引了黄式三的观点，认为“以冥悟为仁，以虚无为道，以清净为德”这一看法已滋流弊，“君子博学无方，六艺之学，皆宜遍历以知之”。这些说法诚然可在“游于艺”乃教化的一个必要环节这一点上找到共通点，但彼此之间的睽异恐怕更为显著，唐氏不加分辨地旁征博引反倒显露出其对“游于

[1]唐文治：《论语大义定本》，卷八。

艺”与“志于道”、“据于德”、“依于仁”之间的关系的辨识尚有待深入。与此构成一种互证的是，唐氏对“兴于诗，立于礼，成于乐”的解说亦有欠通洽。他既认为诗教“以养性为主”、礼教“以定命为主”、乐教“以磨砻德器为主”，又转引李光地的相关见解，以为“感发兴起，是志道中事；卓立不惑，是据德中事；纯粹完成，是依仁中事”，却终于未能对“养性”与“志道”、“定命”与“据德”之间的贯通作必要的申解。

《论语》辑录了诸多孔子应弟子所问而以“近取譬”的方式对“仁”作出指点的章句，其中之一即是：“颜渊问仁，子曰：‘克己复礼为仁。为仁由己，而由人乎哉。’”《论语》还纂辑了不少孔子谈“礼”、谈“学”的话语，其中的两句分外耐人寻味：一句是“恭而无礼则劳，慎而无礼则葸，勇而无礼则乱，直而无礼则绞”，另一句是“好仁不好学，其蔽也愚；好知不好学，其蔽也荡；好信不好学，其蔽也贼；好直不好学，其蔽也绞；好勇不好学，其蔽也乱；好刚不好学，其蔽也狂”。以“勇而无礼则乱，直而无礼则绞”较之于“好直不好学，其蔽也绞；好勇不好学，其蔽也乱”，可知所谓“不好学”即是“无礼”的同义语。倘若诗、礼、乐在引导人们“为仁”、向“圣”以成“君子”或“君子儒”的修养过程中，确如唐氏所理解的，所起作用难分轻重或可不计轻重，孔子为何要分外向颜渊提撕“为仁”当“复礼”或“立于礼”？又为何一再要人们在“仁”、“知”、“信”、“直”、“勇”、“刚”诸德性修养中“好礼”而“学礼”？“乡党”篇末节与前二十八节迥然不同，这节是：“色斯举矣，翔而后集。曰：‘山梁雌雉，时哉！时哉！’子路共之，三嗅而作。”如果说前二十八节所记无非孔子如何循礼而行，那么末节则可说是对儒者宗师蕴大乐于身而通权达变的透露。倘若“兴于诗”、“立于礼”、“成于乐”之间果真没有条贯可言，那么，“乡党”篇的编纂者为何在备录夫子如何因“礼”而“立”之余，还要辑录这节充分体现了夫子如何因“乐”（yuè）而“乐”（lè）、为“乐”所“成”的文字？在研味可以“文”视之的诗、礼、乐如何把“生也直”（生也“质”）的人成全为“文质彬彬”的“君子”或“君子儒”方面，唐氏显然仍有很大的寻省余地。

最后，需指出的是，在唐氏看来，“凡言道必备内外，始为完备”，而“‘德’字亦当兼内外而言”，他虽然没有直接在这一点上就“仁”、“艺”发论，不过从其所谓“德乃普称，仁乃善之长”及其对朱熹注释“游于艺”所作的“亦兼知行”的评价看，仍可推出凡言“仁”、“艺”亦“必备内外，始为完备”或“仁”字、“艺”字“当兼内外而言之”的看法。这一观点诚然并无大端处的不妥，只是儒家的“外王”毕竟是“内圣”向政治领域推扩的结果，在“内圣”与“外王”之间毕竟还有源流之分、主次之别、缓急之差。倘不注意这点而一味强调教化“当兼内外”，在某种社会政治亟待变革的特殊情境下，儒家教化的重心或将发生有悖于儒学初衷的移易。对这点的担忧并不是多余的，唐氏在探绎“先进”篇“侍坐”章时即说：“隐居求志，行义达道，固圣人所期许，然成材于身，以著用于世，乃是学问至实处。”[1] 唐氏在申析此章时陷入了一个误区，他以为孔子既然在谈话之始即以“如或知尔”启发弟子“各言其志”，又对子路，尤其是对冉有、公西华的“用世之志”多加赞赏，那么“吾与点也”所流露的就不过是“伤世不吾用，虽有三代之英，而将隐居以老”的悲慨，其对曾皙的称许便只是赞扬他能“高旷自乐”，而不是赞许他“胸次悠然，上下与天地同流，不若三子规规于事为之末”。其实，对“用世之志”的赞扬与对性情合于“礼”、“乐”之抒达的叹美在孔子这里并非处于同一层次，二者之间并无扞格。孔子周游列国，乃是出于对春秋时的“有国者”、“为政者”由其“身正”而对民“导之以德，齐之以礼”的希望，亦即企盼被唤醒了“仁”的觉悟的“有国者”、“为政者”能以德性的教化引导人，以礼仪规范约束人们的行为，从而使百姓因为“羞恶之心”的被唤醒而耻于作奸犯科，自己匡正自己。换言之，孔子是看重“用世”的，但这看重乃是出于对每个个体的人生意义的确立和心灵境界的提升的眷注。“莫春者，春服既成，冠者五六人，童子六七人，浴乎沂，风乎舞雩，咏而归”，这种人生境界非仁

[1]唐文治：《论语大义定本》，卷十一。

义礼智根于心而胸有大乐者不可达。孔子在四子中独引曾皙以为同调，正由于唯有曾皙道出了儒家“为政”终究是以“为仁”而“为人”、“为人”而“为仁”为其终极意趣的。唐氏以为“隐居求志，行义达道，固圣人所期许，然成材于身，以著用于世，乃是学问至实处”，所误正在于对现实之“用”过于执滞。

唐氏的后半生都是在传道授业解惑中度过的，其年过八旬、双目失明犹开课授徒的精神尤其感人肺腑，这本身即是在为孔子之“教”作一种生命的见证。不过令人遗憾的是，至少在撰写《论语大义定本》时其对与“教”相关的不少章句的研索仍然难以免去人们的诸多质疑，其对“雍也”、“述而”、“子罕”、“先进”等篇要义的探揣亦因之留下了不小的缺憾。如，他在推寻“子罕”篇旨意时说：“物之不齐，物之情也。人之不齐，人之性也、质也。言教育而欲齐生徒，不问程度之高下，概以语之，或失之过浅，或失之过深，岂不妄哉……‘子罕’篇大抵为中人以下言。读首章而即知之。孔子未尝不言利与命，至答门弟子问仁尤多，而云‘罕言’者，盖末学之士，语以利则志昏，命则迷信，仁则广大而不知所归宿也。‘执御’、‘执射’，务实之至也。‘从众’、‘从下’，‘毋意’、‘毋必’，圣人之师范也。不曰‘道不在兹’，而曰‘文不在兹’，文实而道虚也，文所以载道也。教初学之士先以文也。少贱多能，两端必竭，所以教中材以下者至矣……”[1]

黄先生对“兴于诗”章的探玩已详见上节，这里仅引述他对“志于道”章的推析，其谓：

“志于道，据于德，依于仁，游于艺”，这是孔子对自己一生志业的概括，也是对自己所创始的儒家教化终究得以成一家气象的底蕴的道破。“形而上者谓之道”，“道”见之于人心或践履中的人于“道”有所得，谓之“德”；孔子是一位有“形而上”追求的人，不过这对形而上的“道”的祈致始终显现于切己的“德”的修养，而且，那“道”也绝不

---

[1]唐文治：《论语大义定本》，卷九。

就在德性修养者的心灵祈向之外。然而，单就“道”、“德”而论“道”、“德”，孔子的“志于道，据于德”并不能同老子的“尊道而贵德”真正区别开来，而把二者最后分辨开来的是“依于仁”和“法自然”。“自然”是老子之“道”的导向所在，“仁”是孔子之“道”的导向所在；“法自然”的取向排除了一切人为的价值，“依于仁”却带着人的性情自然的根荄把自然引向一种人所向慕的应然。因此，可以说，孔子和儒家之学所“志”之“道”、所“据”之“德”，毕竟是经由“仁”点化了的“道”、“德”，并且，即使是“游于艺”，孔子和儒家之学的“游于艺”所以有别于另一种旨趣的“游于艺”，也正在于这“游于艺”从一开始就笼罩于所谓“依于仁”。〔1〕

黄先生以“依于仁”来统摄“志于道”、“据于德”、“游于艺”，不仅从价值祈向上使儒家之“道”、“教”得以区别于道家之“道”、“教”，使以造就“君子儒”为鹄的的“游于艺”得以区别于最终养成“小人儒”的“游于艺”，还为把孔子之“教”理解为一个富于内驱力的韵律鲜明而未可躐次、神致一贯而境界上遂的过程提示了某种最后凭藉。据此，人们可以毫不牵强地钩贯起《论语》所辑录的全部有关孔子之“教”的章句，并在它们相互印可、相互补充、相互翼成中把对孔子之“教”的体会引向可能的深窅处。孔子曾对自己一生闻道、修德的过程作过如下概括：“吾十有五而志于学，三十而立，四十而不惑，五十而知天命，六十而耳顺，七十而从心所欲不踰矩。”如何深切地领悟夫子的这一自白历来是件难事。黄先生接续朱熹等宋儒把孔子之“教”把握为“诗教”、“礼教”而“乐教”，便为更深地体会儒家教化的创立者的以身示教或现身说法喻示了一个极好的入口。如果说孔子所谓“三十而立”说的就是由“立于礼”而立于道，那么这之前的“十有五而志于学”，其所指便当在于由“兴于诗”开始进入对“道”的探求。至于“四十而不惑”，从孔子所说“知者不惑，仁者不忧，勇者不惧”看，它表明孔子年届四十

〔1〕黄克剑：《〈论语〉解读》，第 151 页。

时已经对其所体悟的“道”有了作贯通理解的智慧，这智慧足以使他在人生的大关节处不再陷于困惑，为外部的压力或诱惑所摇夺。从“四十而不惑”到“五十而知天命”，是孔子闻道、修德的生命从“立于礼”到“成于乐”的过渡，而“六十而耳顺”，以至于“七十而从心所欲不踰矩”，则是孔子闻道、修德的生命真正“成于乐”的阶段：“耳顺”，意味着无论听到什么都可以被闻道、修德之“乐”所包容、所化解；“从心所欲不踰矩”比起“耳顺”来境界又高了一层，它是说孔子到七十岁时一举一动不再是经意为之，却又都能与“道”相合。由是黄先生得出这样的结论：“‘兴于诗，立于礼，成于乐’的孔子之‘教’既对于每个愿意闻道的人有着可践履的普遍性，又首先被孔子本人的生命践履所验证。孔子是以生命投入他的学说的，这学说讲出的道理无不先行体现于孔子的情趣盎然的人生。”[1]

黄先生接续宋儒把孔子之“教”把握为一种不舍人的性情自然却也并不滞濡于人的性情自然的教化，一种有着虚灵的终极眷注的人生教化，这使近代以来大批学者在救亡图存的压力下常常不自觉地把孔子之“教”理解为狭义的“为政”之教或“救世”之教的倾向，有可能得到相应的匡正或扬弃。这一点，只须参看黄先生对“侍坐”章的研察即可窥见一斑。他说：“对于孔子说来，为有国者所用而以其所能治理一方并不就是人生的至高追求；他的确说过‘苟有用我者，期月而已可也，三年有成’之类的话，但依他的真性情，决不至于被世俗的事用所牵累。盥洗于沂水之滨，沐风于雩台之上，可以说是没有任何实用意义的，然而在‘浴’、‘风’、‘咏’的‘无用’处，性情的抒达恰好就是礼乐的尽致。孔子从来就不是囿于事功的人，那种天人浑化、亦人亦天而从心所欲不踰矩的境地才是孔子心神所寄而努力求取的境地。”[2] 把这章读解成孔子对“为政”分外重视的学者通常都没有注意到，儒学之所以与其他关切现实政治的学说有着深刻的区别，乃在于它的现实关切是养润于一重更

〔1〕黄克剑：《〈论语〉解读》“孔子与《论语》”，第12页。

〔2〕黄克剑：《〈论语〉解读》，第243－244页。

为深远的终极眷注并时时受到这重终极眷注的督导的。黄先生指出孔子期待为“有国者”所用而以其所能治理一方，又指出天人浑化、意而不意、亦天亦人、亦人亦天的境地才是孔子心神所寄、孜孜以赴的境地，这样，孔子关注政治治理的最终目的乃在于引导每个人自觉地提升德性境界以使其愈益成为人这一点便被他体察并阐明了。

黄先生对众多与“教”相关的章句的探赏往往给人以一种研精阐微的印象，亦往往给人一种别开生面却又切中肯綮的感觉，如其对“卫灵公”篇“有教无类”章的玩索，又如其对“述而”篇“默而识之”章的寻味。而对“学而”、“子罕”、“乡党”、“阳货”等篇的旨义的钩揣亦因之颇能曲尽其致。如，他在研辩“乡党”篇的归趣时说：“依宋儒的提示，把握‘乡党’篇之意致，可留心于两点：一、‘道’不在人伦日用之外，孔子对儒家所谓‘道’的指点固然不能不诉诸‘近取譬’式的言喻，而重要的还在于他这位‘闻道’者的行迹；二、见于人伦日用的‘道’更多地是由‘中乎礼’的践履体现的，‘执礼’、‘约之以礼’或当作为‘道’生命化于每个个人的路径视之。”[1]

在“中庸”问题上，唐氏、齐氏、方氏都不曾有过专门的论述，其中齐氏的见解较多一些。他在研检“雍也”篇“中庸之为德也”章时说：

圣人之道，人道也。其德，即人之德也。人为万物之灵，然不过物之一耳。以其不欲化为物，是以言好德。以其不欲杂于物，而自葆其美，亦遂出于好高之见，而其望无穷。夫赞化育、参天地，只自能尽其性来，本非至高。而化育无方，天地有憾，既知能有所尽，则亦从众而循循于日用之常而已。是则所谓中也，是为平常，庸也。至，至善。之，为也。其矣乎，相像指点而赞美之。夫人不欲自处于庸，必别求所谓至善者。以庸行为谐俗，以庸言为不奇，自我翻新，始可定一众遵之轨。不知事必无成，即成，又有以为故常而改造之。且历世而无时定也。极其骛远之情，又有所谓进化者（今西人已改而吾国仍汹汹）。不知大《易》不言

---

〔1〕黄克剑：《〈论语〉解读》，第215页。

进化，但言变化，言进德。德以外言进，必有退以待之。晋继以明夷；升继以困，渐以归妹。凡以示人不可过。李刚主《大学传》注曰：“至善，中也，即孔子中庸至德之真意矣。”“至善，中也”，一言扶翼圣经，指示人事，其功甚大。如他家言“止于至善”一语，已足致圣经之倒。今人政治无绝对之美、道德无绝对之美，实为不刊之论。李先生以“中”字诂“至善”，乃始无一扞格。诚神笔也![1]

在玩习“尧曰”篇“允执其中”一语时他说：

“允执其中”一语，乃全书道理所从出……忠恕一贯，心乎中矣。人心之中，即天人之间，实有此赋予之中道。无论人事国事，不能离此而有所偏，偏则败矣……人为万物之灵，然而不过乎物，则求其高，求其至，非中也……上中下，前中后，左中右，《大学》平天下所言，皆含中在内也。内中外，终中始，表中里，本中末，小中丁，皆有中在，不能尽数矣。[2]

齐氏把可谓之“庸”或“平常无奇”的“中”释为人之天性，把人对一种可叹之以“至”的“绝对”境地的思慕，归结为一种“不欲杂于物，而自葆其美”的“骛远之情”，这表明，他未始懂得人虽“平常”，却可在祈向“至”或“绝对”时与“至”或“绝对”相通的道理，不懂得对“至”或“绝对”的祈向乃是一种有着人文本体之根的祈向。他把对“至”或“绝对”的追慕关联于一种与循环思维对立的进化思维，并把“至”、“绝对”理解为一种终究“必有退以待之”的东西，则表明他未始懂得“至”或“绝对”乃是一种价值意味上至为完满的“虚灵的真实”，而不是一种存在于具体时空之中有消息盈亏之相的“感性的真实”。任何事物的情态都有两端，两端之间得其恰切即是“中”，亦即“至”或

---

〔1〕齐树楷：《论语大义》“论语上”，第63－64页。
〔2〕齐树楷：《论语大义》“论语下”，第88页。

"绝对"，因为这恰到好处的"中"或"至"、"绝对"是可以在经验中无限趋近的，但它终究又是难以完全达致的。对任何一个希望在事物的两端之间得其所宜的人来说，每当他反省自己尚存的各种缺点或不足，或当他努力锤炼自己的各种能力而企望获得一种更高的造诣，这个有着无限距离的虚灵之真际就是如如而在的。尽管人囿于这样那样的经验条件，永远无从尽致地实现"中"所指示的那种极致，但这个恰到好处的"中"，这个"至"或"绝对"对人来说又是完全必要的，唯有凭借这个标准或理想，人才能对经验世界里的种种做法的不足之处进行检讨，也才能不断要求自己跃出已有的状态而逼近一种更好的境地。齐氏把"中庸之为德也，其至矣乎，民鲜久矣"之"中"释为"平常，庸也"，把"至"释为"至善"，并援引李塨"至善，中也"的说法，认为此即"孔子'中庸至德'之真意"。这章倘若果如齐氏所释，如此"中庸"又有何难而至于"民鲜久矣"，竟至于"不可能也"？

相比之下，同是援引前人之见，方氏的说法要有意思得多，他指出："旧说：中，常道也。庸，用也。中庸，以常道为用也。不偏之谓中，不易之谓庸；中者，天下之正道，庸者，天下之定理；中庸之德，不偏不倚，无过与不及之弊，为可以常用之德，乃天下至高之道。民，人也。鲜，少也。天下之人，已甚少中庸之美德，孔子伤世道之所以衰也。"[1]可惜的是，方氏并没有就此展开论述，他甚至没有像齐氏那样把它与"尧曰"篇"允执其中"一语关联起来。

由于把"至善"理解为"中"，又把"中"关联于"上中下"、"前中后"、"左中右"之"中"，齐氏对与"中"、"中庸"相关的其他章句的探询未免流于浮浅，失去当有的深度。如，他在研核"颜渊"篇"棘子成曰君子质而已矣"章时说："文质彬彬，然后君子。圣人之言，最得其平，贤者则稍过矣。犹不及，若犹有所激，势必荡而失其中，而召攻起争，久则败坏风俗，贼人心。子贡故惜其舌之速，而又以鞟比之，徒质不可，徒文，又奚能从哉？春秋时应改之事甚多，圣门又具改之之志，

---

〔1〕方骥龄：《论语新诠》，第168－169页。

行改之之事，而未尝以高标旗帜，致人争议者，明于过不及之数，本乎人情以明之行之也。是可以知夫子之道矣。”[1] 这里的“本乎人情”，结合上文所说的“人心之中，即天人之间，实有此赋予之中道。无论人事国事，不能离此而有所偏，偏则败矣”，可知当指不走极端。如此论述“文质彬彬”章固然并无大错，但读来不免令人觉得味同嚼蜡。相应地，齐氏对与“中”、“中庸”间接相关的章句的推阐亦显得不够真切。如，他在寻究“里仁”篇“君子喻于义，小人喻于利”章时说：“里以仁为美，固希于比户可封，人人有士君子之行，然人情所在不能遽绝。物之不齐，倍蓰什佰千万而不能强同；要当示之型以俟其渐至。有以齐之，尚应有以道之。但必知其情，乃能设其法，故于喻义喻利区别之焉。”又说：“喻义喻利，非有奇善大恶之殊。义利各一事，各有所喻，则各有所为，义利同一事，则同一所为，而各有所喻。如行礼者，君子以为达德，小人则以为美观。如务农者，君子知为敦本，小人但知为自养。迨阅历既久，或受教已深，喻利者且喻义矣，即不然，而待人者，亦应如乎其心以予之。里仁者，人人皆仁，夫子岂以君子为上流，以小人为下流，而严其界哉！”[2] 这里立论的前提依然是“人情所在不能遽绝”，所论固不无道理，但孔子严于“义”、“利”之辨以诫勉后学不可稍有苟且的用心亦在看似公允的读解中被冲淡了。

相比之下，黄先生对孔子所谓“中庸”的诠释真可谓别具慧识。朱熹在注解“中庸之为德也，其至矣乎”时征引了程颐所说的“不偏之谓中，不易之谓庸。中者天下之正道，庸者天下之定理”，并承何晏“庸，常也”的见解，称“中者，无过无不及之名也。庸，平常也。至，极也”[3]。黄先生则由《礼记·中庸》所引孔子语“天下国家可均也，爵禄可辞也，白刃可蹈也，中庸不可能也”解说“中庸”，其认可程颐的见解并进而作了如下阐发：

---

[1]齐树楷：《论语大义》“论语下”，第 12 页。

[2]齐树楷：《论语大义》“论语上”，第 41－42 页。

[3]朱熹：《论语集注》卷四。

"中庸"意味着一个确然不移的标准，它所指示的是一种毫不含糊的"分际"，一种不可稍有苟且的"度"。它可以用"恰当"、"恰好"、"恰如其分"一类词藻作形容或描摹，却不可能如其所是地全然实现于经验的形而下世界。不过，作为一种虚灵的真实，它能够凭着觉悟到这一真实的人向着它的努力，把人的价值追求引向一种理想的境地。孔子的中庸追求在由"仁"而"圣"的德行向度上，正是因为它，道德的形而上之境才得以开出，儒家的道德形而上学也才可能成立。孔子说："中庸之为德也，其至矣乎！"他所说的"至"，指的是一种尽其圆满而无以复加的境地。德行之"仁"的"至"境是"仁"的形而上之境或所谓"大而化之之谓圣，圣而不可知之之谓神"那样的"圣"境，由于它永远不可能全然实现于形而下的修养践履中，所以孔子也才这样称叹"中庸"："天下国家可均也，爵禄可辞也，白刃可蹈也，中庸不可能也。"严格说来，天下国家的治理，爵禄的得失，足蹈白刃那样的令常人发怵的行为，都在经验世界的范围内，而"中庸"不属于经验世界。[1]

不属于经验世界的东西是任何人在形而下世界中的任何努力都不可企及的，然而，正是这不可企及反倒唤起了人的一种不可替代的向往。黄先生打了个比方说："犹如几何学意义上的'圆'在经验的时空里永远不可能出现，而经验世界中所有称得上'圆形'的东西圆到什么程度却总要以几何学上的那个'圆'为标准，'中庸'虽然'不可能'，而为'中庸'所指示的那个'分际'却永远是衡量人的德行修养状况的尺度。"[2] 在他看来，"这尺度被动态地施用于经验的人的践履，便有了作为'为仁'、'致道'的方法或途径的所谓'执两用中'"：

"执两"，是指抓住两端，一端是"过"，一端是"不及"；"用中"，是指尽可能地缩短"过"与"不及"的距离以趋于"中"的理想。人在

---

[1]黄克剑：《〈论语〉解读》"孔子与《论语》"，第7页。
[2]黄克剑：《〈论语〉解读》"孔子与《论语》"，第7－8页。

经验中修养“仁”德，总会偏于“过”或偏于“不及”，但意识到这一点的人又总会尽可能地使“过”的偏颇或“不及”的偏颇小一些。“过”的偏颇与“不及”的偏颇愈小，“过”与“不及”之间的距离就愈小，而逼近“中”的程度也就愈大。愈来愈切近“中”的“执两”之“用”的无限推致，即是人以其经验或体验到的“仁”向“仁”的极致境地的不断趋进，也就是“仁”的形下经验向着“仁”的形上之境——所谓“圣”境——的超越。[1]

依黄先生的观点，“这超越的路径连同这路径所指向的虚灵的形而上之境，一起构成孔子所说‘人能弘道，非道弘人’的那种‘道’，而这样的‘道’才既可视之为终极目标，亦可视之为由当下通往终极的道路，并且正因为如此，它也才在现实而究极的人生价值取向上真正有所‘导’”[2]。长期以来，尤其是大半个世纪以来，学人们总是在上下、前后、左右以至好坏、优劣的居间或调和的位置上理解“中”，这“中”其实是“中间”、“中等”、“中级”的同义语，它与孔子作为“至德”看的“中庸”并不相干。黄先生在继承宋儒之说的基础上把“中庸”解释为某种超越的途径及其所指向的虚灵之真际，不但为孔子之“道”何以会是一种“人能弘道，非道弘人”之“道”，何以会是一种可会之于心而难尽之于言的虚灵之境地作出了极其精到的论证，而且还透辟地阐证了孔子之“教”所以能摄引和督责人们终生不遗余力地致力于人格境界自律性提升的究竟所在，并为这个永无底止的修德过程提撕了一个恒常如如的标准和至为圆满的理想。[3] 从黄先生的阐释可以见出，“中庸”所指向的极致境地必得在以“仁”为理想、又以“执两用中”的方式探求“仁”的张力下才能无限趋近的韵致，被他传神地表达了出来，而这背后则是他对信念的笃守和理性的探索之间张力的出色把握。

由于把“中庸”把握为一种超越的路径及其所指向的虚灵的形而上

---

[1]黄克剑：《〈论语〉解读》“孔子与《论语》”，第8页。

[2]黄克剑：《〈论语〉解读》“孔子与《论语》”，第8页。

[3]黄克剑：《〈论语〉解读》“孔子与《论语》”，第8页。

之境，黄先生遂有了自出机杼的省察儒家道统、统摄《论语》全书的视角。他说：

托始于尧舜的圣圣相传之“道”，倘取尧告诫舜的话一言以蔽之，即是“允执其中”。所谓“允执其中”，依《中庸》的说法，亦即“执其两端，用其中于民”，而寻绎于孔子之言，则为：“中庸之为德也，其至矣乎”、“叩其两端而竭焉”。凡事物之情状皆有阴阳、隐显、本末、终始、上下、精粗诸两端，两端之间得其所宜即谓之“中”。这恰到好处的“中”是可以无限逼近而又终于难以全然实现的（“中庸不可能也”），问题只在于向之而趋的永无止息的努力。为孔子所厘定而尊奉的儒家之道或可谓之“仁”道，但“好仁不好学，其蔽也愚”，而以“学”辅“仁”就是要对事物情状之两端学而有所觉，在为“仁”、行“仁”的践履中尽可能做到既不至于“过”，也不至于“不及”。“中”是人之德行、事之情状、政之所施的某种应然的正态，因此，求取“中”即是求取“正”，以“中”为标的亦即是以“正”为标的。“政者，正也；子帅以正，孰敢不正?”“君子之德风，小人之德草，草上之风，必偃。”对于居于当政地位的人说来，“中”、“正”的社会目标的达致，首先即意味着自身的“中”、“正”之德行的培壅，无论是商汤还是周武，其“万方有罪，罪在朕躬”或“百姓有过，在予一人”的誓告，都不是后世帝王下诏“罪己”那样的策略性话语，而是真诚的“克己”者面对上天和百姓时由衷的“自讼”之辞。“道”之所在乃言之所系，固然“兴灭国，继绝世，举逸民”、“所重：民，食，丧，祭”以至于“宽则得众，信则民任焉，敏则有功”等句，明显出于孔子之口，而借着尧舜咨命、汤武诰誓说出的“允执其中”、“万方有罪，罪在朕躬”、“百姓有过，在予一人”一类话，也都可或隐或显地寻缘到孔子对儒家义理的述说。“祖述尧舜，宪章文武”的儒门家法是肇自孔子的，它指示着一种道术的历史酝酿——这酝酿既意味着孔子对前贤的心量博洽的承继，也意味着承继者的某种断制果切的创始。[1]

在黄先生看来，儒学创立者对圣圣相传之“道”的觉悟昭示了一种具有枢纽性意义的历史转向，其中的阏机在于由对“中”、“正”的社会目标的达致的看重，转向对自身的“中”、“正”之德行的培壅的重视。由是，圣圣相传之“道”被贞定为一种开示人的心灵境界的道德形而上学，它以“中”、“正”为衡鉴现实中人之修德、事之情状、政之所施的最后标准，也以“中”、“正”为勉人修德并由此调理事之情状、调治政之所施的最高理想。在对圣圣相传之“道”的契接中，有着孔子对先前幽昧不明地延伸于尧舜禹汤文武周公的生命践履中的“道”的切己体证，也有着孔子在受到“礼崩乐坏”的现实刺激后试图就此作某种终极性思考的过程中对“道”所作的大胆创发。因此，孔子对圣圣相传之“道”的创造性承继，同时也即其对人之修德、事之情状、政之所施的两端“学”而有所“觉”的过程，是其有关“道”、“教”、“中庸”、“政”、“学”、“友”、“君子”……问题的思考从酝酿走向成熟的过程。基于此，无论是对《论语》中与“中庸”直接相关的章句还是对与之间接相关的章句，黄先生都能在一个极高的格位上契入，其对“公冶长”、“雍也”、“先进”等篇指归的玩习，尤其是对“尧曰”篇旨要的玩咏亦极为耐人寻味。

余　论

最后，有必要指出的是，在以篇为单位疏解《论语》的过程中，信念的确立和理性的探索诚然是个体的，而个体总是要受到诸多条件限制的，不过这并不意味个体所确立的信念和所实施的理性探索本身是无意义的，没有高低之分的，或是不可能更大程度地切近《论语》的真际的。事实上，正如黄先生所指出的，任何事物的情态都有两端，两端之间得

---

〔1〕黄克剑：《〈论语〉解读》，第439页。

其恰切即是“中”，亦即“至”或“绝对”，将“依篇疏解”体例施之于《论语》的注疏也同样存在“过”与“不及”，同样存在“中”。这恰到好处的“中”尽管总是显得义涵模糊而难以把握，但对任何一个希望在以篇为单位疏解《论语》的活动中于两端之间得其所宜的注疏者来说，每当他反省自己对这一做法之根据的理解、对《论语》文本特性的把握、对孔子之“学”的领会所存在的各种缺点或不足，或当他努力锤炼自己的各种能力而企望获得一种更高的造诣，这个有着无限距离的非实体的虚灵之真实就是如如而在的。没有这个价值意趣上的恰到好处的“中”，就不能赞赏或批评对“依篇疏解”这一体例的这一次或那一次运用。而有了这个恰到好处的“中”，注疏者便可以据此不断要求自己跃出已有的状态而逼近一种更好的境地。“中”敞开着，它息息相通于情态各异的学人的真切生命，同时，“中”本身又要求趣向它的学人在志于“中”而以“中”为信念时，以探索的姿态领悟“中”、弘大“中”而力求把握“中”的深意。

（作者单位：天津社会科学院哲学所）

孙秀昌

大·仁·道·命
——孔子时代“道”对“命”的穿透与“崇高”意识的诞生

内容提要：中国先秦时期已出现“崇高”一词，开始时只是用来指称某物形体的高大。孔子赋予“人”以“仁”的价值导向，并诲示以“为仁”而祈“圣”的“成仁”（“成人”）之道。人在“为仁”而祈“圣”的践履中不断地成为人，人也在“为仁”而祈“圣”的践履中不断地穿透“命”，从而成为“天地之性最贵”的“大人”（“君子”、“仁人”）。自觉践履“成仁”之道的“大人”不畏“命”的威迫，自求其道，自弘其道，自乐其道，由此绽放出一种“充实而有光辉”的道德境界。“大人”因着光照天地的道德境界而令人仰之弥高，也因着其仰之弥高的道德境界而令人崇敬。至此，那种指称某物形体高大意味上的“崇高”，已被转换为喻指人的道德境界高卓意味上的“崇高”了。先秦“崇高”意识的诞生是值得关注的，其契机在于孔子所创始的“仁道”对殷周以来根深蒂固的“命”意识的穿透。

关键词：孔子　崇高　大　仁　道　命

中国的“崇高”意识萌动于先秦，先秦的“崇高”意识诞生于孔子以其自求、自弘、自乐的“仁道”对“命”的穿透过程之中。本文试图将“崇高”置于“道”与“命”的张力下对其所喻示的生命境界作一种探讨，敬请方家指正。

一　“崇高”的字源考辨

中国古代的实词往往一字一义。“崇”字后出，在小篆中写作崇。《说文解字》释“崇”：“嵬高也。从山宗声。”[1]“崇”的本义为“山高”，转义为“敬”。《广韵》释“崇”：“敬也，就也。”[2] 先秦典籍中，

[1]许慎：《说文解字》卷九。
[2]陈彭年：《广韵》。

“崇”既有本义的用法，又有转义的用法。如《尚书》中所谓“放欢兜于崇山”〔1〕，用的就是其本义；《尚书》中所谓“钦崇天道，永保天命”〔2〕，用的就是其转义。在现代汉语中，“崇”的本义仍为山高，如崇山峻岭等；转义之一为尊重，如崇敬、崇尚、推崇、尊崇等。尊重是一种道德情感，正是这种人所当有的道德情感，赋予本不在人的崇高之外的“崇高”意识以主体的依据。

“高”字在甲骨文中写作高，在金文中写作高。《说文解字》释“高”：“崇也，象台观高之形……凡高之属皆从高。”〔3〕依许慎的解释，“高”与“崇”互训，是个象形字，意指土、木、山、台及人工建筑在视觉形式上的高大宏伟。许慎这里所解释的只是“高”的本义。土、木、山、台及高大的建筑诚然可以因其形式上的高大雄伟而引人仰视，不过，人因自身精神上的高卓伟异同样能够唤起人的仰望之情，这是“高”的一个转义。《论语》载：“颜渊喟然叹曰：‘仰之弥高，钻之弥坚，瞻之在前，忽焉在后。夫子循循然善诱人，博我以文，约我以礼，欲罢不能。既竭吾才，如有所立，卓尔。虽欲从之，末由也已。’”〔4〕这里的“高”，显然指的是孔子道德境界的高卓。可以说，这是“崇高”意识在先秦时期就已经诞生的一个重要标志。在现代汉语中，“高”的本义指某种高度，如身高、山高等；转义之一为道德境界的高卓，如高风亮节、高尚、高雅、高洁等。

由于“崇”与“高”意义相近，这两个实词有时便被合成为“崇高”一词使用。先秦时期已有“崇”与“高”连用的情形，如《国语》中所谓“不闻其以土木之崇高、彤镂为美”〔5〕就是一例。这里的“崇高”仍然指称某物形体的高大，用的是其本义。由指称某物形体的高大转而喻指人的道德境界的高卓，“大”字与“人”字的出现以及“人”

---

〔1〕《尚书·舜典》。

〔2〕《尚书·仲虺之诰》。

〔3〕许慎：《说文解字》卷五。

〔4〕《论语·子罕》。

〔5〕《国语·楚语上》。

被孔子赋予“仁”的价值导向，大体能够帮助后人领会其中的某些閟机。

二　人因为“仁”而成为人且成其“大”

“大”字在甲骨文中写作，在金文中写作。《说文解字》释“大”：“天大，地大，人亦大。故大象人形。”[1] “人”字在甲骨文中写作，在金文中写作。《说文解字》释“人”：“天地之性最贵者也。”[2] 然而，人何以能像天、地一样大呢？人又何以能成为“天地之性最贵者”呢？对这类问题，许慎没有给出回答，倒是《释名》中的一个解释给我们提供了一些消息：“人，仁也，仁生物也。”[3] 也就是说，人是因为“仁”而成为人的。

把“人”与“仁”关联起来，无疑是一件具有思想史意义的大事。子思谓：“仁者，人也。”[4] 孟子谓：“仁也者，人也；合而言之，道也。”[5] 子思与孟子的这一思想，可以直接上追到孔子。《论语》载：

> 子曰：“人而不仁，如礼何？人而不仁，如乐何？”[6]
>
> 子曰：“民之于仁也，甚于水火。”[7]
>
> 子曰：“志士仁人，无求生以害仁，有杀身以成仁。”[8]

对人来说，“礼”与“乐”诚然是重要的，不过二者一旦外在于“仁”，它们也就失去其应有的意义了；“水”与“火”诚然是人所必需的，不过二者与“仁”相比，“仁”的重要性也就愈益凸显出来了；

---

〔1〕许慎：《说文解字》卷十。
〔2〕许慎：《说文解字》卷八。
〔3〕刘熙：《释名》。
〔4〕《礼记·中庸》。
〔5〕《孟子·尽心下》。
〔6〕《论语·八佾》。
〔7〕《论语·卫灵公》。
〔8〕《论语·卫灵公》。

"生"诚然是人所顾念的，不过它的终极意义毕竟在于"仁"。当一个配得上人的称谓的人被置于"生"与"仁"不可得兼的两难处境下而必须有所抉择时，他理应"杀身以成仁"，而不应"求生以害仁"。显然，孔子赋予了"人"以"仁"这一毫不含糊的价值导向，他主张个体在"成仁"的过程中不断地成其为人。在这里，孔子不仅强调了"仁"对于人成其为人的根本意义，而且提醒那些"志士仁人"当不断地在当下即是的生命决断中实践那种祈向人生圣境的"成仁"之道。在孔子看来，只有那些果断而从容地走在这条"成仁"之道上的"志士仁人"，才有可能成为"天地之性最贵"的"大人"。

可以说，"大人"之"大"在于其"性"贵，在于其所养之"体"大。孟子谓："体有贵贱，有小大。无以小害大，无以贱害贵。养其小者为小人，养其大者为大人。"[1] 人正是在"为仁"、"成仁"的生命践履中不断地养其大体而成为"大人"的。"大人"因着光照天地的道德境界而令人仰之弥高，也因着其仰之弥高的道德境界而令人崇敬。在这里，那种指称某物形体高大意味上的"崇高"，已被转换为喻指人的道德境界高卓意味上的"崇高"了。先秦时期的"崇高"意识，正诞生于这一转换的过程之中。《论语》记载，孔子以"大"称叹尧：

大哉尧之为君也！巍巍乎！唯天为大，唯尧则之，荡荡乎，民无能名焉。巍巍乎！其有成功也。焕乎！其有文章。[2]

这里的"大"，乃是"伟大"的意思。在孔子心目中，尧是第一个配得上以"大"相许的先贤，他也因此成为第一个值得儒者追慕与效法的范本。除了尧，孔子至为称叹的"大人"还有舜、禹、泰伯、文王等。《论语》载：

---

〔1〕《孟子 · 告子上》。
〔2〕《论语 · 泰伯》。

子曰："巍巍乎！舜禹之有天下也，而不与焉。"[1]

子曰："泰伯，其可谓至德也已矣。三以天下让，民无得而称焉。"[2]

（子曰：）"（文王）三分天下有其二，以服事殷。周之德，其可谓至德也已矣。"[3]

孔子之所以称叹这些人中之"大"者，并不仅仅因其功之丰或才之美，而更因其德之至以及由这"至德"所体现的性之贵与体之大。这些被后儒尊为"圣"的人物在孔子看来诚然尚不就是他所祈慕的那种虚灵而至为完满的"圣人"，不过他们无疑已是近于"圣人"的"大人"（"君子"）了。黄克剑先生在其《〈论语〉解读》中对此解释说：

诚然，即使像尧、舜、禹这样的人物，在孔子看来也未必就是"圣人"，这从他回答子贡所谓"如有博施于民而能济众，何如？可谓仁乎"的提问即可看出，他说"何事于仁！必也圣乎！尧舜其犹病诸！"（《论语·雍也》）不过，尧、舜、禹以至泰伯、文王，虽不可说即是"圣人"，却已经是近于"圣人"的"君子"了。"圣人，吾不得而见之矣，得见君子者，斯可矣"，"善人，吾不得而见之矣，得见有恒者，斯可矣"（《论语·述而》），孔子这样说，乃是要对儒家的成德之教（一种成全人的道德品操的教化）或为己之学（一种为着人的本己心灵安顿的学问）作某种定位："圣人"只是祈向中的一个真切而虚灵的目标，儒家之学或儒家之教乃是要向着这个目标把教化中的人们陶养成那种"有恒"的"君子"或所谓"君子儒"（《论语·雍也》）。[4]

那些堪以"大"相许的人物被孔子称作"君子"，他们是能够体现祈

---

[1]《论语·泰伯》。

[2]《论语·泰伯》。

[3]《论语·泰伯》。

[4]黄克剑：《〈论语〉解读》，北京：中国人民大学出版社，2008，第171页。

向中的人生圣境的范本，是可以用来喻指“圣人”的那种人世间的直观形象。与“君子”全然相反的那些人，被孔子称为“小人”。这里的“大”与“小”，不是“量”上的区分，而是“质”上的分判。进而言之，其“大”与“小”是以道德境界的高低来分判的。具体地说，“君子”之“大”乃在于其道德境界的高卓，“小人”之“小”乃在于其道德境界的低下。在《论语》中，孔子是这样来分判“君子”与“小人”的“大”与“小”的：

子曰：“君子喻于义，小人喻于利。”[1]

子曰：“君子坦荡荡，小人长戚戚。”[2]

子曰：“君子和而不同，小人同而不和。”[3]

子曰：“君子泰而不骄，小人骄而不泰。”[4]

子曰：“君子求诸己，小人求诸人。”[5]

……

以“仁”立教的孔子区分“君子”与“小人”的依据，乃是看其“仁”或“不仁”。在孔子看来，具有“仁”德的就是“君子”，失去“仁”德的便是“小人”。《孟子》中载有孔子的这样一句话：“道二，仁与不仁而已矣。”[6] 修“仁”道所得的是“君子”之德，行“不仁”之道者便会沦于“小人”的境地。孔子之教的旨趣，就在于引导人们培壅“仁”德以成全自己为“君子”，而不去做那种无“仁”德可言的“小人”。

“君子”是儒家文化精神的承载者，他们具有纯正的生命底色，此即

---

[1]《论语·里仁》。

[2]《论语·述而》。

[3]《论语·子路》。

[4]《论语·子路》。

[5]《论语·卫灵公》。

[6]《孟子·离娄上》。

孟子所说的“大人者不失其赤子之心”[1]。这“赤子之心”并不像告子所说的那样“无善无不善”[2]，而是当下就秉有“仁”根“善”芽的。培壅这一“仁”根，可以成就一种“大人”（“君子”）的境界；养润这一“善”芽，可以生发出一种“浩然之气”。孟子说：“其为气也，至大至刚，以直养而无害，则塞于天地之间。”[3]“直养”这一“至大至刚”而“塞于天地之间”的“浩然正气”，“君子”便可自然地焕发出一种由“大”而趣“圣”的生命气象。诚如孟子所说：“充实之谓美，充实而有光辉之谓大，大而化之之谓圣，圣而不可知之之谓神。”[4]这里的“神”显然不是“圣”之上或之外的某种境地，而是对“君子”由养其“大”而不断向之升进的那一虚灵而真切的人生圣境的形容或描摹。正是这一虚灵而真切的人生圣境，不断地督责着自觉“为仁”之人成其为人，也不断地烛引着人穿透“命”的沉重以在人这里成全一种“充实而有光辉”的“大”——亦即“崇高”。

三　“道”对“命”的穿透与“崇高”意识的诞生

孔子所致力的“道”是一种“仁道”，这“仁道”说到底是一种“为仁”之“道”。孔子说：“为仁由己。”[5]如果说“由己”之谓乃是孔子对“仁”在人的天性自然中的根荄的默许，那么“为仁”强调的则是孔子对人在提撕“仁”根、践行“仁”道的过程中的那份自觉与主动的期待了。离开人的“为仁”，“仁”不能自存，“仁道”也不能自在。一言以蔽之，“仁道”对人来说并不是外在于人的某种静态化的理境，而是在人的当下即是的生命践履中显现着的那种趣之弥高的虚灵的圣境。“人”、“仁”、“道”在孔子这里显然是一个相即不离而相互成全的动态

---

[1]《孟子·离娄下》。
[2]《孟子·告子上》。
[3]《孟子·公孙丑上》。
[4]《孟子·尽心下》。
[5]《论语·颜渊》。

过程[1]，这一动态的过程被孔子经典地表述为“人能弘道，非道弘人”[2]。

正如“仁”，“道”从字面上看是一个表示结果的名词，指的是静态的道路，不过，如果离开人的行道的践履，这道路便不可能持续存在。实际上，“道”本身即含有动词性的“行道”这层意味。《说文解字》释“道”：“所行道也。”[3] 凡行道，总须有某种导向。于是，溯向其源头，“道”的本始意味原在于“导”，意指疏导、引导。唐人陆德明就曾指出：“‘道’本或作‘导’。”[4] “道”的这层本始意味，亦见于《论语》。譬如：

子曰：“道之以政，齐之以刑，民免而无耻。道之以德，齐之以礼，有耻且格。”[5]

这段话中的“道”，只能理解为动词性的“导”。从人成其为人的应然取向看，“道”之所“导”理应内蕴一种价值意味上的“好”。就是说，“导”乃引发一种动势，这种动势是行道之人以其生命践履自觉地来体证的一种趣向“好”的价值导向。在孔子看来，内蕴于人的天性中的那一本然而应然的价值导向即是“仁”，以这一本然而应然的“仁”引导人不断地“成仁”的“道”即是“仁道”。

孔子所致力的“仁道”从来就不是一个认识论的话题，说到底，“仁道”是需要人来“为”与“弘”的。在孔子这里，“为”与“弘”的意

---

[1]黄克剑先生曾关联着孟子的“四端”说，对“仁”、“人”、“道”乃是一个相即不离而相互成全的动态过程作了如下点破：“‘仁’固然使人成其为人，而‘仁’也只是在人对‘人之所以异于禽兽者几希’（《孟子·离娄下》）有所觉悟，并对这‘几希’自觉予以提升、扩充时，才被人确认为‘仁’的；人因为‘仁’而成为人，‘仁’也因为人而成为‘仁’，这是一个‘人’、‘仁’相即不离而相互成全的过程，贯穿这一过程始终的那种祈向和其所指的至高而虚灵的境地即是所谓孔儒之‘道’。”（见黄克剑：《〈论语〉解读》，第5页）

[2]《论语·卫灵公》。

[3]许慎：《说文解字》卷二。

[4]陆德明：《经典释文》。

[5]《论语·为政》。

味尽管不尽相同，但二者均意指人的当下即是的生命践履。这种当下即是的生命践履，也被孔子谓之为“行”。《论语》载：“子以四教：文，行，忠，信。”[1] 意思是说，孔子是以“文”（文献）、“行”（践行）施教来陶养弟子的“忠”（忠诚）、“信”（守信）品格的。这四个方面在整全的教育活动中诚然缺一不可，不过孔子更为看重的显然还是“行”。离开生命化的“行”，“文”便会流于一种知识化的空“文”，孔子故而告诫他的弟子“行有余力，则以学文”[2]；离开生命化的“行”，那借助纯然知识化的“文”所空谈的“忠”、“信”也便不再可能养润人的真切而健全的生命。很明显，“学文”是为了践行仁道，“言忠信”亦离不开“行笃敬”[3]。因此孔子也这样说：“力行近乎仁。”[4] 所谓“力行”，就是说要着实在生命践履上下工夫。孔子在“行”之前特意加了一个“力”字，看来这位儒门先师心里早就清楚，如若不着实在践履上下工夫，那么任何一种“文”以及由“文”所载述的“忠”、“信”等德目都不可能在生命中扎下根，甚至整个教育活动都会畸变为人的生命之外的一种牵累。[5]

孔子倡言“仁道”而从事人文教化的目的，说到底乃是要培养“喻于义”（而非“喻于利”）的“君子”以及敢于直面两难处境断然选择“杀身以成仁”的“仁人”，这使得他势必强调“为”、“弘”、“行”之于“仁道”的重要性。既然“仁道”只在“君子”（“仁人”）的“为”、“弘”、“行”的过程中当下呈现，那么孔子学说的至为动人之处也便在于指点人如何“为仁”、“弘道”与“力行”了。

我们看到，正是在“为仁”、“弘道”的过程中，那“力行”仁道的“君子”才在人生的“对待性”向度上遇到了“道”与“命”之间的张

---

[1]《论语·述而》。

[2]《论语·学而》。

[3]《论语·卫灵公》。

[4]《礼记·中庸》。

[5]将孔子思想作了十字打开式阐发的孟子亦主张“力行”。《孟子·滕文公上》载：“滕文公问为国，孟子曰：‘……诗云：“周虽旧邦，其命惟新。”文王之谓也。子力行之，亦以新子之国。’”

力问题；也正是因着“道”与“命”之间的张力，那“命”的叵测才将“力行”仁道的“君子”置于某种“临界处境”（雅斯贝斯语）而最终逼出一种“充实而有光辉”的“大”的气象来。在人生的“对待性”向度上，“命”往往以某种“势”显示其似乎不可抗拒的力量，这是总须在某种特定的境遇中生存的个体不得不直接面对而且也不应该回避的一道背景。面对外在的“势”的威压，那些道德境界相对不堪的“小人”便随波逐流了，而那些“志于道”[1]的“君子”则愈加坚定了对所依之“仁”的持守，由此足可引发一种傲对“势”的威压而自觉“弘道”的崇高感来。孔子所谓“岁寒，然后知松柏之后彫也”[2]看上去只是一句极其平常的话，其实这句话的人文意蕴颇为深微而凝重，它寓托着这位儒门先师毕其一生“力行”仁道的生命分量，以及他对期待中的“临利害”而不改节、“遇事变”仍有所守的“君子”气象的嘉许。朱熹在《论语集注》中征引宋儒的话解释道：

范氏曰：“小人之在治世，或与君子无异。惟临利害、遇事变，然后君子之所守可见也。”谢氏曰：“士穷见节义，世乱识忠臣。欲学者必周于德。”[3]

孔子以“岁寒”所喻说的危境，无论是“临利害”，还是“遇事变”，抑或是遭“世乱”，其实指的都是“力行”仁道的“君子”在人生的“对待性”向度上须得直面的逆势。在直面逆势而“力行”仁道的过程中，人处在“道”与“命”之间的巨大张力下。黄克剑先生指出：

就“为仁由己”而言，“为仁”——离开“为仁”而“仁”不能自存——无须依赖外部条件或受制于外部际遇，因此可以说，“为仁”对于

---

[1]《论语·述而》。
[2]《论语·子罕》。
[3]朱熹：《论语集注》。见《朱子全书》（第六册），上海、合肥：上海古籍出版社、安徽教育出版社，2002，第147页。

人说来是非对待性的或“无待”的。但人的生命存在毕竟还有对待性的一面，亦即所谓“有待”的一面。人的生存的维系不能没有外部境域的成全，人只有同对象世界进行必要的物质交换才可能使自己富有生机的肉体存在得以持续，单是这一点就决定了人在他的生存境域中必得时时处处作某种利害权衡。[1]

如果人的生命存在可分为“对待性”与“非对待性”这样两个相互不可替代的向度[2]，那么对孔子来说，“道”与“命”之间的张力自然不存在于人生的“非对待性”向度上。孔子说：“仁远乎哉？我欲仁，斯仁至矣。”[3] 就道德的自我完善而言，“仁”这重价值是“为仁”的个体完全可以自我做主的，只要自己想做，就可付诸当下的生命践履。孔子由此认为，伯夷，叔齐这些古代的贤人，“求仁而得仁，又何怨”[4]。对人生“非对待性”向度上的这重价值的求取，孟子的一个说法是深得孔子思想之真趣的：“求则得之，舍则失之，是求有益于得也，求在我者也。”[5] 对自求其仁的个体来说，他的心中自始就秉有这样一个不可摇夺的信念：因为“求在我”，所以“无所待”，于是“求则得之，舍则失之”，并不存在所谓“道”与“命”之间的张力问题。

但是，“道”与“命”之间的张力在人生的“对待性”向度上却是始终存在的。人在人生“对待性”向度上的种种顾求，集中地体现于人对维系自身肉体存在的种种生存境域的利害权衡，以及人对生、死、富、贵等直接关乎利害的东西的忖度考量。事实上，孔子与孟子并未轻弃这重萌蘖于人生“对待性”向度上的价值，不过他们也颇为清楚地看到，对在世生存的个体而言，何时生、何时死、能不能富、能不能贵，这些都不是自己所能完全做主的，即便“求之有道”，仍需要外部条件的成

---

〔1〕黄克剑：《〈论语〉解读》，第5－6页。

〔2〕关于这个话题，另可参见黄克剑：《由“命”而“道”——先秦诸子十讲》，北京：线装书局，2006，第26－28页。

〔3〕《论语·述而》。

〔4〕《论语·述而》。

〔5〕《孟子·尽心上》。

全。孟子所谓“求之有道，得之有命，是求无益于得也，求在外者也”[1]，说的就是这层意思。既然人在人生“对待性”向度上的种种顾求因“求在外”而“无益于得”，这类顾求也就常常会使个体产生一种境域莫测的“命”意识。这里的“命”，显然指的是为“仁道”所统摄（“求之有道”）的“正命”，而不是那种由求之无道而引致的“非正命”。孟子就此指出：“尽其道而死者，正命也；桎梏死者，非正命也。”[2] 孟子以“仁道”统摄“命”的“正命”思想，应该说直接受启于孔子。

孔子说：“富而可求也，虽执鞭之士，吾亦为之。如不可求，从吾所好。”[3] 这段话的意思是说，如果财富依道义是可求的，那么即使是那种为人执鞭开路的差事，我也愿去做；如果财富依道义是不可求的，那我还是信从我所喜好的道义吧。由此可以看出，孔子并未一般地否弃“富”的价值，不过他也分外强调人在追求“富”的价值时要分辨清楚“可求”或“不可求”。分辨“可求”或“不可求”的依据，便是看那所求的“富”是否符合道义。符合道义的“富”是“可求”的，不符合“道义”的“富”则是“不可求”的。很明显，在孔子看来，绝不是越“富”越好，那指向最佳分际的“富”至少应该受到道义的统摄。“富”的价值如此，“贵”、“生”等人生“对待性”向度上的价值亦须依循道义而求。不苟富，不苟贵，不苟生；一句话，须循守道义而求“富”、求“贵”、求“生”，否则，就当以之为耻，这是儒门先师对他的弟子们的谆谆教导。《论语》载：

子曰：“饭疏食，饮水，曲肱而枕之，乐亦在其中矣。不义而富且贵，于我如浮云。”[4]

子曰：“……邦有道，贫且贱焉，耻也；邦无道，富且贵焉，耻也。”[5]

---

[1]《孟子·尽心上》。
[2]《孟子·尽心上》。
[3]《论语·述而》。
[4]《论语·述而》。
[5]《论语·泰伯》。

宪问耻，子曰：“邦有道，谷；邦无道，谷，耻也。”[1]

我们看到，孔子在这里以其致力的“仁道”，对“富”、“贵”、“生”等人生“对待性”向度上的价值作了超越的处置。孔子的学生子夏曾听到他的老师说过“死生有命，富贵在天”[2] 这样一句话。过去，有的人以为孔子在这里把“死生”、“富贵”与“命”、“天”关联起来，乃是一种宿命的说法。其实，这是一种望文生义的误读。孔子从来就没有把“死生”、“富贵”视为人生最重要的东西，即便肯认“富”与“贵”，也是以其是否依于“仁道”为取舍底据的。孔子说：“富与贵是人之所欲也，不以其道得之，不处也；贫与贱是人之所恶也，不以其道得之，不去也。”[3] 我们由此可以悟识，孔子并不认为人的“死生”、“富贵”是由上天安排或命中注定的。他在这里所欲表白的不外是，“生”、“富”、“贵”等价值的获取除开自己的努力外，还需要那些难以自做主宰的外部条件（即所谓“命”的因素或“天”的因素）的成全；况且，比起“仁”这重人生“非对待性”向度上的价值来，它们也不是人生首位的价值。孔子说：“朝闻道，夕死可矣。”[4] 从“朝闻”、“夕死”这样的措辞可以看出，对孔子来说，“闻道”是一件比自己的生命还重要的事。缘此，“由‘死生’、‘富贵’而说‘有命’、‘在天’，既是对‘命’、‘天’因素可能加予这一重价值的制约的指出，也是对受‘命’、‘天’因素制约的这一重价值的穿透或超越”[5]。

由此可见，“君子”在实现人生“对待性”向度上的诸种价值的过程中，既要受到“命”（“天”）因素的制约，又要以“道”统摄“命”以实现“道”对“命”的穿透。正是在这层意味上，我们说，“命”的威

---

[1]《论语·宪问》。

[2]《论语·颜渊》。

[3]《论语·里仁》。

[4]《论语·里仁》。

[5]黄克剑：《由“命”而“道”——先秦诸子十讲》，第18－19页。

压反倒可能逼显出弘道者“刚健中正”[1]、“自强不息”[2]的生命强度，进而激发出一种洒脱而厚重的生命气象来。这种由“道”与“命”之间的张力激发出来的生命的洒脱与厚重，就是一种“大”而“崇高”的生命境界。

孔子诚然已经以其所“力行”的“仁道”穿透了“命”的笼罩，不过“命”作为一道引发人生处境感和崇高感的背景并未就此隐去。尤其对这位致力于“弘道”的儒门先师来说，一个再明显不过的事实就是，他绝不会满足于体现于自身的“为仁由己”；进而言之，他还要带着那一先觉觉后觉的天职观念[3]“弘道”于天下。“弘”即“弘大”、“推扩”的意思。如果说“为仁由己”强调的是“君子”在自己身上“力行”仁道而无所待的话，那么在经验世界中由自觉而觉他的“弘道”，就必然地会受到“时”与“势”等外界境遇的制约而有所待了。只要对外界境遇有所待，那外界境遇就有可能对弘道者构成一种外在的难以测度的“势”，这种外在的难以测度的“势”也就有可能使弘道者产生一种“时”不遇的“命”意识。诚然，弘道者倘能得遇颜渊这样的同样在践履道义的“君子”，那寓于生命的烛引与心灵的引渡过程中的愉快自不必说了；不过，一旦碰上那些为“利”与“欲”所蔽、为“时”与“势”所挟的“小人”，孔子也就不免会生出那种对“德之不修，学之不讲，闻义不能徙，不善不能改”[4]的忧思与“已矣乎！吾未见好德如好色者也”[5]的慨叹来。孔子之忧，说到底是“忧道不忧贫”[6]；孔子之叹，说到底是叹“知德者鲜”[7]而非怨天尤人。《论语》载：

---

〔1〕见《周易·文言传·乾文言》：“大哉，乾乎！刚健中正，纯粹精也……君子以成德为行，日可见之行也。”

〔2〕见《周易·象辞上传·乾卦》：“天行健，君子以自强不息。”

〔3〕《论语·子罕》载：“子畏于匡。曰：‘文王既没，文不在兹乎？天之将丧斯文也，后死者不得与于斯文也；天之未丧斯文也，匡人其如予何？’”这段话，无疑是孔子即便罹遭困厄境遇仍以“弘道”为己任的天职观念的集中体现。

〔4〕《论语·述而》。

〔5〕《论语·子罕》、《论语·卫灵公》。

〔6〕《论语·卫灵公》。

〔7〕《论语·卫灵公》。

子曰："莫我知也夫！"子贡曰："何为其莫知子也？"子曰："不怨天，不尤人。下学而上达。知我者其天乎！"[1]

"人不知而不愠"[2]，"己欲达而达人"[3]，这无疑是以"弘道"为己任的儒门先师的自白心迹。正是弘道者的这一天职观念，养润了孔子"知其不可而为之"[4]、"无终食之间违仁，造次必于是，颠沛必于是"[5]的殉道精神。正如漩涡的中心总是渊默而沉静的，自始处身于"命"的摇曳下的孔子其生命深处却是坦然而平和的。孔子的生命得以如此安顿乃在于他刻刻都在力行与弘大着的"仁道"。有了这"仁道"作为自己生命的中核，孔子终究能够直面任何变幻不定的人生境遇而依然可以有所乐、有所安。对于乐道、弘道而以道自任的孔子来说，那由变幻不定的人生境遇所引发的"命"意识也就被所安、所乐之"道"扬弃了。这，大概是孔子即便在罹遭困厄的逆境下依然罕言"命"的主要缘由。黄克剑先生对这一点作了如下阐发：

诚然，"罕言"并非不言；孔子时而"称命"，并且总是把"命"同"道"的行废关联在一起。"道之将行也与，命也；道之将废也与，命也。公伯寮其如命何！"（《论语·宪问》）这可以说是典型的由称"命"而论"道"。与这种以人不可宰制的"命"抗衡某种逆道而行的人间势力之旨趣相通，孔子有时也称"天"而说"文"："文王既没，文不在兹乎？天之将丧斯文也，后死者不得与于斯文也；天之未丧斯文也，匡人其如予何？"（第五章）其实，这里所说的"文"乃是"道"的代称，而其所谓"天"也正相应于某种人力非可奈何的"命"。孔子自谓"天生德于予"（《论语·述而》），由此切入"天之将丧斯文"、"天之未丧斯文"的说法，"匡人其如予何"则可以理解为"匡人其如天何"，而这又恰恰相通

[1]《论语·宪问》。
[2]《论语·学而》。
[3]《论语·雍也》。
[4]《论语·宪问》。
[5]《论语·里仁》。

于所谓“公伯寮其如命何”。称“命”、称“天”而以“道”、“文”自任，表明孔子是一个宗教感很重的人，但这宗教感并不导向对“天”、“命”的盲目崇拜或一味仰赖，它在更大程度上是受德性之“仁”熏炙的。这一份富于“仁”之德性内涵的宗教感，支撑着孔子的“人能弘道，非道弘人”（《论语·卫灵公》）的信仰，养润着其“知其不可而为之”（《论语·宪问》）、“造次必于是，颠沛必于是”（《论语·里仁》）的殉道精神。[1]

孔子一生，屡遭困厄，他不可能不在“道”与“命”构成的张力下来思考“命”这一人生的终局问题。《论语》载：

（孔子）在陈绝粮，从者病，莫能兴。子路愠见曰：“君子亦有穷乎?”子曰：“君子固穷，小人穷斯滥矣。”[2]

这里所载的，可以说是孔子一生所遭际的最为窘迫的一次“穷”境。“穷”即“穷困”、“困厄”之谓。直面“穷困”这一恶劣的处境，《论语》中诚然只载述了孔子所谓“君子固穷，小人穷斯滥矣”这样一句话，不过我们仍然可以继续追问：为什么说只有“君子”才能自显其“固穷”之“大”体，而“小人”却总会自露其“穷斯滥”之“小”局呢？随着追问的愈益逼向其彻底处，我们自会发现，其实孔子在“君子”与“小人”之间所作的“大”、“小”比勘中，述说的依然是一个与“道”构成某种可能大的张力的“命”的问题。这其中的原委在于，依孔子的本意，只有乐道、善道、弘道、殉道的“君子”，才能够穿透“命”的笼罩而安于穷困；相比之下，那平时即为“利”、“命”所囿而失道败节的“小人”，一旦遇到穷困之境，心志就会全然为外境所夺而无从节制自己。

《周易·困卦》卦辞所谓“亨，贞，大人吉，无咎”，喻说的便是

---

〔1〕黄克剑：《〈论语〉解读》，第194页。
〔2〕《论语·卫灵公》。

"君子"遇"穷"而自通、自立、自吉，"小人"则处"困"而自蔽、自失、自咎。王弼注"困，亨"云："穷必通也，处困而不能自通者，小人也。"[1] 唐儒孔颖达则在其《周易正义》中直接将"困卦"与孔子所谓"君子固穷，小人穷斯滥矣"这句话关联了起来。他疏解道：

"困"者，穷厄委顿之名，道穷力竭，不能自济，故名为"困"。亨者，卦德也。小人遭困，则"穷斯滥矣"。君子遇之，则不改其操。君子处困而不失其自通之道，故曰"困，亨"也。[2]

王弼的注与孔颖达的疏诚然都是深得"困卦"之真味的，不过，这里尚需补充的一点是，"君子"之所以 遇"穷"而自通，处"困"而自立，遭变而自吉，说到底乃缘于"君子"能够以其所自乐、自安的"道"穿透"命"的那份沉重。"道"与"命"之间的张力在人生的"对待性"向度上固然是始终存在的，但是"君子"的生命深处有一个任何变幻不定的境遇都不可摇夺的信念，这个信念便是其心灵所趋的"仁道"。有了"仁道"这个真切而虚灵的信念，"君子"自然能够通"命"而自"亨"，达"道"而自"贞"，进而成全其生命气象的"大"。"大"之所以为"大"，是因为"大"的背后寓托着一个为"仁道"所照亮的"充实而有光辉"的道德主体，"命"则只是为这个"充实"的道德主体愈益绚丽地绽放其"光辉"提供了某种必要的外部刺激。关于这层人文幽趣，《易传》对其有所喻示：

泽无水，困；君子以致命遂志。[3]

---

〔1〕王弼：《周易注·下经·困》。见王弼著、楼宇烈校释：《王弼集校释》下，北京：中华书局，1980，第453页。

〔2〕孔颖达：《周易正义》卷五。见阮元校刻：《十三经注疏》上册，北京：中华书局，1980，第59页。

〔3〕《周易·象辞下传·困卦》。

何为“致命遂志”？依孔子所谓“志于道”[1]，“遂志”，即意指循“道”而行；“致命”则是说为着“遂志”而不惜献出生命。近人高亨在《周易大传》中对“致命遂志”作了这样一种阐释：

致命犹授命也。《论语·子张》篇：“士见危致命。”《宪问》篇：“见危授命。”是其证。致命、授命即舍弃生命之意。《广雅·释诂》：“遂”，行也。”遂志即行其志愿。《困》之上卦为兑，下卦为坎。兑为泽，坎为水。然则《困》之卦象是水下泽下，即水渗入泽底之地下，泽中无水。泽中无水，则泽中之水草枯，鱼类死，水草鱼类处于困境，是以卦名曰“困”。君子观此卦象及卦名，当处穷困之时，有处穷困之道，其身愈困，其志愈坚，临难不苟免，见危不曲全，从而舍弃生命以行其志愿。故曰：“泽无水，《困》。君子以致命遂志。”[2]

应该说，高亨的这一阐释是合符孔子诲示的“志士仁人，无求生以害仁，有杀身以成仁”这一儒门教旨的。更为重要的是，高亨关联着孔子所谓“士见危致命”、“见危授命”来阐发“致命”的大义，给人们提供了一条觉解孔子之所以能够在“道”与“命”构成的张力下不畏困厄、自显其大的人文路径，此即：由顾“生”而眷“命”、由称“命”而论“道”、由“志道”而“知命”、由“善道”而“固穷”、由“成仁”而“舍生”（“杀身”）。

困厄作为引发“命”意识的一种“临界处境”，无时不在对个体的心志作某种终极性的拷问。遭际人生困厄，“小人”在顺役于“命”的过程中愈发显得其“小”，“大人”（“君子”）则在抗衡与穿透“命”意识的过程中愈发显得其“大”。孔子厄于陈、蔡这件事，在《荀子·宥坐》、《孔子家语·在厄》（以及《孔子家语·困誓》）、《韩诗外传》卷七、《说

[1]《论语·述而》。

[2]高亨：《周易大传今注》，见《高亨著作集林》第二卷，北京：清华大学出版社，2004，第422－423页。

苑·杂言》和《史记·孔子世家》等文献中均有缉录。[1] 这里选录史家司马迁在《史记》中的相关载述，来进一步省察孔子直面困厄处境时在“道”与“命”的张力下所表现出的生命强度，以及他在以“道”穿透“命”意识的过程中所彰显出的“充实而有光辉”的生命局量。《史记》载：

……孔子在陈、蔡之间……不得行，绝粮。从者病，莫能兴。孔子讲诵弦歌不衰。子路愠见曰：“君子亦有穷乎？”孔子曰：“君子固穷，小人穷斯滥矣。”

子贡色作。孔子曰：“赐，尔以予为多学而识之者与？”曰：“然。非与？”孔子曰：“非也。予一以贯之。”

孔子知弟子有愠心，乃召子路而问曰：“诗云‘匪兕匪虎，率彼旷野’。吾道非邪？吾何为于此？”子路曰：“意者吾未仁邪？人之不我信也。意者吾未知邪？人之不我行也。”孔子曰：“有是乎！由，譬使仁者而必信，安有伯夷、叔齐？使知者而必行，安有王子比干？”

子路出，子贡入见。孔子曰：“赐，诗云‘匪兕匪虎，率彼旷野’。吾道非邪？吾何为于此？”子贡曰：“夫子之道至大也，故天下莫能容夫子。夫子盖少贬焉？”孔子曰：“赐，良农能稼而不能为穑，良工能巧而不能为顺。君子能修其道，纲而纪之，统而理之，而不能为容。今尔不修尔道而求为容。赐，而志不远矣！”

子贡出，颜回入见。孔子曰：“回，诗云‘匪兕匪虎，率彼旷野’。吾道非邪？吾何为于此？”颜回曰：“夫子之道至大，故天下莫能容。虽然，夫子推而行之，不容何病，不容然后见君子！夫道之不修也，是吾丑也。夫道既已大修而不用，是有国者之丑也。不容何病，不容然后见君子！”孔子欣然而笑曰：“有是哉颜氏之子！使尔多财，吾为尔宰。”[2]

---

〔1〕这些文献均祖本《论语·卫灵公》第二章，在此基础上各有增益。

〔2〕司马迁：《史记·孔子世家》。

这是一次具有思想史意义的对话。孔子为学施教，无论遭际何种处境，均能“一以贯之”，此即学以致其道，教以弘其道。他以自己所“力行”的“仁道”穿透了“命”的局囿，做到了“固穷”、“知命”而“乐道”，由此透显出别一种人生气象，此即颜渊所称叹的“夫子推而行之，不容何病，不容然后见君子”的人文意趣。“绝粮。从者病，莫能兴”，孔子却依然“讲诵弦歌不衰”——这是何等的大气度、大境界！在这里，孔子以其自身“知其不可而为之”的生命践履，为他所诲示的“无终食之间违仁，造次必于是，颠沛必于是”作了一次最为亲切、直观的见证，也为他所自道的“岁寒，然后知松柏之后彫”作了一个最有分量的注脚。从孔子的生命践履中，我们看到了儒门先师为后昆提供的这样一个可资效法的范本：自求其仁，自弘其道，傲对时命，大道直行，绝不曲全。

罹遭困厄之际，孔子最为属意的，大概就是那些与自己一道周游于列国的弟子们的心志了。我们看到，子路由“人之不我信”、“人之不我行”所流露出的犹疑态度，表明他对孔子推行的“道”的信念已多少有所动摇；子贡的“盖少贬焉”以“求为容”的姿态，则显露出他对“时”与“势”已有某种苟从或迁就的倾向。这，正是孔子所深忧的。相较之下，颜渊（颜回）既不怀疑“道”以苟从于“命”，也不委屈“道”以迁就“时”与“势”，他的“夫子之道至大，故天下莫能容”这一说法，表明他对“道”与“命”之间的那重难以消弭的张力的体察的深切。令孔子更为欣慰的是，他从颜渊所谓“夫道之不修也，是吾丑也。夫道既已大修而不用，是有国者之丑”的说法，不仅看到了一个以“弘道”为己任的“君子”对自身不能没有的那种殉道精神的自省，而且看到了一个“守死善道”的“君子”对自身不能没有的那种天职观念的自觉。一个具有殉道精神与天职观念的“君子”，自然能够笃守这样一个信念：“君子”所修之“道”的不见容于世，不但不能表明“道”自身出了什么问题，反而能够由此彰显出修道者的“君子”本色，同时也能由此反衬出那些昧于利欲囿于时命的“有国者”的“丑”来。

这里尚需征引《孔子家语》中的下述一段话：

子曰："……夫遇不遇者，时也；贤不肖者，才也。君子博学深谋而不遇时者众矣，何独丘哉！且芝兰生于深林，不以无人而不芳。君子修道立德，不谓穷困而改节。为之者人也，生死者命也。"[1]

这是孔子对面露不悦之色而心有犹疑的子路的言辞恳切的告诫。孔子认为，"君子"在世弘道的践履诚然离不开外界境遇的成全，人们却不能以外界境遇是否予以成全（遇不遇时）作为衡量"道"或"非道"以及弘道是否必要的依据。"道"与"非道"的分野只在于"仁"与"不仁"。对已经走在"为仁"之道上的"君子"来说，正如生于深林中的"芝兰"，唯有自芳而自放、自修而自弘，即便遭际"穷困"之境（无人欣赏，无人应和，甚至身陷绝地），也不得失其所守而改节，而应任命自然以弘道。此即孔子所谓"为之者人也，生死者命也"的微旨。黄克剑先生指出：

孔子对其一以贯之的"道"的"适"、"立"、"权"是彻底的，他以一生的探求就此为"人能弘道"作了见证。但"道"与"命"毕竟是相错落的，前者因"依于仁"在更大程度上是"由己"（"为仁由己"）的，后者作为某种难以逆测的变数却非一个"志于道"者所能主宰。儒家之"道"行之于世须得"立"于道、"权"于道的人见用于世，孔子终于不为"有国者"所用固如颜回所说"是有国者之丑"（《史记·孔子世家》），却还是为儒门教化涂染了一种崇高而悲郁的色调。[2]

绝境辨大小，命穷透真道。临此绝境、命穷之际，既是"道"与"命"之间的张力达到临界的时刻，同时也是弘道者终于穿透"命"的笼罩的时刻。在这一时刻，弘道者必须对人生的终局问题作出毫不含糊的

---

[1]《孔子家语·在厄》。

[2]黄克剑：《〈论语〉解读》，第 197 页。

考量，以便为自己同时也为世人的生命抉择作出最后的措置。也正是在这一时刻，一种由绝境、命穷逼显出来的道德境界绽出了，与此相伴的，那种穿透痛感而自然引发的“崇高”意识也随之诞生了。孔子时代“崇高”意识的诞生，无疑是中国文化史上的一次灿烂、壮美的日出。

（作者单位：河北师范大学文学院）

辨正

胡继华

“逻各斯”与“道”考辨

内容提要：德里达将西方形而上学传统的基础概括为“逻各斯中心主义”。早期来华传教士用“言”或者“道”来翻译《新约》的“逻各斯”，力求在犹太—希腊—基督教文化语境下的“逻各斯”与中国古代文化语境中的“道”之间建立某种似是而非的联系，后来的学者在源自希腊悲剧时代命运观念的“逻各斯”与代表轴心时代境界哲学成就的“道”之间寻找某种契合，进而建构东西方文化理念的共通性。本文通过考察希腊悲剧时代“逻各斯”概念的生成，辨识轴心时代中国哲学“道”的命意，证明“逻各斯”与“道”不在人类精神的同一高度上。在希腊哲学的黎明，在西方思想命定的开端，“秘索斯”和“逻各斯”共生互补，阴阳相荡。开端之时花开两朵，流布之处却单表一支——“逻各斯”取得了相对于“秘索斯”的优先权。“逻各斯”与“道”属于不同的哲学范畴，代表着迥然异趣的致思向度：一个指向了外在的必然，而究问主宰人神的命运，而另一个指向了内在的自由，而默示了虚灵真切的生命境界。“逻各斯”属于前轴心时代，却把其命运之忧投射到轴心时代之后的心灵与城邦的“范型”之中。相反，作为轴心时代心灵飞跃的标志和东亚智慧的象征，“道”引导生命回归于真实节奏，上行于虚灵境界。

关键词：逻各斯　道　命运　境界　文化比较

引　言

20世纪60年代后期，德里达在其著述之中表达了他对西方形而上学传统的反思与质疑，将西方形而上学传统的基础概括为“逻各斯中心主义”。从此，一种世称（或史称）“解构”的思潮不胫而走，在中西学界惊起了一脉反叛传统、质疑权威以至抗拒非合法性权力的渊流。不幸者更甚，这一脉解构思潮同后现代主义、全球化学说、媒介文化以及消费意识形态混迹甚至合流，以至“反逻各斯中心主义”同虚无主义、历史终结论、幻象审美主义以及生命精神的彻底世俗化之间的联系密切到了难解难分、真幻难辨的地步。然而，这并非全部。“全球化”思潮还开启了“解构的中国化”进程。

德里达及其解构论暗示，悠久幽深的文化记忆不仅可以重构，而且蕴涵在这种文化记忆之中历经沧桑和苦难的磨砺而传承下来的文化精神必须并可能被“解构”。德里达对西方形而上学文化传统的解构建立在“逻各斯中心主义”概念基础上。所谓“逻各斯”，是指那种活的言语、生动的对话及其蕴涵于其中的意义与价值。所谓“逻各斯中心主义”，则是指那种建立在“逻各斯”的优先性基础上的形而上学文化。德里达认为，以逻各斯为中心的西方形而上学文化表达了一种根本的偏见，赋予言语以高于文字的特权，赋予思想以高于表达的优先。德里达断言，一部西方形而上学的历史，就是抬高言语压制文字以及膜拜思想贬低表达的历史。从柏拉图到卢梭，从古典人文主义到现代结构主义和现象学，全部形而上学的文化都在建构一种“绝对知识的领域”，在这个领域中，“文字隐没于逻各斯”，“踪迹重新回到显现”，“差别被再度融合”。[1]

解构锋芒所向的标的是“逻各斯中心主义”。如果要对中国文化传统展开反思，解构的标的可能何在？提出这么一个问题不仅自然而然，而且这个问题之中还蕴涵着某种文化紧迫感。在中国以至东亚文化传统之中，是否同样存在着言语—文字、思想—表达以及在场—缺场的等阶对立制度（hierarchical oppositions）？具体到中国文化传统之中，非拼音而尚表意的汉语有没有一个对等于“逻各斯”的概念？在汉语之中有没有一个词汇像“逻各斯”一样作为其形而上学文化大厦的根基？

“逻各斯”语出希腊前苏格拉底时期的哲人赫拉克利特（Heraclitus），其最初的含义是宇宙自然的秩序及其为存在所安置的命运。历史流变总是踵事增华，让“逻各斯”一词负载上了超量的意义，以至于人们完全可以从多种意义上去理解和谈论它：“在前苏格拉底或哲学的意义上，在上帝的无限理智上或在人类学意义上，在前黑格尔的意义上或在后黑格

---

〔1〕德里达：《论文字学》，汪堂家译，上海：上海译文出版社，1999，第35页。译文略有调整，下同。

尔的意义上”。但无论在何种意义上，“逻各斯”与“语音”（phone）的源始本质关联从来就没有被割断，同时还同蕴涵在语音之中的“思想”和“意义”血脉相关。简言之，“逻各斯”把握了“言语”和“思想”的二重性。[1]

那么，汉语中有没有一个词像“逻各斯”一样简洁明了地显示出“言语”和“思想”的关系呢？早期传教士在翻译圣经时，就用“言”或者“道”来翻译《新约》的逻各斯。马礼逊（Robert Marrison）将“逻各斯”翻译为“言”（1823 年版汉译《圣经》），麦都思（Walter H. Mehurst）、郭实腊（Karl F. A. Gützlaff）、裨治文（Elijah C. Bridgman）将“逻各斯”翻译为“道”（1836 年版汉译《圣经》）。将“逻各斯”翻译为“道”，就在犹太—希腊—基督教文化语境下的“逻各斯”与中国古代文化语境中的“道”之间建立了某种似是而非的联系。后来的学者往往信以为真，在源自希腊悲剧时代命运观念的“逻各斯”与代表轴心时代境界哲学成就的“道”之间寻找某种契合，进而建构东西方文化理念的共通性。钱鍾书在《管锥编》中写道：“《老子》开宗明义，勿外斯意。心形处灭，言语道断也。”“道可道，非常道。”（《老子》第一章）第一、三个“道”所指涉的是“思想”、“意义”、“道理”，第二个“道”所指涉的是“言语”、“名略”以及“表达”。于是，钱鍾书直接将“logos”翻译为“道”，说它们兼有“理”（ratio）与“言”（oratio）两义，因而可以互相参证。钱鍾书进一步印证柏拉图的第七封信中的名言警句：“普天之下明智之士，无人竟敢冒天下之大不韪，将他所静观默想之物形诸语言，尤其是形诸那种经久恒在的形式，自吾人观之……名制皆流，绝无定制（Hence no intelligent man will be bold as to put into language those things which his reason has contemplated, especially into a form that is unalterable. Names, I maintain, are in no case stable）。”[2]“柏拉图早谓言语文字薄劣”，“（柏拉图此论）几可以译注《老子》也”。钱鍾书

---

[1]德里达：《论文字学》，第 13－14 页。

[2]Plato, “Epistle”, Ⅶ, in *Collected Dialogues*, London: Penguin Books, 1968, p. 1590.

博引群经，参证中外，得出这么一种强势判断，为“道”与“逻各斯”的比较开了先河。[1]

1985年，旅美学者张隆溪在美国学术刊物《批评探索》上发表论文《道与逻各斯》，系统地阐发解构理论，接着钱锺书的话头，推进“道”与“逻各斯”之间的比较。[2] 张隆溪以假设的方式（“如果……那么……”）小心翼翼地把老子与柏拉图拉在一起，把“道”和“逻各斯”相提并论：

> 如果在柏拉图和老子及其所代表的传统中，思与言的关系是如此的正相反对，以致人们竟可以用诸如内与外、直觉与表达、所指与能指一类概念相反的术语来说明它，那么，就没有理由不把对“逻各斯”或“道”进行沉思的柏拉图与老子视为处于和谐相通的境地。何况，在两位哲人及其所代表的传统中，书面文字都比口头语言更值得怀疑和更不足以传达其作为内在言说的思想。
>
> 不仅意指与言词、内容与形式、意向与表达的二分性深深地植根于中国和西方的传统，而且这两两相对的术语还总是处在等级关系之中。可见，思想、言说和文字的形上等级制度不仅存在于西方，同样也存在于东方；逻各斯中心主义也并非仅仅主宰着西方的思维方式，而是构成了思维方式本身。

“东海西海，四海攸同”？源自希腊悲剧时代的“逻各斯”竟被赋予了主宰西方和东方的普世性强权。这确实令人惊讶，而且疑虑丛生。首先，“逻各斯”与“道”，在多大程度上，以及在什么范围内，才具有可比性？从人类历史特别是精神史的高度上，“逻各斯”与“道”究竟是不是在同一等高线上？如果沿着解构的踪迹，尝试清除淤积在“逻各斯”

---

[1]钱鍾书：《管锥编》（第2册），北京：中华书局，1979，第408页，第410页。

[2]Zhang Longxi, “The Tao and the Logos: Notes on Derrida's Critique of Logocentrism”, in *Critical Inquiry* 11 (March 1985), pp. 385 – 398. 该文的汉语译文第一次发表于《文化：中国与世界》（甘阳主编，北京：生活·读书·新知三联书店，1985）。该文后来被收入张隆溪的论文集《道与逻各斯》（冯川译，成都：四川人民出版社，1998）。

与“道”上的超量意义负载，还原其质朴真实的源始经验，那么，“逻各斯”不只是“思想”和“言语”，“道”也不只是“意义”与“表达”。相反，它们更是涉及到宇宙人生的那种终极的真实，而成为人类精神瞩望的两个绝然不同的目标。其次，从思—言—文等级关系的普遍存在就断言“逻各斯中心主义”具有主宰东西方思维的超级权力，这种普世主义究竟具有多大程度的合理性？超越同情精神而忽视地域差异和文化精神之个性的普世主义，当然是一种霸权普世主义。最后，仅从文化传统普遍存在的等级关系出发就断言存在一种普遍有效的思维方式，这是否完全忽略了中西方哲学文化的价值韵味，而没有留意不同文化语境下的生命意识和人文异趣？将哲学问题或者形而上学文化还原为某种放之四海而皆准的“思维方式”，从而剥夺哲学仰望价值星空追寻虚灵真实的权利，这就有可能将沉思的生活平庸化，从而把爱智之善举变成技术之机心。

一　“同源学”视野下的“逻各斯”与“道”——关于比较研究的方法论

“逻各斯”与“道”分别属于西方拼音文化、中国非拼音文化传统，而扎根于不同的悠久幽深的文化记忆之中。在二者之间展开比较，显然属于同源学研究（homological approaches）。

所谓“同源学研究”，在这里特指超越异质的文化时空，探索不同概念的类似性或者对应关系。在生物学上，“同源性”是指生物染色体、细胞结构和器官功能的对应性或者功能类似性。比如蝙蝠的翅膀与老鼠的前腿具有同源性，但它们不仅在外观上而且在功能上完全不可同日而语。在数学上，亦有许多庞大的理论体系来处理“同调性”和“共同透射关系”。然而，在符号学、人类学以及文化学比较研究中情况可能迥然异趣。比如比较文学研究者操作“同源学研究”方法，揭示中国古代戏剧中的“意象”与古希腊悲剧中的“情节”具有同源关系。这种同源关系主要是一种功能上的类似性与对应关系。我们都承认，在不同的文献之中和不同的民族共同体之内，某些不同的要素具有同样的功能，因而可以逾越文化的时空差异性，在没有实际联系也没有实在影响的现象之中展开对比研究。如果说，历史在中国文化当中发挥了史诗在西方文化中所发挥的作用，那么，就存在着充分的同源关系让比较研究成为可能。如果我们可以证明，中国古代戏剧的"意象"与古希腊悲剧的"情节"都服务于建构戏剧审美特征，那么，同源学研究就不会陷于范畴的迷雾，而是一种开拓研究空间和揭示深度意蕴的有意义行为。[1]

现在，我们的问题是：上述同源关系是否存在于"逻各斯"与"道"之间？"逻各斯"在西方文化当中是否发挥了"道"在中国文化当中同等的作用？源自古希腊悲剧时代的"逻各斯"同古代中国诸子蜂起的时代脱颖而出的"道"是否处于人类精神历史的同一等高线上？

首先，我们应当承认，"逻各斯"与"道"都是轴心时代伟大的历史遗产。雅斯贝尔斯说，以公元前500年为轴心，约在公元前800年至公元200年之间，人类精神的基础同时独立地奠定于中国、印度、波斯、巴勒斯坦和希腊。在人类精神史上，伟大的思想突破和非凡的哲学事件都发生在这段时间，人类精神行程构成了一个"轴心"。[2] 所谓"轴心"，是指这个时代在人类精神的高度上成为此前和此后一切时代藉以运转的中枢。前此所有时代都以此中枢为进化的目标，仿佛一切时代都是为它的降临作准备；而后此的所有时代都以此为中枢而一次次地回眸于它，仿佛一切时代都在其智慧缘光的烛照之下。确认人类精神历史上的"轴心"，为文化之间的同源性研究建立了可能性前提。体认轴心时代，就是印证民族精神的自我意识，怀着这种自我意识，研究者才得以沉入幽深的文化记忆，在杳渺无稽的时代去倾听生命精神的脉息。不过，在体认文化共通性的时刻，我们却万万不可以忘却文化差异。作为地方性知识的文化差异，像七彩光芒一样散射出像太阳原色一样的普世性共通价值。

其次，我们还应当承认，"逻各斯"与"道"是哲学突破所收获的伟

---

〔1〕关于同源学研究，参见 Earl Miner，"Some Theoretical and Methodological Topics for Comparative Literature"，in *Poetics Today*，Vol. 8:1(1987)，pp. 120 - 140.

〔2〕雅斯贝尔斯：《智慧之路》，柯锦华、范进译，北京：中国国际广播出版社，1988，第69页。

大成就。胡塞尔指出，公元前7世纪与公元前6世纪的希腊是欧洲精神的诞生之地。“希腊民族中成长起一种个体对于其周围世界的一种新的态度。由此而产生了一种全新的精神结构。它迅速地成长为一种系统而饱满的（geschlossen）文化形式，希腊人称之为哲学。”[1] 这种被称为“全新精神结构”和“系统而饱满的文化形式”的东西在2000多年的长时段历史之中一直伴随着人类，并且最终统一为欧洲的各个民族所分享，而成为其文化精神的有机构成部分。19世纪之后欧洲的文化危机即表现为这种文化形式的衰落以及包含在其中的“共同理性”的式微。这种为胡塞尔在深重的文化危机境遇之中殷殷顾盼和渴望复兴的“共同理性”，就是可以远溯至于荒渺无稽的“秘索斯”并直接脱胎于“逻各斯”的“至美”、“至善”与“至大”及其文化境界。当我们向上古的中国回眸，中华民族经历了“天命衰微”和“礼崩乐坏”的巨大变局，轴心时代中华民族的精神经历了“卜命致道”的转换，从对命运的忧患当中超越出来而通过静观默示展开对“生命皇极”的贞立，其结果是确立统帅宇宙人生的虚灵真实——“道”，以此收纳对人生、人伦、人教的思考，从而开启了一种文化境界。[2] 这种文化境界历久千年，中经无数苦难和无限忧患的磨砺，不仅没有颓败，而且还化作涵咏人心整饬世道的隐秘诗情。

最后，在承认轴心时代伟大的哲学遗产以及精神变局的同时，我们更是必须体认“逻各斯”与“道”在人文价值坐标上的不同投射取向。轴心时代的文化变局导致了不同的历史秩序，而“历史的秩序来自秩序的历史”。沃格林（Eric Voegelin）断言，“每个社会都承载着在自身的具体境况下创建某种秩序的责任，这种秩序基于神的或人的目的，将赋予该社会生存的事实以某种意义”[3]。古代近东以至东亚文化的黎明，一些伟大的社会创建了一条存在秩序的链条，诸种存在以一种可以理解的方式互相联系，从而赋予了宇宙人生以至世道人心的意义。因此，在考察

---

[1] 胡塞尔：《现象学与哲学的危机》，吕祥译，北京：国际文化出版公司，1988，第143页。

[2] 参见黄克剑：《由“命”而“道”——先秦诸子十讲》，北京：线装书局，2006，第13－22页。

[3] 沃格林：《以色列与启示》，霍伟岸、叶颖译，南京：凤凰出版传媒集团/江苏人民出版社，2009，第19页。

希腊悲剧时代的哲学灵思之际，尼采提出一项诡异的假设：“倘若人们把来自东方的所谓老师和来自希腊的可能的学生摆放到一起，例如，把琐罗亚斯德（古波斯拜火教的创立者 Zoroaster）与赫拉克利特（认为火是万物本源的古希腊哲人 Heraclitus）并列，把印度教信徒与埃利亚学派（主张有不变本体的 Eleatics）并列，把埃及人与恩培多克勒（坚信灵魂不灭的 Empedocles）并列，甚至把阿那克萨哥拉（宇宙二元论者 Anaxagoras）置于犹太人中间，把毕达哥拉斯（讲求宇宙和谐秩序的 Pythagoras）置于中国人中间，那实在是一个奇观。”[1]

是什么把这些置身于不同文化土壤的人物变成了秩序的建构者，让他们以生命之火燃烧出智慧之光，而成为哲学家呢？尼采断言，一种铁的必然性把哲学家绑缚在真正的文化上。“命运之爱”，令哲学家化作一颗凶吉未卜、令人惊恐的彗星，或许因为某种运气，他也可能像太阳系的一颗发光发热的明星。希腊悲剧时代，哲人之眼透过鸿蒙的神话，从实在专制的压抑下向苍天祈望，力求发现笼罩存在的秩序网幕，从而展开对命运的叩探。经过悲剧对城邦的洗礼以及智者对公民的启蒙，希腊哲学走出神话的鸿蒙和命运的苍莽，而呈现出从“命运”到“境界”转折的轨迹。悲剧时代的希腊哲学，是对命运的深切忧思。昂首仰望苍天而不顾脚下土坑的泰勒斯，像帝王一般孤傲而且自足的赫拉克利特，用哲学诗篇表述被缚命运的巴门尼德，以及心怀恻隐之心和立法之志的毕达哥拉斯，这些悲剧时代的哲人无不在异在的“命运”的神秘牵引下将目光投向茫茫宇宙，探问宇宙构成的“始基”。古代世界经过战争、瘟疫、政治动荡之后，以及在同域外文化的接触过程之中，又经受了一场精神启蒙。在悲剧时代苍茫落幕之后，诸神不再争吵，神祇之间的改朝换代也静默无声，一个新的异教之神取代了众神之王宙斯，取代了酣醉狂舞的狄奥尼索斯和清明儒雅的阿波罗。这位异教之神，就是托命柏拉图的戏剧对话而流芳千年的苏格拉底。苏格拉底青年时代也追逐悲剧时代哲人的踪迹叩探宇宙的“始基”，然而他寂照忘求，返心自视，“求援

---

[1]尼采：《希腊悲剧时代的哲学》，周国平译，北京：商务印书馆，1996，第6－7页。

于心灵世界，并且到那里去寻找真理”。求援于心灵世界而把真理铭刻于内，苏格拉底就成为轴心时代四大圣哲之一，提示了哲学从“命运”到“境界”的转换轨迹。[1] 天不生“苏子”，万古如长夜，生命就只能在苍苍莽莽的命运铁律之下依稀律动。“苏子”莅临人世，便引领生命走出命运，而朝着清明儒雅的“境界”上行。简言之，苏格拉底之前，希腊哲学之思乃是“命运”之思，而源自赫拉克利特断简残篇的“逻各斯”主要地还是和命运主题相关联的范畴。

与希腊悲剧时代从“命运”到“境界”的转折相应，中国春秋战国时代“天命衰微”、“礼崩乐坏”，而诸子蜂起，存在和精神的秩序也处在一种汤因比所谓的“动荡时代”（the time of the troubles）。公元前722年至公元前480年的上古中国，史称“春秋时代”。其实动荡早就发生在周代厉幽时代，具体表现是对命运的忧思和对人生意义的探究之间失去了平衡，天命堕落，而人文萌生。[2] 周代厉王时代，天命威权已经开始堕落，人文脉息在怀疑和绝望的情绪之中律动。“荡荡上帝，下民之辟。疾威上帝，其命多辟。”（《诗·大雅·荡》）下民开始怀疑天命威权可能包含着邪恶的暴力。“天方艰难，日丧厥国，取譬不远，昊天不忒。”（《诗·大雅·抑》）下民也开始质疑天命的善良，而对天命与政权结合在一起的实在专制主义存有一份警觉之心。周代幽王时代，下民对天命的怀疑以至抵抗完全没有留下余地，天命衰微，天的权力威风不再。“浩浩昊天，不骏其德。降丧饥馑，斩伐四国。昊天疾威，弗虑弗图。舍彼有罪，既负其辜。若此无罪，沦胥以辅助。”（《诗·小雅·雨无正》）天命衰落开启了信仰内在化和命运人文化的转向，于是中国上古迎向“以礼为中心的人文世纪”，迈向了“周公制礼作乐”的文化意义世界。及至春秋战国之际，作为上古中华人文之象征的礼乐呈衰败之相，孔子直觉到“礼崩乐坏”的文化紧迫感，而展开了对存在意义的终极思考。不过，孔子对人文象征的维护表面上却是“述而不作”、“信而好古”，“周监于三代，郁

---

〔1〕参见黄克剑：《心蕴——一种对西方哲学的读解》，北京：中国青年出版社，1999，第10-15页，第203-209页。

〔2〕参见徐复观：《中国人性史论·先秦篇》，上海：上海三联书店，2001，第32-33页。

郁乎文哉，吾从周”（《论语·八佾》）。但他所渴望复兴的“礼”不是玉帛往复人际周旋，他所希望振作的“乐”也不是钟鼓相闻歌舞升平，而是超越世俗实用而整饬世道人心的“境界”。孔子不语“怪力乱神”，也罕言“性与天道”，但他断言“吾道一以贯之”、“人能弘道，非道弘人”（《论语·卫灵公》）。《史记·太史公自序》给孔子的历史定位是：“周室既衰，诸侯恣行，仲尼悼礼废乐崩，追修经术，以达王道、匡乱世，反之于正，见其文辞，为天下制仪法，垂六艺之统纪于后世。”孔子“道之以德”，“导人入仁”，从生命情调的亲切上行至形上境界的空灵，从而建构出人文价值的形而上境界。天不生仲尼，万古如长夜，下民只能在“维天之命，于穆不已”的命运笼罩下惨淡前行。孔子降临世间，“缘人情而制礼”，“制礼义以养其欲”，将形而上学的境界设立为恒在无限的价值，完成了中国文化精神“由命而道”的转化。孔子与老子分属儒门和道家，但老子之思在“问道”境界上却和孔子旨趣相通。“人法地，地法天，天法道，道法自然”，老子的“道”默然贯通在宇宙之间，绵延在世道之上，涵咏在人心之内，从而默许了一种周流不息泽被万物而不为仁的生命虚灵境界。老子求道，在于启示人们“虚壹而静”，以摆脱外在凶吉祸福的牵挂，而复归于婴儿，返归到心灵的浑朴真元。简言之，孔子和老子完成了“由命而道”的哲学主题之转折后，象征着内在心灵境界的“道”就被确立为一种恒在无限的人文价值。这种人文价值不仅成为心灵秩序之源泉，而且也足以成为整饬世道实现公正的内在权威。这度发生在远东轴心时代的精神飞跃，让精神“倾向于比可见的现存世界更具持久性的东西，即超越所有处在可感知的生存者之中的存在，而转向以无形方式生存的存在者”[1]。在孔子和老子那里，“道”就是这种“以无形方式生存的存在者”，只能体验为灵魂的一种律动，因而是虚灵的，但也是真实的。故此，“道”是一种超越命运而同“境界”相联系的哲学范畴。

综上所述，虽然同属“轴心时代”哲学突破和精神飞跃的伟大成就

---

〔1〕沃格林：《以色列与启示》，第43页。

而启示了文化的通则，但“逻各斯”与“道”却并不处在历史的同一等高线上。源自希腊悲剧时代的“逻各斯”指向外部宇宙秩序，而体现出命运的催迫权力和牵引力量；而从诸子蜂起的上古中国脱颖而出的“道”则指向了内在心灵秩序，而表征出生命境界的和谐节奏和整饬功能。“逻各斯”的内蕴是命运，以及用生命征服命运的渴望。“道”的内蕴则是境界，以及用境界化成人文的祈愿。

二　命运之轭

草蛇灰线，伏墨千里。命运的驱策导致了“逻各斯”的诞生。但“逻各斯”在精神史上真正登堂入室却有一段漫长的历史必须被穿透和超越。接受神话哲学家布鲁门贝格（Hans Blumenberg）的建议，我们现在就把回眸的眼光投向荒渺无稽的“泰古”（die Vorvergangenheit），尝试去体验高古初民所遭遇的迷黯渊默的命运，以及蕴涵在其中的绝对权力。[1]

希腊人行走在命运的迷黯阴影之中，如同他们被笼罩在海伦的灿烂艳影之下。荷马笔下的海伦，以其四射的艳影，令古希腊众数妇女尽失佳颜。她低眉顺眼，根本上是一个羸弱的人物。她顺从，却有不可抗拒的魅力。她是阿芙洛蒂特的无辜牺牲品，甚至她对帕里斯的爱也是命运之爱，是女神给她安排的。受命运无情摆布的海伦，却赐予了希腊人和特洛伊人以同等残酷的命运。为她而展开的特洛伊战争的宏大场面被编织在地毯上，而代代流传，提示命运无所不在恒古长存的铁律。晚出荷马200年，哲人赫拉克利特在其著作残篇第20则中写道：

> 一旦出生，他们就同意活着并面对（ελπιζειν）他们的命运（μοιρους），还留下后代，后者也变得（顺应其个体的）命运（μοιρους）。[2]

---

〔1〕参见 Hans Blumenberg, *Arbeit am Mythos*, SuhrKamp Verlag Frankfurt am Main, 1979, SS. 1 – 2.

〔2〕罗宾森：《赫拉克利特著作残篇》（希腊语—英语—汉语对照本），楚荷译，桂林：广西师范大学出版社，2007，第31页。

“μοιρους”，在这则残篇中两次出现，原意是“部分”、“份额”、“分支”、“份儿”、“运气”。在古希腊人的意识中，所谓“命运”就是从神那里“分摊到的一份生命/财产/幸福”。前面的动词“面对”（ελπιζειν）所表达的是顺从、同意而非主动渴望与追求。因此，这则残篇中的“命运”已经发生了语义上的转化，可能是用来特指人类特有的命运，并有死亡的含义。罗宾森解释说：

> 如果人们可以预见他们在地球上的命运，给他们机会去选择的话，他们将选择不出生。而一旦出生，他们就同意活下去，并面对（字面义：“拥有”）自己的命运（即肉体所继承的冲击，走向死亡），他们留下孩子，这些后代也变成了（轮到他们来接受自己独特的）命运（字面义：成为命运）。[1]

命运不仅是驱动荷马史诗的隐秘节奏，而且是悲剧时代哲学的基本主题。亚里士多德说，驱使高古哲人去探问宇宙原型的动力是惊异，但他的先驱者赫拉克利特却隐微地启示我们，西方思想的开启乃是命运的催迫与召唤。在赫拉克利特那里，命运表述的是人类境况的一种悲剧色调，以及人类代代相传的忧虑与抗争命运的激情。“命运”渊默无言，爱智者其有忧患。“命运”蕴涵强力，沉思者唯有顺从。西方精神史开端的悲剧在于，虽然命运催迫哲人仰天发问，究问生命从何而来和归托何方，却得出了人类在“命运”面前无能为力，甚至毫无存在价值的悲观见解。

在《俄狄浦斯在科洛诺斯》长老合唱歌中，索福克勒斯借歌队之口

---

〔1〕罗宾森：《赫拉克利特著作残篇》（希腊语—英语—汉语对照本），第158－159页。

吟诵出令人不寒而栗的箴言：人最好是不要出生![1] 哲学家阿那克萨哥拉在被问及为何选择出生而没有选择不出生之时，他回答说：我之所以来到这个世界，是为了观看天象，理解整个宇宙的秩序。公元前5世纪这两位雅典人的至理名言从正反两面说出了同一个真理：命运无情但命运可解。最好是不要出生，如此悲观心态源自对无情命运的无奈。“观看天象，理解整个宇宙秩序”，这又说明渊默的命运可以理解，只不过理解的方式不同罢了。恰恰因为哲人不能完整地将宇宙秩序把握为一个和谐的整体，宇宙秩序或者说命运的铁律才赋予了人的存在以正当性。恰恰因为忧患于命运无常，巨大的忧患意识才养育了直面命运把握宇宙秩序的求知意志。然而，哲人的沉思默想藉以立足的根基何在？不得而知。

---

[1]索福克勒斯：《俄狄浦斯在科罗诺斯》第三合唱歌：“一个人最好不要出生；一旦出生了，求其次，是从何处来，尽快回到何处去。等他度过了荒唐的青年时期，什么苦难他能避免？嫉妒、决裂、争吵、战斗、残杀一类的祸害接踵而来。最后，那可恨的老年时期到了，衰老病弱，无亲无友，那时候，一切灾难中的灾难都落在他头上。”（见《古希腊悲剧经典》，罗念生译，北京：作家出版社，1998，第224页）在《普罗米修斯》三联剧里，另一位悲剧诗人埃斯库罗斯以极端纯粹的神话形式表现了悲剧主题：人类最好是不要存在。在其第五支合唱歌中，巴库里德斯（Bacchylides）第一次让赫尔克勒斯表达了“悲剧之悲”的核心悲情。在地狱冥河，赫尔克勒斯为墨勒阿格尔（Meleager）的命运潸然泪下，这是好男儿唯一一次流泪：“凡夫俗子啊，你们最好是不要投生，不要见到阳光。”在埃斯库罗斯的《普罗米特亚》（*Prometheia*）中，这个主题不是指一种主观上不可救药的绝望心境，而是指神话的一种客观发现，它不仅表现在新神毁灭克洛诺斯世代生灵的残暴意图之中，而且还表现在普罗米修斯的默认之中。普罗米修斯强行将朝生暮死的卑微物种提升到宇宙天地境界，就算是宙斯也不能再次让他们消逝在地狱之中。将人类客观的无价值转化为更高的生存能力，转化为生存的价值，此乃普罗米修斯无法拒绝的使命：反抗宇宙秩序。然而，悲剧诗人让宙斯将普罗米修斯抛向不可救药的绝望深渊，留给他的只不过是那种“盲目的希望”。普罗米修斯泛爱人类，怀藏无限的慈悲，但他所爱的人类却百无一用，他所表达仁爱的手法却让他犯下了“肆心之罪”。但这恰恰是命运的悖论，也是人类生命体验的绝境。普罗米修斯不仅对人类百无一用的悲剧情形心知肚明，而且还对宙斯必将覆灭的命运了然于心。普罗米修斯对人类仁爱有加，不惜犯上作乱，以身试法，招致了宙斯的震怒和惩罚之举，然而宙斯的命运却藏匿在普罗米修斯心中。普罗米修斯襄助人类，宙斯惩罚普罗米修斯和人类，普罗米修斯却掌握着宙斯命运的秘密。可谓螳螂捕蝉黄雀在后，决定人类凶吉祸福的不是泰坦英雄，不是奥林波斯天神，而是不可抗拒的命运。在命运面前，不仅人类生而无助，死而无益，而且神之法力有时而尽，绝非不朽万能。对于“人类最好不要出生”这一悲剧核心意蕴及其与命运的本质勾连，参见Hans Blumenberg，*Arbeit am Mythos*，SS. 348－349. 史家希罗多德认为，荷马的原创思想正在于揭示了命运的铁律：“任何人都不能逃脱他的宿命，甚至一位神也不例外。”（见希罗多德：《历史》，王以铸译，北京：商务印书馆，1959，第47页）而且正是因为这种不可抗拒的残酷命运，赋予了荷马史诗之中众数英雄以“悲剧性的高度与尊严”（参见芬利编：《希腊的遗产》，张强等译，上海：上海人民出版社，2004，第81页）。

在其《神话的起源》(*L'origine des fables*)里，丰塔内伊(Fontenelle)论说，人类或者赞美天体的和谐秩序，或者恐惧那些怪异反常的天象，但总是应该将智慧与权力这些出类拔萃的特性赋予诸神。但是，忧患于命运又渴望了解并且征服命运的希腊人无论如何不能接受这样的观念。有如悲剧诗人和自然哲学家索福克勒斯与阿那克萨哥拉之辈，公元前5世纪的古希腊人将异教世界普遍存在的宇宙与悲剧的对立明确地昭示出来了，从而策动了一场向"命运"发起冲击的上古启蒙。[1]"逻各斯"在这场启蒙中浮出命运的阴影，启示命运的可以认识和可以征服的契机，预示命运主题向境界主题转换的可能性。

在考察希腊宗教文化的起源及其哲学倾向的时候，罗素敏锐地体察到了"命运"在荷马史诗和希腊神话之中占据的主导地位。罗素认为，伦理在荷马史诗中占据了主导地位，而宗教气息相对比较淡薄。而真正与宗教情怀相关的，并非奥林波斯诸神，而是"命运"——连宙斯也必须服从这种铁的必然和冥冥的存在。罗素还索性发挥说，这种深刻地影响了整个希腊思想的"命运"，甚至也成为"科学之所以得出对于自然律的信仰的渊源之一"。[2]关于希腊命运观念与现代科学之间的隐秘关系，怀特海一言以蔽之，曰"无情的必然性充满了科学的思想"，"物理的定律就等于人生命运的律令"。怀特海的这项断言建立在对于希腊自然观的理解上。在他看来，希腊人的自然观，以及流传于后世的希腊宇宙观，在本质上是戏剧性的。他们认为，宇宙的构成方式就像戏剧情节，为了体现出一般观念而归结为一个终极目的。希腊戏剧通过各种形式在许多方面对西方"中古思想"产生了直接的影响，而伟大的悲剧诗人埃斯库罗斯、索福克勒斯和欧里彼得斯等等，则成为现代"科学思想的始祖"。悲剧诗人的作品风格各自不一，但他们都认为命运是残酷无情的，驱使着悲剧事件不可逃避地发生。希腊悲剧所呈现的理念，正是科学所持有

---

[1] Hans Blumenberg, *The Genesis of the Copernician World*, trans. Robert M. Wallace, London: The MIT Press, 1987, pp. 8－9.

[2] 罗素：《西方哲学史》(上册)，何兆武译，北京：商务印书馆，1982，第34页。

的思想。“希腊悲剧中的命运，成了现代思想中的自然秩序。”[1] 然而，在读着罗素、怀特海的这些文字而感到振奋的时刻，我们还是必须谨慎地指出，哲学对于命运的拷问发生在人类精神的人文维度上，而科学对于自然律的把握则处在人类精神的自然向度之中。哲学对于命运的垂注和忧患，永远不能由科学对于必然的把握覆而盖之，取而代之。在明了这一层重大的分歧之后，我们不妨继续欣赏古典学家戴维斯（Michael Davis）往复于文学与哲学之间对互相抵牾的古代悲剧和现代科学之间作出的斡旋。戴维斯断言：“古代悲剧与现代科学都关心人类的自治问题（the question of human autonomy）。”[2] 自治问题，即人类自己为自己做主，把握自己的命运。不仅如此，古代悲剧对命运的呈现，以命运为主题的悲剧时代的哲学对于宇宙原型、宇宙必然以及“逻各斯”的执著追问，对西方现代科学的兴起以及对自然律的摹制造成了巨大的激励，甚至构成了现代科学最为基本的原型。这在自然科学的外向性维度上印证了人文精神的内向性维度上的发现，强化了“命运”主题与“逻各斯”之间的本质勾连。

在考察古希腊悲剧诗人和哲人的伦理学时，古典学家诺斯鲍姆（Martha Nussbaum）以其近乎神性的女性之虔诚论说了“命运”与“伦理”的深刻关系。赫拉克利特著作残篇第119条有言：

ἤθος ἀνθρώπω δαίμων

（A person’s character is his fate［divinity］. 品质就是个人所拥有的神性命运。）[3]

“伦理”（ethics）一词源出“品格”（ethos）。而“品格”总是带有一种特殊的精神倾向的含义。一个人所拥有的特殊品格就是他所分担的

[1]怀特海：《科学与近代世界》，何钦译，北京：商务印书馆，1997，第8－11页。

[2]戴维斯：《古代悲剧与现代科学的起源》，郭振华、曹聪译，上海：华东师范大学出版社，2008，第10页。

[3]罗宾森：《赫拉克利特著作残篇》（希腊语—英语—汉语对照本），第131页。

神性，而这种神性就是一个人必须服从的命运。每一个人都无法拒绝自己所分担的神性，无法逃脱自己的命运，因而也无法挣脱伦理的经纬纲维。宇宙的秩序是给定的必然，而不可抗拒的命运构成了“逻各斯”的庄严韵味。“逻各斯”在人伦关系和共在世界之中的自然延伸，就必然导向了“伦理”。“伦理”乃是“命运”的人文化形态。希腊诗人品达（Pindar）喜欢取譬植物，用以表达个性、命运与伦理之间的隐喻关联。在献给奥林匹亚优胜者、克里特岛克诺索斯公民埃格特勒斯（Ergoteles）的凯歌中，品达写道：“菲拉诺之子！你用双足赢取的荣耀——就如在自家的炉膛旁迎战的公鸡所得的胜利——本应早早凋尽了树叶。”[1] 春秋代谢，树叶由青转黄，最后势必随风凋谢。而这就是终有一殁的人所必须遭遇的命运。这一隐喻之词源自希俄斯游吟诗人：“人之世世代代，一如树叶往复枯荣。”[2] 西蒙尼德斯（Simonedes）引自《伊利亚特》第6卷第146行，据说最早出自格劳科斯（Glaukos）之口，他在一场战斗之中与对手相遇，随即想到自己将和前面无数的特洛伊将士一样僵卧沙场，从而想到人生苦短，生命脆弱，就像那些树叶，今日郁郁葱葱，明日枯黄萧瑟，最后还会随风凋落。以树叶隐喻命运，格劳科斯情不自禁地顾念了他人。这就暗示，一个人的命运同他人休戚相关，命运与伦理的关联清楚而又明白。在第8首《涅嵋凯歌》中，品达又用“葡萄藤”设喻，比拟命运与伦理之间的深刻关联。

> 然而，人的卓越
> 就像葡萄藤那样成长
> 得到了绿色雨露的滋养
> 在聪慧而公正的人当中，茁壮成长
> 直达那清澈的蓝天。

---

[1] 品达：“第十二首《奥林匹亚凯歌》”，转引自 Frank J. Nisetich 所著《胜利与必死之叶》，见刘小枫、陈少明主编：《奥林匹亚的荣耀》，北京：华夏出版社，2009，第97页。

[2] “正如树叶的枯荣，人类的时代也是如此。秋风将树叶吹落到地上，春天来临，林中又会萌发，长出新的绿叶，人类也是一代出生，一代凋零。”见《伊利亚特》第6卷，第146－149行，罗念生、王焕生译，北京：人民文学出版社，1994，第136页。

对那些我们所爱的人，我们有各种需要——
不论是在艰难困苦中，还是在欢乐喜悦中，
大多数东西都尽力追踪它能够信任的眼睛。[1]

人的生命与个性顺乎宇宙的隐秘节律而生长，就像那些葡萄藤蔓。但是，生命无助而且脆弱，时刻需要阳光照耀和雨露滋养。同样，卓越的人也需要爱与呵护，必须追踪那些可堪信任的眼神。然而，诺斯鲍姆从品达的诗中读出了悲剧诗人的忧伤主题——“人性的卓越最美之处，正是在于它的脆弱性”[2]。因为命运不可超越，所以善是脆弱的。而这就不仅是贯穿在希腊悲剧诗人和哲人的思想之中的基本主题，而且也是当代文化危机的处境下人类必须面对的真正难题。

希腊人所背负的巨大命运重轭，呈现于荷马史诗。但在荷马之前四个世纪，有一段荒渺无稽的黑暗时代。祖述黑暗历史的希腊人，无奈于文字记载的缺乏，而把对悠久幽深的文化记忆托付给了神话。通过希俄斯盲目的游吟诗人哀婉的咏唱，一种迷黯命运在公元前13世纪至公元前12世纪就阴沉地笼罩着地中海以及西亚北非，抗争命运的精神谱图可以追溯到克里特—迈锡尼文化，甚至追溯到西亚苏美尔文明和北非古代埃及文明。这一庞大的精神图谱单靠口传而诉诸听觉，因而只可耳闻而不可目视，史称“黑暗时代”。“黑暗时代”有多黑？正如漫长的历史有多长、永远的怀念有多远一样难以言述。从时代相传的神话我们得知，沉沦于黑暗时代而无文字可考的文化被托付给了“阴郁凄苦的命运”(gloomy and abject fate)，进而激发出令人惊骇和焦虑的想象——那是一个由绝对实在统治而人类陷于绝对匮乏的时代。哪里有绝对实在的统治，哪里就有人类的绝对匮乏，哪里就有不可抗拒的命运，哪里就有乱伦、杀父、愚昧、战争、死亡等残酷和恐怖的事实。“在很久以前，一种黑暗的命运已经笼罩在了老一代英雄们所创造的业绩和经受的磨难当中。在

[1]引自诺斯鲍姆：《善的脆弱性：古希腊悲剧和哲学中的运气与伦理》，徐向东、陆萌译，南京：凤凰出版传媒集团/江苏人民出版社，2007，扉页题词。

[2]诺斯鲍姆：《善的脆弱性：古希腊悲剧和哲学中的运气与伦理》，第2页。

关于他们的神话中，充满了对这种从一开始就注定的命运的自觉，在史诗所表达的主题和反思当中，悲观情绪贯穿始终。正是以此为基础，悲剧把这种犯罪、咒诅和哀痛的叙事结构发展成为一种高级的艺术形式。"[1] 希腊神话、悲剧以及启蒙后的哲学，都是希腊人奋力超越和穿破黑暗命运之意志的象征形式。

"黑暗命运"是公元前12世纪地中海文化灾难的悠长投影。在这个噩梦一般的世纪，地中海内外民族经历了一场同罗马衰亡相比有过之而无不及的灾异之变。公元前2000年之末，天空中运行的天体突显病态，出现了导致气候剧变的偏差，于是干旱恣意肆行，在公元前13世纪达到顶峰。柏拉图《蒂迈欧篇》中埃及祭司的谈话便隐微地述说了这场气候灾异。公元前1225年和公元前1180年，北方民族、岛屿民族和海上民族入侵埃及，引发了两场血腥的反入侵战争。公元前1230年，迈锡尼宫殿被毁，焚为灰烬。公元前1200年，赫梯帝国崩溃，随之喧嚣的地中海一派安静。在一场宏大的悲剧面前，几个文明排着队陷于灭顶之灾，随之青铜时代也将寿终正寝。史家无限茫然，历史却默而不答，但这丝毫无碍于黑暗命运在历史上投下长时段的悲剧阴影。[2]

在命运的驱策下问讯命运，与其说是希腊人独有的生命姿态，不如说是泰古先民共通的生命渴求。只要考察地中海、西亚北非文明即可看到，泰古先民将命运对他们的先验催迫和他们对于宇宙的源始体验符号化，从而建构出复杂的神话体系，把始基的探寻、历史的书写和理性的思辨融汇为一种象征系统。[3] 通过神话超越命运，克服焦虑，泰古先民的心智冒险已经为神话向逻各斯的转折开启了契机。《旧约》时代的希伯来人在命运的驱策下，制作出创世神话，在存在的无根处强行提供根据而企图克服命运的催迫所引发的无限焦虑。《旧约》是泰古先民与圣父之

---

〔1〕布克哈特：《希腊人和希腊文明》，王大庆译，上海：世纪出版集团/上海人民出版社，2008，第141页。

〔2〕参见布罗代尔：《地中海考古：史前史和古代史》，蒋明炜等译，北京：社会科学文献出版社，2005，第126－135页。

〔3〕参见沃格林：《焦虑与理性》，杨俊杰译，载《后现代、历史、政治和伦理》（新史学·第5辑），第127－176页。

间的缔约，因而是“命运之约”。《圣经·诗篇》便是描绘“命运之约”的最好例子。它把耶和华的创世象征转化为对混沌命运的征服，而那混沌的命运却不甘败落，还会卷土重来，再度吞没被创造出来的新天新地。然而，那已经成型的宇宙秩序却是铁一般的必然，为人和神派定不可变更的位置：“耶和华作王，他以威严为衣穿上。耶和华以能力为衣，以能力束腰，世界就坚定，不得动摇。你的宝座从太初立定，你从亘古就有。耶和华啊，大水扬起，大水发声，波浪澎湃。耶和华在高处有大能力，胜过诸水的响声，洋海的大浪。耶和华啊，你的法度最的确，你的殿永称为圣，是合宜的。”（《诗篇》93：1－5）耶和华的能力是一种存在于他者身上的至上权力（Uebermachten），它表示实在具有绝对的统治地位。宇宙的庄严永恒挺立，神性的尺度万古适宜，但屈从于此等命运的存在物却与终极的存在者失落了血脉关联，因而产生一种对于命运的巨大焦虑。

命运之忧患由来已久，溯其本源，这种巨大的焦虑滋生在两河流域的古老文明，表达在一篇巴比伦祷告词之中。那是一位有罪者对诸神的忏悔，他战战兢兢地祈祷男神和女神平息对他的怒火，他代表罪人告白自已暗哑、愚昧、有罪而且孤苦无告，作为存在者已经和终极存在失却了本质的关联。他念念叨叨地祷告说：“人是哑的，他无知于万事万物。人类——每一个存在着的人——究竟知道些什么？无论他是在行恶还是在为善，他都浑然无知。我的神啊，不要抛弃您的奴仆吧！他已经被掼入大沼泽中，援手与他吧！我所犯的罪，就让他变作善吧！我所做的僭越之事，就让风儿带走吧！我所做的那些不良之事，就让它像外袍一样剥落掉吧！”〔1〕如果说，希伯来人的《诗篇》描摹的命运是神的至上权力和永恒法度，那么，这篇巴比伦罪人的祷告词所陈述的命运则是人类在无知之中所犯下的罪孽。这种作为命运的罪孽以及人类对它的忏悔，经久不息地回荡在西方文化的伟大经典之中。在保罗的《以弗所书》和

〔1〕转引自沃格林：《焦虑与理性》，杨俊杰译，载《后现代、历史、政治和伦理》（新史学·第5辑），第144页。译文略有调整。

《哥林多前书》之中，在奥古斯丁的《忏悔录》之中，我们都能清楚明白地听到这种忏悔之声的回响。发自罪人心灵深渊中的忏悔与祈祷，表达了存在者与存在断裂的焦虑，以及为命运所驱策的存在者的焦虑。奋力上行而求索，绝望地将存在者与终极存在物关联起来，就是寻求一种秩序，一种通过神话创造而建构的象征秩序，从而回应焦虑，超越命运的至上权能。

神话通过表达命运之忧而把上古史诗转化为人领受命运的故事。世界上现存的最古老的史诗《吉尔伽美什》（*Gilgamesh*）[1] 用古典巴比伦语铭刻在 12 块泥板上，公元前 30 世纪至公元前 8 世纪在西亚和近东广泛流布。史诗主人公吉尔伽美什乃是《苏美尔王表》所述乌鲁克（Uruk）第一王朝之第五代君主，大约公元前 27 世纪在位。吉尔伽美什一生下来就领受了神的份额——命运，因为他二分像神一分像人。他征服了森林怪物，占有了天神水性杨花的女儿，建立了乌鲁克大地上的城池，懂得天地之间许多秘密。他唯一参悟不透的是“死亡”的秘密。当他和朋友恩奇都一起击败怪物之后，恩奇都受神责罚而死于非命。蒙爱而且举哀的史诗英雄长途跋涉，趟过死亡之水，去询问人类始祖，究问永生不朽的秘密。人类始祖讲述了吉尔伽美什家族的遥远故事，后者得知自己是大洪水灾难的幸存者，更是彻悟到了有限的生命终有一殁的命运。他采得的长生不老灵芝草被蛇吞噬，唯太息之掩面，他终于接受了不可抗拒的命运——生命终有一殁，血肉凡胎无法永生。于是，他把自己的故事刻在石头上，以便警醒有限存在者，让他们生命不息，焦虑不已。据说《吉尔伽美什》同《伊利亚特》、《奥德赛》在题材、命意、情节、结构、人物以及语言风格方面多有类似，但巴比伦史诗与荷马史诗之间是否具有影响—传承关系，限于见闻，难以定断。[2] 但二者通过神话而把上古人类历史转化为问讯命运的故事，则有异曲同工之妙。不仅如此，巴比

---

[1]《吉尔伽美什》，赵乐甡译，南京：译林出版社，1999。

[2]参见布莱迪：《人类学诗学》，徐鲁亚等译，北京：中国人民大学出版社，2010，第 210－213 页。关于巴比伦史诗与荷马史诗之间的对应关系，参见白钢：《Ex oriente lux（光从东方来）——论希腊思想中的东方因素》，载《希腊与东方》（思想史研究·第 6 辑），上海：世纪出版集团/上海人民出版社，2009，第 63－84 页。

伦上古史诗与荷马史诗都书写了胜者英雄的辉煌与荣耀，但在展示英雄的伟业丰功之时，也铭刻了“后续绵延的苦难” （epilogue of suffering）。[1] 史诗英雄在完成伟大的业绩之后必须死去，因而纵情欢呼胜利之时，也掩饰不了那奔腾于其下的焦虑之心。因为，在人类的命运中，占据统治地位的“命运之神”（Μοιρα）仍然掌管着至上的权力，象征着实在的绝对统治以及人类的绝对匮乏。

在命运的驱策下，人类不得不问讯宇宙的原型，将一己之存在物同一个终极存在关联起来，从而缓解生存的巨大焦虑。以神话为绝对的至上权力命名，描摹神圣的谱图，人类就开始了对命运的超越，筚路蓝缕地开启了通往理性文化殿堂的道路。自荷马以降的希腊文化的伟大经典中，尤其是那些悲剧诗篇里，蕴涵着命运感的精神财富“已经达到了完全成熟的神话形式”，形成了“最有高度、最深刻和最具创造性的性格特征，这样一种风格的出现本身就是文化史上的重大事件”。神话之于希腊，恰如信仰之于希伯来，道德之于华夏，教义之于中世纪欧洲，技术之于整个现代世界，它既壮丽辉煌而又令人敬畏。“神话总是作为一种强大的力量统治着希腊人的生活，像一幅生动的画卷环绕在他们左右，仿佛伸手可得。它照亮了希腊人的整个现实生活，无处不在，直到很晚近的时代，就像它属于一个很近的过往；从根本上讲，它是这个民族自身生活和观念的一种崇高的反映。”[2]

“神话”，源自希腊语（μυθos），意为“讲述”、“话语”、“故事”以

---

〔1〕比较文学学者 Patrick Colm Hogan 发现，在畅快淋漓地呈现英雄或者神话人物的胜利喜悦之后，英雄史诗一般都要追述一段绵延后续的苦难，这是一条为古代各民族默认并普遍有效的史诗通则。在研究荷马史诗、日本战记史诗《平家物语》、巴比伦史诗《吉尔伽美什》、梵文史诗《摩柯婆罗多》以及中世纪欧洲英雄传奇悲剧之后，Hogan 得出结论说，用悲剧抵消胜利者的喜悦，让故事终结于绝对的悲哀，这是史诗的通则，表现了人性深处高瞻远瞩的忧患意识和壮怀激烈的命运感。参见 Patrick Colm Hogan，“The Epilogue of Suffering: Heroism, Empathy, Ethics”, in *Substance*, #94/95, 2001.

〔2〕布克哈特：《希腊人和希腊文明》，第 55、69 页。

及“虚构”。[1] “μυθos”最早出自《伊利亚特》开篇，诗人用这个词来描述军事统帅阿伽门农对阿开奥斯祭司的威吓。“他气势汹汹地斥退祭司，严厉警告说……”（ἀλλά κακῶς ἀφίει，κρατερόνδ' ἐπί μύθον ἐτελλε，*Iliad*, 1.25）μυθον代表一种不动情感的强权话语，说话者用这样的话语向对手施加压力，实施恐吓。在柏拉图的对话中，大部分“μυθον”主题都源自希腊传统叙事，它们都经过荷马、赫西俄德、伊索和其他诗人转化为诗，并被看作是某种可疑的、虚构的、荒诞不经的甚至是以欺骗著称的话语模式。诗人常常说谎，而且说得和真的一样，神话就属于这种似乎真实的谎言。在柏拉图看来，这种话语极不利于在学园内养育理性的推理形式。话虽如此，柏拉图的对话戏剧在相当程度上还是依托于神话，神话成为其探索心灵境界和城邦秩序的众多镜子。“事实上，柏拉图的对话无不体现某种镜子的游戏，从神话到神话，从人物到人物，以错综复杂的方式交织言语与书写、看和听于一体。”[2] 将“神话”提升到诗学地位并予以理论化，最早见于亚里士多德的《诗学》。亚里士多德的定义是：

---

〔1〕“神话”一词未见于中国古代典籍，一般认为是19世纪末20世纪初假道日本而流传于中国的舶来词汇。1902年，变法失败的梁启超流亡日本，在东京创办《新民丛报》，撰写并发表系列论文《新史学》，其中一篇题为《历史与人种之关系》的文章使用了“神话”一词：“当希腊人文发达之始，其政治学术宗教卓然笼罩一世之概者，厥惟亚西里亚（或译作亚述）、巴比伦腓尼西亚诸国。沁密忒人，实世界宗教之源泉也，犹太教起于是，基督教起于是，回回教起于是。希腊古代之神话，其神名及其祭礼，无一不自亚西里亚、腓尼西亚而来。”（《梁启超史学论著四种》，湖南：岳麓书社，1985，第225页）这是目前所能看到的最早使用的“神话”概念。随后在1903年至1905年之间，“神话”一词流行于一时的译著之中。鲁迅在《中国小说史略》中直接将神话视为小说文类的鼻祖之一，并将希腊“神话”概念同《庄子》、《列子》等中国典籍中的概念相比较：“志怪之作，庄子谓有齐谐，列子则称夷坚，然皆寓言，不足征信。《汉志》乃云出于稗官，然稗官者，职惟采集而非创作，‘街谈巷议’自生于民间，故非一谁某之独造也，探其本根，则亦其他民族然，在于神话与传说。昔者初民，见天地万物，变异不常，其诸现象，又出于人力所能以上，则自造众说以解释之：凡所解释，今谓之神话。神话大抵以一‘神格’为中枢，又推演为叙说，而于所叙说之神，之事，又从而信仰敬畏之，于是歌颂其威灵，致美于坛庙，久而愈进，文物遂繁。故神话不特为宗教之萌芽，美术之由起，且实为文章之渊源。惟神话虽生文章，而诗人则为神话之仇敌，盖当歌颂记叙之际，每不免有所粉饰，失其本来，是以神话虽托诗歌以光大，以存留，然亦因之而改易，而销歇也。”（鲁迅：《中国小说史略》，太原：山西古籍出版社，2001，第6页）

〔2〕马特：《柏拉图与神话之镜：从黄金时代到大西岛》，吴雅凌译，上海：华东师范大学出版社，2008，第9页。

"神话即行为的构成"（《诗学》1450 A3 -5）。神话在悲剧诗学之中占有的地位是六大构成要素之首，主宰着悲剧行为的构建、衔接和转换。在拉丁语中，神话常用"fabulae"来表示。在对西塞罗的《斯基庇乌尼斯之梦》（*Somnium Scipionis*）进行评论时，奥古斯丁同时代的学者马克罗比乌斯（Macrobius）指出，"fabulae"具有了"虚构故事"意义，而近似于英语词"myth"。"myth"在英语词典中的释义是"一些常常关系到某种超自然的人、行为或事件的完全虚构的叙事"。马克罗比乌斯断定，哲学家往往用神话来掩盖自己所言的真理，就像拿一件圣袍来遮掩神圣事物。他还发现，当谈及灵魂、空气、以太、诸神的权力时，哲学家常常使用"神话"；而当谈及诸神之王、不动之动因、源始形式、Eidos以及Nous的威力时，他们很少使用"神话"。在"神话"概念的历史演变中，它渐渐负载上了超量的含义。在宗教礼仪以及人类学的意义上，它被定义为一种匿名创作和口头传承的叙事，它呈现了自然到人的生成，因而具有源初的历史书写的含义。在文学理论上，它又被看作是源始母题的跨文化位移及其源始形式的再生，因而具有永恒真理和超历史的意义。在符号学上，它被视为人类藉以显示生命意义而创造出来的象征体系，因而具有普遍的人性意义。

希腊神话是"关于神和英雄即古代城邦顶礼膜拜的两类人物的一整套故事"[1]。它一面毗邻宗教礼仪，一面又毗邻造型艺术。它赋予神圣以形象化形式，体现出神圣在世人心中的地位，同时化解在实在的专制统治之下体验到绝对匮乏的人心中的恐惧与焦虑。布鲁门贝格认为，希腊神话蕴涵着一种异教审美主义，即通过建构形象的专制主义而对抗实在专制主义的统治。希腊神话蕴涵着神学的本源旨趣，但它不是希腊人的信经（credo）。希腊神话负载着信仰，但它不是希腊人的教义。[2] 孕育在神话之中并通过神话的流传而散播的希腊"神学"，从根本上说也是诗

---

[1]韦尔南：《神话与政治之间》，余中先译，北京：生活·读书·新知三联书店，2001，第261页。

[2]据海德格尔考证，"神学"（θεολογια）第一次出自柏拉图的《政治篇》（329a），其本源意义相当于"神话体系"（μυθολογια），而在《新约》中根本就没有"神学"这个词语。参见海德格尔：《谢林论自由的本质》，薛华译，沈阳：辽宁教育出版社，1999，第77页。

歌、悲剧、诗学，是关于神的圣迹和英雄的行迹的叙述。希腊神话向后人启示的泰古消息在于，一切归一，宇宙人生、世道人心尽在命运的笼罩之中。以古希腊三位悲剧诗人为例：在埃斯库罗斯那里，命运近乎神性，人类仅有盲目的希望；在索福克勒斯笔下，命运是超越于人类至上的抽象观念，像高空一样孤寒冷酷，人类只有听任离乱与残酷的蹂躏；在欧里彼得斯华美的吟诵中，命运把人的睥睨一切的肆心激情化为一派浩森的虚无。[1] 希腊神话之中没有一种将一切叙述化作教义的潜势，但它所叙述的一切都指向了那个无所不在的“命运”。出于人的一种生存焦虑和命运忧患，神话奋力将散落在宇宙间的万物同一个坚实的根基联系起来。因此，当诗人以神话述说命运之时，神话也蕴涵着哲人问讯宇宙始基的契机。在此等本源意义上论之，神话与哲学、秘索斯与逻各斯是以命运忧患为根开放出来的精神之菁华。

三　“秘索斯”与“逻各斯”共生之环

亘古之初，秘索斯与逻各斯何者为先？柏拉图断言，诗与哲学之争由来已久（《理想国》第10卷607b5）。逻各斯出自秘索斯，哲学为诗之后裔，是文化历史宏大叙述之中最激动人心的篇章。

在追溯起源和寻根究底的意义上，对逻各斯进行起源学的考辨而提出诗意或者诗歌的虚构不仅必要，而且符合人心求取稳靠性的自然倾向。因为，哲学或者说逻各斯的体系建构的目标不仅是可以无限接近的祈望，而且它必然一开始就表现为一种创世的冲动。胡塞尔晚年对于共同理性的殷殷瞩望表明，驱使着“秘索斯”进化到“逻各斯”，并把“逻各斯”提升为一种“乌托邦诗学”（utopian poetics）的终极力量依然是迷黯的命运。可是，“乌托邦诗学”并不是一种空想未来自然更好的浅薄乐观主义之表达，反而非常近乎希腊人审美的悲剧意识。当“我们以希腊人的眼睛看世界，用他们的词汇说话”，就不得不承认“对他们来说，世界历史

---

[1]参见黄克剑：《心蕴——一种对西方哲学的读解》，第10－15页，第205页。

中最伟大的命运就是衰落”。[1] 命运如此残酷，构成宇宙单子的质料对于神性生命终极圆满的教义之拒绝是如此强劲，以至于人类对于理性的信仰必然永远是一种十足的恩典。人类不断地化解秘索斯的朦胧恍惚，合乎理性地追求最为理性之物的存在，但这种对于理性的追求却靠将理性变为神话而维持，并永远地依托于养育这种信仰的本源诗学。[2] 与其说和亚里士多德一起说哲学源自“对宇宙的惊异”，不如和悲剧时代的希腊哲人一起说哲学源自“对命运的忧患”。命运之忧与智慧之爱血脉同根，而泰古之初人们对于神话之爱则是无疆的大爱。唯其如此，构想一种信仰的本源诗学和养育一种虚灵真实的境界才是可能的。

从“秘索斯”到“逻各斯”，并非直线转移，而是永恒轮回。神话属于渊默地述说“怪力乱神”之词，而成为“诡异的诡异之词”。神话位移而成为诗的原型，诗便成为可信的诡异之词。哲学提升并抑制了神话与诗，“逻各斯”便是神话与诗的“奥夫赫变”形态，一种“可信的可信之词”自然诞生。神话与诗，并没有因为王者之迹熄而永远衰亡，而是变身为小说、戏剧、论说之道、新闻俗故以及媚俗的艺术形式而绵延不息，成就了“诡异的可信之词”。[3] 说“逻各斯”一劳永逸地取代了“秘索斯”，或者断言哲学永远放逐了神话，为叙述文化历史的轨迹提供了方便，但由于命运的永恒驱策，唯有神话而非逻各斯方能赋予存在以意义。泰初始有神话，逻各斯却永远也无法超越秘索斯，“逻各斯”只不过是两则神话之间一支短暂的回旋曲而已。

从“秘索斯”到“逻各斯”已经成为一个流行的公式，藉以描述人

---

[1]布克哈特：《希腊人和希腊文明》，第 57、85 页。

[2]James Hart，“From Mythos to Logos to Utopian Poetics：An Husserlian Narrative”，in *Philosophy of Religion* 25：147－169（1989）.

[3]Leslie A. Fiedler，“In the Beginning was the Word：Logos or Mythos?”，in *The Swanee Review*，Vol. 63，No. 3（1955）：405－420.

类精神生活的飞跃和哲学的诞生。[1] 那是1940年，纳粹陆军侵入法国、纳粹空军轰炸英国的特殊时刻，新康德主义哲学家内斯特勒（Wilhelm Nestle）出版了其大作《从秘索斯到逻各斯》。内斯特勒年高德劭，而且在古典研究中声名昭著。他的观点自然为人们理解上古人类精神演进提供了一种有效的视角。他聚焦于公元前6世纪到公元前4世纪，把荷马到智者以及苏格拉底的思想发展概括为神话为逻辑让路，人神同型向思维抽象发展，诗歌提升到辩证法，以及宗教通往哲学。通过这种历史的概括，内斯特勒为西方文化提供了一种不无创意的叙述。内斯特勒将荷马、赫西俄德及其被我们称之为"秘索斯"与"神话"的话语风格定位在泰古之初的混沌时代。内斯特勒用心良苦，殚精竭虑，揭示苏格拉底、柏拉图及其先驱以逻各斯取代秘索斯，从而建构出一种秩序井然的和谐宇宙。在他看来，用推理命题组织起来的话语取代用叙说故事展开的话语，是希腊哲学先驱的英雄壮举。这个描述精神史的公式具有相当直白的故事情节，其中还有那些魅力四射的历史主角，传达出高屋建瓴的信息，并且叙述了令人满意的结局，因而不难理解，内斯特勒讲述的希腊精神史具有强大的吸引力。他的同代人以及国人都望而敬之，对这个叙述模式心悦诚服。他还劝勉他们，第三帝国的胜利同理性与文化的凯旋紧密相连，而同纳粹意识形态鼓动者所说的非理性主义和神话的复兴无关。

关注于特殊的历史语境及其蕴涵在这个命题之中的潜台词，丝毫不会废弃对于"希腊奇迹"——从秘索斯到逻各斯的进化——的传统理解。平实而言，讲述这个精神飞跃的故事，内斯特勒既非始作俑者，亦非终

---

[1] "从秘索斯到逻各斯"，这个公式由于 Wilhelm Nestle 的著作《从神话到逻各斯：从荷马到智者以及苏格拉底希腊思想的发展》（*Vom Mythos zum Logos. Die Selbstentfaltung des griechischen Denkens von Homer bis auf die Sophistik und Socrates*, Stuttgart：Kroener, 1940）的发表而成为德国当时的流行行话。对于这个公式的分析，参见布鲁门贝格《神话研究》第一部第一、二章。

结者。[1] 最好还是让我们稍事寻思，扪心自问一下：这么一个耳熟能详的叙述是否真有人们习以为常的假设的那种说服力？

事实上，在这个公式中蕴涵着一个天真的假命题，认为在人类精神史上发生过一次巨大的飞跃，一举克服了时刻威胁着人类的命运，永远地消除了惊讶感。这种天真的想法甚至隐含在“惊异引发哲学思考”的断语之中，更蛰伏在柏拉图将神话与逻各斯对立起来而用哲学反对诗歌的立场之中。从“秘索斯”到“逻各斯”这一公式同19世纪以来的新康德主义紧密关联。保罗·纳托普（Paul Natorp）曾宣称，他不仅要确立和辩护人们对于柏拉图以及对于一般的古代哲学的巨大兴趣，而且还要彻底颠覆柏拉图哲学神话的地位，把哲学神话放逐到风格装饰的边缘，以

---

〔1〕参见康福德：《从宗教到哲学》（F. M. Cornford, *From Religion to Philosophy*, New York: Longmans Green, 1912）；斯奈尔：《发现精神》（Bruno Snell, *The Discovery of the Mind*, London: Blackwell, 1953）；古特烈：《希腊哲学史卷一：早期前苏格拉底和毕达哥拉斯哲学家》（W. K. C. Guthrie, *A History of Greek Philosophy*, *I*: *The Earlier Presocratics and the Pythagoreans*, Cambridge: Cambridge University Press, 1962, pp. 1–3, 140–142）；韦尔南：《希腊人的神话和思想——历史心理分析研究》（Jean-Pierre Vernant, *Mythe et pensée chez Grecs*: *Études de psychologie historique*, Paris: Editions la Découverte, 1971），黄艳红译，北京：中国人民大学出版社，2007，第383–423页；基尔克等：《前苏格拉底哲人》（G. S. Kirk, J. E. Raven, and M. Schofield, *The Presocratic Philosophers*, Cambridge: Cambridge University Press, 1983, pp. 72–74）；施密特尔：《从神话到逻各斯：前苏格拉底哲人的认识批判和语言反思》，载于《语言理论历史》（Peter Schmitter, “Vom Mythos zum Logos: Erkenntniskritik und Sprachreflekxion bei den Vorsokratikern”, in: *Geschichte der Sprachtheorie*, Tübingen: Naar, 1991, 2: 57–86）；沃格林：《城邦的世界·秩序与历史》卷二（Eric Voeglin, *The World of the Polis*: *Order and History*, Volumn Ⅱ, Columbia: University of Columbia Press, 2000），陈周旺译，南京：凤凰出版传媒集团/江苏人民出版社，2009，第238–257页。

哈维洛克（Eric Havelock）则强调指出，在早期希腊文化中，文字的引入对于哲学文化的发展起着至关重要的作用，从而对“秘索斯”与“逻各斯”的关系的探讨补充了一个重要的维度；他的这种思想在很大程度上影响了20世纪传播文化思想家，比如麦克卢汉和英尼斯，然而Havelock所叙述的历史同那些先驱者所遵循的公式仍然是同大于异。参见他的著作《希腊文字革命及其文化后果》（*The Literate Revolution of Greece and its Cultural Consequences*, Princeton, N. Y.: Princeton University Press, 1982），尤其是其中论述“前文字历史与前苏格拉底哲学”的部分，见该书第220–260页；另参见他的论文《前苏格拉底哲学家的语言学天职》（“The Linguistic Task of the Presocratics”, in *Language and Thought in Early Greek Philosophy*, ed. Kevin Robb, La Salle, Ⅲ: Monist Library of Philosophy, 1983），第7–81页。

便肯定和赞赏柏拉图为筹划早期科学思想所作出的贡献。[1] 启蒙如同风卷残云一般地将神话扫入偏见迷信的冷宫，但神话更精妙地生成于启蒙的历史中。启蒙期待将理性从神话之中解救出来，但理性的实际成就乏善可陈，使之备受轻视，于是神话又回到了一种只有相对于一个整体才能获得其独特功用的地位上。“理性登堂入室之日，就是神话沉默无言之时。”但这是一种危险的误解以及无聊的慰藉。神话万劫轮回，经由教义的挤压和启蒙的激荡，它却永远保持着其尊严与魅力。实际也许是，永远是通过一种历史的延宕，神话才适当地确立了延续其生命力的方式。从“秘索斯”到“逻各斯”，这一公式源自一种假设的先验知识，而这种假设妨碍我们聚焦于神话，妨害我们认识神话作为一种建构实在的方式所具有的合法地位。简言之，神话与逻各斯的界限本来就是虚构的，这条界限也无法消除人们在免于实在专制主义的创作过程中去探索“神话—逻各斯”的要求。神话本身就是一种高含量的“逻各斯作品”。[2]

究其本质，“实在专制主义”（Absolutismus der Wirklichkeit）就是那个无所不在和不可抗拒的命运。按照布鲁门贝格，“这个术语是指人类几乎控制不了生存处境，而且尤其自以为他们完全无法控制生存处境”。在“实在专制主义”的主宰下，人类绝对匮乏，一如悲剧时代哲人的忧叹——人类最好不要出生。在绝对匮乏的生存处境下，人类的生命就像将要陷入灭顶之灾的航船，而且五千年来一直就像无边无际的尸布一般滚滚向前的大海上弥漫着一种无法征服的超自然神秘力量。“人类在控制实在的过程当中首先通过其历史经验、最后通过认识所获得的一切都难免再次沉沦，甚至还渴望再次沉沦到萎顿无能的深渊，再次沉沦到远古之远古的生存匮乏、消极无能的状态。”[3] 他们早晚都可能要假定存在着一些至上权力意识（Uebermachtigkeit），并利用这种假设来解释（在每一种情况下）存在于他者身上的至上权力（Uebermachten）的偶然机遇。[4]

---

[1]保罗·纳托普：《柏拉图的理念学说》（Paul Natorp, *Platos Ideenlehre: Eine Einführung in den Idealismus*, Leipzig: Dürr, 1903），参见 Hans Blumenberg, *Arbeit am Mythos*, SS. 58－58.

[2]Hans Blumenberg, *Arbeit am Mythos*, S. 18.

[3]Hans Blumenberg, *Arbeit am Mythos*, S. 15.

[4]Hans Blumenberg, *Arbeit am Mythos*, SS. 1－2.

现在，我们就尝试通过文献学的考察，来看看“秘索斯”和“逻各斯”在荷马和赫西俄德的文本之中的基本涵义。考察结果令人匪夷所思——“秘索斯”与权力甚至暴力相关，而“逻各斯”与弱者甚至服从相连，二者一强一弱，左右相补，共生于命运之忧患，而直接指向了实在专制主义的超自然权力。

在其重要著作《英雄时代的语言:〈伊利亚特〉的言语行为》中，理查德·马丁（Richard R. Martin）做了一项文献统计分析，发现作为名词形态的“μυθοζ”和动词形态的“μυθεομαι”共出现了167次，其中有155次（百分之九十三）呈现了有权有势的男性发号施令和自我夸耀的情境。[1] 于是他认为，“秘索斯”是某个处在权威地位上公开发表的散发着权力气息并最终产生效用的话语。兹以《伊利亚特》之开篇为例，即可感受到“秘索斯”与权威、权力甚至暴力之间的微妙关联。在这个场景中，阿波罗的祭司克律塞斯来到阿开奥斯人的战船前祈求，要求用丰厚的赎礼并通过对阿开奥斯将士的祝福换回他的女儿。身为主帅的阿伽门农却心中不悦，用鲁莽暴躁的血性言辞气势汹汹地恐吓这位年迈的祭司:

他气势汹汹地斥退祭司，严厉地警告说:
（**ἀλλά κακώς ἀφίει, κρατερόν δ' επί μύθον έτελλε ……**）
“老汉，别让我在空心船旁边发现你，
不管你是现在逗留还是以后再来，
免得你的拐杖和天神神圣的花冠
都保护不了你。你的女儿我不释放
她将远离祖国，在我家，在阿尔戈斯
绕着织布机走动，为我铺床叠被，
直到衰老……”

---

[1]Richard P. Martin, *The Language of Heroes*: *Speech and Performance in the Iliad*, Ithaca, N. Y.: Cornell University Press, 1989. 参见 Bruce Linclon, “Gendered Discourse: the Early History of Mythos and Logos” in *History of Religion*, Vol. 36, No. 1 (1996): 1–12.

他这样说，老人害怕，听从他的话

(έδδεισεν δ' ό γέσων καί έπείθετο μύθοω)

老人默默地沿着啸吼的大海的岸边走去……

阿伽门农的话（μυθω）超越了人和神的界限，不仅恐吓了老人，甚至还要让老祭司的女儿永诀故土，终身为奴。在这里"μυθω"已经具有一种现代言语行为理论所说的"述行力量"（performative force）。权威话语冷酷无情，借助蕴涵于字里行间的凌人之盛气，阿伽门农不仅吓得老人默然离去，而且还在他和自己麾下的将士之间建立了一种统治和服从的关系。他的言语行为，既是对天神神圣桂冠的挑战，又是对于自己绝对威权的诉求。在对手面前、在部下面前、在听众面前，阿伽门农文质全无，毫不拐弯抹角，而是以粗鲁的语言展示了一种超自然的力量。对于他的对手、部下和听众，这种蕴涵着超自然力量的话语及其权威诉求，就是绝对专制主义的力量，也就构成了一种不可抗拒的残酷必然。

同样的语用模式也出现在赫西俄德的作品中。大地之源始母神、泰坦神祇之母和众神之祖母该亚（Gaia）策动一场戏剧性的谋杀。她内心充满悲伤，要孩子们去阉割天神乌兰诺斯——一位暴戾的丈夫和一位压迫的父亲。年轻的神祇起初沉默无言，心中充满恐惧。但随即出现了一种戏剧性变化：

但狡猾而且强大的克洛诺斯鼓起勇气

果断地用暴戾的语言向母亲复命

(Θαρσήσας δέ μέγας Κρονος άγκυλομήτης

Αΐψ αύτις μύθοισι προσηύδα μητέρα κεδνήν)：

"母亲，我答应你把这个事情给办了，

我看不起这个臭名昭著的父亲，

因为是他首先想出做那些无耻之事。"（《神谱》，168－172）

在这个交织着恐惧与激情的时刻，克洛诺斯沉默无言，想必他在反思其父的罪孽，沉思母亲所设下的毒局，权衡厉害风险，比较自己与对手在力量上的悬殊。但沉默是决断之前的短暂犹豫，随后他立即变得大胆和强大，他说出了那些充满血性的话语——“μύθοισι”。粗鲁、暴戾、强劲而且真切，便是μύθοισι的特征。事实情况说明，这种话语是克洛诺斯表现自己力量的关键要素。在这种话语之中，对自身力量的炫耀、对敌人的蔑视、对胜利的期待、对即将发生的凶杀行为的非凡誓言，都彼此交织在一起，从而构成了一种强大的张力，一种绝对超越于人神之上的权力。

在荷马和赫西俄德的作品中，“μύθοισι”总是由强者之口说出，并以某种方式同权威、权力和暴力相联系。一般而言，“秘索斯”大多出自强大的男性之口，表现出男子汉的阳刚之气。赫西俄德的著作中，“秘索斯”共出现6次，只有一次出自女性之口，但这位女性却并非凡女，而是神圣的缪斯。缪斯尊重宙斯抚育下成长的任何一位巴西琉斯，看着他们出生，让他们吸纳甘露，赐予他们以美妙的言辞（μύθοισι，《神谱》，80－82）。缪斯女神的礼物包含着慰藉人间痛苦的超自然强力，把牧羊人变成了不朽的诗人。由此我们看到，在赫西俄德这里，正如在荷马史诗之中一样，“秘索斯”不仅反映和表现了一种先天独立的存在之绝对威权，而且还是构成这种威权的源始要素——一种不可抗拒的命运力量。用言语行为理论概念来说，“秘索斯”是一种具有言效性的言语行为，它在运作之中建立了说话者对于对话人和听众的主宰关系。

男性强大、粗鲁而且暴力，女性羸弱、文雅而且温柔，泰古历史文化无一例外地呈现出这种性别等级对立。“一阴一阳之谓道”，男尊而女卑。在一个首先用性别话语来描述统治—服从关系的泰古社会之中，“秘索斯”的性别化本质隐而不显，但无所不在。强大的男性像“广大的天神乌兰诺斯，带来夜幕，他渴望爱情，拥抱大地该亚，张开肢体整个地覆盖了大地”（《神谱》，81－82）。天神便是命运，而羸弱的女性难以抗拒命运的折腾，显得如此孤苦无告。赫西俄德的“鹞鹰”与“夜莺”的神话在一定程度上将这个泰古性别关系主题化了。

一只鹞鹰用利爪生擒了一只脖颈密布斑点的夜莺，
高高飞翔到云层之中，夜莺因鹞鹰的
利爪的刺戮而痛苦地呻吟。
这时鹞鹰轻蔑地对她说道（μύθον）：
不幸的人啊！你干么呻吟呢？现在你落在一个比你强大的人手中
你得去我带你去的任何地方，尽管你是一名歌手。
我只要高兴，可以以你为餐
也可以放你远走高飞。与强者抗争是徒劳的，
因为如果不能获得胜利，凌辱之外还要遭受痛苦。

鹞鹰之于夜莺，正如阿伽门农之于特洛伊老祭司的女儿，正如乌兰诺斯之于该亚，那是无情命运对泰古初民的作弄。夜莺婉转鸣唱，而鹞鹰气势汹汹。受凌辱受侵害者孤苦无告，而暴戾掠夺者口出狂言（μύθον）。所谓“狂言”，就是强者肆无忌惮的语言，没有委婉也不求雅致。鹞鹰的话描述了一个弱肉强食的世界，残酷的话语同它残暴的行为相得益彰，那是一个为命运无情主宰的世界，一个为绝对实在主义笼罩的世界。“人类将陷入深重的悲哀之中，面对罪恶而无处求助。”[1]

绝对专制主义与人类生存的环境如影随形，正如鹞鹰的利爪、尖喙和强劲的翅膀一样威胁着弱小的生物，体现出残酷的权力意志。古典语言学家尼采在《论道德的谱系》中改写了赫西俄德的“鹞鹰—夜莺神话”，代之以“猛兽—羔羊隐喻”，以描写道德源自怨恨。“羔羊怨恨猛兽也毫不奇怪，只是不能因为猛兽捕食羔羊而责怪猛兽……要求强者不表现为强者，要求他不表现征服欲、战胜欲、统治欲，要求他不树敌，不寻找对抗，不渴望凯旋，这就像要求弱者表现为强者一样荒唐……只有在语言的迷惑下……这种强力才会显示为其他……”[2] 作为强者狂言的构成部分，“秘索斯”所表达的是暴戾者的一种自信——不仅是对权力的

---

[1]赫西俄德：《工作与时日·神甫》，张竹明、蒋平译，北京：商务印书馆，1991，第199－200页。

[2]尼采：《论道德的谱系》，周红译，北京：生活·读书·新知三联书店，1992，第28页。

自信而且还是对于其经天纬地的统治权利的自信。从荷马史诗和赫西俄德的诗篇看，“秘索斯”若非发生在战场上，就是飘荡在议会中，有时还散发出一种启示录气息。赫西俄德吟唱“黑铁时代”，歌中尽情呈现了神话的非道德性：“他们不爱信守誓言者、主持正义者和行善者，而是赞美和崇拜作恶者以及他们的蛮横行为。在他们看来，力量就是正义（δικην），虔诚不是美德。恶人用恶语中伤和谎言（μύθοισι σκολίοις）欺骗高尚者。”（《工作与时日》，190－194）随后我们将看到，这个秘索斯之中蕴涵的“正义”，同“命运”具有等值关系，并且和权力、暴力以及威权存在着极其复杂的关系，它们一起构成了希腊思想开端时代的“逻各斯”之基本涵义。

在荷马、赫西俄德的著作中，同“秘索斯”共生的词语就是“逻各斯”。在源初意义上，“秘索斯”和“逻各斯”都是指话语、叙事、言辞，但在荷马那里二者之间已经初现分际了。“秘索斯”同强者相连，而“逻各斯”与弱者相关。《荷马赞诗：献给赫尔墨斯》叙述了赫尔墨斯和阿波罗斗智的戏剧场景：年长的阿波罗控告年幼的赫尔墨斯偷了他的牛，年幼的赫尔墨斯对阿波罗极尽耍弄之能事。两兄弟之间的冲突，便成为长幼之争、强弱之争、真理与虚假之争、责任与游戏之争、诚实与欺骗之争，以及贵族与无赖之争。在体能上赫尔墨斯决非阿波罗的对手，然而赫尔墨斯乃众神之中最慧黠者。“他机心慧黠，言语蛊惑（αύταρ ό τχνησίν τε καί αίμυλίοισι λόγοισιν），他意欲骗得神的银弓。”“logos”就出现在这么一种略带贬义的语境之中。在《献给赫尔墨斯》中，形容赫尔墨斯的词句差不多有一打，它们常常被做成文字游戏，而暗示“机心巧智”（μετιζ）、“诱惑勾引”（άίμυλοζ）、“罗网暗设”（δολοζ）等等。在这些赞美赫尔墨斯的赞诗中，“逻各斯”常常被定义为“具有诱惑力”并且是同“机心”相关的话语。

在赫西俄德的作品中，“逻各斯”出现了6次，常常出现在同“虚假”、“欺骗”（ψευδεα）相联系的语境中。在血肉凡身的女人之原型潘多拉出场的动人时刻，赫西俄德让赫尔墨斯将“谎言、能说会道以及一颗狡黠的心灵（Ψεύδεά θ’ αίμυλίους τε λόγους καί έπίκλοπον ήθος）放在她的胸膛里，众神的传令官也给了她成篇的语言”（《工作与时日》，77－78）。这个段落在历史上惨遭非议，被认为是西方主流文化厌恶女性情结的表现，但将它还原到西方思想发端的纯净历史时刻，我们也许发现它表明公元前8世纪的希腊人的女性观和女性语言论。它似乎在暗示我们，“逻各斯”与“秘索斯”花开并蒂，共生成环，但“逻各斯”在本质上就是所有“非秘索斯”的一切：温柔而不犀利，雅致而不粗鲁，拐弯抹角而不直来直去，充满机心慧黠而非坦诚相告。强者在议事会和战场上用“秘索斯”发号施令，大显男性阳刚之气；弱者在被动和不利的处境下用“逻各斯”引诱蛊惑，突出女性阴柔之风。在赫西俄德那里，“秘索斯”与“逻各斯”互文见义，互补成环：强大的男人们像运用武器和野蛮的体魄一样地运用“秘索斯”，在对手心里唤起恐惧之情，从而击败对手；而柔弱的女人们则像运用她们娇小的玉体和引诱手段一样地运用“逻各斯”，激发对手的血性欲望从而战胜对手。

“逻各斯”在《奥德赛》中只出现了一次。这唯一的“逻各斯”出现在史诗的开篇，显示出其难以抵御的神秘力量。史诗叙述说，即使是那个见多识广、足智多谋的奥德修斯也难以抗拒女妖的“逻各斯”的魅力。女妖的“逻各斯”几乎就是奥德修斯无法抗拒的险恶命运。歹毒的卡鲁索普“滞留了那个悲苦不幸的人丁，总用甜美赞誉的言辞蛊惑（Aíeí δέ μαλακοίσι καί αίμυλίοισι λόγοισιν），好让他将故乡伊萨卡遗忘”（*Odyssey*，I：55－57）。奥德修斯难以抵御诱惑，险些陷入灭顶之灾，幸得宙斯及时干预，他才得以免于卡鲁索普的语言魅力和情欲蛊惑。而意味深长的是，仅仅是在奥德修斯被女妖言辞和情欲诱惑之后，这位史诗英雄才显得像个英雄。先行叙述“逻各斯”的魅力与危险，而后叙述英雄的获救与升华，这是命运力量的作用，也是实在专制主义铸造生命力量的功能。但女妖言辞的危险一旦被克服，“逻各斯”也就再也没有出现了，像是消逝在史诗进化的深邃渊流之中，随着英雄时代的过去而烟消云散。

在《伊利亚特》中，“逻各斯”也同样极为罕见，但它一出现就带有深长的意味。欧律皮洛斯身负重伤，阿基琉斯呼叫帕特罗克洛斯出营，此时一个权威的全知全能的声音说："他的不幸由此开始了。"帕特罗克洛斯为欧律皮洛斯疗伤，用快刀将尖锐的箭头从英雄的大腿上刮出，用草药止住了向外喷流的黑血。史诗不再关怀负伤英雄的不幸，而是继续叙说特洛伊人的疯狂反扑。这些故事发生在史诗的第 11 卷，但直到第 15 卷，诗人才再次回到欧律皮洛斯和帕特罗克洛斯。在两军对垒战事惨烈的时刻，诗人使用了"逻各斯"，将之作为弱者的武器，以及慰藉心灵的药物：

当阿开奥斯人和特洛亚人在壁垒边激战，
帕特罗克洛斯一直在远离快船的地方。
他坐在受人尊重的欧律皮洛斯的营帐里，
一面说话欢愉心灵（**Έστο τε καί τόν έτερπε λόγοίς έπί δ' έλκεϊ λυγρώ**），一面把草药
敷上那沉重的伤口，把伤痛消减。
当他看见特洛亚人已经越过壁垒，
达那奥斯人大声喧嚷着纷纷崩退，
他不禁放声长叹，双手拍打大腿，
满怀悲痛地对欧律皮洛斯这样大声说：
"欧律皮洛斯，我不能继续在这里陪伴你，
尽管你很需要我：大战已经临头！"（*Iliad*，15：390 –400）

一个男人一面为另一个男人疗伤，一面给他说些愉悦心灵的话语。这是惨烈中短暂的宁静，以及战争中偶然的友谊。他的话语慰藉心灵，正如草药减轻了伤痛。然而，特洛亚军队已经卷土重来，希腊人将陷入灭顶之灾。放松而且愉悦的言谈再也不可能了，更有甚者，如果还在那里儿女情长，足见英雄气短，不仅不负责任而且还过分羸弱无力。帕特罗克洛斯发出了雷霆万钧的阳刚之语，而一扫悲哀伤痛的阴柔之言："我不能继续在这里陪伴你，尽管你很需要我：大战已经临头！"医生成为战士，帕特罗克洛斯重返战场，继续杀人，也继续被杀。战争之惨烈，表

现了命运的残酷，表现了实在专制主义的无上威权。

无论如何，作为强者之“狂言”的“秘索斯”同作为弱者之“雅言”的“逻各斯”，在泰古之初血脉同根，均生长于对“命运”的深切忧患。荷马史诗和赫西俄德作品之中的语用模式说明，我们必须在动态的意义上去把握“秘索斯”和“逻各斯”的意素。古典学者越来越倾向于认为，像“秘索斯”和“逻各斯”这么一些词语在泰古之初并没有固定的意义，甚至这么一些在后人看来作为哲学概念的词语并不存在。虽然没有固定的意义，但它们也并没有因为非个人化的语言进化过程而发生划时代的改变。[1] 换言之，在希腊哲学的黎明，在西方思想命定的开端，“秘索斯”和“逻各斯”依然是共生互补、阴阳相荡的。开端之时花开两朵，流布之处却单表一支——话语被抹去了性别特征，“逻各斯”取得了相对于“秘索斯”的优先权。将早期希腊哲学描述为“神话”到“逻各斯”的进化，或者将它描述为阳刚“狂言”到阴柔“雅言”的偏斜，这两种倾向也许同样是谬以千里。从神话到史诗，从史诗到悲剧，从悲剧到哲学，这个始于公元前8世纪完成于公元前4世纪的系列精神进化过程伴随着上古的启蒙。希腊贵族制度随着启蒙而衰败，男性再也无法仅靠暴力和强力话语（如史诗之中的狂言——“秘索斯”）来建立统治地位了，因而被迫采纳一种工于心计和精雕细刻的说服方式，从而将自己的叙说或教义精致化了（如史诗之中极少采用的雅言——“逻各斯”）。在这个历史环节上，希腊人同样有建立优越地位和统治权威的诉求，只不过这种诉求的基础移易了：再也不是强调家世、地位、武器以及体魄，而是强调智慧、文化、心机和言语。彻底完成这种转化的柏拉图及其智者先驱，花了相当大的气力重述了这些关键概念，其结果是一派纯净而毫无性别色彩的“逻各斯”成为哲人所偏爱的话语，而“秘索斯”却被平庸化和被去势，被交付给女仆和儿童。直到19世纪人们对启蒙绝境的反思，以及浪漫主义新神话的建构，这种以“逻各斯”为中心的心智结

---

[1] Bruce Lincoln, “Gendered Discourse: the Early History of Mythos and Logos”, in *History of Religion*, Vol. 36, No. 1 (1996): 1 – 12. 又参见 Eric Havelock, *Preface to Plato*, Cambridge, Mass.: Belknap, 1963.

构与价值系统才开始遭到质疑。这已经非常接近德里达的解构所述说的西方文化的故事了。

四　万物归一，一为万物

希腊哲学的黎明，就是西方思想的开端，而在开端之处，思想与命运就互为内外，合为一体。西方开端之处的哲人去古不远，故而在他们的思想与言说之中收纳了“秘索斯”和“逻各斯”的命运涵义，同时又将这种命运之忧升华到抽象范畴之中。

第一个尝试将万物归一，并用抽象范畴来把握宇宙之始基的是米利都哲人泰勒斯（Thales，其鼎盛年约在公元前588年）。后世为表彰他的功绩，尊称他为哲学之父，可这位元祖却是以一种诗意的直觉艺术将万物归于“水”，并断言“万物有灵”。以水喻“道”，中、希泰古哲人心有灵犀。然而，泰勒斯的“水”是宇宙的原型，而多染更重的忧患之色，吐露出更深的命运之忧。老子言“上善若水”以及孔子言“智者乐水”则直接语及内在无待的心灵境界。与其同传统史学家一起说泰勒斯是自然哲人，不如跟着尼采一起说他是吟诵命运之忧的“哲性诗人”。是他，说出了宇宙的“诗样真理”[1]。是他，像造型艺术家一样，面对飞流直泻的壮美瀑布，想象宇宙万物尽著神性：草木虫鱼和日月星辰，飞禽走兽和孤岩峭壁，昊昊苍天与稀弥芥末，无不有一种盎然神意融贯其间，而这种盎然神意赋予了万物以命运。布鲁门贝格说，当泰勒斯将万物归一于水、且说万物有灵之时，就是希腊神话即将烟消云散的征兆。[2] 沃格林更加直白地断言，泰勒斯以及最早的一批哲人的冒险便是人类告别神话的努力。[3] 然而，不论是神话主动地烟消云散，还是人类以哲学的发问来告别神话，隐含在神话之中的命运之忧却延续着并依然支配着古

---

〔1〕尼采：《希腊悲剧时代的哲学》，第30页。

〔2〕Hans Blumenberg, *Arbeit am Mythos*, SS. 31 - 32.

〔3〕沃格林：《城邦的世界·秩序与历史》卷二（Eric Voeglin, *The World of the Polis: Order and History*, Volumn Ⅱ），第240页。

圣先贤的想象，给他们的沉思涂抹上一层浓郁的悲剧情采。悲情之核心仍然在于，面对无情的命运，在实在专制主义的统治下，人类陷入绝对的匮乏。“站在一切实在之对立面”，希腊哲人面对永生者，因为自己的一无所有和一钱不值而战栗，而又在万物归于其中的高等生命的辉煌“秩序”之下深感“终有一殁”的悲哀。

在泰勒斯那里，万物所归之“一”仍然笼罩在西方思想黎明时分的苍茫晨雾之中。阿那克西曼德（Anaximander，约公元前611－前546年）从晨雾之中忧郁登场，同样以诗的方式说出了“命运”与“正义”之交互关涉，以及“正义”之为宇宙的铁律。史家辛普里丘指出，阿那克西曼德还说过，“ἄπειρον”乃宇宙之始基，万物之元祖。“ἄπειρον”一般被翻译为“无定形者”、“不确定者”，然而它是一种确定的不确定，不定形的定形，同一种弥漫在万物之上的超然力量相关。“ἄπειρον”语出荷马史诗，或用来描写大地的广袤辽阔，或用来形容大海的风波不定。震撼大地的海神波塞冬说：“父亲宙斯，广袤辽阔的（ἄπειρονα）大地已经荒无人烟。”（*Iliad*，7：446）伟大的波塞冬把古赖巨岩劈为两半，一半留在原地，一半倒向海中，丧失理智的埃阿斯就坐在那上面，“把他抛向波涛汹涌起伏不定的（ἄπειρονα）大海”（*Odysses*，2：356－357）。来自史诗的这两个句子，已经将广袤辽阔的大地和波涛不定的大海建构为命运的隐喻。震撼大地的海神、大地、岩石、海水构成了超自然力量活动的空间，赋予了命运感以强大的实体性。除了源自泰古时代的神话余韵之外，这个“ἄπειρον”还是人类对实在专制主义绝对统治的一种直观把握。这种直观把握铭刻在阿那克西曼德的著名箴言之中：

Εξ ων δε η γενεσις εστι τοις ουσι και την φθρανεις ταυτα γινσθαι κατα το χρεων διδο ναι γαρ αυτα δικην και τισιν αλληλοις της αδικιας κατα την του χρονου ταξιν.

古典文献学家尼采说，这是一个悲观主义者的神秘箴言，是铭刻在希腊哲学界石上的神谕。尼采将这句箴言翻译为：“万物由它产生，也必复归于它，都是按照必然性；因为按照时间的程序，它们必受到惩罚并且为其不正义而受审判。”[1] 尼采在叔本华的悲观哲学中再次听到了这一忧伤的学说，并以为阿那克西曼德的“不确定者”同康德的“自在之物”具有等效性。尼采推论说：“当他〔阿那克西曼德〕在既生之事物的多样性中看出了一堆正在赎罪的不公义性之时，他已经勇敢地抓住了最深刻的伦理问题的线团，不愧为这样做的第一个希腊人。”不过，最让尼采难以释怀的是：阿那克西曼德忧伤学说的理据究竟何在？“有权存在的东西怎么会消逝呢？永不疲倦、永无休止的生成和诞生来自何方，大自然脸上的那痛苦扭曲的表情来自何方，一切生存领域中的永无终结的死之哀歌来自何方？”[2] 生死轮转，盈虚消息，宇宙中一切永不疲倦，永无休止，尤其是永无终结的死之哀歌，让阿那克西曼德之辈停留在悲剧之浓密阴影里，悲剧像巨大的鬼魂一样笼罩在世界直观表象的巅峰。

海德格尔一言以蔽之，曰“此乃西方思想之最古老的格言”。但他担心，后学的踵事增华淹没了古希腊哲人源初的体验，而开启返回源头的步伐，孤独地走向前苏格拉底的荒渺时代，力图聆听真正“逻各斯”的伟大声音。海德格尔将尼采的译文、德语约定俗成的译文以及第尔斯的译文一同打入现象学的“括弧”，而删除了历史流布之中混杂进来的不纯概念。第一，海德格尔断定“必然性”（χρεων）是后起的哲学概念，而在阿那克西曼德时代，“必然性”有“手”、“支撑”、“托付”以及“扶持”之意。因而他把“依据必然性”改为“依据用（守护）”。第二，海德格尔推测“正义”（δικην）和“不正义”（αδικιας）是派生的法律术语，因而应该代之以“嵌合”与“非嵌合”。第三，海德格尔确信，“产生”与“毁灭”乃是柏拉图—亚里士多德的术语，理当不存在于阿那克西曼德的箴言之中。朝向希腊思想开端之源始经验绝望地还原，海德格尔意欲激活在西方几千年历史中被忘却的“存在者”（ον）与“存在”（ειναι）之间的差异。海德格尔的强判断在于，“存在者之存在聚集自身

[1]参见尼采：《希腊悲剧时代的哲学》，第40页：“事物生于何处，则必按照必然性毁于何处；因为它们必遵循时间的秩序支付罚金，为其非公义性而受审判。”

[2]尼采：《希腊悲剧时代的哲学》，第43页。

(λεγεσθαι，λσγσζ）入于存在之命运的终极之中"[1]。令人迷惘的悖论在于，一旦忘却了“存在者”与“存在”之间的差异，“存在者”就无法同“存在”联系起来，一切就陷入到“没有支撑”、“没有扶持”、“没有看护”的状态之中。差异的忘却导致了“存在者”之无所牵挂状态，这便是所谓“αδικη”，海德格尔训为“非嵌合”而非“正义之缺席”。对于这位出自公元前7世纪末至公元前6世纪中叶的萨摩斯岛上的哲人之口的著名箴言，海德格尔作了别具一格的翻译：“根据用；因为它们（在克服）非嵌合中让嵌合从而也让牵系互相归属。"[2] 在删除了后世哲学增附的“必然”、“产生/消灭”、“正义/非正义”之后，这句箴言凸显了希腊“逻各斯”与西方的“命运”之间的隐秘关联。阿那克西曼德“言”在万物之终极归属，但“志”在叩探让万物在牵挂之中互相归属的“命运”。海德格尔深知，这“命运”乃是希腊哲人的“微言”。唯当人们抛开惯常的表象和常识的禁令去思考世界命运的纷乱状况之原因时，这句古老的箴言才会有所反响。

当海德格尔迈着回归的步伐一步一步地逼近阿那克西曼德的微言时，希腊哲人的微言也没有躲过德里达解构的目光。他肯定海德格尔逼近微言的努力，但他宁愿保留阿那克西曼德箴言之中的“正义”。在他看来，“正义”不可算计，前无先例，因而超越于一切法律之外。超越于法律之外的“正义”是不可解构的，而这种不可解构者恰恰构成了一切解构的条件。德里达含蓄地表示，不论是针对乐观主义还是针对虚无主义的客观主义，海德格尔都拒绝寻求“悲剧”的“踪迹”，反对“悲剧的本质的踪迹”，反对用审美主义或者心理主义的方式去阐释悲剧。[3] 就此而论，海德格尔思想的透视力度不仅不及尼采，而且不及布克哈特。尼采

---

[1]海德格尔：《阿那克西曼德之箴言》，见孙周兴编：《海德格尔选集》（上），上海：上海三联书店，1996，第537页。

[2]海德格尔：《阿那克西曼德之箴言》，见孙周兴编：《海德格尔选集》（上），第586页。

[3]德里达对阿那克西曼德箴言的阐释见于两处：一是在其名文《延异》之中，参见 Jacques Derrida，*Margins of Philosophy*，trans. A. Bass，Chicago：Chicago University Press，1982，pp. 1－27；二是在《马克思的幽灵》（何一译，北京：中国人民大学出版社，1999，第35－41页）中。

说阿那克西曼德的“神态和生活习惯都流露出真正悲剧性的骄傲”[1]，布克哈特断定“在所有的文明中，正是希腊人自身承受了最大的和感受至深的痛苦”[2]。海德格尔从希腊哲人的箴言之中读出的“非嵌合”(Un-Fug)，在德里达眼里就是“脱节”（out of joint）的同义词。“脱节”语出莎士比亚名剧《哈姆雷特》：“这是一个乾坤颠倒的时代，倒霉的我却要担负起匡扶正义的使命。”（“The time is out of joint；O cursed spite, That ever I was born to set it right!”）“乾坤颠倒”就是“脱节”，就是“非嵌合”，就是“非正义”，而这恰恰构成不可解构的解构之前提。按照德里达的一贯说法，解构从来就不是虚无主义，而是永远说“是”（oui, yes)，自觉担负重整乾坤的使命，以匡扶正义为己任。海德格尔与德里达，分别从存在论与解构论角度去阐发希腊哲人的微言，至于究竟哪一个的阐释更有说服力？这个问题不在本文论域之内，但德里达的确抓住了海德格尔的思想脉络，将“非嵌合”（“脱节”、“乾坤颠倒”、“乱了套”）的世界感追溯到希腊悲剧时代和更早的圣经旧约时代，并同马克思主义传统关联起来，以此去思考当代世界命运的纷乱状况之原因。易言之，在德里达看来，顶逆“非正义”的世界而探寻“正义”的可能性，这不仅是希腊哲人的命运，也构成了当今思想的命运——不过这一命运已经被悲惨地忘怀了。

迎着悲剧情采点染的神秘命运夜色，走来了以弗所（Ephesus）的晦涩哲人赫拉克利特（鼎盛年约在公元前504年左右）。他依然用泰勒斯、阿那克西曼德所代表的泰古直觉艺术，去感受宇间万物生灭的节奏，奋力去把握掀动宇宙波浪的“命运”之谜。“το μη δυνον ποτε πωζ αυ τιζ λαθοι?”人们如何能在永远不灭的东西面前隐蔽自身？人如何能在永不灭者面前保持隐蔽？一个人怎能躲过那永远不灭的东西？人如何能躲避

[1]尼采：《希腊悲剧时代的哲学》，第44页。
[2]布克哈特：《希腊人和希腊文明》，第85页。

那永不止息者的注意呢?[1] 一句来源于断简残篇之中的箴言，有几个译者就有几种译文，有几种译文就有几种涵义。此文词义之模糊歧异，足见晦涩哲人之晦涩程度，以及古圣先贤之言辞的隐微程度。但不论对于哪个译者，句中“永远不灭”（το μη δυνον ποτε）却毫无歧义。这个“永远不灭者”就是哲人用“logos”来称谓的宇间神秘力量及其所掀动的永恒波澜与不朽节奏。在现存的著作残篇的第一则文字中，赫拉克利特对“逻各斯”进行了这么一段描述：

> 对于这个永恒的logos，人们永恒地［发生］不理解，不论他们在听到它之前，还是最初听到；因为尽管一切都依据这个logos而发生，他们对它却好像毫无体验，即使他们体验到了这样的言行，如我所详细述说的，按照本性区别每一个［存在者］，并且阐明他们如何存在；另一些人在醒觉的时刻忽忘其所为，正如睡眠时形在神不在一样。[2]

永恒的“逻各斯”，人们永恒的“不理解”。一切永恒地服从于它，人们却永恒地毫无体验。它是在迷黯之中“聚集”一切“存在者”的“存在”，它是在生死两界主宰着宇宙万物的命运。似乎玄之又玄，但它确乎是万物所归之“一”。人们如何能在永远不灭的东西面前隐蔽自身?赫拉克利特的问题穿越千年时空的间距而叩响了海德格尔的灵台，但问题依然没有得到回答。命运依然喜欢自我隐藏，留给人的永远是苍苍莽莽。面对永恒不灭者，“保持遮蔽”究竟何意?海德格尔回访荷马，在《奥德赛》第8卷，他遭遇到了泪流满面的奥德修斯。歌手弹奏竖琴，歌唱特洛伊木马之歌，奥德修斯潸然泪下，蒙头痛哭，“伸出粗壮的双手，

---

〔1〕原文见赫拉克利特著作残篇第16则，见罗宾森：《赫拉克利特著作残篇》（希腊语—英语—汉语对照本），第26页。这几个带问号的句子是这句箴言的几种汉译，分别为孙周兴译，见海德格尔：《演讲与论文集》，北京：生活·读书·新知三联书店，2005，第283页；张志扬译，见张志扬：《偶在论谱系》，上海：复旦大学出版社，2010，第29页；北京大学哲学系外国哲学史教研室译，见《西方哲学原著选读》上卷，北京：商务印书馆，1986，第23页；以及楚荷译，前揭，第26页。

〔2〕这段译文，笔者糅合了汉语多种译法，主要参考詹文杰：《倾听logos：赫拉克利特著作残篇DK-B1诠释》，载《世界哲学》2010年第2期。

撩起紫蓝色的硕大斗篷，盖住头脸，遮掩俊美的相貌，羞于在法伊阿基亚人面前泪流满面”（*Odysses*，8：83－86）。听到特洛伊木马之歌，而忧伤于特洛伊人的命运，但又不想让法伊阿基亚人发觉他的忧伤，就主动“保持遮蔽”。保持遮蔽，那是在人际之间在场的基本方式，是一种求生之道。在永恒不灭、永恒不解、永恒不败的命运面前，要想表现出征服命运的自信，以及对实在专制主义的蔑视，唯一的策略是“保持遮蔽”。先是闪现而出，然后沉入遮蔽，在残酷的宇宙律则支配之下，奥德修斯选择了自我遮蔽——维持生命的不透明性。宇宙律则喜欢隐藏，面对宇宙律则的人也主动隐藏起来。“藏天下于天下”，是一种知其不可为而为的存在策略。泪流满面的奥德修斯就成为晦涩哲人赫拉克利特的化身，或者说赫拉克利特是启蒙后的史诗英雄的变体。在他们流泪的时刻，万物归一，而这个“一”不是别的，正是用永恒的“logos”来命名的永恒“命运”。

Ούκ έμού, άλλα τού λόγον άκούσαντας όμολογείν σοΦόν έστιν έν πάντα εϊναι.（人们不是在听了我，而是在听了那逻各斯之后，才明智地赞同：万物归一，一为万物。）[1]

在此，晦涩哲人一反常态，一点也不晦涩地表白说：“逻各斯”不是“他”的声音。一切能倾听这个超越于个人之上的声音的人，才真正领悟“万物归一”。超越于哲人，也超越于常人，这个“逻各斯”绝非知识、道理、价值、意义，也不仅仅是语音、话语、叙述或者教义，而是一种将存在者聚集于存在之中，从而使存在者同存在关联起来的终极秩序。这种秩序，使存在者不复漂浮于深渊之上，而获得了某种稳靠感。一方面，存在者分有了命运，众数存在者，作为万物的宇宙就聚集为一，这就是“万物归一”（**έν πάντα εϊναι**）。另一方面，存在向存在者发送了命

---

〔1〕Heraclitus, *Fragments: A Text and Translation with A Commentary* by T. M. Robinson, No. 50, Toronto: University of Toronto Press, 1987, p. 75.

运，作为万物聚集之所的“逻各斯”便成为万物的共同原型，这便是“一为万物”（ἑν πάντα εἶναι）。无论是“万物归一”，还是“一为万物”，这个“逻各斯”只能是命运性的东西。对于赫拉克利特的这则箴言，海德格尔的阐释坐落于“万物归一”，而尼采的阐释垂注于“一为万物”。海德格尔假设，如若“终有一殁者”被放置的位置（λεγειν）顺应于“逻各斯”，而“逻各斯”又是“惟一地真正地具有命运性的东西”，那么，这个“一”（ἑν）就是赋予“万物”之同一位置（ὁμολογείν）的东西。[1] 尼采则虚拟，如果在我们眼前所呈现出来的宇宙是流变不息的，消长盈虚而永无止境，那么构成宇宙的这些质料则属于一个别样的玄远世界。这个玄远世界并非阿那克西曼德在多元的不定形的面纱背后所直觉到的那个一元世界，而是一个永远流变和本质上多元的世界。[2]

我们可以感受到的宇宙万物及其构成质料到底是什么呢？是永恒不灭的本质（阿那克萨哥拉，亚里士多德）？还是昙花一现的幻象（巴门尼德，柏拉图）？作为希腊悲剧时代一个新生类型的哲人，赫拉克利特对这个问题的回答暗示了第三种可能性：宇宙之原型，万物之始基，既非永恒不灭的本质，亦非昙花一现的幻象，而是宙斯绝对威权之下的一场“火的游戏”。“火（πυρ）突然降临，审判万物并为其定罪”（残篇66）。与此同时，“霹雳统领万物”（残篇64）。“火”这个意象在希腊文化历史上本来就关涉于命运。人类的基本体验之一，就像火焰、火光一样稍纵即逝。生命也像火一样容易熄灭。同时，如果没有一丝光亮（没有一团流火），人们就寸步难行。更加意味深长的是，火难以获得，还极易失落。希腊人常常设置火的祭坛，家人族人守护着火种，让薪火相传，这便是祈祷幸福与机运的宗教仪式。雅典的克拉美柯斯（Kerameikos）地区的工匠们，必须年复一年地从手擎火炬的长跑运动员手中接过火种，而这火种采自遥远的阿波罗阿卡德米丛林里的普罗米修斯祭坛。不仅陶匠和锻工必须在普罗米修斯节和火神节的庆典上从手擎火炬的长跑运动员

---

〔1〕海德格尔：《无蔽》，见《演讲与论文集》，第237页。
〔2〕尼采：《希腊悲剧时代的哲学》，第62页。

手上接过火炬，众人还必须在泛雅典娜女神节日（Grossen Panathenäen）期间手擎圣火通过长跑比赛而把祭祀之火带向木柴堆，为雅典娜女神点燃神圣之火。希腊神话告诉我们，宙斯分派命运，而火乃宙斯私藏之物。普罗米修斯盗取圣火襄助人类，因此而触犯天条，被缚于高加索山崖而承受诛心之罪。[1] 赫拉克利特将“火”视为宇宙的原型，把万物视为“火的游戏”，在多大程度上受到泰古拜火意识的熏染，暂无文献佐证，但在他的言语之中肯定传递着神话时代的余韵。“火”在他那里已经成为命运的隐喻，命运则成为通天贯地的秩序纲维。火，一如命运，可以增益生命能力，又可以将生命化为乌有。火，一如命运，“这个世界对一切存在物都是同一的，它不是任何神所创造的，也不是任何人所创造的；它过去、现在和未来永远是一团永恒的活火，在一定的分寸上燃烧，在一定的分寸上熄灭”（残篇30）。宇宙万物，上至神祇下及生物，都是活火的游戏。而活火服从分寸，这个分寸就是命运。这个命运，就是赫拉克利特以至悲剧时代希腊思想家心灵之执著的牵挂。

赫拉克利特的直觉艺术，在其同时代的巴门尼德（Parmenides）那里转换为概念思维。赫拉克利特“以水喻道”：“人不能两次踏入同一条河流”；巴门尼德则“以球言理”：“存在者……好像一个滚圆的球体，从中心到每一个方面距离都相等”。赫拉克利特的宇宙是用“火”铸造的，散发着永久不灭的光热；而巴门尼德的宇宙是用“冰”凝结的，向周围闪射着刺人眼目的寒光。当感官像少女一样引领着求知的马车前行，巴门尼德眼前闪现出两条道路：存在者存在，或者存在者不存在。巴门尼德毅然走上了“存在者存在而不可能不存在”的道路，并告白世人：“要用你的心灵牢牢地注视那遥远的东西。”“那遥远的东西”——“不会把存在者从存在者的联系中割裂，以致分崩瓦解，或者聚集回合”。问其究竟，此非他物，命运而已。不过，他是从“思想与存在同一”的公理开始接近这个遥远之物——命运的。在其著作残篇之八里，巴门尼德把“命运”写成了一切句子之中心句子，以及一切话语之最终话语：

---

[1] Hans Blumenberg, *Arbeit am Mythos*, SS. 329 - 330.

Ταύτόν δ’ έστίνείν τε καί οΰνεκεν ἔστι νόημα.
Ού γαρ ᾶνεν τού έόντος, έν ᾧ πεφατισμένον έστιν,
Εύρήσεις τόνοείν. Ούδέν γάρ ἤ ἔστιν ἤ ἔσται
ἆλλο πάρεξ τού έονες, έπεί τό γε Μοίρ’ έπέδησεν
οὖλον άκίνητόν τ’ ἔμμεναι. τῷ πάντ’ ὄνομ’ ἔσται,
ὄσσά βροτοί κατέθεντο πεποιθότες εἶναι άληθή,
γίγνεσθαί τε καί ὄλλυθαι, εἶναι τε καί οὔχί,
καί τόπον άλλάσσειν διά τε χρόα φανόν άμείβειν.

（可以被思想的东西和思想的目标是同一；因为你找不到一个思想是没有它所表达的存在物的。存在者之外，决没有、也不会有任何别的东西，因为命运已经用锁链把它捆在那不可分割的、不动的整体上。因此，凡人们在语言中加以固定的东西，如产生与消灭，是和不是，位置变化和色彩变化，只不过是空洞的名词。）[1]

命运（Μοίρ’）已经用锁链把存在者捆绑在不可分割的不动的整体上。巴门尼德因此而得名“被缚的巴门尼德”。一切服从命运的生活方式，也被命名为“巴门尼德的生活”。知识生活如此，道德生活依然，甚至审美的生活也因此而变成了悲剧的生活。“被缚的巴门尼德，被迫的巴门尼德，诉诸‘必然性’而变成有意识的石头的巴门尼德，对于我们的‘思维’来说，就是进行哲学思考的人的理想”，因为“在理性和认识的彼岸，在强迫终止的地方，被缚的巴门尼德在加入了永恒存在者和永远命令者的奥秘之后，就会获得原初的自由”。[2] 必然性、正义、命运以及存在者的有限性，在这里构成了巨大的无始无终的锁链，而这锁链绝对是必要的，因为“必然性”坍塌之处，真理也化为乌有——真理靠命运而维系，同时也服务于命运。巴门尼德谈论了“存在者”与“存在者”

---

[1]译文引自北京大学哲学系外国哲学史教研室编译：《西方哲学原著选读》上卷，第33页。参见海德格尔：《命运》，见《演讲与论文集》，第250页。
[2]舍斯托夫：《雅典与耶路撒冷》，徐凤林译，杭州：浙江人民出版社，2000，第74－75页。

之间不可分割的联系，并把这种联系命名为“命运”。存在与思想同一，也就是“存在与思想互相归属”，正如阿那克西曼德的“嵌合与非嵌合互相归属”，正如赫拉克利特的“上升之路即下降的路”互相归属。因此，一切句子之中心句子，一切话语之最终话语，命运就是存在的“逻各斯”。

赫拉克利特与巴门尼德，是悲剧时代希腊智慧的双峰。“逻各斯”化身为“一团永恒的活火”与“一尊寂然不动的雕像”而象征必然的命运。哲学诗人恩培多克勒（Empedocles，鼎盛年约在公元前443年左右）奋力追溯宇宙的构成元素及其组合原则，从而延续着命运的主题。在他看来，宇宙是“火”、“气”、“水”、“土”四大元素依据“爱”和“恨”两个原则无限组合的产物。四大要素为质料，爱和恨两种力量为原则，最后他还是将宇宙归结为必然——万物归一，一即命运。不仅如此，哲学诗人自己还纵身火山口，以生命与宇宙同流的悲剧方式证成了命运。两千二百多年后，德国诗人荷尔德林重访希腊悲剧时代，以恩培多克勒为原型创作诗剧，把他刻画为时代命运的牺牲品。荷尔德林写道：“然而，在这些约束之中我无法自由舒展/然而，我无法拒绝这些奴性的本质。”[1]这里的约束，是时代的命运，更是命定的必然，总之是恩培多克勒奋力化解却又沉入其中的命运。

通过回访希腊悲剧时代，我们看到哲人在命运的重轭下叩探宇宙的始基，而致力使万物归一。万物所归之“一”，便是“必然”和“命运”。而这必然、命运，构成了“逻各斯”的初始意蕴。“逻各斯”源自命运之忧，脱胎于泰古神话的母腹，其初始涵义与“理性”、“逻辑”、“意义”、“思想”等等没有太多的关系，同时又不只是“说话”、“言语”、“声音”这么一些浅薄空洞的名称。阿那克西曼德将“必然性”当作“聚集”来思考，而聚集就是“逻各斯”，是它赋予存在之整体性，让万物归“一”。赫拉克利特以“一团活火”和“一条河流”设喻，而如

〔1〕荷尔德林：《恩培多克勒之死》，转引自 Fred L. Burwick，“Hölderlin and Arnold：Empedocles on Etna”，in *Comparative Literature*，Vol. 17，No. 1（1965），pp. 24－42.

此而得以被思考的命运就是永恒不灭和永恒不解的逻各斯。巴门尼德明确地将思想与存在的同一当作命运来思考，而得出了命运锁链永恒束缚存在的消极结论。悲剧时代的希腊哲人思之所及，不是知识、不是逻辑、不是言说，而是"命运"与"逻各斯"的本质关联。然而，令人遗憾但确可理解的是，在后代的解释中，"逻各斯"被同化为"言语"、"逻辑"、"理性"、"真理"，而完全遮蔽了源始体验之中的"命运"涵义。"逻各斯"（λογοζ），即"必然性"（χρεων），在源始体验之中，"乃是希腊人在命运（Μοιρα）的名义下经验为份额之发送的那个东西的首要的和最高的运思解释"[1]。命运笼罩着人类，也笼罩着诸神。"逻各斯"却表明命运是神秘的，却又是可以了解的。但一旦"命运"从"逻各斯"之中脱落，"逻各斯"即变成了语言学的轻薄气息和逻辑学的灰色幽灵，而丰富深厚的"存在"便上升到最空洞和最普遍的概念的不幸地位上去了。德里达的激扬文字及其解构之锋，所针对的便是这种历史地蜕变的"逻各斯"，是蜕变为语言学轻薄气息和逻辑学灰色幽灵的"逻各斯"，而不是"命运"的"逻各斯"。"逻各斯"蜕变为气息和幽灵，思想沉沦为科学与信仰，两种进程互相呼应、彼此强化，而招致了"存在的恶劣的命运"[2]。

五 "人能弘道，非道弘人"

在公元前6世纪至公元前4世纪这个时间段内，希腊悲剧时代的哲思已经抵达了一个巅峰，开启了一次转折。最初一批哲性诗人与诗性哲人在命运的重轭下在听从了"逻各斯"的隐秘声音后将万物归一。这个"一"，便是"必然"，便是将宇间万物绑缚在命运锁链之上的"逻各斯"。在此之后，随着圣哲苏格拉底的诞生、行教与戏剧性的死亡，希腊哲思又奋力从命运锁链下挣脱出来，从外在有待的世界及其暴戾的"逻

[1]海德格尔：《阿那克西曼德之箴言》，见孙周兴编：《海德格尔选集》（上），第582页。
[2]海德格尔：《阿那克西曼德之箴言》，见孙周兴编：《海德格尔选集》（上），第565页。

各斯”转向了内在无待的心灵及其儒雅的自律。“逻各斯”是他律的，而“心灵”是自律的。他律来自命运，而自律指向境界。“命运”之忧思自天而地，由神而人，“境界”之贞立则从生命推至虚灵，由命而道。从“命运”到“境界”的上行之道，也是存在“将自己确立为自己之理由”的价值形而上学筚路褴褛的行程。而早在苏格拉底之前一个世纪，早在耶稣降生之前五个半世纪，中国出现了老子和孔子，他们分别为道、儒之祖，而完成了类似于苏格拉底所代表的哲学转折和耶稣所标识的信仰飞跃，而立定了价值形而上学的丰碑，塑造了华夏民族的心灵境界。这便是文化历史“轴心时代”的伟大业绩，其精神之缘光穿越了历史的长时段投射到了今天，并伴随着人类迎向正在以日益加快的速度逼近当下的未来。

现在，我们的问题仍然是，作为希腊悲剧时代哲学之峰极的“逻各斯”同轴心时代中国文化之创获的“道”，是否处在同一时代等高线上？是否归属于同一种哲学襟怀？是否具有相同的致思命意？

20世纪第一个十年间，老子的《道德经》通过传教士的翻译而传入德国。众所周知，近代德国文化祖述希腊，而德国人素以希腊文化的传人自命。尤其在第一次欧战之后，在满目疮痍的欧洲焦土上，人们铭心刻骨地体验到命运暴戾和造化无常，而自然相信光亮来自东方。一场西方向往中国、“动流趋向静流”的文化运动在欧洲悄悄发热。[1] 在第一次亲密接触老子学说时，渴望东方文化而羡慕中国智慧的作家赫塞（Hermann Hesse）就亢奋莫名，将老子的“道”、基督的“因爱受难”以及佛家的“涅槃境界”相提并论，一同视之为“圣者的觉醒”。[2] 在他的想象之中，万物所归，即为“一”（Einheit），即为“道”（Weg）。“昔者得一者，天得一以清，地得一以宁，神得一以灵，谷得一以盈，万

〔1〕20世纪20年代中国赴德国的留学生王光祈、宗白华、魏时珍都感受到了这场“动流趋静流”的文化对流运动，其中尤其是那些在战后体验到空虚、没落与绝望的知识分子，他们对中国儒家的伦理学和道家的自然观推崇备至。参见胡继华：《中国文化精神的审美维度》，北京：北京大学出版社，2009，第53－54页。

〔2〕《赫塞全集》，第10卷，第76页。转引自张弘、余匡复：《赫塞与东西方文化的整合》，上海：华东师范大学出版社，2010，第14页。

物得一以生，侯王得一以为天下贞”（《老子》第三十九章）。“道生一，一生二，二生三，三生万物”（《老子》第四十二章）。按照作家赫塞之见，老子的“道”与“一”是所有存在的根本原则，而这一原则同希腊悲剧时代的“万物归一”具有同源关系了。[1] 一会说老子之“道”类似于“圣者的觉醒”，一会说老子之“道”是万物所归的根本原则，一会似乎暗示“道”与“逻各斯”之间具有可比性，赫塞的思路是混乱的，文化差异语境决定了他对“道”的隔膜，最后无法准确地定位“道”的精神高度。

1946 年，海德格尔拜师中国学人萧师毅一起翻译《道德经》。也许因为返回步伐所迫而致使他寻觅更幽深的开端，也许是由于他那段不光彩的政治牵连而驱动他去获取另一种生存之道，海德格尔竟然萌发了一种不可思议的想象：“那知晓其光明者，藏身在它的黑暗之中。”[2] 限于文献佐证，很难断言这句诗意表达源自老子的“知其白守其黑”，但老子的“大音希声”肯定敲击过海德格尔的他者之耳，并让他感受到并非同源也无共同归属的另一种生存之道赋予了未来以希望。老子的“道”——“大音希声”，同海德格尔刻意地要将之同苏—柏—亚的哲学命意区分开来的“逻各斯”，究竟有多大程度的可比性？

首先，“道”最初的含义既不是言说，也不是思想，而是道路与引导，而后才推展扩充为弥漫天地之间的隐微至理。《说文》：“道，所行道也，从辵从首，一达谓之道。”从道路之“道”在隐喻意义上延伸，朝向超越形迹与器物的引导、疏导、训导等精神行为。唐代经学家陆德明撰述《经典释文》，申论“道”本作“导”，即孔子“道之以德”（《论语·为政》）之“道”。《尚书·禹贡》：“九合既道”，这里的“道”意为“疏导”。《左传·襄公三十一年》：“大决所犯，伤人必多，吾不克救也，不如小决使道。”此言所称之“道”即源始意义上的“导”。“道”之为“导”，在孔子那里更是转生出“导人入仁”、“克己复礼”的“仁道”境

[1]张弘、余匡复：《赫塞与东西方文化的整合》，第 16 页。

[2]德国学者 V. v. 斯特劳斯还真的将“知其白守其黑”翻译为“那理解光明者将自己藏在他的黑暗中”。参见张祥龙：《海德格尔传》，石家庄：河北人民出版社，1998，第 326 页。

界。《尚书·大禹谟》所载“人心惟危，道心惟微”之“道”默示着一种超越而又内在的精致微妙的灵知。《荀子·解蔽篇》解说道：“《道经》曰：‘人心之危，道心之微’，危微之几，惟明君子而后能知之。”从道路之“道”向“引导”之“道”的延伸，以及从引导之“道”到“道心惟微”之“道”，已经表明中国古代思想之关键词——“道”，是一种只能在生命意义上和动力学意义上来理喻的概念。在超越形迹和规避俗言意义上，以“道”来名分的东西既不能被实体化，也不能被符号化，总而言之不能被外在化。

“道”是道、儒两家共通瞩望的一种精神境界，而并非常言所说的一种普遍的宇宙原理。在老子那里，“道”与“德”并举，它收纳并改造了春秋时代普遍流行的“天命”、“天道”、“人道”观念，而剔除了这些流行意识之中隐含的功利考虑以及凶吉测问。“道”是“命”的奥夫赫变形态，而将究元决疑的灵知从有待维度上转换到无待维度上。老子论“道”而不著言筌，一味形容摹状，而从不定于一词。“道”默然运化于天地之间，而掀动万物之盈虚节奏。“道法自然”，但它为人默然指点出一方自由的生命境界。老子之“道”，由天而人，自外而内，引导人们“见素抱朴”、“复归于朴”，仿佛让社会枷锁和文化网幕下的人再度体验婴儿的“赤贫”，而以一双纯情的眼睛来打量宇宙人生。在孔子那里，从活跃的生命情趣，到人心的仁之灵明，及至于圣的至境，“道一以贯之”，而一种“成德之教”和“为己之学”得以水到渠成。“道”的体验，“道”的修持，“道”的践行，以及“道”的推展升华，都同活跃的生命体验和自由的精神渴求契合为一，而最终指向一种价值形而上的“虚灵之境”。“志于道，据于德，依于仁，游于艺”（《论语·述而》），由孔子所开创的儒家价值形而上学所论之道，是一种有别于老子之“天道”的“仁道”，一种经过“仁”之点化而又同“仁”须臾不离不弃的境界。

老子笔下发乎“自然”根性的“天道”，作为远古“天命”意识的奥夫赫变形态，已经淡化甚至可以说解构了盲目的“命运”力量。由此观之，老子的自然之道或者“天道”依然坐落在内在自律的维度上，而免除了命运的强大他律性，开出了境界的怀柔自律性。在这个意义上说，老子的“道”同希腊悲剧时代哲人的“逻各斯”根本就不在同一个维度上。“逻各斯”把一种残酷的不可抗拒的他律，一种势所必然的命运，一种不可化解的迷黯力量强行施加于诸神和人，以绝对的专制主宰着宇宙万物和芸芸众生。不错，赫拉克利特是说过，宇宙之和谐源自对立面的冲突，老子也说过“反者道之动”以及“有无相生”，但希腊哲人的旨趣在于叩探宇宙秩序的原型，而老子的归趣却在于以自然引导人归本纯朴，再度点醒那种沉沦在“文敝”之中的“虚灵的真实”。日用器皿、文物典章、礼仪制度、风土人情、政治建制、宗教信仰等等都可以用“文”（化）一概笼而罩之。然而当这一切流于玉帛往来的世俗事务以及鼓乐吹笙的繁琐形式，而淡化、淹没、损残生命的真实和心灵的节奏时，就出现了老子为祖的道家所深恶痛绝同时也为孔门儒学所批评的“文敝”。老子的“道”，道破了“文敝”对“人文”的摧残，而指向了一种应然的生命境界——那就是“道法自然”的境界，因而同希腊悲剧时代哲人之“逻各斯”泾渭分明，投射到了迥然异趣的内在精神维度上。

孔子的“人能弘道，非道弘人”之“道”，“道之以德”的“道”，是依托生命真实根性又瞩望于人文虚灵境界的心灵祈向。生命的真实根性是“仁”，人文的虚灵境界依然是“仁”。“死生有命，富贵在天”（《论语·颜渊》），单听这八个明晰的大字，仿佛觉得孔子是一个服从命运的悲观之士。然而，“为仁由己，而由人乎哉”（《论语·颜渊》），这才真正表现出孔子顽强超越命运而奋力祈向境界的悲壮思致。微言大义，一辨即明。孔子说的是：死生、富贵的价值是有待的外向价值，它们有待于难以预测、更难以主宰的实在条件，或者用布鲁门贝格的话说，那些价值的实现无奈于“实在专制主义”的强权；而“仁者，爱人”，“我欲仁，斯仁至已”，“仁”的价值是无待的内在价值，它们无待于外在环境，超越于客观条件，那些价值的实现纯粹发自内心的一息良知。“仁”不畏天命，“实在专制主义”的强权在这一息良知面前无声地消解。更有甚者，在严酷的环境下和凄惨的境遇之中保持这一息“仁”的良知，那倒是一个人在精神上无比强大的标志，因为他永远是自由的，也就是说他自己永远是自己的理由。孔子由生命情调开始立言，由“生”而论说人的“死生”、“富贵”，由外在命运而转入内在境界，最后着落于“依于仁”的“仁道”。孔子之“道”同悲剧时代的希腊“逻各斯”更是不可同日而语，倒是同苏格拉底、柏拉图的“善”之“范型”（Idea，ειδοζ，“理念”）在境界上相通。“范型高于个别事物，善的范型又高于其他一切的范型。善的范型是一切的最高原理，她创生一切，长养一切，她是一切的主。”[1] 此乃20世纪40年代出版的《西洋伦理学名著选辑》之中对苏格拉底、柏拉图学理的概括，这样的概括十分契合于孔子的价值形而上学。“西洋化‘命运’为命定之自然律。中国推天人合一于‘保合太和，各正性命’之形上境！柏拉图则融化两境以成其大！”[2] 我们也不妨说，孔子融化“命”、“道”两境而成其大——“仁”。苏格拉底—柏拉图的善之范型以“理想城邦”为象征，但“理想城邦”终归是一种“世衰道微，邪恶暴行有作”（《孟子·滕文公下》）的实向论辩对手宣布在专制处境下心灵所向往的境界而已。在《理想国》第九卷，柏拉图虚拟了苏格拉底及其论辩对手的对话：

——我知道合意的城邦你是指的我们在理论中建立起来的那个城邦，那个理想中的城邦。但是我想这种城邦在地球上是找不到的。

——或许天上建有它的一个原型，让凡是希望看到它的人能看到自己在那里定居下来。至于它是现在存在还是将来才能存在，都没有关系。[3]

将柏拉图的这份祈愿征之于孔子的“生”而“仁”、“仁”而“圣”的价值形而上学之“道”，我们不难发现孔、柏两家的言论中都蕴涵着一种略染悲剧情采的“仁之至境”——一种“不可能”的终极境界。在孔、柏那里，这一境界或许都是由“中庸”来象征的。“中庸之为德，其至矣

[1]徐孝通等编译：《西洋伦理学名著选辑》，重庆：商务印书馆，1944。转引自《宗白华全集》，第一卷，合肥：安徽教育出版社，1994，第623页。

[2]宗白华：《形上学》（著作残篇），《宗白华全集》，第一卷，第585页。

[3]柏拉图：《理想国》，郭斌和、张竹明译，北京：商务印书馆，1997，第386页。

乎”（《论语·雍也》）。“天下国家可均也，爵禄可辞也，白刃可蹈也，中庸不可能也”（《礼记·中庸》）。“中庸”之为“至境”，源自它全然位于经验世界之外，超越外在有待性而指向内在无待性，而成为一种虚灵而又真实的境界。苏格拉底的“善”之范型，柏拉图的“理想城邦”，孔子的“中庸”，以及康德的“德福配称”的至善，甚至还有德里达晚年殷殷瞩目的“不可解构的正义”，都属于这种“不可能者”，像那个永远滞留于优秀几何学家灵魂深处而无法呈现于经验世界的“圆之理念”。“中庸”——“仁”之至境、“圆”之理念、“善”之范型，已经远离了“逻各斯”所表征的命运锁链，而进入了“不可能”的激情所养育和浇铸的形而上境界。

不论是老子“道法自然”的“天道”，抑或是孔子“道之以德”的“人道”，同希腊悲剧时代哲人所笃信的“逻各斯”都少有相通，而迥然异趣。那么，在中、希泰古究竟有无灵性的脉息遥遥相契呢？也许，从老、孔二子所逾越的精神高度上回望，瞩目于“维天之命，于穆不已”（《诗·周颂》）的荒渺泰古，尚可隐隐觉察到，周室厉幽时代已经开始衰微的“天”，以及《周易》“吉凶休咎”所讯问的“命”，同希腊泰古“秘索斯”与“逻各斯”双环概念所蕴涵的命运枷锁有某种隐约的相通性。《诗·大雅·文王》：“上天所载，无声无臭。仪刑文王，万邦作孚。”但诗句所叩探的“上天”，并非希腊哲人所叩探的宇宙始基，而是中国泰古先王所效法的神圣德性。中国的泰古先圣究问所至，不是宇宙万物的元质，而是邦国所治的依凭，因而是人的威仪而非宇宙的秩序成为人们由衷的牵系。《诗·大雅·荡之什·抑》：“抑抑威仪，惟德是隅。人亦有言，靡哲不愚。”“威仪”不仅为圣王权力的外显之貌，而且也是其德性的寄寓之所。《诗·大雅·荡之什·烝民》：“天生烝民，有物有则。民之秉彝，好是懿德。”“德”不独是众人所仰慕的生命范本，而且也是圣王所遵循的为政之道。《诗》所赞颂的“天”之“德”，同样也是人之“德”，即便是在“疾威上帝，其命多辟，天生烝民，其命匪谌”（《诗·大雅·荡之什·荡》）的时代，泰古先民“问天”也是“问人”，而昭示着完全有别于双希神道的“人文”脉息在幽深遥远的历史之中律动，预示着哲学沉思必然从“天命”转向“人道”，由“究命”转向“问道”。

在仰慕天德和究问天命的同时，中国泰古先民充满了对生命的敬畏。“天命之谓性，率性之谓道，修道之谓教”（《中庸》第一章）。将这三句格言阐发为道之本源、道之发现、道之践行故无不可，然而它以环环相扣、层层相因的逻辑启示了由“性”而“道”、由“道”而“教”的动力过程，更是吻合由“命”而“道”、由有待而无待的精神向度。古人言“性”就是敬“生”——即珍惜生命和崇敬生命。《周易·系辞下传》：“天地之大德曰生。”《诗·大雅·旱麓》：“鸢飞于天，鱼跃于渊。”《中庸》引用这两句诗，以自然世界生生不息设喻，道说君子生生之德。“天行健，君子以自强不息。”天道与人道，天德与人德，终归是一回事，而在不息涌流的自然宇宙与人类生命、人类精神之间具有同一根血脉，宇宙人生和世道人心遵循着同一种节奏。古圣先贤是拿崇拜“昊天上帝”一样的虔诚来崇拜生命的。从甲骨文、卜辞可以推测，在殷商时期，中国古人已经有了相当自觉的“帝”崇拜意识。通过对“帝”的崇拜，古圣先贤希望将天地之间浑然万象之“多”领悟为心灵深处虚灵真切之“一”。“昊天上帝”之“帝”，“上帝不宁”之“帝”，是先民以至先贤心仪的神话英雄的生命范本。清人吴大澂在《字说》中解释道：“［帝］像花之形……生物之始，与天合德，故帝足以配天。”“帝”之自然原型，是花之蒂，其中蕴涵的性意味和生殖意味，一望便知。在隐喻意义上，花开数朵，果实丰盈，那是“多”，而“蒂”唯一茎，扶持花叶，孕育果实，那是“一”。殷商初民以帝为宗，对之顶礼膜拜，那表明其让万物归一的意识已经显山露水。万物归一，没有像希腊悲剧时代那样将万物归于“命运”之铁律，而是将万物归一为“（生）命”。这个“命”类似于支配万物的“逻各斯”，但没有“逻各斯”那么暴戾与霸气。“命”可以通过效法先王之法而得以控制，让万邦得以大治，而“逻各斯”却是像暴力神与威力神手中的锤子和铁链，将人类的朋友普罗米修斯绑缚在高加索山崖而让后者日夜遭受折磨。

敬（畏）（生）“命”意味着重“生”，“帝”崇拜意识充满了生命意识。这种生命意识散播在神话传说以及巫术礼仪之中，吐露出华夏初民对宇宙人生的终极性思绪。《易传·系辞》:“古者庖牺氏之王天下也,仰则观象于天,俯则观法于地,观鸟兽之文与地之宜,近取诸身,远取诸物,于是始作八卦,以通神明之德,以类万物之情。”庖牺即伏羲,不仅是溯之上古的最早君王,而且还是制作八卦,据以通神类物的圣者。伏羲先为神话之“主神”,神话历史化之后便自然而然地成为民族文化的元祖。[1] 伏羲之名见于战国时代的文献,与之不离不弃的还有神话人物女娲。《淮南子·览冥》始见伏羲、女娲二名并称,被视为兄妹或者夫妇。考古学发掘的石刻和绢画上,伏羲、女娲人首蛇身、雌雄连体、阴阳合一的形象分明是泰古初民“敬生”、“崇生”意识的写照。《淮南子·泰族》:“腾蛇雄鸣于上风,雌鸣于下风,而化成形,精之至也。”这幅阴阳交合、元气淋漓的图景,分明就是远古时代的图腾主义之遗迹。伏羲、女娲,相传乃是洪水时代的遗民,兄妹交配而成为夫妻,传承了人类的命脉与香火,人类才得以在宇宙间生生不息,绵延不已。神话将生命的诞生与延续神圣化,从而将生命的图腾提升到了神迹的地步。相传伏羲履迹而生,后稷履迹而生,周人先祖姜嫄氏也是履迹感应而生。《诗·大雅·生民》:“厥初生民,时维姜嫄。生民如何,克禋克祀。以弗无子,履帝武敏歆。攸介攸止,载震载夙。载生载育,时维后稷。”“攸介攸止”,乃暗指“行夫妇事之象征”;“载生载育”,乃描述生命诞生的奇迹。闻一多解释说:“诗所纪既为祭时所奏之象征舞,则其间情节,去真实之本相已远,自不待言。以意逆之,当时实情,只是耕时与人野合而有身,后人讳言野合,则曰履人之迹,更欲神异其事,乃曰履帝迹也。”[2] 闻一多文中使用的“象征舞”概念确实令人浮想联翩,野外狂舞而交其配偶的场景,与希腊悲剧之源头处狄奥尼索斯神有某种隐性的遥契关系,甚至后稷同自命为“我是真葡萄树,我父是栽培的人”(《约

---

[1]参见茅盾:《中国神话研究初探》,南京:凤凰出版传媒集团/江苏文艺出版社,2009,第100-101页。

[2]闻一多:《伏羲考》,上海:世纪出版集团,2009,第111页。

翰福音》：15：1）的基督也不乏可比性。[1] 诗中“生民如何，克禋克祀”句指涉了古代“郊祀”仪式。《周礼·春官·小祝》：“有寇戎之事，则保郊祀于社。”《左传》引孟献子言：“吾乃今而后知有卜筮，夫郊祀后稷，以祈农事也。”《孝经·圣治章》：“昔者周公郊祀后稷以配天。”《逸周书·作雒解》详细记载了周公在革了殷人之命后“设丘兆于南郊，以祀上帝，配以后稷……诸侯受命于周，乃建大社于国中”。“郊祀”仪式将生殖崇拜、农事祈求、祭祀祖先以及政治活动统一起来，其生殖意味和生命崇拜意识尤为引人瞩目。伏羲—女娲兄妹配偶，元祖履迹而生，以及郊祀仪式，都是泰古生命崇拜的遗迹，据此却不难推断泰古时代巫术和祭祀制度的特征，寻觅泰古初民生育祭礼传统。[2] 虽然这类象征遗迹和语言符号已经非常渺远，但它们毕竟为探究华夏先民的命运观以及律动于其中的人文脉息提供了有意味的形式。

由斯可察，殷周之际至春秋中叶，华夏初民及其圣贤之士对“生”的崇拜与对“帝”的敬畏，往往辐辏于对“命”的究问。然而这种对“命”的究问，已经开启了问“道”的契机。“盖自《春秋》以后，学术治法，全宗素王。天心欲变其局，孔子应运而生。汉、宋诸大儒，皆同此义。实理所在，人心相同也。”[3] 孔子以降，有所谓“道冠百王，师表万世”之至尊，究其理据在于他“知命制作，翻定六经”，贞立“成德之教”和“为己之学”，而将对“命”的究问导向了对境界的默示。《论语·述而》：“子不语‘怪’、‘力’、‘乱’、‘神’。”《论语·子罕》：“子罕言利与命与仁。”“不语”意味着绝口不谈，“罕言”则表明很少说起。不语怪力乱神，意味着孔子已经逾越了神话，而开启了价值形而上学的

---

[1]参见刘皓明：《荷尔德林后期诗歌》（评注卷上），上海：华东师范大学出版社，2009，第259页：“在中国传统中，也有对应于丢尼索（即狄奥尼索斯——引者注）/基督的半神形象，他就是后稷。同丢尼索和基督一样，后稷父神母人；同基督一样，他母亲因禋祀上帝而受感怀孕，同基督一样，他出生后受鸟兽和陌生人的保护，同基督一样，初生的他被比作羔羊；同丢尼索一样，他是植物农业之神，教人种植百穀的稼穡之道，设立了供奉帝的祭祀。”

[2]周策纵：《古巫医与“六诗”考：中国浪漫文学探源》，上海：上海古籍出版社，2009，第26－39页。

[3]廖平：《知圣篇》，见《中国现代学术经典·廖平　蒙文通卷》，石家庄：河北教育出版社，1996，第141页。

门扉。罕言“利”，标明孔子的心灵朝向了非对待的维度。罕言“命”，暗示孔子将对命运的究问提升到了对“道”的祈求。罕言“仁”，则意味着仁与孔子的生命不离不弃，根本用不着诉诸言语，“每谦不敢自居于仁，亦不轻以仁许人也”（阮元语，见刘宝楠《论语正义》卷十）。[1] 孔子的“道”贯穿于“生”，而脱胎于“命”，最后根植于“仁”，因而一扫“圣与天通，人与鬼谋”的神怪气息，推展出“士不可不弘毅，任重而道远”的人文气象。今文经学大师廖平断言：

> 古圣皆有神怪实迹，圣与天通、人与鬼谋，故能成“平定”之功，大禹是也。《山海经》神怪确为事实，故《左传》云：多著神奸，铸鼎为象。至孔子时，先圣开创之功已毕，但用文教，已可长治久安，故力绝神怪，以端人心，而正治法。“子不语”，则以前皆语可知。云“不语”，则实有神怪可知……古圣神怪之事，全经孔子所削，故云“不语”。不得因孔子之言，至疑前人之误。盖天人之交，孔子乃隔绝之，以奉法守文，无俟神奇也。[2]

神怪事实在“天道”与“人文”的境界之光的烛照下渐渐淡化，对“命”的究问已经由对“道”的贞立所超越与提升，但这决不意味着命运之忧已经终结，神话由此永诀人心。有一种可堪庄严地命名为“忧患意识”的人文精神辐射着中国古人对“道”的贞立、对“道”的传承，以及对“道”的担待。《易传·系辞下》：“《易》之兴也，其于中古乎？作《易》者其有忧患乎？”《诗·大雅·荡之什·桑柔》：“忧心慇慇，念我土宇。我生不辰，逢天僤怒。自西徂东，靡所定处。多我觏痻，孔棘我圉。”忧患源自周革殷命，人人感觉造化无常，命若草莽。然而“忧患意识”与作为原始宗教动机的恐惧、绝望不可同日而语。

---

[1]参见黄克剑：《〈论语〉解读》，北京：中国人民大学出版社，2008，第193页。

[2]廖平：《知圣篇》，见《中国现代学术经典·廖平 蒙文通卷》，第141页。

一般人常常是在恐怖绝望中感到自己过分地渺小，而放弃自己的责任，一凭外在的神为自己作决定。在凭外在的神为自己作决定后的行动，对人的自身来说，是脱离了自己的意志主动、理智导引的行动；这种行动是没有道德评价可言，因而这实际上是在观念的幽暗世界中的行动。由卜辞所描述出的“殷人尚鬼”的生活，正是这种生活。“忧患”与恐怖、绝望的最大不同之点，在于忧患意识的形成，乃是当事人对凶吉成败的深思熟考而来的远见；在这种远见中，主要发现了凶吉成败与当事者行为的密切关系，及当事者在行动上所应负的责任。忧患正是由这种责任感而来的要以己力突破困难而尚未突破时的心理状态。所以忧患意识，乃人类精神开始直接对事物发生责任感的表现，也即是精神上开始有了人的自觉的表现。[1]

这种在人文向度上生成的“忧患意识”成为“道”的内在蕴涵，而在人类文化创造的漫长旅途上投射了智慧的缘光。智慧的缘光照亮之处，人对自己的使命有清醒的认识。孔子的忧患在于，“王道衰微，诸侯力政，时君主好恶殊方”（《汉书·艺文志》），“世衰道微，邪说暴行有作，臣弑其君者有之，子弑其父者有之”（《孟子·滕文公下》），因忧而发，因惧而述，于是笔削春秋，删定六经，为天下制定礼法纲维。老子的忧患在于，“失德而后仁，失仁而后义，失义而后礼”（《道德经》第三十八章），“道隐于小成，言隐乎荣华”（《庄子·齐物论》），而主张“弱者道之用”，“功成而弗居”，将生命的真趣从“文敝”的溺杀之中解救出来。孔、老之道虽有属人属天之别，但都在忧患意识的激发下表现了境界的自觉，而境界的自觉恰恰就是人的提升：

通过对自己的使命的认识，周人的以“德”（“敬德”、“明德”）为中心的道德观念与行为规范，就把远古的图腾崇拜和对于外在神祇的恐怖、敬畏与服从，即那种人在原始宗教面前感到自己渺小与无能为力而

[1]徐复观：《中国人性论史·先秦篇》，上海：上海三联书店，2001，第18－19页。

放弃责任的心理，转化为一种自觉的和有意识的努力了：通过对忧患的思考，在图腾文化中萌生的“天道”和“天命观念”，都展现于人自身的本质力量。人由于把自己体验为有能力驾驭自己命运的主体，而开始走向自觉。人们所常说的先秦理性精神，实际上也就是这样一种自觉的产物，所以它作为理性的结构也包含着感性的动力。[1]

源自忧患而超越了忧患，源自命运之忧而穿透了命运，这就是由“道”所开出的价值形而上学。“道”是“命”的奥夫赫变形态，正如希腊的“心灵”之美、善、大范型是“逻各斯”的奥夫赫变形态。“道”与心灵范型展示于人的本质力量之中，表现了人的自觉，而企慕于自由的境界。而“命”与“逻各斯”则在不同程度上都同外在于生命的必然、实在的专制相关联，映现出生命绝对匮乏状态及其悲剧意义。因此，“逻各斯”，像“命”一般，落于他律范畴下，而“道”，像苏格拉底的善之范型、柏拉图的城邦之范型一样，处在自律的境界之中。“逻各斯”主宰着宇间万物，笼罩诸神和人类，构成必然性的锁链，以及对人类的绝对专制。相反，“道”依托于“人”，与生命不离不弃，如影随形，此乃“人能弘道”，“非道弘人”。

余　论

经过漫长的迂回和迂阔的考量，我们现在回答本文开篇提出的问题：“逻各斯”与“道”属于不同的哲学范畴，代表着迥然异趣的致思向度：一个指向外在的必然，而究问主宰人神的命运，而另一个指向内在的自由，而默示了虚灵真切的生命境界。不论后世的踵事增华，美轮美奂地赋予了“逻各斯”以多少歧异，然其本源的意蕴却总是根植于悲剧时代希腊人叩探宇宙原型和讯问人生命运的语境之中。本源的“逻各斯”蕴涵着不可抗拒的命运、实在的绝对统治，以及人类生命的绝对匮乏。“逻

[1]高尔泰：《美是自由的象征》，北京：人民文学出版社，1986，第287页。

各斯”属于前轴心时代，却把其命运之忧投射到轴心时代之后的心灵与城邦的“范型”之中。相反，作为轴心时代心灵飞跃的标志和东亚智慧的象征，“道”引导生命回归于真实节奏，上行于虚灵境界。老子“复归于朴”，孔子“予欲无言”，老子“功成弗居”，孔子“天下归仁”，所期许的是一种为生命孜孜以求而为灵性默默点染的境界。“道法自然”，“乐以忘忧”，在“道”的牵引和烛照下探问生命终极意义的中国古圣先贤奋力上行，其“问道”、“修道”、“践道”的最高境界是生命与宇宙同流，个体与永恒同在。然而，不论是体合于“天道”，还是进身于“人道”，古圣先贤都不是劝勉人们“以否定人的自主性”为代价而沉浸在迷黯、野性、蒙昧的命运之中，去过天不言人不问的昏庸生活。[1] 不如说，“道”是自律性的极境，是“仁”的最后圆满，是一种“中庸”境界——永在趋近却永不可能的生命范型。

当德里达在犹太—希腊—基督教文化语境下往返追寻，艰难寻觅却轻松虚拟出一个以“逻各斯”为中心的人为中心的虚妄时，他是要质疑一切非合法性的偏见和实体化的教义。当他断言“在逻各斯的文化中，存在的意义就其目标而言已经确定为‘在场/显现’”时，他便用教义化的“理念”、“理性”、“神性”、“结构”和“语言形式”遮蔽了希腊悲剧时代“逻各斯”之中所包涵的命运之忧和必然性的重轭。言语压制文字、意义压制表达、思想压制形式，而非命运锁链绑缚诸神与芸芸众生，因而他的解构之“剑”一开始就有一种难以觉察的目标定位。不论是蕴涵命运之忧的“逻各斯”，还是作为命运的奥夫赫变形态的“善”之范

[1] 寻求抽象的“万物归一”有一种将“一”实体化的危险，一旦将万物所归之“一”实体化，“逻各斯”就变成教义，“境界”就变成“禁界”，“中庸”就变成“昏庸”。对于这种抽象化与实体化统一的虚妄及其危险，别尔加耶夫提醒人们对“万物归一”保持足够的警惕，他还暗示“末世论”常常以美轮美奂的玄设遮掩着否定个体自律、灭杀精神自由的危险逻辑。（参见别尔加耶夫：《人的奴役与自由：人格主义哲学的体认》，徐黎明译，贵阳：贵州人民出版社，1994，第9页）同样的担忧也来自后现代语境下的思想家，他们警告说，哲学必须以求取“一”为志业，然而这个“一”具有“非存在”（非实体化）的规定性，希腊哲人巴门尼德的绝境在于“确定了一和其他事物既具有又不具有所有可以想到的决定因素，它们在总体上是一切事物，而又不是一切事物。我们于是被一的整个辩证法带入一片思想的废墟”。（阿兰·巴丢：《沉思录2：柏拉图》，见陈永国编译：《激进哲学：阿兰·巴丢读本》，北京：北京大学出版社，2009，第19页）

型，都不是“解构之剑”所能斩杀的，相反，这一切都可能是“不可解构的正义”，构成一切解构之道的可能性前提。如果仅就理性压制感性、形式窒息生命、教义残害灵魂来清算“逻各斯”的罪孽，那么在德里达之前有很多思想家已经做得很出色了。新康德主义哲学家克拉格斯（Ludwig Klages）抵抗理性形式的工具化而将生命神圣化，“反逻各斯中心主义”之剑就已经闪亮出鞘。[1] 一脉反对实体化“逻各斯”和工具化“理性”的生命哲学思潮，几乎掀起了一场“生命反抗逻各斯”的文化运动，占据了19世纪末到20世纪中期的哲学之主流地位。换言之，反逻各斯中心主义并非德里达解构之道的动人韵味，而且将“逻各斯”当作整个西方形而上学文化的根基却将形而上学之中引人入胜的境界严重弱化了。尽管说早期解构之道有几分虚无主义的气息略显苛刻，然而，德里达仅仅将西方形而上学传统归结为逻各斯中心论，将逻各斯归结为言语和思想，将言语和思想归结为逻辑学的苍白幽灵，则确乎是剑走偏锋，令人感到尴尬不安。令人欣慰的是，晚年德里达一心牵挂本源的伦理，迷恋不可解构的正义，追溯纯洁而没有染色感伤主义的源始福音体验，以及呼唤元祖宗教——亚伯拉罕精神，没有弥赛亚的弥赛亚精神——在荒漠之中重临。这不啻是祈求人们重访前轴心时代的文化精神，对包括“逻各斯”、“旧约”、“弥赛亚”、“亚伯拉罕”这些作为命运之象征的概念展开反思，从而审视“命运”与“境界”之间消长盈虚的节奏，以及命运、境界、权利和差异等哲学命意之间的复杂纠缠。

就“逻各斯”与“道”的比照言之，我们完全可以对这种超越事实联系和真实影响的同源学研究抱有充分的同情，甚至还可带有几分赞赏。“比较不是理由”，而且也没有确定的范围，兴起于18世纪末期实证主义语境而又同民族主义意识相互关联的比较文学屡战屡败，总是陷于难以化解的学科危机。然而，“比较”是一种自我观照和文化认同的一条可取的途径。任何一种文化对观互照可以归结为特殊民族文化传统下的研究

---

[1]参见费尔曼（Ferdinand Fellmann）：《生命哲学》，李健鸣译，北京：华夏出版社，2000，第137页。

者在异质文化的压力下对自身文化精神的一种透视。这种文化透视充满了一种悲剧意识。比较的眼光是一种沉重而且忧郁的眼光。就中国现代文化而言，中西文化比较可以溯源至明末清初，当时泰西基督教之风渐入华土，西方传教者用自己的神学观、道德规范、天体—世界—宇宙时空学说以及希腊哲学思想组装成透视中国文化的 X 光镜，不无牵强甚至充满霸气地将儒家“人道”与道家的“天道”纳入“逻各斯”变异而来的逻辑幽灵王国。[1] 于是，就有了传教士用“Wort”、“logos”来比类“道”进而在中西文化之间寻找遥远契合点的努力。时至清末民初，西方科学与民主涌荡中国，而华夏中心主义文化天朝从秩序到意义都卷入了千年未遇的“创局”，而陷入了深重的文化危机。创局与危机，具体表现为技术—器物维度上的自觉和政治体制维度上的反省，但“成德之教”与“为己之学”却日渐衰微。在这种极不平衡的文化语境下，文化比较在中国却有沉重得多的悲剧感。“华夷之辨”，现在不是“以夏制夷”，而是“师夷制夷”，“以夷变夏”。中国人对于西方文化充满了一种羡慕不已而又怨恨有加的矛盾情感，中西对比表现为中西之辨，致力于比较的研究者以全副努力参照西方文化来寻求自我认同，这是一种“世界文化的中国化”和“中国文化的世界化”之双向进展过程[2]。理想宏大，但事实堪忧，在中西之辨的主调下，参照西方文化为骨架而进行的自我定位之结果，是“显西隐中”——也就是说，西方文化浮现在概念、话语、逻辑以及修辞的显要层面，而中国古典文化作为一种精神、境界、韵味以及心灵节奏而处于隐微层面。具体到哲学研究中，而今我们所能看到的中国现代哲学概念无一不是西方的，不是本质就是现象，不是实体就是主体，不是人道就是自然，不是结构就是解构，不是本体论就是认识论。中国古典哲学概念如“道”、“仁”、“诚”、“法”、“中庸”、“格物”，都一股脑地被西方哲学概念裁而断之，为“逻辑学”的幽灵王国再

[1] 关于明末清初来华传教士改造中国古代经典的立场与知识间架，可参考刘耘华：《诠释的圆环：明末清初传教士对儒家经典的解释及其本土回应》，北京：北京大学出版社，2005，第 41－64 页。

[2] 黄克剑：《比较文化之哲学断思》，见《黄克剑自选集》，桂林：广西师范大学出版社，1998，第 387 页。

添新的幽灵。在将“道”化为“逻各斯”进而寻求犹太—希腊—基督教文化与中国古典文化的汇通之时，“道”的核心命意“境界”，中国古典文化的核心主题“成德”，如此等等引人入胜的内涵都被隐去了，同时“逻各斯”的核心命意“命运”，希腊形而上学文化的核心主题“善”之范型，如此等等余韵悠长的内涵也被弱化了。诸如此等的文化比较或者哲学对观，差不多失落了其最为动人的命意。真正的文化比较者当是自体文化精神的守护神，同时又是异质文化精神的朝圣客，他理当通过比较从异质文化之中寻取文化创生的动力因素，从而为自体文化精神启承转换灌注生命血液，尤其应该在现代文化语境下激活自体文化，让它在经过虚无主义荡涤而呈荒漠之相的世界上流韵不息，并且传布开来，把最富有启示意义的文化精神（ethos）纳入世界文化历史。这种进向预示着文化比较的未来景观，那就是从“显西隐中”到“以中化西”的超越。[1] 以本文论题为例，比较研究者理当通过比较，呈现一种从“究命”到“问道”的哲学命意，使之作为富有魅力更富活力的文化精神进入世界文化，而同“逻各斯”所彰显的命运之忧、“善”之范型所象征的境界之思、旧约所启示的“命运之约”以及新约开创的“圣爱之约”比肩而立，无分轩轾。这当然是一种不仅仅对文化比较有意义的祈愿。

（作者单位：北京第二外国语学院跨文化研究院）

〔1〕王一川：《中国现代学引论：现代文学的文化维度》，北京：北京大学出版社，2009，第219–220页。

亦　咏

近代以来《论语》注本之中庸观及其学缘辨略

内容提要：近代以来的《论语》注本对中庸这一范畴的解读及其学缘背景大体可分为三类：第一类在朱熹与郑玄、甚至与被乡愿化了的马克思主义的张力下，以康有为、王恩洋、姚永朴、钱穆、李泽厚等人的注本为代表；第二类在朱熹与陆（九渊）王（守仁）、胡（宏）刘（宗周）、康德的张力下，以牟宗三的弟子周群振的《论语章句分类义释》为代表；第三类在朱熹与柏拉图、康德的张力下，以黄克剑先生的《〈论语〉疏解》为代表。本文对朱熹中庸观内隐的两个长期未被学人意识到的问题进行了揭示，并对上述三类注本在西学东渐背景下以不同学术视野重新思考中庸的得失作了深入考察，指出：（一）中庸作为仁义礼智信诸常德的极致境地，是一种完满到无以复加的虚灵之真际，所以孔子会有“中庸之为德也，其至矣乎”的慨叹；（二）中庸也是一种永无止境地祈向这一虚灵境地的过程，就此而言，有关“庸”的三种含义——“常行”、“平常”、“用”——的争论可以得到恰当的解决；（三）在深藏于人的灵府的仁的端倪与高卓而圆融的仁的极致境地之间存在着一重永远无从消去的张力，对这重亲切而紧张的张力的领会与对中庸的领会是一致的；（四）中庸还是从经验的“形下”向虚灵的“形上”无限趋近的途径，所以孔子又对后学者有所谓“执两用中”的指点。

关键词：《论语》注本　中庸　虚灵之真际　执两用中

如果说“仁”是孔子学说最能契其要领而最富价值诠释功能的范畴，那么“中庸”则堪称是最能体现这位儒门宗师立“道”示“教”之致思深度的范畴。一个好的《论语》注本所应具备的基本条件之一，便是对中庸的理解尽可能达到契其神而融其理的境地，否则，对孔子那些随机而发或应机而答的散逸之语的注解，就会少了某种进于深微的义理之准矱。较之学思的创发、赓衍与革易自有一种内在节律的宋、元、明、清诸《论语》注本，处于西学东渐潮流下的近现代注本，对中庸这一范畴的把握呈现出前所未有的多样性与复杂性，甚至还出现了某些前代学人断然难以想象的断裂。在此学思歧路层出之际，依类深入辨说若干有代表性的注本及其相关学缘，于国人之人生终极价值的再度确认遂有一重低估不得的重大意义。不过在这之前，先行顾省朱熹表达在《四书集注》、《四书或问》等书里的有关中庸的见解也许不无必要，这不仅在于它是迄今流播最广、影响最深的中庸观，也还在于它是近代以来所有《论语》注本的一道无法脱开的共同的学术背景。

一　朱熹："中者，无过无不及之名；庸，平常也"

在孔子直接、间接谈及中庸的话里，"中庸之为德也，其至矣乎！民鲜久矣"[1]、"天下国家可均也，爵禄可辞也，白刃可蹈也，中庸不可能也"[2]、"舜其大知也与？舜好问而好察迩言，隐恶而扬善，执其两端，用其中于民，其斯以为舜乎"[3]，这三句最耐人寻味。

程颐在解释"中庸之为德也"这句话时指出："不偏之谓中，不易之谓庸。中者天下之正道，庸者天下之定理。自世教衰，民不兴行，少有此德矣。"[4] 朱熹对这一见解表示大体赞同，不过，考虑到不偏不倚更适于形容喜怒哀乐之未发时的"中"的状态，而中庸之"中"显然更侧重于摹状喜怒哀乐发而见诸行事后的情形，他则更倾向于认可吕祖谦的"无过不及"的看法，尽管在他看来，无所偏倚之"中"与无过不及之"中""二义虽殊，而实相为体用"[5]。与对"中"的理解的微妙变化相应，朱熹也将"庸"更准确地把握为"平常"。在他看来，"平常"可包含"不易"，"不易"却不能尽括"平常"。这是因为，"唯其平常，故可常而不可易，若惊世骇俗之事，则可暂而不得为常矣"，"譬如饮食，如五谷是常，自不可易，若是珍羞异味不常得之物，则暂一食之可也，焉

---

[1]《论语·雍也》。

[2]《礼记·中庸》。

[3]《礼记·中庸》。

[4]转引自朱熹《论语集注》卷三。

[5]朱熹:《中庸或问》上。

能久乎”?[1] 故“平常”与“不易”“二说虽殊，其致一也。但谓之不易，则必要于久而后见，不若谓之平常，则直验于今之无所诡异，而其常久而不可易者，可兼举也”[2]。这样，以“平常”或见之于“人心之所同然”而验之于行事之所常然来理解“庸”，更可以将中庸蕴涵的那层亘古不易的常理必可见诸庸言庸行的意趣彰显出来。其次，在朱熹看来，“中庸上与‘高明’为对”，喻“道之小”[3]，而“下与‘无忌惮’者相反”[4]，以“平常”或笃行于人伦日用来理解“庸”，亦较易于把中庸内蕴的那层琐细卑微的寻常小事亦不可轻忽的意味形见出来，此即所谓“庸德之行，庸言之谨，有所不足，不敢不勉，有余不敢尽”[5]。不过，所谓“平常”绝非“浅近苟且之谓”，而是指“事理之当然”，因此，即便是尧舜禅授、汤武放伐之类看似“圣人非常之变”之事，就其“合当如此”而言，亦只是常事。[6] 在对“中”、“庸”分别作了上述解释后，朱熹进一步指出，“中、庸只是一个道理”，以其不过不及，故谓之中，以其不诡异、可常行，故谓之庸，“未有不中而庸者，亦未有庸而不中者”。[7] 由此，朱熹遂将中庸读解成一种必可见诸且亦须见诸庸言庸行的恒常境地。

在朱熹看来，这种恰到好处的境地与均平治理天下国家、辞去爵位俸禄、足蹈白刃等常人极难做到的事情相比，可谓似易而实难。那三件事看似困难，其实“质之近似者皆能为之”，这用朱熹门人陈淳的话说，即是，“天下国家，至大难治也，而资禀明敏者能之；爵禄，人之所欲难却也，而资禀高洁者能之；白刃，人之所畏难犯也，而资禀勇敢者能之。则是三者虽最难，而皆可以力为”[8]。至于中庸，朱熹强调，“则虽不必

---

[1]《朱子语类》卷六十二。
[2]朱熹：《中庸或问》上。
[3]朱熹：《中庸或问》下。
[4]朱熹：《中庸或问》上。
[5]《礼记·中庸》。
[6]朱熹：《中庸或问》上。
[7]《朱子语类》卷六十二。
[8]转引自赵顺孙：《中庸纂疏》卷一。

皆如三者之难，然非义精仁熟而无一豪人欲之私者，不能及也”[1]。所以孔子也谆谆告诫人们：“天下国家可均也，爵禄可辞也，白刃可蹈也，中庸不可能也。”

然而中庸作为一种需证诸人伦日用的境界，对它的致取毕竟是人的分内之事。朱熹认为，大舜之知、颜回之仁、子路之勇三达德乃入德之门，“三者废其一，则无以造道而成德”[2]。所谓大舜之知即“好问而好察迩言，隐恶而扬善，执其两端，用其中于民”，所谓颜回之仁即“择乎中庸，得一善，则拳拳服膺而弗失之”，所谓子路之勇实是孔子应子路问强而诲示的“和而不流”、“中立而不倚”、“国有道，不变塞焉”、“国无道，至死不变”。这三者中尤其值得留意的显然是大舜之“执其两端，用其中于民”。朱熹指出，所谓两端，是指“众论不同之极致”，“盖凡物皆有两端，如小大厚薄之类，于善之中又执其两端，而量度以取中，然后用之，则其择之审而行之至矣”。针对有门人将“执两用中”理解为“取极厚极薄之二说而中折之”，朱熹强调，“两端只是个起、止二字，犹云起这头至那头也。自极厚以至极薄，自极大以至极小，自极重以至极轻，于此厚薄、大小、轻重之中，择其说之是者而用之，是乃所谓中也。若但以极厚极薄为两端，而中折其中间以为中，则其中间如何见得便是中？盖或极厚者说得是，则用极厚之说；极薄者说得是，则用极薄之说；厚薄之中者说得是，则用厚薄之中者之说。至于轻重大小，莫不皆然。盖惟其说之是者用之，不是弃其两头不同，而但取两头之中者以用之也”[3]。

朱熹对“中折”之说的批驳诚然是极有道理的，不过依他的见解，所谓“执两用中”乃指“择众论之是者而用之”，这里的“两端”只具备“形式”的意义，表示“起止”而已。然而，“两”或“两端”在孔子学说中除了有时表示一种“形式”的意味（如《论语·述而》中的“吾有知乎哉？无知也。有鄙夫问于我，空空如也。我叩其两端而竭

[1]朱熹：《中庸集注》。
[2]朱熹：《中庸集注》。
[3]《朱子语类》卷六十三。

焉”），更经常包含一种“价值”的意味，比如：

子曰：“《关雎》，乐而不淫，哀而不伤。”

子曰：“质胜文则野，文胜质则史，文质彬彬，然后君子。”

棘子成曰：“君子质而已矣，何以文为？”子贡曰：“惜乎，夫子之说君子也！驷不及舌。文犹质也，质犹文也。虎豹之鞟犹犬羊之鞟。”〔1〕

子温而厉，威而不猛，恭而安。〔2〕

子贡问曰：“师与商也孰贤？”子曰：“师也过，商也不及。”曰：“然则师愈与？”子曰：“过犹不及。”〔3〕

子路问强。子曰：“南方之强与？北方之强与？抑而强与？宽柔以教，不报无道，南方之强也，君子居之。衽金革，死而不厌，北方之强也，而强者居之。故君子和而不流，强哉矫！中立而不倚，强哉矫！国有道，不变塞焉，强哉矫！国无道，至死不变，强哉矫！”〔4〕

……

这里涉及的乐与哀、质与文、温与厉、威与不猛、恭与安、过与不及、柔与刚……无一处只是两个对象相互比较而得到的结果，其中“较强”的一端只比“较弱”的另一端强而不比其他任何强，“较弱”的一端只比“较强”的另一端弱而不比其他任何弱。事实上，这里所有“较强”的一端都不仅比“较弱”的一端强，而且也比被孔门认可的某种笼罩于“仁”的尺度或标准——《关雎》、君子、孔子的人格气象、贤、强……——强，这里所有“较弱”的一端都不仅比“较强”的一端弱，而且也比被他们认可的某种尺度或标准弱。换句话说，这种较强与较弱不仅是两个互比对象的校雠，它们的被发见有赖于某种确然不移的尺度或标准的参与，因此这种“两”或“两端”不是浮游无根的，而是有着本

〔1〕《论语·颜渊》。

〔2〕《论语·述而》。

〔3〕《论语·先进》。

〔4〕《礼记·中庸》。

然的价值依据的。[1] 很难想象，当孔子以“执其两端，用其中于民”称叹大舜之知时，他所说的两端只是形式地表示“起止”或“起这头至那头”，换言之，它们一定也是被赋予了价值意味的，其中一端为“过”，一端为“不及”。而那个有资格对它们进行价值评判而使它们显出“过”或“不及”的，即是那个被大舜之“知”因而也可被百姓之“知”或朦胧或清晰意识到的“恰到好处”，亦即“中”的标准或中庸。现在的问题是，“两端”既然是因“中”的标准或中庸而确立，这个尺度或标准又是怎样产生的呢？倘若它不是由某种外在权威颁布的结果，那它便只能由每个人的内心里产生出来。然而，这个“亘古不易”的恰到好处的尺度，又是怎样从很难做到“义精仁熟而无一豪人欲之私”的经验个人产生出来而又为人们所共通认可的呢？孔子在谈到君子之“质”与“文”时曾说“文质彬彬，然后君子”，子贡也说“文犹质也，质犹文也”，这里的“然后”和“犹”把理想的君子——君子的中庸境界——其产生得益于“文”与“质”——“两端”——的调适的消息透露了出来。人们由此无疑可以得到这样一个启示：“两端”的被发见和被调适或被匡正固然有待于“中”的标准或中庸，“中”的标准或中庸的产生也有待于“两端”的参与。然而这“两端”又是如何具体参与的呢？这是将朱熹的中庸观作了合于儒门始祖之义理的改动后引出的第一个问题。

朱熹在谈到中庸之“不可能”时，认为“非义精仁熟而无一豪人欲之私者不能及”。就此而言，可以说中庸作为一种至境，不仅不可能出现于一时一地，亦永远不可能全然实现于经验世界。不过，他在谈到中庸之“可常行”时，认为“唯其平常，故可常而不可易”，又谓“未有中而不庸者”。就此而言，又可以说中庸作为仁、义、礼、智、信诸人生德性的恒常境地，不仅必须见证于人伦日用，而且也可能见证于人伦日用。一是“不可能”，一是必须且可能，二者在这里遂打成了一个死结。然而在孔子那里，并不曾存在这种“要么全有，要么全无”的思维方式。《论

---

〔1〕这里对两种比较的理解，受启于黄克剑先生对柏拉图《政治家》“中的标准”或“中庸”的论说。详见黄克剑：《寻求虚灵的真实——柏拉图〈政治家〉译序》（柏拉图：《政治家》，黄克剑译，北京：北京广播学院出版社，1994）。

语·为政》有四则依次谈孝的章句：

孟懿子问孝，子曰："无违。"樊迟御，子告之曰："孟孙问孝于我，我对曰：'无违。'"樊迟曰："何谓也？"子曰："生，事之以礼；死，葬之以礼，祭之以礼。"

孟武伯问孝，子曰："父母唯其疾之忧。"

子游问孝，子曰："今之孝者，是谓能养。至于犬马，皆能有养；不敬，何以别乎？"

子夏问孝，子曰："色难。有事弟子服其劳，有酒食先生馔，曾是以为孝乎？"

这四种关于孝的说法被孔子用来针对求教者德行修养的不同状况以启发他们切近自身体会"孝"道，它们都为孔子所许可。但仅仅不违背礼仪规范的"孝"（"无违"），显然不及注意到了"礼"中含有修养德性而不至于贻忧双亲之意味的"孝"（"父母唯其疾之忧"）；只是不让父母为自己的所作所为担心的"孝"，显然又不及多了一层反哺的亲情而饱含敬意的"孝"（"敬"）；然而单是心存敬意的"孝"，无疑又不如对父母有一份惓惓之爱并能时时处处予以涵养的"孝"（"婉容"）。孔子对孝的这种"近取譬"式的谈法，表明了他从未把孝的中庸境地等同于体现在人伦日用之中的孝行，但也从未割断后者与前者的关联，而是随时勉励人们自作反省、再接再厉。这一谈法在孔子对子贡问士、子路问成人所作的回答中显得尤为突出。

子贡问曰："何如斯可谓之士矣？"子曰："行己有耻，使于四方，不辱君命，可谓士矣。"曰："敢问其次。"曰："宗族称孝焉，乡党称弟焉。"曰："敢问其次。"曰："言必信，行必果，硁硁然小人哉！抑亦可以为次矣。"曰："今之从政者何如？"子曰："噫！斗筲之人，何足算也！"[1]

子路问成人，子曰："若臧武仲之知，公绰之不欲，卞庄子之勇，冉求之艺，文之以礼乐，亦可以为成人矣。”曰：“今之成人者何必然？见利思义，见危授命，久要不忘平生之言，亦可以为成人矣。”[2]

从孔子这里人们可以得到另一个启示，中庸诚然具有绝对的意义，但在人伦日用里对中庸的见证却可以是相对的。然而这种相对的见证又凭什么能断言它们是始终笼罩于中庸之下的？凭什么能保证它们可做到始终向着中庸而趋的？这是朱熹的中庸观在被作了可能更切近其原意的调整后引出的又一个问题。

这两个问题，在此后的学人那里——无论是程朱一系的，还是陆王一系的，抑或是宁愿越过“理学”而返回“汉学”的，都不曾得到真正的解决，甚至并没有被真正意识到。它们伴着朱熹的中庸观，一起留给了1840年后的近现代中国学人。

二　在朱熹与郑玄、甚至与乡愿化了的马克思主义的张力下

近代以来的《论语》注本对中庸这一范畴的解读及其相关学缘背景，大体可分为三类：一、在朱熹与郑玄、甚至与乡愿化了的马克思主义的张力下[3]，二、在朱熹与陆（九渊）王（守仁）、胡（宏）刘（宗周）、

---

〔1〕《论语·子路》。

〔2〕《论语·宪问》。

〔3〕大约在20世纪20年代初，对西方近代文明持激烈批判态度的马克思主义——在它看来，“在资产阶级社会里，资本具有独立性和个性，而活动着的个人却没有独立性和个性”（马克思恩格斯：《共产党宣言》，《马克思恩格斯选集》第一卷，北京：人民出版社，1972，第266页）——途经俄国来到中国。这种学说一经传入中国，很快就成为中国人观察古今中西文化的又一理论坐标系，它在中国引起的回应是其他任何西方学说都无法比拟的。然而，马克思主义中国化的过程，也是它在被赋予一次次权威性解释后定于一尊的过程，阶级斗争和无产阶级专政的理论日益被神圣化和绝对化，马克思的历史观的价值指向——“建立在个人全面发展和他们共同的社会生产能力成为他们的社会财富这一基础上的自由个性”（马克思：《政治经济学批判》，《马克思恩格斯全集》第四十六卷上册，北京：人民出版社，1979，第104页）——却不无遗憾地一度被忽视或轻弃了。从这种实用化、乡愿化了的所谓马克思主义出发，原是不可能衍生出对被斥为奴隶主没落氏族贵族代言人的孔子及其言论集

（转下页）

康德的张力下，三、在朱熹与柏拉图、康德的张力下。

在第一类注本中，较为典型的有戴望、康有为、姚永朴、王恩洋、钱穆、李泽厚等人的读法。如：

戴望《论语注》谓："中，中和也。庸，用也，常也。用中和之德为常道也。命乎天，率乎性，故曰至。至者，言世可则效也。先王以礼乐教民于中和，世衰礼乐不行，故民寡此德久矣……"〔1〕

康有为《论语注》谓："中者，无过不及之名。庸，常也。《尔雅·释诂》：'典、彝、法、则、刑、范、矩、庸、恒、律、戛、职、秩，常也。'故《书》篇多以典、范、法为名。至，极也。鲜，少也。孔子立教因乎人道，于长短、大小、广狭择乎至中，食味、别声、被色行乎至庸，当其宜者以为至德。而诸子纷纷创制，民各有所从，鲜能行此中庸之道，因叹道久不行也。"〔2〕

姚永朴《论语解注合编》谓："《集解》：'庸，常也。'《集注》：'中者，无过不及之名。庸，平常也。程子曰："不偏之谓中，不易之谓庸。中者天下之正道，庸者天下之定理，自世教衰，民不兴行，少有此德矣。"'顾宪成曰：'中字，夫子述前圣所传。而加一庸字，盖自春秋以来二千余年，诸杂学皆有可喜可愕处，以悚动人而不能无弊，只是不肯庸耳。'马其昶曰：'庸，涵数义。《尔雅》云："常也。"《说文》："庸，用也。"《一切经音义》引《广雅》："庸，和也。"郑注《中庸》云："君子用中为常道。"朱子云："庸见于事，和发于心，庸该得和。"'永

（接上页）

《论语》的丝毫敬意的，但对起初寂寂无闻的新儒学在20世纪中后期竟能风起云涌于海外的歆慕和对90年代以来大陆传统文化热之底里的窥破，却又出人意料地吸引了一批学人将其运用于对《论语》的注释。这类注本可谓是何晏《论语集解》、朱熹《论语集注》与乡愿化了的马克思主义之间扭曲了的张力的产物，尽管主张"人的类特性恰恰就是自由的自觉的活动"（马克思：《1844年经济学哲学手稿》，《马克思恩格斯全集》第四十二卷，北京：人民出版社，1979，第96页）的本真的马克思与强调"仁远乎哉？我欲仁，斯仁至矣"（《论语·述而》）的孔子之间并非没有可通之契机。

〔1〕戴望：《论语注》卷六。

〔2〕康有为：《论语注》卷六。

朴案:《集注》加平字于常字上,正涵和义。在内惟和,斯平;惟平,斯可常;惟可常,斯用之无弊矣。”〔1〕

王恩洋《论语新疏》谓:“中正无偏之谓中,平易无奇之谓庸。中,中理也。庸,适用也。无过不及,恰当事理,故曰中也。大道坦然,夫妇可由,故曰庸也。凡人之情,不安于流俗则好为奇异。未尝无一节一行之长,操之急,持之过,以赫异夫寻常,有其德而其德不至。惟有神情至性者,行不违夫常道,而不立异以为高,不矜已以骄人,善世而不伐,有天下而不与,此则所谓中庸之德可谓至极究竟者也。子曰:‘索隐行怪后世有述焉,吾弗为之矣。君子遵道而行,半途而废,吾弗能已矣。君子依夫中庸,遁世不见知而不悔,唯圣者能之。’此民之所以鲜能久矣。父当慈,子当孝,君当仁,臣当忠,夫妇之别,朋友之信,此皆常道而无所奇,中乎理而莫能过者也,皆中庸之道也。君子行其所当然而不敢懈,死而后已,不自谓其已仁已孝也,是之谓中庸之为德。一有自矜自是之心,而立异以为名而夸于众,即违中庸之德,所谓民鲜久矣。”〔2〕

钱穆《论语新解》谓:“中庸之人,平人常人也。中庸之道,为中庸之人所易行。中庸之德,为中庸之人所易具。故中庸之德,乃民德。其所以为至者,言其至广至大,至平至易,至可宝贵,而非至高难能。而今之民则鲜有此德久矣,此孔子叹风俗之败坏。《小戴礼记·中庸》篇有曰:‘中庸其至矣乎?民鲜能久矣!’与《论语》本章异。《论语》言中庸,乃百姓日用之德,行矣而不著,习矣而不察,终身由之而不知其道。若因有之,不曰能。《小戴礼记·中庸》篇乃以中庸为有圣人所不知不能者,故曰民鲜能。若《论语》则必言仁与圣,始是民所鲜能。”〔3〕

程石泉《论语读训》谓:“《论语集解》注疏云:‘庸,常也。’郑玄注《中庸》‘庸德之行,庸言之谨’云:‘庸犹常也;言德常行也。’又

〔1〕姚永朴:《论语解注合编》,合肥:黄山书社,1994,第106-107页。

〔2〕王恩洋:《论语新疏》,见《王恩洋先生论著集》第七卷,成都:四川人民出版社,2000,第102页。

〔3〕钱穆:《论语新解》,北京:生活·读书·新知三联书店,2005,第165页。

《易·文言传》‘庸言之信，庸言之谨’，《易九家注》云：‘庸，常也。’谓‘言常以信，行常以谨。’《荀子·不苟》曰：‘庸言必信之，庸行必慎之。’杨倞注云：‘庸，常也。’谓‘言常信，行常慎。’故《荀子》下文反之曰：‘言无常信，行无常贞。’又《尔雅·释诂》曰：‘庸，常也。’按：此‘常’非平常之谓也，乃典、型、彝、则、矩、范、律、章之谓也。中庸者，即典、型、彝、则、矩、范、律、章以导乎中和为鹄的者也。”又谓：“中国政教文化尚中和，由来已久。尧以之咨舜，舜以之名禹，其后汤执中，周官大司乐以中和为六德之一。孔子于《易传》中屡言之矣；《易》尚中行而以相应为和。见于《中庸》则谓：‘喜怒哀乐之未发谓之中，发而皆中节谓之和。中也者天下之大本也；和也者天下之达道也。致中和，天地位焉，万物育焉。’是故中庸之道乃天下之至德也。孔子感此至德，久不为人所重，故有‘民鲜能之’之叹。”〔1〕

杨伯峻《论语译注》谓：“中庸……这是孔子的最高道德标准。‘中’，折中，无过，也无不及，调和；‘庸’，平常。孔子拈出这两个字，就表示他的最高道德标准，其实就是折中的和平常的东西。”〔2〕

李泽厚《论语今读》谓：“‘庸’，朱注：‘平常也’，并引程子曰：‘不易之谓庸。’‘庸者，天下之定理’，一直为后世所沿用。何晏《集解》也作‘庸，常也。’但为什么‘平常’就是不能改变的‘天下之定理’？为什么如此重要？陈淳《北溪字义》说：‘凡日用间人所常行而不可废者，便是平常道理。惟平常，故万古常行而不可废。如五谷之食，布帛之衣，万古常不可改易。’今人徐复观的解释更好：‘所谓庸是把‘平常’和‘庸’连在一起，以形成新内容的。《说文》三下用部：‘庸，用也。’……‘庸’者指‘平常地行为’。因此‘平常地行为’实际是指‘有普遍妥当性的行为’而言。所谓‘平常地行为’，是指随时随地，为每一个所应实践所能实现的行为而言的……表明了孔子乃是在人人可以实践、应当实践的行为生活中，来显示人之所以为人的‘人道’，这是孔

---

〔1〕程石泉：《论语读训》，上海：上海古籍出版社，2005，第101页。

〔2〕杨伯峻：《论语译注》，北京：中华书局，1980，第64页。

子之教与一切宗教乃至形而上学断然分途的大关键。其实，此即我所谓之‘实用理性’。庸，庸也。‘中庸’者，实用理性也，它着重在平常的生活实践中建立起人间正道和不朽理则，此‘人道’，亦‘天道’，虽平常，却乃‘道’之所在。所以孔子才有‘中庸之为德，至矣乎’的赞叹。这就是最高处所。此最高处所并不在另一世界或超越此世间。但为何‘民鲜久矣’？可能是指当时人多好高骛远，而不重‘道在伦常日用中’这一根本道理。”〔1〕

……

从这些说法可以看出，与传统观点相距最远的恐怕当数钱穆和李泽厚了。在钱穆看来，“中庸之德乃民德，其所以为至者，言其至广至大，至平至易，至可宝贵，而非至高难能”。这一看法显然来自清人张甄陶，其谓：“（此章）专重世教衰、民不兴行。言凡人日用常行之事，如孝弟忠信之类，行得恰好，谓之中庸之德。至字只言其至当不易，若说到至高至精，无以复加，则民鲜能之固其宜也，又何用慨叹哉？”〔2〕 从表面上看，张氏、钱氏不过是对郑玄以“用”释“庸”、朱熹以“平常”解“庸”的见解有所参取，有所引申，并无大端处的歧异，然而需指出的是，无论是郑玄还是朱熹，他们都不曾把“用”或“适用”与“常行”，或把“平常”与“恒常”对立起来，而“至”在他们那里固然是“至当不易”、“至可宝贵”，同时也是“至高至精”、“至高难能”。

孔子在谈到“仁”时，既有“仁远乎哉？我欲仁，斯仁至矣”〔3〕 的说法，也有“若圣与仁，则吾岂敢”〔4〕 的慨叹。有些学者往往只是把前者理解为孔子的一种自勉勉人之语，不过倘将其与孟子的“四端”说或良知、良能说相参较，则不难看出，孔子这句话所诲示于人的原是人身上的那点仁的根芽或端倪在人当下的生命体验中即可以得到亲切的领悟

〔1〕李泽厚：《论语今读》，北京：生活·读书·新知三联书店，2004，第185–186页。

〔2〕张甄陶《四书翼注》，转引自程树德：《论语集释》卷十二。

〔3〕《论语·述而》。

〔4〕《论语·述而》。

或印证，这里的“我”既是首先指向孔子这位儒学的创始人，同时也是指向每个与他同样具有仁的根芽的经验个人。相较于“仁远乎哉？我欲仁，斯仁至矣”一语，学者对“若圣与仁，则吾岂敢”的误解要更大些。这句话通常都被领会为孔子这位后人心目中的至圣先师的一种自谦，然而若将其与孔子的另一句话“人能弘道，非道弘人”[1] 相参错，并将其与孟子所说的“可欲之谓善，有诸己之谓信，充实之谓美，充实而有光辉之谓大，大而化之之谓圣”相参契，则“若圣与仁，则吾岂敢”这句话所蕴涵的更确切的意味也许便应当是这样：正像在人的行走之外并不存在所谓的客观道路，在人的践履之外也不存在客观的仁或仁道，人对人身上的那点仁的根芽的觉悟和提升固然使人成其为人，仁也是在人的觉悟和提升的过程中才成其为仁。人对仁的“致”、“弘”是一个永无止境的过程，在这个过程中渐次进益的仁的胜境因而也显出向着某一极致境地无限趋近的情态。这个完满到无以复加的境地并不是某一呆定的实体，哪怕是很高格位上的某一实体，它只在践履着的人的祈慕中或祈慕着的人的践履中虚灵地呈现，吸引着人们不断地跃出已有的对仁的觉悟和履蹈，不懈地提高自己的精神境界，却永远不可能被经验的个人所全然达致。因此，即便是像孔子这样的被誉为圣人的人也不敢说自己已经达到仁的至境即圣境了。仁的至境如此，义的至境、礼的至境、智的至境、信的至境也是如此。换言之，尽管每个人身上都有着仁、义、礼、智、信的根芽，但不受任何限制的完满的仁、义、礼、智、信或中庸状态的仁、义、礼、智、信，却又永远超出总会受到这样那样局限的经验个人的修德状况。这用《礼记·中庸》的话说，即是：“君子之道费而隐。夫妇之愚，可以与知焉，及其至也，虽圣人亦有所不知焉；夫妇之不肖，可以能行焉，及其至也，虽圣人亦有所不能焉。”所谓“中庸之为德也，其至矣乎”之“至”，正是就此而言。倘若中庸不是“至高至精”、“至高难能”，又谈何“至当不易”，又有何“至可宝贵”呢？钱穆认为中庸“非至高难能”，实际上是否定了孔子之学的形而上之维。失去

[1]《论语·卫灵公》。

了形而上之维的孔子，固然不失为道德高尚的人，但孔子何以立以为教以持续地化导天下却成了问题。这样的孔子是很难免去黑格尔的鄙薄的——在黑格尔看来，“孔子只是一个实际的世间智者，在他那里……只有一些善良的、老练的、道德的教训，从里面我们不能获得什么特殊的东西”[1]。

同样的问题也存在于李泽厚，不过其以“实用理性”读解中庸的失误显然要更严重些。在李氏看来，所谓实用理性“首先指的是一种理性精神或理性态度”，这表现在孔子“颇具特色的思想模式和文化心理结构”，即是：孔子这位早期奴隶制的“以血缘为基础、以等级为特征的氏族（贵族）统治体系”的维护者，“把整套‘礼’的血缘实质规定为‘孝悌’，又把‘孝悌’建筑在日常亲子之爱上”，从而把礼仪“从外在规范约束解说成人心的内在要求，把原来的僵硬的强制规定，提升为生活的自觉理念，把一种宗教性神秘性的东西变而为人情日用之常，从而使伦理规范与心理欲求溶为一体”。[2] 因此，孔子“不是用某种神秘的热狂而是用冷静的、现实的合理的态度来解说和对待事物和传统；不是禁欲或纵欲式地扼杀或放任情感欲望，而是用理知来引导、满足、节制情欲；不是对人对己的虚无主义或利己主义，而是在人道和人格的追求中取得某种均衡”[3]。由于孔子“没有把人的情感心理引导向外在的崇拜对象或神秘境界，而是把它消溶满足在以亲子关系为核心的人与人的世间关系之中”，不仅构成宗教三要素的观念、情感和仪式被他“统统环绕和沉浸在这一世俗伦理和日常心理的综合统一体中”[4]，而且氏族贵族之间的“人与人的社会关系和社会交往”也被他作为“人性的本质和‘仁’的重要标准”[5]，从而突出了“原始氏族体制中所具有的民主性和

---

[1]黑格尔：《哲学史讲演录》第一卷，贺麟、王太庆译，北京：商务印书馆，1959，第119页。

[2]李泽厚：《孔子再评价》，见李泽厚：《中国古代思想史论》，北京：人民出版社，1985，第20页。

[3]李泽厚：《孔子再评价》，见李泽厚：《中国古代思想史论》，第29页。

[4]李泽厚：《孔子再评价》，见李泽厚：《中国古代思想史论》，第21页。

[5]李泽厚：《孔子再评价》，见李泽厚：《中国古代思想史论》，第24页。

人道主义"[1]，与此相应，复兴周礼的任务和要求亦被孔子“直接交给了氏族贵族的个体成员（‘君子’）”，这使个体人格的“主动性、独立性和历史责任性”得到了“极大地高扬”。[2] 这一转变带来的结果便是，“不需要外在的上帝的命令，不盲目服从非理性的权威，却仍然可以拯救世界（人道主义）和自我完成（个体人格和使命感）；不厌弃人世，也不自我屈辱、‘以德报怨’，一切都放在实用的理性天平上加以衡量和处理”。李氏于是得出了这样的结论：“（孔子的）这种理性具有极端重视现实实用的特点。"[3] 依李氏所言，作着孔子这种理性精神的阿基米德点的是他对“情感欲望”的合理性的肯认，其指归则在于“现实实用”。然而，李氏却没有注意到，人的“情感欲望”有本然意义上的，也有实然意义上的，实然意义上的“情感欲望”可能与本然意义上的“情感欲望”一致，也可能与之相对甚至相反。此外，人的本然意义上的“情感欲望”是极其复杂的，它们中有的可视为趋向于神圣的寂几，有的也可视为歧出于神圣的萌朕。按照李氏的逻辑，孔子既然是早期奴隶制的“以血缘为基础、以等级为特征的氏族（贵族）统治体系”的维护者，他所理解的“现实实用”便一定是有助于对这一统治体系的维护，其所谓对“情感欲望”的合理性的肯定也一定是笼罩于这一目的的，或者说，被孔子认为合理的“情感欲望”一定是通向这一目的的。然而，对这样的“情感欲望”的肯认却不一定就有助于对本然而应然意义上的人性的培壅。人们很难想象，这样的阶级利益维护者对现实中的“情感欲望”的一味“引导、满足、节制”，会是内蕴了人生衷气而处处真正“合理”，以至于能够“在平常的生活实践中”建立起具有永恒价值的“人间正道和不朽理则”。

相比之下，戴望、康有为、姚永朴、王恩洋、程石泉等人对中庸的理解要更可靠些。从这些说法可以看出，关于“中”，有解释为中和，有

---

[1]李泽厚：《孔子再评价》，见李泽厚：《中国古代思想史论》，第22页。

[2]李泽厚：《孔子再评价》，见李泽厚：《中国古代思想史论》，第25－26页。

[3]李泽厚：《孔子再评价》，见李泽厚：《中国古代思想史论》，第29－30页。李氏有关“实用理性”的说法前后期略有不同，不过在根柢处却一以贯之。鉴于其发于《孔子再评价》一文的有关说法对学界影响最大，本文遂以此为讨论对象。

解释为无过不及，也有解释为折中调和；关于“庸”，有解释为恒常或常道，有解释为平常、平易，还有解释为适用或实用。就“中”而言，本文第一节提到的朱熹对中和之中与中庸之中关系的辨说，可许为定论，倘一味以中和解释中庸之中，反倒显出一种不必要的执著，至于折中调和之说亦早已为朱熹驳斥，更是不值一提。这里真正值得注意的是学者对“庸”的理解。其中，王恩洋沿袭了朱熹的观点，并没有作新的阐发，姚永朴试图贯通郑玄与朱熹，却未能成功，至于其他学者则更情愿返回郑玄。这一现象表明，将“常”或“恒常”、平常、适用作一种通恰理解还远不是这些更大程度上受到传统理解结构制约的学者力所能及的。

孔子之道发端于性情之自然，但并不停留于性情之自然，其由随顺性情之自然而标举“仁”的定向扩充，确立了“依于仁”的儒家之道。同样地，孔子之道不离于人伦日用，但并不滞伏于人伦日用，其亦由人在真情充盈的人伦日用里向慕“仁”而不断自我督责、自我突破，提撕了可以虚灵之真际视之的德性的中庸之境。就此而言，可以说，中庸总是赋有稳定、恒久和绝对的品格，因而可以“常”、“恒常”或“常道”释之，亦可以“至”或“至德”叹之。但另一方面，作为完满之境的中庸既然只能从对某一常德的践行所指达的某种极致情形去领会，对同一常德的不同程度的践行——如“善”、“信”、“美”、“大”、“圣”——所指达的极致情形总是有着不同程度——如较为接近、更接近、更更接近……或较为远离、更远离、更更远离……——的区别，因为任何人的践行在严格意义上都是有缺憾的，他并不能就此凭着其想象力的运作把完满的中庸在自己的心中整全地勾勒或描绘出来。换言之，中庸或对中庸的致取是一个无止境的过程，这个过程中对中庸的每一点一滴的致取在一定程度上都是值得肯定的，无论是卑微如澹台灭明的“行不由径”[1]、细琐如公孙荆的“善居室”[2]、平淡如孔文子的“敏而好学，不耻下问”[3]，还是广大如子产的“其行己也恭，其事上也敬，其养民

---

〔1〕《论语·雍也》。

〔2〕《论语·子路》。

〔3〕《论语·公冶长》。

也惠，其使民也义"[1]、高卓如伯夷叔齐的“不降其志，不辱其身"[2]、宏伟如文王的“三分天下有其二，以服事殷"[3]，都可以看作是对某一常德的中庸之境的部分实现，因而在一定程度上都是获得了理性的支持而有其价值。就此而言，可以说，中庸诚然是“高明”的，但这却不意味着中庸对人伦日用的睥睨，或中庸可脱开人的生命践履而独立存在。因此，倘将“平常”一方面理解为即便是琐细卑微的寻常小事亦不可轻忽，另一方面理解为可验之于“人心之所同然”的庸言庸行必有其常理，则以“平常”、“平易”把握中庸，在理趣上其实正与以“恒常”或“常道”把握中庸相通。此外，中庸既然只是出现在对某一常德的践行过程及由这一过程所示的无尽的指向上，同时又为对这一德性的践行指示一种价值取向，构成对既有现实的鉴照，并由此督责其作一种趣于更善的提升，那么，中庸正可以说既离不开人伦日用之“用”，又对人伦日用有着导向之“用”。这两重相即不离、相互成全的“用”，又使中庸之庸有了“用”或“适用”之意。[4]

三　在朱熹与陆王、胡刘、康德的张力下

这类注本的典型代表是周群振的《论语章句分类义释》。周群振是牟宗三的弟子，其《论语章句分类义释》是一本典型的以牟学注疏儒家经典的著作，该书对“中庸之为德也”章的注解，尤能见出牟学对朱熹、陆（九渊）王（守仁）、胡（宏）刘（宗周）及康德学说的汲取。其谓：

“中庸”之德，夫子叹为“至矣乎”！且谓“民鲜久矣”。可知其在人生宇宙中备位至崇隆而难能。其为辞义意蕴，惟《小戴礼记》所辑《中庸》说，诠释得最为高明浃洽……是以本《义释》拟即借彼经为会通

[1]《论语·公冶长》。

[2]《论语·微子》。

[3]《论语·泰伯》。

[4]这里对中庸之“庸”三种含义——“常行”、“平常”、“用”——的贯通理解受到了黄克剑先生的指点。

之解。

关于《中庸》之为书，可径从章节之结构或序列看去，足见重点是着在一个“中”字。其开宗明义之首章，即依“天命”、“率性”二概念，透显形而上之“道”之“不可须臾离”。道果何如？则实存乎生命真际——“莫见乎隐，莫显乎微”，而为君子所必戒慎以持之“独”。由之，便进言“喜怒哀乐之未发谓之中，发而皆中节谓之和”，并且肯定“中也者，天下之大本也；和也者，天下之达道也。致中和，天地位焉，万物育焉”……

夫本超越之“道不可违”，而须“慎独”以导出人生存之“中”，是为体；继复开发“中节”之“和”，则为用。体以成始，用以成终。在人在物，有守有为。坚其守，勤其为，而不矫揉，不怠惰，则夫子素所正视的“中庸”之名言得而贞定矣。如是，乃由后文多方及多层面之义理推述，而先且列举夫子自言之十一章，以明示征信。下文窃请略为大体之审察（按：十一章之分，朱子本郑注而定句段，无误，惟两家所订次第，顺义理绾系之脉络而观：四、五、六、八章，应各上提至三、四、五、六之位，均以表释“中”义；第三章则宜下移至第七位，原第七章，则移至第八位，并后继续之九、十、十一章为俱释“鲜能”义者)：

第二章：特着君子、小人之别异，俨若提纲式的肯定中庸本义全在“时中”。时中者，即适时而中，无时而不中也。如六、八两章或称“舜好问而好察迩言，隐恶而扬善，执其两端，用其中于民”，或称“回之为人也，择乎中庸，得一善，则拳拳服膺而弗失之矣”。便是申言中庸所以“为德”之内涵：舜之“执两用中”，回之“得一善，拳拳服膺而弗失”，风格际遇不同，而行义则俱适得乎中也。

第三章：“中庸其至矣乎！民鲜能久矣。”是重申《论语》本经之意，“民鲜”下增一“能”字，则更着实于所以“鲜”之故何在？举例以言，即第四章“知者过之，愚者不及；贤者过之，不肖者不及”、第七章“人皆曰予知，择乎中庸而不能期月守”，及第九章“天下国家可均也，爵禄可辞也，白刃可蹈也，中庸不可能也”……

以上所陈，皆为直就“中庸”一名言作成指解辨。

其下二十四章文字，思致则愈益深密，义理则愈接精微。通而观之，仍可概分两个节段，窥知其抒发展露之实旨：大抵十至二十章，要在表述君子居身处世、待人接物运持“中庸”之过节或事项；自二十一至三十三章，则在盛赞依乎“中庸”而行，必将极于成己成物，赞化育、参天地而达高明、博厚、悠久之功德与神效。中间屡以“至”字形容修得境地之挺拔超绝，如：至德、至道、至诚、至圣，并于末章终了引《诗·大雅·皇矣》“上天之载，无声无臭”之句，深叹为“至矣”，则正以印证本经“其至矣乎”之有所确指；抑亦间接透显“民鲜久矣”之因高度难能，久为人所迟疑疏略，而冀以策勉乎来兹。盖“民鲜”之言，或即“尧舜其犹病诸”、“圣人亦有所不知不能”之借喻。前贤谓之“世教衰，民不兴行”，可说而未必果尽圣人之志也。[1]

和前贤相比，周氏对中庸的理解有两点分外值得留意。一、在周氏看来，“喜怒哀乐发而皆中节”之“和”是“喜怒哀乐未发”之“中”的显用，而“喜怒哀乐未发”之“中”作为“人生存在之‘中’”是从道、从人的“生命真际”导出，亦即是从“‘莫见乎隐，莫显乎微’而为君子所必戒慎以持之‘独’”导出。这“道”或“独”，就是其师牟宗三特意提示的曾被宋明理学第三系的胡宏、刘宗周所标举的“道体”、“独体”。这种从本体论出发的谈法比之仅仅从价值论出发因而很容易流于平面化或坠入索隐行怪的谈法，无疑要纯正而深刻得多。二、周氏在阐发“雍也”篇“尧舜其犹病诸”章时，曾对仁者和圣人作了区别，认为“仁者为心存实理，推己及人，无条件地内修己德之事；圣人则须于内修己德之外，尚应兼备仁德所及而如实成之之才具与功绩”，然而无论是“修己以安百姓”还是“博施于民而能济众”，“此究非完全操之在我者，而必有赖于种种客观条件之佐助。如是，则纵使英明如尧舜，亦恐有所不能”。[2] 可见周氏对中庸之“至”的理解，是就必于成己成物而

---

〔1〕周群振：《论语章句分类义释》，台北：鹅湖出版社，2003，第651－653页。

〔2〕周群振：《论语章句分类义释》，第45页。

言，而非仅就成己而言；其对“民鲜久矣”乃是一种借喻的理解，是就“必有赖于种种客观条件之佑助”因之必受其制约的圣人而言，而非就“完全操之在我”的仁者而言。换言之，在周氏看来，倘就仁者来说，亦可达其修德之至境。这种对仁、对圣的理解显然亦来自牟氏。

牟宗三在批评康德的自由意志“只是一假定、一设准”，其真实性不是“一‘呈现’”时，曾说：“仁之为普遍的法则不是抽象地悬起来的普遍法则，而是混融于精诚恻怛之真实生命中而为具体的普遍，随着具体生命之曲曲折折而如水银泻地或如圆珠走盘遍润一切而不遗的这种具体的普遍。它的先验性与超越性也不是反显地孤悬在那里的先验性与超越性，而是混融于真实生命中的内在的先验性、具体的超越性。”由此牟氏得出以下结论：“若说它是体，它是‘全体在用’的体；若说它是用，它是‘全用在体’的用。那具体清澈精诚恻怛的真实生命本身就是全幅是仁道的表现。”[1] 仁心一旦在当下得到真实呈现，这种悱恻不安的情感必致要求人由对自己的成全而遍及对物——其他人和物——的成全。正是在这由仁而圣的过程中，人遭遇到了所谓实践的极限问题。对这一点，牟门另一忠实弟子杨祖汉曾在充分消化先师《心体与性体》对康德只有“道德底形上学”而无“道德的形上学”之批判后，专门撰写了一篇题为《论至诚尽性的极限问题》的文章，后来又将此文收入其《中庸义理疏解》一书，而周氏《论语章句分类义释》一书亦系经过其“鼎力策划，亲与校编，支持道护”[2]，因此杨氏对此极限问题的把握正可以反用来进一步理解周氏乃至整个牟门对圣、对仁的读解。杨氏说道：

人不是一如同上帝般的无限存在，他是有形体的有限存在，但他并不是定然的有限存在，而是虽有限而可无限（呈现无限的价值）的存在。这所谓实践的极限，并不如康德所说的人不能有神圣意志，只能无止境地趋向之。康德并不以自由意志为人之性，而正宗的儒者则以之为性

〔1〕牟宗三：《心体与性体》上册，上海：上海古籍出版社，1999，第100－101页。
〔2〕周群振：《论语章句分类义释》“自序”，第2页。

(本心即自由意志),固然人会受感性气性所限,而或不能常如理,但这不等于说自由意志不能呈现,它时刻可以呈现,只是不易长保,故人必须以工夫保住本心,人若能不已地用工夫,则亦必能成圣,如《中庸》云:"其次致曲……唯天下至诚为能化",从致曲便可达到至诚者之地步。故在此,是不能说有实践之极限者。所谓实践之极限,是从人不能真实具体地及于一切物,善化一切物而言。即在圣德之内容上,是没有极限的,人可以成圣,可以即有限的生命而取得无限的意义;而在外延上,则可说有极限,因一有限制生命,实不能备一切物,但至诚者则必求备一切物,及于一切物,使天地位,万物育,这便见实践之极限。[1]

然而,事实是,圣德"在外延上"诚然是"有极限"的,其在"内容"上亦即就对仁的践履来说,也并非"没有极限"。正如本文第二节所指出的,仁并不在人的"致"、"弘"之外别有一种客观存在,人对仁的成全和仁对人的成全是同一个过程,这个过程即是人对人身上的那点使人有别于禽兽的仁之端倪的永无止境的觉悟和提升。康德对自由意志的悬设诚然意味着对于人的经验中的意志的不予究竟意味上的凭信,不过,他在论及美的理想时却也说道:"最高的范本,鉴赏的原型,只是一个观念,这必须每人在自己的内心里产生出来,而一切鉴赏的对象、一切鉴赏判断范例以及每个人的鉴赏,都是必须依照着它来评定的。"[2] 此所谓"必须每人在自己的内心里产生出来"的"观念",即是人在审美的祈向上对那种极致境地推求或构拟的结果,它与德性向度上的至境同是虚灵的真实。此外,值得注意的是,康德已经充分意识到,自由意志对人发出的为其"所应为者"的绝对命令里自始就包含的意志和道德法则的圆满契合这一点,是感性世界中的任何有理性的存在者在其生存期间的任何时刻都不可能达到,它只呈现在有理性的存在者无止境地趋向它的努力中。与此相应,道德上的至高的善作为善的极致被理解为其实是人在

---

[1]杨祖汉:《论至诚尽性的极限问题》,见杨祖汉:《中庸义理疏解》,台北:鹅湖出版社,1984,第74页。

[2]康德:《判断力批判》上卷,宗白华译,北京:商务印书馆,1964,第70页。

价值祈向上的一种构拟，它在感性的人文世界是不可能指望全然实现的。牟门强调至高的善——仁——既是“全体在用”的体，又是“全用在体”的用，固然使圣德在“内容”的实践上“没有极限”，实现了仁的“先验性与超越性”与“具体清澈精诚恻怛的真实生命”的“全幅”混融，但二者的“全幅”混融也就此解除了二者间的必要的张力，——这张力显现于距离感中的亲切感或亲切感中的距离感。

这一点，甚至可印证于牟门对朱熹的误解和对陆王、胡刘的赞许。朱熹在《仁说》里指出，以“万物与我为一”为仁之体的说法，“可以见仁之无不爱矣，而非仁之所以为体之真也”，同时他担心泛言“同体”，将“使人含糊昏缓，而无警切之功，其弊或至于认物为己者有之矣”。[1]这一说法对以爱之理为仁[2]而时时警惕天理坏于人欲的朱熹来说，原是再自然不过，不仅他以爱之理为仁并不悖于孔孟“亲亲而仁民，仁民而爱物”[3]的理致，他反对泛言物我同一也正流露出其对仁之至境与仁之端倪之间的紧张关系的自觉，而这与他强调中庸似易而实难显然有相通之处。但牟氏却认为“仁是全德，是一切德之源，因而可以统摄诸德，而不为任何一德所限，故仁不能专主于爱而单为爱之理”[4]，并就此说道：“由感润无隔而至物我一体，此正是生命之警策，真心之呈露，何至‘使人含糊昏缓，而无警切之功，其弊或至于认物为己’？‘万物皆备于我，反身而诚，乐莫大焉’，亦‘含糊昏缓’、‘认物为己’乎？物我为一岂是生命之物化、固结于昏堕而下趋者乎？历来无有如此言‘物我为一’者。”[5]牟氏将浑然与物同体的仁之极致理解为仁与朱熹原本并无根本出入，倘能注意到其与对仁的经验把握之间的相即相离的微妙关系亦无不可。牟氏的这一风马牛不相及的批评，反倒暴露了存在于仁之极致与仁之端倪之间的这重永远无从消去因而需得学者时时戒慎恐惧的张力，根本没有引起他的警觉。

---

〔1〕见《朱文公文集》卷六十七《杂著》。

〔2〕朱熹：“仁者，爱之理，心之德也。”（朱熹：《论语集注》卷一）

〔3〕《孟子·尽心上》。

〔4〕牟宗三：《心体与性体》下册，第245页。

〔5〕牟宗三：《心体与性体》下册，第229－230页。

牟氏在谈到王学流弊时，以为所谓“及其弊也，猖狂者参之以情识，而一是皆良，超洁者荡之以玄虚，而夷良于贼”[1] 乃是“人病，非法病”。因为“良知之妙用是圆而神者。虽云‘良知之天理’，然天理在良知之妙用中呈现，则亦随从良知妙用之圆而神而亦为圆而神地呈现。圆而神者即于人伦日用，随机流行，而一现全现也”，“此盖即康德所谓神圣意志：他所应当是的即是他所必然地自会是的”。[2] 因此，在他看来，若有致良知的笃实工夫，必无此流弊。然而，这一说法似是而实非。事实上，陆王后学之所以不能避免流于狂禅，除了由于他们个体在生命的根柢处缺乏戒慎恐惧的践履工夫，陆王心学本身没能拉开深藏于人之灵府的良知良能与高卓而圆融的天理之间的张力当是其中至关重要的原因。牟氏在谈到刘学的缘起时，以为倘能在性体与心体之间建立“形著关系”和“自觉与超自觉”关系，既使性体之具体而真实的内容与意义步步主观化、内在化于心体，又使心体之主观活动步步融摄于超越的性体而得其客观之贞定，便可借着心体得到客观之贞定而使心体既避免因“情识而肆”，又避免因“虚玄而荡”。[3] 这一为牟氏刻意拣择出来的据说起自胡宏成于刘宗周的新理路，诚然由于特别推尊性体，在亲切中多了一重肃穆，但经验的“形下”对虚灵的“形上”的超越乃是一个永无止境的过程这一点，却依然没有被揭示出来。

其弟子周氏在阐发中庸时，有意从性体、独体入手，由之“导出人生存之‘中’”，“继复开发‘中节’之‘和’”，显出了与一般注家不同的深度，但所谓“体以成始，用以成终”可谓是极其含糊，其“在人在物，有守有为。坚其守，勤其为，而不矫揉，不怠惰”亦毫无新意。至于其“舜之‘执两用中’，回之‘得一善，拳拳服膺而弗失’，风格际遇不同，而行义则俱适得乎中也”，诚然带给人一种“随着具体生命之曲曲折折而如水银泻地或如圆珠走盘遍润一切而不遗”的风致，但不作分辨的一味赞叹却可能淡化在移易而非可重复的时际中求取的当是绝对而非

---

〔1〕刘宗周：《证学杂解》解二十五，见《刘子全书》卷六。

〔2〕牟宗三：《从陆象山到刘蕺山》，上海：上海古籍出版社，2001，第314－315页。

〔3〕牟宗三：《从陆象山到刘蕺山》，第316页。

可随意指谓的真际这层意趣。事实上，对舜和颜回进行品题的孔子比起评鉴其品题的学者要谨慎得多，他以“大知”赞叹舜，却并未以同样或相似的赞辞称许他最心爱的弟子。同样，他也从不轻易以“仁人”或“仁者”许人，以至于在评价自己的学生时总是说“不知其仁”。这“不知其仁”并不意味着孔子对他的这些学生果然“不知”，相反，这婉辞恰好表明了他对用以评价人物的最高标准——仁而至于仁之极致——的“审慎默守”，“以避免稍许铺张的言词对它可能造成的亵渎”。[1]

四　在朱熹与柏拉图、康德的张力下

这类注本的典型代表是黄克剑先生的《〈论语〉疏解》[2]。借着对柏拉图、康德哲学的汲取，其在学术史上第一次深入阐发了“执两用中”的真实意蕴。

黄先生对中庸的理解是建立在对孔子之仁、孔子之道的重新阐发上的。在他看来，萌生于人的性情自然的“仁”只是在为人所觉悟因而为人所提撕的过程中才成为一种应然之德的，因此也可以说，在人认可“仁”为人得以立身的根本德行时，人也发现和成全着“仁”。这用孟子的话说，即是：“仁也者，人也；合而言之，道也。”[3] 黄先生认为，朱熹所谓“仁者，人之所以为人之理也”，“以仁之理，合于人之身而言之，乃所谓道者也”[4] 的讲法大体不错，但无论是“仁”、“人”，还是“道”，都在拘于字句的疏解中被静态化了。他指出，倘上追孔子论“仁”之旨而关联着孟子“四端”说重新予以理会，孟子这句话的意趣或应当是这样：“‘仁’固然使人成其为人，而‘仁’也只是在人对‘人之所以异于禽兽者几希’有所觉悟，并对这‘几希’自觉予以提升、扩充时，才被人确认为‘仁’的；人因为‘仁’而成为人，‘仁’也因为人而成

---

〔1〕黄克剑：《〈论语〉疏解》，北京：中国人民大学出版社，2010，第101页。

〔2〕此书最初由中国人民大学出版社于2008年以《〈论语〉解读》之名出版。两年后作者在修订此书时将其更名为《〈论语〉疏解》。

〔3〕《孟子·尽心下》。

〔4〕朱熹：《孟子集注》卷十四。

为‘仁’，这是一个‘人’、‘仁’相即不离而相互成全的过程，贯穿这一过程始终的那种祈向和其所指的至高而虚灵的境地即是所谓孔儒之‘道’。”[1] 循着孔子之道乃是一种至高而虚灵的境地这一点，黄先生将中庸首先读解为一种虚灵的真实，其谓：

“中庸”意味着一个确然不移的标准，它所指示的是一种毫不含糊的“分际”，一种不可稍有苟且的“度”。它可以用“恰当”、“恰好”、“恰如其分”一类词藻作形容或描摹，却不可能如其所是地全然实现于经验的形而下世界。不过，作为一种虚灵的真实，它能够凭着觉悟到这一真实的人向着它的努力，把人的价值追求引向一种理想的境地。孔子的中庸追求在由“仁”而“圣”的德行向度上，正是因为它，道德的形而上之境才得以开出，儒家的道德形而上学也才可能成立。孔子说：“中庸之为德也，其至矣乎!”他所说的“至”，指的是一种尽其圆满而无以复加的境地。德行之“仁”的“至”境是“仁”的形而上之境或所谓“大而化之之谓圣，圣而不可知之之谓神”那样的“圣”境，由于它永远不可能全然实现于形而下的修养践履中，所以孔子也才这样称叹“中庸”：“天下国家可均也，爵禄可辞也，白刃可蹈也，中庸不可能也。”严格说来，天下国家的治理，爵禄的得失，足蹈白刃那样的令常人发怵的行为，都在经验世界的范围内，而“中庸”不属于经验世界。[2]

循着孔子之道乃是祈向至高而虚灵的境地的过程这一点，黄先生又将中庸读解为一种永无止境地祈向虚灵之真际的过程，由此他谈到了“执两用中”。他说：

不属于经验世界的东西是任何人在形而下世界中的任何努力都不可企及的，然而，正是这不可企及反倒唤起了人的一种不可替代的向往。

[1]黄克剑：《〈论语〉疏解》“孔子与《论语》”，第5页。
[2]黄克剑：《〈论语〉疏解》“孔子与《论语》”，第7页。

犹如几何学意义上的“圆”在经验的时空里永远不可能出现，而经验世界中所有称得上“圆形”的东西圆到什么程度却总要以几何学上的那个“圆”为标准，“中庸”虽然“不可能”，而为“中庸”所指示的那个“分际”却永远是衡量人的德行修养状况的尺度。这尺度被动态地施用于经验的人的践履，便有了作为“为仁”、“致道”的方法或途径的所谓“执两用中”。“执两”，是指抓住两端，一端是“过”，一端是“不及”；“用中”，是指尽可能地缩短“过”与“不及”的距离以趋于“中”的理想。人在经验中修养“仁”德，总会偏于“过”或偏于“不及”，但意识到这一点的人又总会尽可能地使“过”的偏颇或“不及”的偏颇小一些。“过”的偏颇与“不及”的偏颇愈小，“过”与“不及”之间的距离就愈小，而逼近“中”的程度也就愈大。愈来愈切近“中”的“执两”之“用”的无限推致，即是人以其经验或体验到的“仁”向“仁”的极致境地的不断趋进，也就是“仁”的形下经验向着“仁”的形上之境——所谓“圣”境——的超越。[1]

黄先生将“执两用中”之“两”理解为价值意味上的“两”，显然是切合于孔子本意的，而其将中庸理解为人从形下向形上超越的路径连同这路径所指向的虚灵的形上之境，亦可印证于孔子谈论中庸的独特方式。孔子从不曾给中庸下过定义，对这个可喻为“仁”之“圣”的理想境地，他总是关联着切己的人生践履，借助譬喻启发人们在反躬自省中去默识冥证。比如，“《关雎》，乐而不淫，哀而不伤”；“质胜文则野，文胜质则史，文质彬彬，然后君子”；“（由之谓强，）南方之强与？北方之强与？抑而强与？宽柔以教，不报无道，南方之强也，君子居之。衽金革，死而不厌，北方之强也，而强者居之。故君子和而不流，强哉矫！中立而不倚，强哉矫！国有道，不变塞焉，强哉矫！国无道，至死不变，强哉矫！”……这些谈《关雎》之乐与哀、君子之文与质、强之柔与刚的话语，既可谓是对所谈《关雎》、“君子”与“强”诸具体话题的指点，

[1]黄克剑：《〈论语〉疏解》“孔子与《论语》”，第7－8页。

也可谓是以一种譬喻的方式对难以言传的中庸的指点，这些譬语“无一不在人皆可以径直心契的近易处”。至于“舜其大知也与？舜好问而好察迩言，隐恶而扬善，执其两端，用其中于民，其斯以为舜乎”、“回之为人也，择乎中庸，得一善，则拳拳服膺而弗失之矣”，则可谓是一种典型的“近取譬”的方式。“人能弘道，非道弘人”，“道”的弘大离不开人的努力，而人总是在“为仁”而“致道”的过程中才更成其为人。依此“人”、“仁”相互成全的理致，孔子遂有理由将对“名”、“言”难以尽致的中庸之微旨的开示，转为对在中庸的“择”、“守”上具有范本作用的人物的品题，以引导人们在他们“行事之深切著明”[1]处悟识中庸。[2]《论语》纂集者对孔子遗句的编录是别具慧识而心通先师的，其将“中庸之为德也，其至矣乎！民鲜久矣”章与“君子哉若人（宓不齐）！鲁无君子者，斯焉取斯”、“伯夷叔齐，不念旧恶，怨是用希”[3]、“回也，其心三月不违仁，其余则日月至焉而已矣”、“雍也，可使南面”[4]等诸多品题人物的章句，辑于一处而成“公冶长”篇与“雍也”篇，他们或正在于对后学者作这样一种提示：中庸是一种理境，更是一种情境，它生命化于人的总会有着这样那样的偏倚因而不免有所“过”或“不及”的践履中，然而它所意指的境地又不为任何经验个人的生命践履所局囿，正因为如此，它才既可以充当孔子品题人物的准矱，又可以对现实人生中的德行修习有所引导。

诚然，黄先生对孔子中庸观的读解是受到康德的“至善”和柏拉图的“中”的标准或中庸的启发的。黄先生指出，康德由研究人的道德立法的普遍效准如何可能而建构了“道德形而上学”，这形而上学是从“好的意志”——自由意志——发端并始终辐辏于这个“好的意志”。在康德看来，“好的意志”是一切可堪称之“好”的东西中唯一可无限制地认其

---

〔1〕《史记·太史公自序》：“子曰：‘我欲载之空言，不如见之于行事之深切著明也。’”

〔2〕这里对孔子是如何谈“中庸”的理解，受启于黄克剑先生对孔子以“近取譬”为特征的语言自觉的阐释。详见黄克剑：《名家琦辞疏解——惠施公孙龙研究》，北京：中华书局，2010，第9－14页。

〔3〕《论语·公冶长》。

〔4〕《论语·雍也》。

为好的东西。这意志是先验的，它出自主体心灵却又以其不落于经验的个人意志而有客观普遍性。以先验的“好的意志”要求——定言式地命令——人为其“所应为者”，乃是理性在其实践运用的向度上的职分所在。不过，康德认为，实践理性并不能眷留在这里，它在人为其“所应为者”的前提下也启示人提出“所可期望者为何”的问题。这“所可期望者”即是“至善”。黄先生指出，在康德那里，“至善”是“善”的极致或圆满而无以复加的“善”，它是“一种纯粹存在于人的祈向中的价值极境”[1]。因为就作为“至善”的第一要素的道德上的至高的善来说，它意味着修德的意志同道德法则的全然契合，然而这契合是任何有限意志都不可能企及的，它只显现于德性修养的一个无底止的过程。因此，要意志同道德法则完全相契成为可能便不能不以修德意志的无止境的延续为前提，亦即不能不悬设灵魂不死。而就只有在配称于德性的情形下才被纳入“至善”范畴作为其要素之一的幸福来说，在一个自然的过程，不管这过程怎样漫长，以相应的幸福精确地配称于道德价值都是期望不到的。“至善”的最终可能不能不指望一位道德的元宰作保障，于是，康德又悬设了上帝的存在。黄先生由此发现，康德的“至善”系于人的心灵依着应然趣路向极致处推求，它须得如其所谓“理性超乎经验而设想”(超验的悬设)，也须得有与这理性相融互摄的那种“好的意志”或自由意志。对这一点的窥破，使黄先生意识到，康德的“至善”乃是一种虚灵的真实。对康德所以要引导世人去“期待”这种永不可能全然实现于人类经验的虚灵真际之心曲的体味，则使黄先生进一步意识到，“至善”的意义并不在于它在现在或未来的某一时刻能否全然实现，而在于“以虚灵不昧的价值之光时时烛照着生活于现实经验中的人类”[2]，为祈向它的人们提供一个有着永恒价值的理想和用以反省、批判既有现实的稳定衡准，——这用康德品评柏拉图的“理想国”的话说，即是：“此种完善国家固绝不能实现；但无碍于此理念之为正当，理念欲使人类之法律制

[1]黄克剑：《心蕴——一种对西方哲学的读解》“通论篇”，北京：中国青年出版社，1999，第108页。

[2]黄克剑：《祈向虚灵的真实——西方价值形而上学窥略》，载《东南学术》2002年第5期。

度日近于最大可能的完成，乃提此极限为其范型耳。"[1]

带着康德提供的智慧，黄先生在解读柏拉图的《政治家》时对由对话过程长短的讨论带出的所谓“中的标准”或“中庸”的话题，遂有了自己极富个性的深刻把握。柏拉图认为，“所有技艺的共通地存在和较大与较小的被测定，不仅与它们的相互比勘有关而且也与‘中’的标准的确立有关。因为如果这一标准存在，它们也存在；如果它们存在，则这一标准也存在；但如果另一个不存在，则两者在任何时候都不能存在"[2]。黄先生指出："这段看似令人费解的话，是对‘中’的标准在一切堪称技艺的技艺中的遍在的极真切的表达。对于任何一门技艺说来，‘中’不过是这门技艺做到‘适度’、‘恰好’的那一‘度’，不论这门技艺通过某个人获得某种实现时会怎样地因为‘过’或‘不及’而不尽人意，这门技艺成其为这门技艺却总在于它有着人们在默识冥证中感受到的那一‘度’。没有这个在人们心目中被认可为技艺圆满实现的‘度’，人们就既无法评价这种技艺的每一次实现，也无从对它可能达到的状况有更高期待。这个‘度’尽管很难通过一种直观的方式展示给每一个人的理性，也很难由一个对它有所觉解的人用常人所能领会的语言作一种诠释，但在实际上，当人们在赞赏或批评某种技艺的这一次或那一次实现时，当人们修习这门技艺而企望获得对这门技艺的一种更高造诣时，这门技艺的‘度’或所谓‘中’的标准的被认可已经是不言自明的了。"[3] 柏拉图是就他所谓政治技艺而谈“中”的标准的，倘将德行的修习也视为一种“技艺”，那么这门“技艺”也当有其“中”的标准，这标准也同样不是某种外在权威的强加，它随着德行修习这门技艺的确立而本然自在，并不以更多的人们是否认可或认可的人们是否能够恰如其分地表达而有所乖离。可以说，黄先生正是沿着这一思路，有了自己对被孔子叹之以“至”而认为“不可能”的德性之中庸的独特理解：

---

[1]康德：《纯粹理性批判》，蓝公武译，北京：商务印书馆，1960，第255页。

[2]柏拉图：《政治家》，第75页。

[3]黄克剑：《寻求虚灵的真实——柏拉图〈政治家〉译序》。

在“中庸”开出的形而上学路径上，超验的境地不弃绝经验而又不委落于经验。它并不在活生生的个人道德践履之外，却又不局守于任何一个灵府修省中的个人。[1]

“中庸”的可践履性，归摄于一点，亦可谓“执两用中”。“中”是“极”，是“一”，是“道”，是虚灵的真实，在“形下”的经验中无从尽致地实现它，但只要“形下”经验有趣“中”、趣“道”、趣向虚灵的真实的不可少缺的真实祈求，这“形下”经验便永在被趣的“形上”之“中”的明照和润泽下。“执两”即执其两端，一端为“过”（以“中”相衡不无过度之失），一端为“不及”（以“中”相衡不无未及之憾）；不过“执两”在其“用”，所“用”既在于“中”，则“两”亦是一无限过程中无止境地迫向“中”的“两”。有“形下”经验中自觉向“中”趋近的“两”，此“两”亦才可能见用之于那个如如而在的“中”。[2]

这是一次神奇的中西哲学的相遇，它带给东方人有关人生终极眷注的启迪是意味深长的。由此，从朱熹的中庸观牵引出来的那两个问题也第一次得到了耐人寻味的回答。诚然对这两个问题的回答和对中庸的探讨本身，又有一个在趣向“中”之际求取“中”、深化“中”的问题。

结　语

1840年以来的中国人所面临的东西文化激烈碰撞的局面是六、七百年前的朱熹所未曾遇到的，这位好学不倦的学者不可能给后人提供他对西方文化的思考，但他对中庸的理解仍然达到了他那个时代乃至西学东渐之前的学人所难以逾越的高度。

在西方学术主导世界文明潮流的今日，中国学人无从规避的学术难

---

〔1〕黄克剑：《价值形而上学引论》，见黄克剑：《心蕴——一种对西方哲学的读解》“代跋”，第376页。

〔2〕黄克剑：《价值形而上学引论》，见黄克剑：《心蕴——一种对西方哲学的读解》“代跋”，第386页。

题除了文化意味上的中西之辨外，还有如何汲取西方哲学的智慧以更亲切地领会两千多年前的古代哲学，寻找哲学创造之契机的问题。公元一世纪前后所发生的世界范围内的文化碰撞是最西方的东方智慧与最东方的西方智慧的相互碰撞，其结果是基督教从犹太教的脱胎，从此西方人有了另一种立足于人生终极意义提升世俗人生之精神境界的教化。近代以来中国人所遭遇到的则是最东方的东方文明与最西方的西方文明的强烈碰撞，这种碰撞的最后结果尚远在中国人的意料之外。中庸的话题是中国儒学史乃至中国哲学史、思想史的核心话题，它所涉及的同样是人生的终极眷注问题。西学东渐背景下的《论语》注本对这一话题的讨论在相当程度上代表了目前大部分中国人所能达到的致思水准。讨论过程中的得失提醒人们让东西方真正有价值的智慧相遇并相互理解是极其困难的，但这个过程也充满了创造的魅力——对于那些敏慧的心灵来说，它正可以令人神驰，发人运作。

（作者单位：天津社会科学院哲学所）

Contents

《问道》稿约

《问道》立足于“问道”，不设古今中西之樊篱，亦不囿于文、史、哲、宗教、教育、语言诸学科之界域。它只以培蕴赋有时代高度和世界视野的民族学术之个性为期许，因此，这块可供学人耕耘的田畴，将养润一切富于生命智慧的学思根荄。

《问道》拟辟设论、述议、考释、辨正、译介、品评、随笔、访谈诸栏目。“设论”栏为自出机杼的原创性立论文字而设，“述议”栏为绍述某家、某派、某思潮的学术宗趣而发为议论的文字而设，“考释”栏为考证、钩沉、诠释性文字而设，“辨正”栏为分辨原委以求学理匡正一类文字而设，“译介”栏为学术译文及相关的导读性文字而设，“品评”栏为人物品题、学说品鉴、学风批评类文字而设，“随笔”栏为学人的散逸而随缘应机性文字而设，“访谈”栏为学林、文苑人物的访谈性文字而设。

《问道》每年出版 1 辑，每辑约 25 ~ 30 万字。刊用来稿唯以质量为度，不对所刊作者文字的篇幅、篇数作刻意限定。所投稿件请于正文前撰一 200 字左右的内容提要，并标出关键词 3 ~ 5 个。此外，作者所在单位及联系方式，亦请于文后注明。

来稿请寄《问道》编辑执行人胡继华教授（100024，北京第二外国语学院跨文化研究所）或耿涛博士（100013，北京对外经贸大学中文系）。电子邮件请发至：hujihuaxq@ hotmail. com 或 iglooo@ sina. com。

《问道》编委会

图书在版编目（CIP）数据

问道．第四辑/黄克剑主编．—福州：福建教育出版社，2010.11

ISBN 978-7-5334-5465-4

Ⅰ.①问… Ⅱ.①黄… Ⅲ.①人文科学－丛刊 Ⅳ.①C55

中国版本图书馆 CIP 数据核字（2010）第 205878 号

问道 第四辑

黄克剑 主编

出版发行 海峡出版发行集团
福建教育出版社
（福州梦山路 27 号 邮编：350001 电话：0591－83706771
83733693 传真：83726980 网址：www. fep. com. cn）

印　　刷 福州华彩印务有限公司
（福州新店南平路鼓楼工业小区 邮编：350012）

开　　本 787 毫米×1092 毫米 1/16

印　　张 23.25

字　　数 335 千

版　　次 2010 年 11 月第 1 版 2010 年 11 月第 1 次印刷

书　　号 ISBN 978-7-5334-5465-4

定　　价 45.00 元

如发现本书印装质量问题，影响阅读，
请向本社市场营销部（电话：0591－83726019）调换。